Das waren die 80er Jahre

Das waren die 80er Jahre

Eine Chronik in Bildern

Mit Beiträgen von
Paula Almqvist, Robert Jungk,
Herbert Riehl-Heyse und
Peter Scholl-Latour

Herausgegeben
von Manfred Leier

Grafische Gestaltung:
Norbert Kleiner, Dietmar Schulze

Projektleitung und Lektorat:
Klaus Humann

Redaktionelle Mitarbeit:
Winfried Maaß

Bildredaktion:
Beate Magrich, Paul Lampe-Stahl (Hamburg),
Heidi Bagot (Paris),
Renate Haarhoff, Jessica Smith (New York),
Konstanze Merkel (London)

Ein STERN-Buch
Herausgeber: Klaus Liedtke
Programmleitung: Dr. Manfred Leier
Verlagsleitung: Peter Schlickenrieder
Herstellung: Bernd Bartmann, Druckzentrale G+J
Satz: Karl Neef GmbH & Co., Wittingen
Lithographie: Brillant Offset, Hamburg
Druck/Verarbeitung: Mohndruck, Gütersloh

1. Auflage 1989
ISBN: 3-570-03209-4

Vorwort

Woran werden wir uns erinnern: an die Katastrophe von Tschernobyl, an die Explosion der Challenger-Raumfähre, an das Erdbeben in Armenien?
Wofür stehen diese 80er Jahre: Für den Zusammenbruch des Sozialismus und den Triumph der Marktwirtschaft? Für die Vernichtung der Regenwälder und den Beginn einer Klimakatastrophe? Für das Ende der Hochrüstungsphase und den Einstieg in die Null-Lösung?
Was war das herrschende Lebensgefühl? War es die Genußsucht, war es die Umweltangst, war es die Radikalisierung persönlicher Ansichten in einer Zeit, in der alles möglich, alles erlaubt schien und gleichzeitig der Ruf nach den traditionellen Werten, nach Orientierungspunkten wieder lauter wurde?
Das vorliegende Buch hilft Ihnen – lange bevor Historiker der verflossenen Dekade einen Namen gegeben haben werden –, Ihre eigene Antwort auf diese Fragen zu finden. Es ist ein neuartiges Buch, das das Foto in den Mittelpunkt der Geschichtsschreibung stellt und die Ereignisse, die das Jahrzehnt geprägt haben, in knapper Form analysiert – auch das ein Trend der 80er Jahre: das Visuelle auf dem unaufhaltsamen Vormarsch, die Welt wird zum globalen Dorf, nichts bleibt dem – meist elektronischen – Auge mehr verborgen. Das Zeitalter der Information ist da.
Aber auch in diesem neuen Zeitalter sind es dieselben alten Dinge, die uns interessieren, die uns entsetzen, faszinieren, beschäftigen. Was für ein Husarenstück, diese Landung des jungen Deutschen auf dem Roten Platz in Moskau. Welch eine Familie, diese streitbaren Windsors aus London. Wie sexy dieses Dirty-Dancing-Fieber, das auf beiden Seiten des Atlantik die Massen bewegte.
Schlagzeilen gab es, die uns aufrichteten, und andere, die uns niederschmetterten; die Angst vor Aids kam auf, Solidarność wurde in Polen gegründet, Hungersnöte suchten Afrika heim, in den Fußballstadien starben Fans. Und immer wieder Krieg: am Golf, auf den Falkland-Inseln, in Afghanistan, in Beirut. Millionen Menschen auf der Flucht.
Eine Männerwelt war's: Reagan, Gorbatschow, Papst Johannes Paul II., Khomeini, Rambo. Und eine Welt der Frauen: Indira Gandhi, Corazón Aquino, Madonna, Benazir Bhutto, Steffi Graf . . . Aber sehen Sie selbst.

Die 80er Jahre liegen hinter uns. Als sie begannen, befanden sich die atomaren Supermächte noch auf Konfrontationskurs, drehten Amerika und Rußland unablässig an der Rüstungsschraube, und viele in Europa – dem mutmaßlichen Schlachtfeld der Nuklear-Krieger – sahen am Horizont schon die apokalyptischen Reiter herangaloppieren. Als das Jahrzehnt zur Neige ging, kam das Wort vom „Gezeitenwechsel“ auf: Waffen wurden verschrottet, Feindbilder abgebaut, und obwohl in China die Uhren noch einmal zurückgedreht wurden, mußte sich manch ein undemokratisches Regime den Rufen der Massen nach Demokratie öffnen.
Es scheint, als sei die Welt so kurz vor der Jahrtausendwende ein bißchen weiser geworden. Wird die Vernunft am Ende doch siegen? Die Achtziger geben uns die Hoffnung zurück.

Klaus Liedtke
STERN-Magazin

Menschen

Schlagzeilen

Unruhe

Deutsches

Umbrüche

Men.

Auch in den achtziger Jahren sind es Menschen gewesen, die Sympathie erweckt, Abscheu erregt und große Erwartungen ausgelöst haben. Die modische Vorstellung, daß nur die sozioökonomischen Zwänge das Weltgeschehen bestimmen, ist wieder einer personalbezogenen Betrachtung gewichen. Das Fernsehen als universaler Vermittler alles Menschlichen hat zweifellos dazu beigetragen.

Im März 1985 ist Michail Gorbatschow an die Spitze der Sowjetunion getreten. Er löste als Generalsekretär eine ganze Folge gebrechlicher, sterbensmüder Männer ab, von dem ausgezehrten Breschnew über den todkranken Andropow bis zum fast mumifizierten Tschernenko. Die großen Veränderungen, die unserer Welt bevorstehen, zeichnen sich seit 1985 im Osten ab.

Siebzig Jahre nach der Oktoberrevolution personifiziert der neue Generalsekretär eine psychologische Umkehr in diesem Riesen-Imperium. Unabhängig von der Frage, ob nach Gorbatschow der Marxismus-Leninismus als Instrument der Regierungs- und Wirtschaftsführung überhaupt noch ernsthaft in Frage kommt, ist die gängige Form des „Sowjetismus" zweifellos am Ende. Die Frage, ob Gorbatschow mit der Schwerfälligkeit des Apparats, mit der Renitenz der Nomenklatura, mit der trägen Skepsis seiner eigenen Landsleute fertig wird, die vor allem auf eine Besserung ihres Lebensstandards drängen, bleibt unbeantwortet. Durch die Übernahme des mit erheblichen Vollmachten ausgestatteten Amtes des Staatspräsidenten hat der heutige Generalsekretär sich bis zu einem gewissen Grade gegen plötzliche Umsturzversuche geschützt. Gesichert ist seine Position keineswegs, und die Debatte ist müßig, ob ausgerechnet das westliche Ausland dazu beitragen kann oder beitragen muß, diesem ungewöhnlichen Mann an der Spitze des Moskowiter-Reiches unter die Arme zu greifen. Die Masse der Sowjetbürger dürfte in ihm – bis sich reale Erfolge und Veränderungen im täglichen Leben einstellen – weiterhin einen Mann der Partei sehen, der das Sowjetregime auf intelligente Weise über die sich abzeichnende Existenzkrise hinüberretten will.

Die Volksrepublik China hat in den vergangenen zehn Jahren eine weit gründlichere Veränderung durchlaufen als die Sowjetunion. Sie eilte der ersten kommunistischen Großmacht gewissermaßen davon. Aber China hat keine charismatische Figur aufzuweisen. Der starke Mann im Reich der Mitte, der auf großtönende Titel ohnehin verzichtet, ist der über 80jährige Deng Xiaoping. Nach der kurzen Zwischenphase Hua Guofeng hat er die Nachfolge des vergöttlichten Mao Tsetung angetreten. Mit dem Pragmatiker Deng kommt unter der kommunistischen Tünche der Volksrepublik China der uralte Konfuzianismus wieder zu seinem Recht. Selten sah sich ein Mensch vor eine so immense Aufgabe gestellt: Ein Reich mit 1,1 Milliarden Menschen, das durch die ideologischen Kraftakte Maos in seinen Grundfesten erschüttert, ja durcheinandergewürfelt worden war, muß wieder in geordnete Bahnen gelenkt werden.

An zwei Aussprüchen ist die Persönlichkeit Deng Xiaopings zu messen. Er hatte die Wut der Rotgardisten seinerzeit entfacht, als er – auf die Ideolo-

schen

gie bezogen – spottete, es sei ihm gleich, ob eine Katze schwarz oder weiß sei, Hauptsache sie fange Mäuse. Eine andere Anekdote wird von seinem Amerika-Treffen mit Präsident Carter berichtet: Als Jimmy Carter auf Einhaltung der Menschenrechte und eine größere Freizügigkeit für jene Chinesen drängte, die sich im Ausland eine neue Existenz schaffen wollten, hatte Deng geantwortet: „Wie viele meiner Mitbürger wollen Sie aufnehmen: 5 Millionen, 50 oder 100 Millionen?"

Acht Jahre lang hat Ronald Reagan die Geschicke der Vereinigten Staaten von Amerika gestaltet. Welch erstaunlichen Weg hat er durchlaufen! Er war angetreten als Schreckgespenst der Liberalen und der Linken. Er wurde verspottet als Möchtegern-Cowboy aus den B-Filmen Hollywoods. Seine konservativen Wirtschaftsthesen stießen auf die herablassende Skepsis der Experten. Am Ende dieses Jahrzehnts, nachdem Ronald Reagan von der politischen Bühne abgetreten ist und die Amerikaner ihm nachtrauern, da erkennen nicht nur die Bürger der USA, welch vitale populistische Kraft von diesem Mann ausging. Als „great communicator" ist er von der Presse oft herablassend behandelt worden, bis man entdeckte, daß die Kunst der „Kommunikation" im Zeitalter des omnipräsenten Fernsehschirms zu den unentbehrlichen Attributen erfolgreichen Regierens gehört. Die sehr eigenwillige Finanz- und Wirtschaftspolitik des Weißen Hauses, „Reaganomics" genannt, hat den Vereinigten Staaten bemerkenswerte Zuwachsraten und jene niedrige Arbeitslosenquote von 5,4 Prozent beschert, von der die Westeuropäer nur träumen können. Die Kehrseite: eine Rekordverschuldung der Nation. Hatte „Ronnie" zu Beginn seiner Amtszeit noch die Sowjetunion als „Reich des Bösen" bezeichnet und damit die Protestschreie aller auf Entspannung bedachten Kräfte in der alten und der neuen Welt ausgelöst, so warf er nach dem Treffen von Reykjavik das Steuer herum und verblüffte seine Verbündeten, die er weder informiert noch konsultiert hatte, durch seine Konzilianz und Verhandlungsbereitschaft. Gerade weil er als konservativer Machtpolitiker bekannt war, konnte Reagan es sich leisten, auf die Abrüstungsvorschläge Gorbatschows einzugehen und die Russen beim Wort zu nehmen.

Michail Gorbatschow war zum Mann des Jahres 1987 gewählt worden. Eine ganz anders geartete Persönlichkeit verdient es, als Mann des Jahrzehnts herausgestellt zu werden. Niemand hat in dieser Dekade die Weltöffentlichkeit in vergleichbarer Weise überrascht, schockiert, entsetzt wie der greise Ayatollah Khomeini. Seine islamische Revolution gibt allen im Sinne der Aufklärung erzogenen Geistern unlösbare Rätsel auf. Er hat seinen unerbittlichen Gottesstaat im Iran errichtet. Er hat im Golfkrieg gegen den Irak Hunderttausende seiner Landsleute für den Heiligen Krieg geopfert. Er stand wie der „Alte vom Berge" geheimnisvoll und unnahbar hinter jenen Attentaten und Geiselnahmen, die den Westen terrorisierten. Den „Gotteslästerer" Salman Rushdie hat er dem Tod durch Mörderhand ausgeliefert.

Khomeini war nicht, wie gelegentlich behauptet wurde, eine Gestalt des Mittelalters. Er war eine Figur von biblischer Unerbittlichkeit, ähnlich den Richtern des Alten Testaments. Im schiitisch-persischen Zweig des Islam wurzelnd, mochte sein Unterbewußtsein noch befrachtet sein mit jenen Zarathustra-Vorstellungen von einer unerbittlichen Zweiteilung der Welt in Licht und Dunkel, in Gut und Böse. Sein grandioses Projekt einer weit um sich greifenden islamischen Revolution ist scheinbar gescheitert, seit er den Waffenstillstand mit Bagdad akzeptieren mußte.

Khomeini hat dem Westen klargemacht, daß die abendländischen Vorstellungen von Demokratie, Westminster-Parlamentarismus, politischer Toleranz nicht länger Weltgeltung beanspruchen können, daß der Islam – um nur ihn zu nennen – über seine eigene Wertskala und ein allumfassendes ethisches System verfügt. Khomeini hat nie über eine unabsehbare, begeisterte Anhängerschaft verfügt, wie einst Gamal Abdel Nasser. Und so war der Tag nicht fern, da dieser gnadenlose Greis in die Gärten Allahs eingehen mußte. Künftige Generationen werden in ihm dennoch den großen religiösen Erwecker sehen, der mächtig dazu beitrug, den Islam zu seiner ursprünglichen Strenge zurückzuführen.

Bei dieser ohnehin fragmentarischen Betrachtung drängt sich dem Chronisten die Berücksichtigung eines feministischen Quotensystems auf. Ist es ein Zufall, daß gerade in jenen Ländern, die unter dem nachhaltigen Einfluß Großbritanniens stehen, Frauen sich in führenden Positionen besonders eklatant behaupten? Indira Gandhi, die 1984 unter den Kugeln ihrer Leibwächter starb, war auf sehr brahmanische Weise in die Fußstapfen der Queen Victoria getreten, die ja auch Kaiserin von Indien war. Erstaunlicher ist der Erfolg einer anderen Frau des Subkontinents: Benazir Bhutto, die allen koranischen Vorstellungen zum Trotz in einem ausschließlich auf die islamische Zugehörigkeit gegründeten Staat zur Regierungschefin gewählt wurde.

Vor allem ist es Margaret Thatcher, die „Eiserne Lady“, die dem Vereinigten Königreich trotz geschwundener Macht und relativ geringer Wirtschaftskapazität zu Glanz und Ansehen zurückverhelfen konnte. Kein Mann als Premierminister Großbritanniens hätte es sich vermutlich leisten können, in ähnlicher Weise den Gewerkschaften die Stirn zu bieten, die Erpressungen der irischen Nationalisten zu ignorieren, die Europäische Kommission von Brüssel in die Schranken zu weisen. Wer sonst hätte es gewagt, die Royal Navy in das höchst ungewisse Abenteuer der Falkland-Expedition zu schicken und noch einmal der Welt vorzugaukeln, daß „Britannien die Wogen beherrscht“? Ganz anders geartet, an den geographischen Antipoden Englands aufgewachsen und von hispanisch-katholischer Tradition geprägt, hat die Filipina Corazon Aquino das weitverbreitete Vorurteil, Frauen könnten mit der Macht nicht umgehen, eindrucksvoll widerlegt. Die Ermordung ihres Mannes Benigno Aquino durch die Schergen des Präsidenten Marcos hatte ihre Karriere und ihre Popularität begünstigt. Doch aus dieser angeblichen Betschwester, Tochter der reichen Oligarchie, ist ein Staatsoberhaupt von beachtlicher politischer Begabung geworden, auch wenn am Ende die unlösbaren Dritte-Welt-Probleme, die auch die Philippinen bedrängen, ihrem Experiment wohl zum Verhängnis werden.

In den sechziger Jahren war die aufsässige deutsche Jugend zu dem Ruf „Ho, Ho, Ho Tschiminh“ durch die Straßen von Frankfurt und Berlin gestürmt. Diese Neigung zur Verherrlichung exotischer Außenseiter hat sie seitdem nicht ganz abgelegt. Daniel Ortega, die bekannteste Gestalt der sandinistischen Junta von Nicaragua, ist keine charismatische Erscheinung. Er verfügt über geringe Beredsamkeit. Sein Gesicht verrät Mißmut. Er ist dennoch zum Bannerträger der lateinamerikanischen Auflehnung gegen den „Yankee-Imperialismus“ geworden, und gerade die westlichen Medien haben ihn in dieser Rolle, der er kaum gewachsen ist, bestätigt.

Das Reich Karls V. von Spanien, über dem die Sonne nie unterging, gehört der fernen Geschichte an. Der einzige Mann, der einen solchen weltumspannenden Anspruch heute noch erheben könnte, ist der Papst, den man zu Beginn des Jahrhunderts als „Gefangenen im Vatikan“ bezeichnete. Der Pole Karol Wojtyla, als römischer Pontifex unter dem Namen Johannes Paul II. angetreten, hat die Gemüter von Christen und Nichtchristen auf widersprüchliche Weise erregt. Das Attentat eines Türken – vermutlich von östlichen Geheimdiensten inszeniert – hat Johannes Paul II. vorübergehend die Aura des Märtyrers verliehen. Dieser Kirchenfürst aus Polen, der nicht aufhört, alle Kontinente zu bereisen, ist sich der Krise des Katholizismus wohl bewußt. Versucht er, das Rad zurückzudrehen, von den Beschlüssen des Zweiten Vatikanischen Konzils abzurücken? Ist er nur ein Reaktionär, der vor allem in Fragen der Geburtenkontrolle eine schwer verständliche Starrheit vertritt? Oder spürt er instinktiv, daß seine apostolische Kirche ihre Glaubwürdigkeit verlöre, wenn sie sich auf den Weg zeitgerechter Anpassung begäbe? Jedenfalls sind die gläubigen Massen Lateinamerikas und Schwarzafrikas diesem polnischen Papst weit enger verbun-

den als die kritischen Christen des Abendlandes. Nirgendwo wird das Bild Karol Wojtylas so hochgehalten, so glühend verehrt wie in seiner Heimat. Der Widerstand Polens gegen die russisch-kommunistische Bevormundung ist unlösbar mit dem „Solidarność"-Führer Lech Walesa verknüpft. Dieser derbe und listige Arbeitersohn aus Danzig ist zur Bildschirmberühmtheit geworden, auch wenn er über keinerlei institutionelle Weihen verfügt. Der Pariser Kardinal, Jean-Marie Lustiger, hat Walesa mit der Jungfrau von Orléans verglichen. Diese Parallele deutet vielleicht darauf hin, daß am Ende des unentwegten Ringens dieses einfachen Mannes Enttäuschung, Verbitterung, schmerzliche Vereinsamung stehen könnten.
Auch blasse, nichtssagende Gestalten werden durch zufällige Verstrickungen gelegentlich in den Vordergrund geschoben und erhitzen die Meinungen. Kurt Waldheim ist ein solches Negativ-Beispiel. An der Spitze der Vereinten Nationen war er ein langweiliger Beamtentyp, opportunistisch und bedächtig. Im Krieg, als junger Offizier auf dem Balkan, kann ihm schwerlich verbrecherische Schuld nachgewiesen werden. Sein Fehler bestand darin, daß er seine Vergangenheit bemäntelte, um zu höchsten internationalen Ehren aufzusteigen, daß er im Mittelpunkt einer maßlosen politischen Kampagne nicht zum Wohle seines österreichischen Vaterlandes auf seine Ambitionen verzichtet hat. Als Generalsekretär der Vereinten Nationen war er möglicherweise den Erpressungen der Wissenden ausgesetzt. Mit Waldheim wurde Österreich von seiner Vergangenheit eingeholt.
Es ist relativ still geworden um den libyschen Staatschef Moammar Gadhafi. In den achtziger Jahren wurde ihm fälschlicherweise eine Rolle zugespielt, der er keineswegs gewachsen war. Im Grunde ist Gadhafi ein Paranoiker, den die reichen Erdölreserven seines Landes, die Unrast der arabischen Welt und eine starke theatralische Begabung über Gebühr aufgebläht haben. Gewiß steckte Gadhafi hinter vielen terroristischen Anschlägen oder begünstigte sie zumindest. Aber dieser Beduinensohn war nicht einmal in der Lage, den Tschad zu erobern. Die USA haben es sich allzu leicht gemacht, in diesem Wirrkopf den Drahtzieher einer gewaltigen islamischen Verschwörung anzuprangern. In den Augen der frommen Koranglaubigen ist der Libyer ohnehin ein eitler Parvenu, in mancher Hinsicht ein Häretiker. Mit dem Bau der Giftgasfabrik von Rabita hat er für neue weltweite Entrüstung gesorgt.
1989 wurde zum pompösen Jubiläumsjahr der Französischen Revolution stilisiert. François Mitterrand, so argumentieren seine Anhänger, verkörpert in einer turbulenten und wirren Welt die Rationalität Europas, die Tradition der Aufklärung. Mit der Rose in der Faust hat er 1981 die französischen Sozialisten an die Macht gebracht und – wie viele meinten – einen großen Umbruch eingeleitet. Als er am Tage seiner Amtseinführung, begleitet vom Volk von Paris, zum Panthéon pilgerte, um der Republik, dem Sozialismus und dem Laizismus zu huldigen, ahnten die wenigsten Franzosen, daß dieser Mann sich als ein Monument nationaler Kontinuität entpuppen würde. Er hat die Notwendigkeit gesellschaftlicher Umschichtung erkannt und stellt sich mit Mut der europäischen Herausforderung. Aber schon reiht er sich ein in jene Tradition, die ihm sein großer, ungeliebter Vorgänger Charles de Gaulle vorgeschrieben hat. Die Verfassung der V. Republik, die er einst als „permanenten Staatsstreich" karikierte, kostet er in präsidentieller Vollmacht bis zur Neige aus. Die Atomstreitkraft, gegen die er einst polemisierte, ist sein Hätschelkind geworden. Aus dem jakobinisch anmutenden Republikaner wurde ein Wahlmonarch mit majestätischem Gehabe.
Die Menschen dieser Dekade – das sind natürlich nicht nur die Staatsoberhäupter und die prominenten Revolutionäre. Menschen der achtziger Jahre waren auch die „boat people", die aus Vietnam flüchteten und Kunde gaben vom Zerbrechen einer großen Hoffnung der Dritten Welt. Es erscheint fast frivol, in dieser willkürlichen Auflistung, die dem Bekanntheitsgrad und nicht dem sittlichen Wert Rechnung trägt, die hungernden Massen Asiens, Afrikas, Lateinamerikas gewissermaßen ins zweite Glied zu verdrängen. Der Meisterkoch Bocuse hat möglicherweise ebenso oft Schlagzeilen gemacht wie die Elendsopfer von Bangladesch. Die Diskriminierung der Farbigen, die nicht nur in Nordamerika und Südafrika andauert, sondern sich auch im starren Kastensystem Indiens verewigt, wird in der Medienszene höchst oberflächlich kompensiert durch die Rockbegeisterung für dunkelhäutige Musikanten, Michael Jackson vorneweg, oder durch die athletischen Leistungen einiger schwarzer Olympioniken.
Wer redet übrigens von den zufriedenen, den glücklichen Menschen der achtziger Jahre, die – Meinungsumfragen belegen es immer wieder – viel zahlreicher sind, als das die allmächtigen Medien in ihrer „lust for evil" wahrhaben wollen.

Peter Scholl-Latour

Ronald Reagan – überlebensgroß

Zur perfekten Show gerät im August 1984 auf dem Parteitag der amerikanischen Republikaner in Dallas die Wiederwahl Ronald Reagans zum Kandidaten für die US-Präsidentschaft. Seine ersten vier Jahre im Weißen Haus erscheinen den Republikanern so erfolgreich, daß sich am Ende kein anderer Kandidat aus ihren Reihen zur Wahl stellt. Als die Entscheidung seiner Parteifreunde gefallen ist, erscheint ihnen Ronald Reagan überlebensgroß aus seinem Hotelzimmer auf einem riesigen Fernsehschirm, von dem herab er seiner Frau Nancy zuwinkt. Am 6. November wird Reagan nach einem überwältigenden Sieg über den demokratischen Kandidaten Walter Mondale zum zweitenmal für vier Jahre amerikanischer Präsident. Als er im Januar 1989 das Amt seinem republikanischen Nachfolger George Bush übergibt, sind die Auslandsschulden der USA so hoch wie nie zuvor, aber die Gefahren eines Atomkrieges zwischen Amerikanern und Sowjets sind kleiner geworden. Ronald Reagan, der lange Zeit außenpolitisch auf militärische Stärke setzte, ist am Ende seiner Präsidentschaft gemeinsam mit Sowjetchef Michail Gorbatschow den Weg der Abrüstung und Entspannung gegangen.

Hunger: Einer von 55 Millionen

Wimmernd kriecht ein kleines Kind über den heißen Sand einer Dorfstraße der Provinz Karamoja im Norden Ugandas. Es kann sich nicht mehr auf den bis auf die Knochen abgemagerten Beinen halten. Sein Bauch ist aufgedunsen, der Nabel gebrochen, die Haut wirft Falten. Es ist am Verhungern. Wie dieses Kind sterben jedes Jahr nach Schätzungen der Welternährungsorganisation FAO in der Dritten Welt wenigstens 55 Millionen Menschen an Unterernährung. Und wo immer es in den armen Ländern Afrikas, Asiens und Südamerikas zu Hungerkatastrophen kommt, sind es die Kinder, die als erste sterben. Das Foto des verhungernden Jungen aus Uganda geht 1981 um die Welt – demselben Jahr, in dem im mexikanischen Luxus-Badeort Cancún Delegationen aus 14 Entwicklungsländern und der acht großen Industrienationen über Wege zu einer Lösung des Welthungerproblems beraten. Der algerische Präsident Chadli Benjedid fordert eine Umverteilung des Wohlstands der Industrienationen auf die von ihnen ausgebeuteten Entwicklungsländer. Die Umverteilung läßt auf sich warten. Es wird weiter gehungert. Etwa 1,5 Milliarden Menschen in Afrika, Asien und Lateinamerika bleiben im Elend.

Ein Sozialist siegt und siegt

Mit undurchsichtigem Gesicht, wie es seine Art ist, sitzt der französische Staatspräsident François Mitterrand 1988 im Pariser Elysée-Palast Modell für eine staatsmännische Büste. Wie kein anderer Politiker prägt der Sozialist in den achtziger Jahren Frankreich. Es beginnt 1981 mit einem triumphalen Doppelerfolg: Mitterrand schlägt bei den Präsidentschaftswahlen den Liberalen Valéry Giscard d'Estaing, und seine sozialistische Partei erringt bei den folgenden Parlamentswahlen die absolute Mehrheit in der Nationalversammlung, in der seit 1958 Gaullisten und Liberale die meisten Stimmen hatten. Zwar verlieren die Sozialisten 1986 ihre Mehrheit wieder, aber nach einem vorübergehenden Tief in der Publikumsgunst wird Mitterrand 1988 erneut für sieben Jahre in das Präsidentenamt gewählt. Mit 54,02 Stimmen schlägt er im zweiten Wahlgang seinen schärfsten Konkurrenten, den gaullistischen Premierminister Jacques Chirac, mit dem er zwei Jahre lang eine Politik der „cohabitation" (Zusammenleben) geführt hatte. Nach den Parlamentswahlen 1988 etabliert sich in Paris eine Links-Mitte-Regierung unter dem Sozialisten Michel Rocard.

Ein Indianer segnet den Papst

Papst Johannes Paul II. wird in den achtziger Jahren zum weitest gereisten Heiligen Vater aller Zeiten. Er jettet von Erdteil zu Erdteil, um katholische Gemeinden zu besuchen. Bei einer Reise durch die USA dreht der Papst im September 1987 zu wahrhaft amerikanischem Tempo auf – er besucht neun Städte in zehn Tagen. In Phoenix/Arizona begegnet das Oberhaupt von 784 Millionen Katholiken dem Indianer Emmett White vom Stamm der Pima und wird von ihm nach altem indianischen Brauch gesegnet. Weniger friedlich geht es bei einem Besuch in San Francisco zu. 2000 Demonstranten protestieren aus Anlaß des Papst-Auftritts gegen die Verurteilung der Homosexualität durch die katholische Kirche. Johannes Paul II. bemüht sich um Versöhnung, indem er die Homosexuellen wissen läßt: „Gott liebt euch alle, ohne Unterschied, ohne Grenzen. Er liebt auch jene von euch, die krank sind, auch jene, die an AIDS leiden." Diese Weltoffenheit des Papstes steht für viele Gläubige in schmerzhaftem Gegensatz zu seinem konservativen Dogmatismus

beispielsweise bei der Empfängnisverhütung, der Rolle der Frau in der Kirche oder dem Engagement von Priestern für eine „Theologie der Befreiung“ in diktatorisch regierten Ländern.

Die blutige Herrschaft des Ayatollah Khomeini

Mit inquisitorischer Strenge verwandelt der iranische Revolutionsführer Ayatollah Khomeini sein Land in den achtziger Jahren in einen islamischen Staat des Schreckens. 1979 nach dem Sturz des Schahs Reza Pahlevi an die Macht gekom men, beginnt das greise Oberhaupt der schiitischen Moslems mit der rigorosen Verfolgung vermeintlicher und wirklicher Gegner. Zu Tausenden werden Liberale, Kommunisten, Intellektuelle und religiöse Minderheiten wie die Anhänger der Bahai-Religion eingesperrt, gefoltert und hingerichtet. Khomeini verantwortet die Entsendung von 100 000 Kindern und Jugendlichen in den ihm vom Irak aufgezwungenen Golfkrieg. 1989 versucht der 1900 geborene greise Staatsterrorist seine Blutjustiz auch in andere Länder zu exportieren, indem er für die Ermordung des von ihm der Beleidigung des Propheten Mohammed und des Korans beschuldigten britisch-indischen Schiftstellers Salman Rushdie ein Kopfgeld in Millionenhöhe aussetzt. Als im Februar 1989 der zehnte Jahrestag der Khomeini-Revolution gefeiert wird, ist der Staat der 45 Millionen Iraner geistig verödet und wirtschaftlich auf einem Tiefpunkt. Am 3. Juni 1989 stirbt der schon seit längerem schwerkranke Revolutionsführer an den Folgen einer Notoperation. Sein Nachfolger als Obergeistlicher wird Staatspräsident Ali Khamenei.

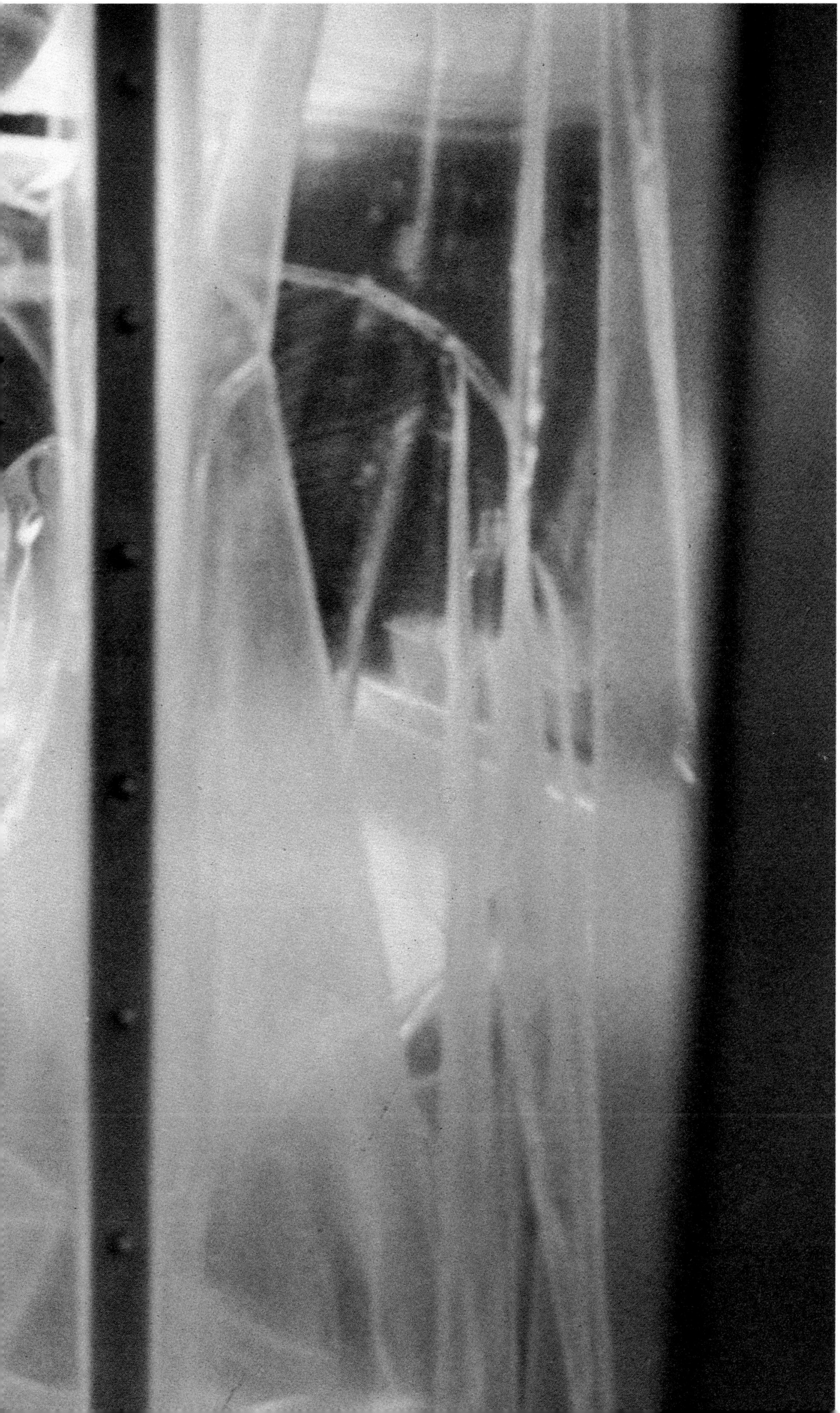

Die Opfer des Atomunglücks

Am 25. April 1986 kommt es durch Bedienungsfehler im Block 4 des sowjetischen Kernkraftwerks Tschernobyl 130 Kilometer nördlich von Kiew zum ersten Super-GAU in der Geschichte der friedlichen Nutzung von Atomenergie. Eine gewaltige Explosion zerstört nach 24 Stunden die Reaktorhalle des 1000-Megawatt-Meilers. Feuerwehrleute verhindern Schlimmeres, weil sie trotz der Radioaktivität unter Einsatz ihres Lebens das Feuer im Reaktor einzudämmen versuchen. Die meisten von ihnen kommen mit schweren Strahlenschäden in eine Moskauer Klinik. Durch Transplantationen von Knochenmark naher Angehöriger gelingt es, die Patienten am Leben zu erhalten. Darunter auch dieser Mann. Das Bild hat der amerikanische Knochenmarkspezialist Robert Gale aufgenommen. Die Folgen des sowjetischen Reaktorunglücks sind auch Ende der achtziger Jahre noch immer dramatisch: Ein riesiges Gebiet mit Städten und Dörfern rings um den Atommeiler ist unbewohnbar, Waldpilze und Wildbret in vielen Gegenden Europas sind über Jahre hinweg radioaktiv belastet, und für die kommenden Jahre wird wegen der Radioaktivität mit einem sprunghaften Ansteigen von Krebserkrankungen gerechnet.

Eine Frau stürzt Diktator Marcos

Am 25. Februar 1986 feiert die Bevölkerung von Manila eine Frau als neuen Präsidenten der Philippinen: Corazon Aquino, 53 Jahre alt, Mutter von fünf Kindern und Witwe des 1983 bei der Ankunft auf dem Flughafen Manila von Anhängern des Diktators Ferdinand Marcos durch Kopfschuß ermordeten Oppositionsführers Benigno Aquino. Durch Wahlmanipulation hatte Marcos kurz zuvor noch einmal versucht, an der Macht zu bleiben. Bewaffnete Marcos-Anhänger zwangen überall im Land Wähler, für den Diktator zu stimmen. Wenigstens 50 Marcos-Gegner wurden dabei umgebracht. Als schließlich auch das Militär gegen ihn rebelliert, läßt sich der gescheiterte Präsident mit einem Hubschrauber zum US-Stützpunkt Clark ausfliegen und flüchtet von dort mit seiner Familie nach Hawaii.

CORY AQUINO
for PRESIDENT MOVEMENT

Ein Staat wird ausgerufen

Nach dreitägigen Beratungen mit dem Palästinensischen Nationalrat, dem Exil-Parlament seiner Landsleute, verkündet der PLO-Führer Jassir Arafat am 15. November 1988 im „Palais der Nationen" bei Algier die Gründung eines unabhängigen Palästinenserstaates: „Im Namen Gottes und des arabischen palästinensischen Volkes proklamieren wir den Staat Palästina auf unserem palästinensischen Territorium!" Die Staatsproklamation, deren Durchsetzung gegen den Willen Israels so schnell kaum möglich sein wird, soll den palästinensischen Aufständischen in Israel Mut zum Weiterkämpfen machen. Zugleich erkennt der Nationalrat die bis dahin von den Palästinensern abgelehnte UN-Resolution Nr. 242 an und damit indirekt auch das Existenzrecht eines jüdischen Staates.

Präsident in einem leidenden Land

In einer schwierigen Lage befindet sich Ende der achtziger Jahre Daniel Ortega Saavedra, Präsident des seit der Revolution von 1979 sozialistischen Staates Nicaragua. Das Land kommt nicht mehr zur Ruhe, seit die USA eine antisozialistische Guerilla-Bewegung aus ehemaligen Somoza-Anhängern und abtrünnigen demokratischen Verbündeten der Sandinisten finanzieren. Krieg und Mißwirtschaft bluten das Land aus und schwächen den Rückhalt des Sandinisten-Regimes bei der Bevölkerung. Um die Lage zu entspannen, bemüht sich Ortega Ende der achtziger Jahre um eine Normalisierung des Verhältnisses zwischen Nordamerika und Nicaragua. Als Gegenleistung für eine Entwaffnung der von den USA finanzierten anti-sandinistischen Contras verspricht Präsident Ortega vorgezogene Präsidentschaftswahlen und die Entlassung von 3500 politischen Gefangenen. Die ökonomischen Schwierigkeiten des Landes sollen durch mehr demokratische Freiheiten und ein gemischtes Wirtschaftssystem überwunden werden – halb staatlich, halb privatwirtschaftlich. Das Foto zeigt Ortega mit einem Leibwächter beim Joggen im New Yorker Central Park anläßlich seines Besuchs im Oktober 1985 am Sitz der Vereinten Nationen.

دورة
غير العادية

Terror zu Lande, Terror aus der Luft

Am frühen Morgen des 15. April 1986 greifen 33 amerikanische Jagdbomber die libyschen Städte Tripolis und Bengasi an. Mehr als 70 Menschen, darunter zahlreiche Kinder, kommen dabei ums Leben. Auch eines der Hauptquartiere, in dem Staatschef Muammar al-Gadhafi vermutet wird, gehört zu den Zielen der Bomberpiloten. Aber Gadhafi bleibt unverletzt und ruft nach den Angriffen im libyschen Fernsehen die arabischen Staaten zu Vergeltungsaktionen gegen den „Mörder Reagan“ auf. Der amerikanische Präsident versucht, die mitten im Frieden verübten Bombenangriffe damit zu rechtfertigen, daß er Libyen für eine Reihe von Terroranschlägen verantwortlich macht. Reagan beschuldigt Gadhafi, unter anderem ein Bombenattentat auf die Westberliner Diskothek „La Belle“ veranlaßt zu haben. Der Anschlag auf das von vielen US-Soldaten besuchte Lokal hat am 5. April des Jahres zwei Todesopfer und 230 Verletzte gefordert. Beweise für eine Mitschuld Gadhafis an dem Mordanschlag gibt es nicht.

Das Elend der Boat people

Eine fast alltäglich gewordene Rettungsaktion im Südchinesischen Meer: Mit einer Seilwinde hievt die Mannschaft des deutschen Hilfsschiffes „Cap Anamur" sogenannte Boat people an Bord, Flüchtlinge aus Vietnam. Der Flüchtlingsstrom aus Vietnam begann mit dem Ende des Vietnamkrieges 1975 und der Vereinigung des südlichen Landesteiles mit dem kommunistischen Norden. Insgesamt verlassen bis Ende der achtziger Jahre über eine Million Vietnamesen ihre Heimat – teils wegen Repressionen durch die neuen Machthaber, teils auch wegen der schlechten wirtschaftlichen Lage des Landes. Die meisten flüchten mit kaum seetüchtigen Booten und ungenügend proviantiert aufs offene Meer. Sie hoffen auf Hilfe durch größere Schiffe und Aufnahme in westliche Länder. Doch viele Boat people werden von Piraten ausgeplündert, Männer ermordet, Frauen vergewaltigt. Viele Flüchtlinge verdursten auf See oder erleiden Schiffbruch und ertrinken. Einige tausend Boat people werden von westlichen Schiffen aufgenommen, vor allem von der „Cap Anamur". Die meisten Geretteten landen in streng bewachten Flüchtlingslagern Südostasiens. Immer weniger Länder erklären sich zur Aufnahme von Vietnam-Flüchtlingen bereit.

Eine Frau regiert mit harter Hand

Bei einem Besuch bei den britischen Truppen in der Bundesrepublik posiert die britische Regierungschefin im September 1986 passend zu ihrem Spitznamen Eiserne Lady als Panzerkommandant. Seit 1979 führt die konservative Premierministerin ein hartes Regiment – zumindest gegenüber den ärmeren Bevölkerungsgruppen. So setzte sie einschneidende Kürzungen der Sozialleistungen durch, verringerte aber zugleich 1987/1988 den Höchststeuersatz von 60 auf 40 Prozent. Neben der Beschneidung der öffentlichen Ausgaben betreibt die Premierministerin gegen den erbitterten Widerstand der Gewerkschaften eine Privatisierung von Staatsbetrieben. Durch konsequente Förderung privaten Unternehmertums versucht Margaret Thatcher die britische Wirtschaft zu beleben und die Inflationsrate zu senken – beides nicht ohne Erfolg.

Der starke Mann von China

Nach dem Vorbild von Mao, der sich einst beim Schwimmen im Gelben Fluß fotografieren ließ, geht auch Chinas neuer starker Mann Deng Xiaoping 1987 werbewirksam ins Wasser. Der große Politiker von kleiner Gestalt setzt die von ihm in den siebziger Jahren eingeleitete Reformpolitik in den achtziger Jahren erfolgreich fort. So wird in China neben der kommunistischen Planwirtschaft auch wieder privates Unternehmertum geduldet und dadurch das Warenangebot vergrößert. Staatliche Betriebe müssen sich marktwirtschaftlichen Gesetzen anpassen, wenn sie nicht Unrentabilität und damit ihre Schließung riskieren wollen. Auch das Erscheinungsbild der rund eine Milliarde Chinesen verändert sich. Aus den „blauen Ameisen" mit ihren Einheitsanzügen wird ein bunt gekleidetes Volk. Selbst hohe kommunistische Funktionäre schmücken sich wieder mit Krawatte. Außenpolitisch öffnet sich das Riesenreich den westlichen Demokratien. Auch die lange Zeit getrübten Beziehungen zur Sowjetunion werden mit dem Besuch Michail Gorbatschows 1989 in Peking wieder freundschaftlicher. 1987 legt Deng Xiaoping aus Altersgründen seine Ämter im Politbüro und Zentralkomitee der KPCh nieder, bleibt aber weiter von großem Einfluß. Gegenüber den Demonstranten, die im Frühjahr 1989 in Peking nach den wirtschaftlichen Reformen auch demokratische Freiheiten fordern, nimmt Deng eine harte Haltung ein.

Ein Mann mit Vergangenheit

Beim Angeln sucht Kurt Waldheim Abstand zu dem Trubel, den 1986 seine Wahl zum österreichischen Bundespräsidenten ausgelöst hat. Dem UNO-Generalsekretär a.D. wird vorgeworfen, während des Zweiten Weltkriegs auf dem Balkan an deutschen Kriegsverbrechen beteiligt gewesen zu sein. Das amerikanische Justizministerium setzt ihn auf die „watch list" für unerwünschte Ausländer, denen aus politischen Gründen eine private Einreise in die USA untersagt ist. Der Jüdische Weltkongreß veröffentlicht ein Foto, das Waldheim (2.v.l.) im Mai 1943 auf einem Feldflugplatz in Podgorica, Jugoslawien, als Offizier in deutscher Wehrmachtsuniform zeigt. Im Februar 1988 kommt eine internationale Historiker-Kommission zu dem Schluß: Waldheim könne zwar keine Beteiligung an Kriegsverbrechen nachgewiesen werden, aber er müsse entgegen seinen Beteuerungen von solchen Verbrechen gewußt haben.

Hoch hinauf: Michael Jackson, Superstar

Singend, springend, tanzend hat sich der Amerikaner Michael Jackson zum Superstar der achtziger Jahre hochgearbeitet. Schon im Juli 1984 begeistert er in rotem Outfit an drei Abenden im Arrowhead Stadium von Kansas City 135 000 meist jugendliche Fans. 1988 greift das Jackson-Fieber auf Europa über. In der Bundesrepublik haben seine Konzert-Spektakel innerhalb weniger Tage knapp eine halbe Million Besucher. Eines der Erfolgsrezepte von Jackson ist sein androgynes Aussehen – halb Mann, halb Frau. Immer wieder unterwirft sich der Pop-Star Schönheitsoperationen, bei denen seine von Natur breite Nase schmaler wird, seine dunklen Augen sich dagegen vergrößern. Aber auch Jacksons Stimme allein verkauft sich gut. Von seiner LP „Thriller" werden innerhalb von fünf Jahren mehr als 50 Millionen abgesetzt. Erfolgreich ist auch der Verkauf des zur LP produzierten Video-Clips „The Making Of Thriller", in dem der menschenscheue Star zu einem Grusel-Monster geschminkt wird. Sein 1987 herauskommendes neues Album „Bad" wird ebenfalls zum Kassenhit. Auch Erfolg in anderen Medien ist dem dunkelgelockten Jüngling beschieden. Selbst Fans, die sonst Gedrucktes scheuen, lesen 1988 die Memoiren des Dreißigjährigen: „Moonwalk".

Ein Killer aus Hollywood

Der Krieg in Vietnam ging für die USA im April 1975 verloren. In den Achtzigern wird er nun gewonnen – vom furchtbaren Einzelkämpfer „Rambo", dargestellt von Sylvester Stallone. Er ist ein Held nach amerikanischem Geschmack, der auf der Leinwand schießend, stechend und sprengend die gelben kommunistischen Teufel reihenweise in die Hölle schickt und ein Dutzend US-Soldaten aus der Gefangenschaft befreit. „Rambo" hat bei pubertierenden Knaben und infantilen Männern einen so großen Erfolg, daß eine ganze Serie ähnlich blutrünstiger Filme gedreht wird. In der Rolle als muskelbepackter Schlagetot immer wieder: Sylvester Stallone.

Ein Koch aus Lyon

Mit sorgfältiger Auswahl aller Zutaten vom Gewürz bis zum Geflügel beginnt für den französischen Meisterkoch Paul Bocuse die hohe Kunst der von ihm begründeten „Nouvelle Cuisine". Alles soll bei der Zubereitung möglichst seinen Eigengeschmack bewahren und leicht bekömmlich sein. Seine kalorienarme und trotzdem wohlschmeckende Kost machen den Besitzer eines Drei-Sterne-Restaurants in Lyon zum Idol der Feinschmecker der achtziger Jahre – insbesondere von solchen, die Angst vor dem Zunehmen haben und trotzdem gut essen wollen. Die deutsche Hausmannskost, auf dem Rückzug, kommt erst Ende der achtziger Jahre wieder zu neuen Ehren.

Der Reformer aus dem Kreml

Ein Kremlchef unter dem amerikanischen Sternenbanner – Michail Gorbatschow erweist sich im Dezember 1987 bei seinem Staatsbesuch in den USA als ein ebenso guter Medienstar wie sein Gastgeber Ronald Reagan. Erst zwei Jahre zuvor als Nachfolger von Konstantin Tschernenko zum Generalsekretär der KPdSU gewählt, ist Gorbatschow in wenigen Monaten mit „Glasnost" und „Perestrojka" eine Demokratisierung des Lebens in der Sowjetunion und außenpolitisch eine Annäherung des kommunistischen Riesenreiches an die parlamentarischen Demokratien des Westens gelungen. Zugleich profiliert sich der dynamische Russe als Friedenspolitiker. Mehrfach überrascht er den Westen mit weitreichenden Abrüstungsinitiativen wie dem 1986 unterbreiteten Vorschlag, bis zur Jahrtausendwende sämtliche Atomwaffen abzuschaffen. Bei seinem USA-Besuch 1987 vereinbaren Michail Gorbatschow und Ronald Reagan die Verschrottung der landgestützten Mittelstreckenraketen. Ein Jahr später überflügelt Gorbatschow bei Meinungsumfragen nach dem beliebtesten Staatsmann in Westeuropa mit Abstand den amerikanischen Präsidenten. Weniger erfolgreich ist Gorbatschow als Regierungschef bei seinen Versuchen, die überall aufflackernden Nationalitätenkonflikte zu lösen und die Wirtschaft seines Landes zu reformieren.

Schlag

Die Angst hatte viele Gesichter in den achtziger Jahren. Es begann mit der großen Furcht vor der nuklearen Katastrophe. Das Jahr 1983 gipfelte in gewaltigen Friedensdemonstrationen und dem Versuch, die Stationierung von Pershing II-Raketen und amerikanischen Cruise Missiles auf dem Boden der Bundesrepublik zu verhindern. Dazu kam ein existentielles Gefühl der Bedrohung, das beinahe an die große Furcht des Mittelalters vor dem Jahr 1000 und dem erwarteten Weltuntergang erinnerte. Vor allem die Deutschen waren von diesem intensiven Gefühl der Unsicherheit betroffen, und das Ausland verwies auf die dem germanischen Wesen eigene „Lust am Untergang". Später – durch die Katastrophe von Tschernobyl dramatisch gerechtfertigt – nahmen die ökologischen Sorgen überhand. Die Ölpest auf den Meeren, die Rheinverschmutzung, das Ozonloch, boten immer neue Themen für eine aufgebrachte Öffentlichkeit und eine katastrophenlüsterne Medienszene.

Nachdem das Abkommen über die Verschrottung der Mittelstreckenraketen zumindest im Hinblick auf die drohende atomare Vernichtung eine gewisse Ernüchterung und Beruhigung erbracht hatte, stellten die Europäer mit Verwunderung fest, daß jene Trägerwaffen, die sie von ihrem eigenen Territorium verbannten, in der turbulenten Staatenwelt des Mittleren Ostens und Nordafrikas einen neuen Entfaltungsraum fanden.

Es wäre leicht, ein Horrorgemälde von den achtziger Jahren zu entwerfen. Man denke nur an den „Blutbrunnen" von Teheran, wo auf grausige Weise der unzähligen „Märtyrer" des Golfkrieges gedacht wird. Nicht nur im Iran wurden Kinder für die Front mobilisiert, aber dort starben sie zu Tausenden in den Sümpfen Mesopotamiens. In Sabra und Schatila, im Herzen von Beirut, mordeten erst christliche Milizen die umzingelten Palästinenser, um wenig später das Feld den Schiiten der Amal-Miliz zu überlassen, die ein noch schlimmeres Blutbad unter den Flüchtlingen anrichteten. Ganze Kurdendörfer sind durch die irakische Armee vergast worden. In Nordirland glüht der absurde und gotteslästerliche Bruderzwist zwischen Katholiken und Protestanten weiter. Die hoffnungsvolle Entwicklung Spaniens wird immer wie-

zeilen

der durch die Bombenanschläge der baskischen Eta erschüttert.
Dazu kam der international organisierte Terror, die brutale Ermordung eines gelähmten Amerikaners auf der „Achille Lauro", die Explosion einer Panam-Maschine über der schottischen Ortschaft Lockerbie. Das sind nur einige Beispiele für jene Welle der Gewalttätigkeit, die sich rund um den Erdball fortpflanzte. Das Ferienparadies Sri Lanka wurde nach dem Tamilenaufstand zum Schauplatz eines heimtückischen Bürgerkrieges. Die Regierung Südafrikas trat weiterhin die Menschenrechte der schwarzen Bevölkerungsmehrheit mit Füßen. Südkorea machte mit immer neuen Straßenschlachten und Studentenrevolten, und nicht nur mit glanzvollen Olympischen Spielen, von sich reden. Verschwörerische Verbrecher-Organisationen, von denen die Mafia die bekannteste ist, trotzten ungestraft der Staatsgewalt. Das Drogengeschäft nahm ungeheuerliche Ausmaße an. Aus Asien wurde Heroin, aus Lateinamerika Kokain in die großen Industriestaaten des Westens eingeschleust, so daß der neue amerikanische Präsident George Bush der Rauschgiftbekämpfung, wie schon sein Vorgänger Reagan, höchste Priorität in seinem Regierungsprogramm einräumte.
Dennoch wäre es völlig abwegig, dieses verflossene Jahrzehnt nur mit Unheil und Niedergang gleichzusetzen. Niemals zuvor in der Geschichte der Menschheit war eine so umfassende Kommunikation vorhanden, bot sich der Sensationsgier der Massen ein so globales Angebot. Die fortschreitende Vergreisung der westlichen Gesellschaft wirft auf lange Sicht vermutlich größere Probleme auf als das organisierte Verbrechen und Umfragen in einigen europäischen Staaten haben ergeben, daß die Arbeitslosigkeit als eine der schwersten Belastungen empfunden wird. Die Morosität, in der ein Teil der westlichen Bevölkerung zu versacken drohte, war vielleicht eine Reaktion auf die übertriebene Zuversicht früherer Dekaden.
Das Abklingen des kalten Krieges zwischen den Supermächten, so mußte man sehr bald feststellen, bot keine Gewähr für einen weltweiten Frieden. Mit dem Ende der Bipolarität zwischen Washington und Moskau bildeten sich neue Kraftzentren und Schwerpunkte heraus. Die Steuerung des

Weltgeschehens war dadurch nicht einfacher geworden. Die Regionalkonflikte entzogen sich oft jeder Beeinflussung von außen. Auch nach dem Abzug der Roten Armee aus Afghanistan geht das Kämpfen und das Morden weiter. Unter Bezug auf die unzähligen Wirren und Konflikte in der Dritten Welt kam das Wort von der „Liberalisierung" des Erdballs auf.

Mag sein, daß die große Debatte über die Zukunft Südafrikas von ihrer Schärfe verloren hat, seit das dortige Apartheid-Regime kleine Zugeständnisse plakatiert, der geostrategische Wert des Kaps der Guten Hoffnung geschrumpft ist und die bevorstehende Lösung der Namibia-Frage auch zwischen Kapstadt und Johannesburg Entspannungshoffnungen weckt. Die Gesamtsituation im Schwarzen Erdteil ist dennoch trostlos. Eine Generation ist seit dem Ende der weißen Kolonialherrschaft vergangen, und die Dinge haben sich dort generell zum Schlechteren entwickelt. Die Wüsten dehnen sich aus. Die staatliche Ordnung zerfällt. Die künstlich aufgeblähten Wirtschaftssysteme leben von Subventionen. Das Beispiel Äthiopien, das mit der Ausnahme fünfjähriger Unterwerfung durch Mussolini niemals kolonisiert wurde, beweist, daß viele der Nöte Afrikas auf eigenes Versagen, auf eigenes Fehlverhalten der dortigen Regierungen zurückzuführen sind, daß die karitative Bereitschaft, die sich in den westlichen Industrienationen zu umfangreichen Spendenaktionen aufraffte, am extremen Souveränitätsdenken und an der mißtrauischen Selbstsucht der einheimischen Potentaten scheitern kann. Die Diskussion über die Entwicklungshilfe ist in den achtziger Jahren nicht verstummt, und am Ende steht Ratlosigkeit. Schon gerät vielerorts die Entwicklungshilfe in den Verdacht des Neokolonialismus.

Die Frage stellt sich immer wieder, ob die Menschheit reif ist für die ungeheuren Perspektiven, die sich ihr nach den rasanten Fortschritten der Elektronik, nach den Entdeckungen auf dem Gebiet der Genetik bieten. Den Zauberlehrlingen sind schreckliche Warnzeichen gesetzt worden. Nach einer Periode ungehemmter sexueller Permissivität ist das Gespenst der Aids-Seuche aufgetaucht, deren Behandlung oder gar Heilung unlösbare Probleme aufgibt. Werden in Zukunft andere Viren entstehen, die eventuell den Fortbestand der menschlichen Gattung in Frage stellen? Bereiten sich gar biologische Mutationen vor, die außer Kontrolle geraten? Hatten die frühen achtziger Jahre unter dem Motto einer idyllischen Rückkehr zur Natur gestanden, so hat man die Natur wieder fürchten gelernt. Sind die neo-rousseauistischen Ideale verblaßt? Das freiheitliche Aufbegehren der Armenier wurde geknebelt, als ein Erdbeben von ungewöhnlicher Heftigkeit die Ortschaften dieser kaukasischen Sowjetrepublik verwüstete. Die „conditio humana" bleibt weiterhin düsteren, völlig unberechenbaren Urkräften ausgeliefert.

Die Europäer tun sich schwer damit, die neuen Machtverhältnisse zu analysieren. Dieser geteilte Kontinent starrt weiterhin auf die Narben des kalten Krieges und kann sich schwer darauf umstellen, daß der ideologische Ost-West-Konflikt der Vergangenheit angehört, daß die Nord-Süd-Problematik die Aufmerksamkeit der Zukunft erfordert. In diesem Jahrzehnt wurde die deutsch-französische Kooperation zum harten Kern eines organischen europäischen Zusammenschlusses ausgebaut. Die Perspektive eines vereinheitlichten Wirtschaftsraumes zwischen Schottland und Sizilien bietet dem Abendland eine reale Chance, neben den neuen Kräftepolen China, Japan und eventuell Indien sein eigenes Gewicht dank innerer Kohäsion zu mehren, ja zu einem gleichberechtigten Partner der Großen heranzuwachsen.

Den Erfolgen der westeuropäischen Einigung stehen in Osteuropa zahlreiche Symptome der Auflösung gegenüber. Ohne daß die Bewohner des alten Kontinents sich dessen recht bewußt wären, ist der Status quo der Teilung, das System von Jalta ernsthaft angeschlagen worden. Mag man in der Bundesrepublik darüber diskutieren, ob die deutsche Frage noch offen, ob der Zustand der Teilung endgültig sei, alle anderen Staaten in Ost und West wissen sehr wohl, daß auch hier die Dinge in Bewegung geraten sind. Am Ende der achtziger Jahre gerät Deutschland wieder in den Mittelpunkt vertiefter politischer Überlegungen zwischen Ost und West, werden Planspiele angestellt, wie der Perspektive einer überfälligen territorialen Veränderung im Herzen Europas begegnet werden kann. Manche dieser Überlegungen mögen verfrüht und unausgereift sein, doch die westliche Allianz sieht sich herausgefordert, an einer gesamteuropäischen Lösung zu arbeiten, ohne deren Realisierung die „deutschen Ungewißheiten" unkontrollierbar werden könnten.

Noch betonen die Militärs der Atlantischen Allianz das gewaltige konventionelle Übergewicht des Ostblocks. Aber vermutlich ist Europa in eine geschichtliche Phase eingetreten, wo die militärischen Gewichtungen ziemlich irrelevant sind. Die EG hat andere Trümpfe anzubieten: ihre demokratischen Freiheiten, ihren weit verbreiteten Wohlstand, ihre kulturelle Vielfalt, ihr ungeheures wirtschaftliches Potential. Sie übt damit eine magnetische Anziehungskraft auf den Osten aus. Eine Schwerpunktverlagerung hat zweifellos schon stattgefunden, und zwischen Riga und Budapest träumt man davon, sich diesem blühenden Staatenbund anzugliedern. Es ist auch bezeichnend für die neue Situation, daß Moskau bisher sehr lässig auf den Antrag der Republik Österreich reagiert hat, der Europäischen Gemeinschaft beizutreten, obwohl Wien zu strikter Neutralität verpflichtet ist.

In den Kanzleien redet man wieder von einem Europa, das „vom Atlantik zum Ural" reicht, eine Formel, die Charles de Gaulle lanciert hatte. Michail Gorbatschow seinerseits preist ein Konzept vom „gemeinsamen europäischen Haus" an, wobei ungewiß bleibt, ob diese Konstruktion am Ural, in Usbekistan oder am Pazifischen Ozean enden soll. Mißtrauen bleibt angebracht angesichts solch utopischer Offerten. Aber die Angst vor dem Osten ist einer neuen Zuversicht gewichen. In Paris und in Bonn muß man wohl oder übel der Tatsache Rechnung tragen, daß die bisherige Verankerung der Bundesrepublik im Westen auf Sand gebaut wäre, wenn dadurch jede Perspektive einer nationalen deutschen Zukunft blokkiert würde. Gemeinsame Ostpolitik zwischen Franzosen und Deutschen ist gefragt. An der Bewältigung dieser Aufgabe – so wird heute deutlich – entscheidet sich das Schicksal des Kontinents und der verheißungsvollen westeuropäischen Union.

Das Thema der Asylanten, der Einwanderer und Gastarbeiter brennt den meisten westeuropäischen Industriestaaten auf den Nägeln. Eine seltsame Parallelität der Reaktionen hat sich beiderseits des Rheins eingestellt: Die Bewegung der Grünen hat in Frankreich – spätestens seit den Kommunalwahlen von 1989 – Fuß gefaßt. Die Rechtsradikalen, die der Rattenfänger Le Pen hinter sich sammelte, haben nun auch in der Bundesrepublik erste Wahlerfolge erzielt. Die Regierungen müssen sich fragen, wie sie den häßlichen Affekten der Ausländerfeindlichkeit begegnen können. Aber sie müssen – angesichts verstärkter Immigration – auch bedenken, daß das Ignorieren gewisser psychologischer Schwellen unkontrollierbare Abwehrreflexe, ja rassistische Auswüchse auf den Plan ruft. Die Gefahr ist riesengroß, daß der vielgepriesene Nord-Süd-Dialog eines Tages zur Nord-Süd-Konfrontation ausartet.

Der Staat Israel, der vielen Arabern als waffenstarrender Vorposten des Westens erscheint, hat die Erfahrung machen müssen, wie prekär jeder Versuch einer multikulturellen Koexistenz ist. Die sogenannte „Intifada" in den von Israel besetzten Gebieten deutet auf eine völlig neue Entwicklung hin. Die Auflehnung wurde weder von der PLO noch von der nationalistischen Elite Palästinas ausgelöst und getragen. Sie ist das Werk einer Generation von Halbwüchsigen, der jede Zukunftsvision versperrt ist und die nicht unter den Komplexen der Älteren leidet. Die „Intifada", diese neue Form der Jugendrevolte, kann auch die Supermächte, ja alle etablierten Regime das Fürchten lehren, beweist sie doch, daß das waffenlose Aufbegehren einer zu allem entschlossenen jugendlichen Masse durch eine hochgerüstete Armee nicht in Schach zu halten ist.

Schon werden Kassandra-Rufe laut, die auf die Unkontrollierbarkeit der Entwicklung im nordafrikanischen Magreb, im ägyptischen Niltal, im türkischen Anatolien verweisen. Nicht der demagogische Trommler Jean-Marie Le Pen sei hier zitiert, der unermüdlich vor der Überfremdung, vor der Arabisierung Frankreichs warnt. Der sozialistische Verteidigungsminister Jean-Pierre Chevènement, ein Politiker von fast jakobinischem Zuschnitt, verweist auf die Kluft, die zwischen den beiden Ufern des Mittelmeeres aufzureißen droht. Während West-Europa sich zu einer Insel ständig wachsenden Wohlstandes, aber abbröckelnder Bevölkerungszahl entwickelt, findet jenseits des Mittelmeeres eine demographische Explosion statt, die zwangsläufig in den Aufstand der Massen, die Erschütterung jeder staatlichen Ordnung einmündet. Die Jugendlichen, die in vielen dieser Länder bereits 70 Prozent der Einwohner ausmachen, sehen keine beruflichen Chancen, keine menschenwürdige Existenz vor sich. Schon neigen sie nach dem krassen Versagen des marxistischen Modells dazu, ihr Heil im islamischen Fundamentalismus zu suchen. Ein Teufelskreis käme zustande, wenn sich das Abendland in Rassismus und Fremdenfeindlichkeit abkapselte, während die andere Seite mit wütender Mißgunst, ja mit Terrorismus reagiert.

Nicht der Ost-West-Gegensatz, sondern die Unberechenbarkeit des Nord-Süd-Verhältnisses zeichnet sich am Ende der achtziger Jahre als das große und noch ungelöste Bedrängnis der Zukunft ab. Was für die Europäer gilt, trifft auch für die Nordamerikaner zu, wenn sie über den Rio Grande nach Lateinamerika blicken, und vor allem für die Russen, deren asiatisches Imperium dem historischen Zwang zur Entkolonisierung bislang so hartnäckig widerstanden hat.

Peter Scholl-Latour

Ein Mann stirbt an AIDS

Eine neue Seuche beunruhigt die Welt: Die tödliche Immunschwäche AIDS. Ende der siebziger Jahre zum erstenmal in den USA diagnostiziert, breitet sich die auch als HIV-Infektion bezeichnete Krankheit ständig weiter aus. Die Weltgesundheitsorganisation in Genf registriert bis zum Frühjahr 1989 mehr als 140 000 gemeldete AIDS-Fälle aus einem Zeitraum von zehn Jahren. Die wirkliche Zahl der Erkrankungen wird auf mindestens doppelt so viele geschätzt. An der Spitze der Statistik stehen mit 86 157 gemeldeten Fällen die USA, gefolgt von Frankreich mit 5655 und Uganda mit 5508 Fällen. In Italien sind über 3000 Fälle und in der Bundesrepublik 2885 Fälle bekannt. Allein in den USA sterben in einem Jahr wie 1988 6561 Menschen an AIDS – wie schon 1987 der 30jährige Thomas Ramos, den der aus Israel stammende Fotojournalist Alon Reininger kurz vor dem Tod fotografiert. Ramos hat sich vermutlich beim Geschlechtsverkehr mit seiner Frau infiziert. Die meisten AIDS-Opfer, etwa 80 Prozent, sind Homosexuelle und Fixer. Übertragen werden die HIV-Viren durch Blutkontakte, aber auch durch Sperma und andere Körperflüssigkeiten. Auch durch Transfusionen mit verseuchtem Blut ist es in vielen Fällen zu AIDS-Infektionen gekommen.

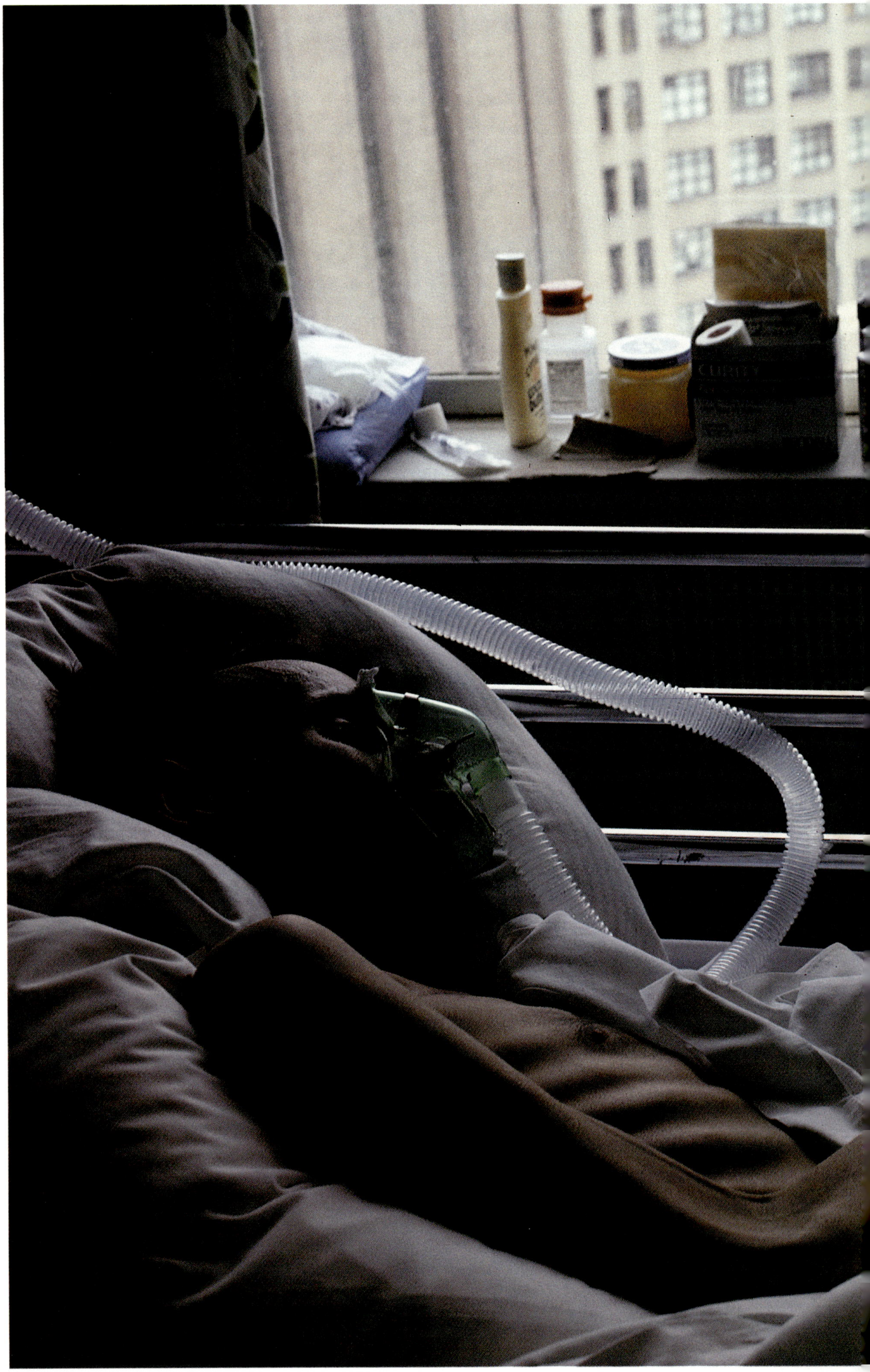

In Polen wächst die Opposition

Die schlechte Versorgungslage in Polen löst im Sommer 1980 auf der Danziger Lenin-Werft einen Arbeitskampf aus, der auf ganz Polen übergreift und zur Gründung der unabhängigen Gewerkschaft „Solidarność“ unter der Führung von Lech Walesa (links) führt. Die Streikenden erhalten Unterstützung durch katholische Priester. Nach einem Gottesdienst am Tor der Lenin-Werft nehmen zwei Geistliche den Arbeitern die Beichte ab. Der Priester in der Mitte ist Jerzy Popieluszko aus Warschau, der vier Jahre später von drei Offizieren der Sicherheitspolizei entführt und ermordet wird. Den Streikenden gelingt es 1980, bei der kommunistischen Regierung in Warschau grundlegende Reformen durchzusetzen: Einführung des Streikrechts und Zulassung der unabhängigen Gewerkschaft „Solidarność“ in ganz Polen. Obwohl die „Solidarność“ bei Verhängung des Kriegsrechts im Dezember 1981 wieder verboten wird, bleibt sie neben der katholischen Kirche die mächtigste oppositionelle Gruppierung. Im Frühjahr 1989 nehmen Arbeiterführer Lech Walesa und andere „Solidarność“-Vertreter gemeinsam mit anderen Oppositionellen in Warschau an Verhandlungen mit Repräsentanten der kommunistischen Regierungspartei teil, bei denen die Wiederzulassung der unabhängigen Gewerkschaft und demokratische Reformen durchgesetzt werden.

DOBRA PRACE

Nach dem Sieg der Skandal

Vom Start weg liegt der aus Jamaica stammende Kanadier Ben Johnson am 24. September 1988 in Seoul beim 100-Meter-Finale der Olympischen Spiele vorn. Tausende jubeln dem Mann mit der goldenen Kette um den Hals zu, als er das Rennen in 9,79 Sekunden gewinnt und dadurch einen neuen Weltrekord aufstellt. Drei Tage später wird Johnsons Sieg annulliert, weil er unerlaubt das muskelbildende Präparat Stanozolol eingenommen hatte. Bei einer Doping-Kontrolle waren Spuren davon in seinem Urin nachgewiesen worden. Johnson muß seine Goldmedaille an den Endlaufzweiten Carl Lewis (vierter von rechts) abgeben, der die Strecke in 9,92 Sekunden lief. Vor einem Untersuchungsausschuß der kanadischen Regierung in Toronto gesteht im März

1989 Ben Johnsons langjähriger Trainer Charlie Francis, daß sein Schützling schon im Herbst 1981 mit gezieltem Doping angefangen habe und daß er unter den Goldmedaillengewinnern der letzten Olympiaden keinesfalls der einzige Sünder gewesen sei.

Aufstand auf dem Dach der Welt

In Tibet bricht im Herbst 1987 ein Volksaufstand gegen die chinesische Fremdherrschaft aus. Nachdem Maos Rote Armee den Himalaja-Staat 1950 eroberte, bekam Tibet 1965 den Status einer chinesischen „autonomen Region“. Nun fordern Demonstranten in der Hauptstadt Lhasa unter der Führung buddhistischer Mönche Unabhängigkeit und die Rückkehr ihres 1959 vor den Chinesen ins indische Exil geflohenen Gottkönigs Dalai Lama. Als Polizei gegen die Demonstranten vorgeht, kommt es zu Straßenschlachten. Die Besatzer werden mit Steinen beworfen, Polizeifahrzeuge in Brand gesetzt und die Fenster chinesischer Verwaltungsgebäude eingeworfen. Peking verstärkt die Polizei. Als es zu neuen Unruhen kommt, schießen Chinesen in die Menge. Es gibt unter den Tibetern viele Verletzte und wenigstens zwölf Tote. Währenddessen ruft der Dalai Lama seine Landsleute von Indien aus zum gewaltlosen Widerstand auf. Auf Goodwill-Reisen durch die Welt fordert er den Rückzug Chinas und gibt die Losung aus: „Alle Menschen sollen frei sein!“ Im Frühjahr 1989 kommt es bei Unabhängigkeits-Demonstrationen in Lhasa erneut zu schweren Zusammenstößen. Jugendliche verwüsten chinesische Läden und Restaurants. Peking entsendet daraufhin schwerbewaffnete Armee-Einheiten nach Lhasa. Wieder gibt es zahlreiche Tote und Verletzte.

Mit Knüppeln gegen Menschenrechte

Nur noch durch brutale Unterdrückung der schwarzen Mehrheit kann sich das rassistische Apartheid-Regime in Südafrika auch im achten Jahrzehnt dieses Jahrhunderts an der Macht halten. Aber die Spannungen wachsen, die Demonstrationen schwarzer und weißer Menschenrechtler für demokratische Freiheiten nehmen zu – trotz des Ausnahmezustandes, den das Regime von Pieter Willem Botha über das Land verhängt. In der eigenen Partei des Premiers mehren sich die Stimmen für eine Aussöhnung mit der schwarzen Bevölkerung. Bothas Nachfolger an der Spitze der Regierung, Erziehungsminister Frederik Willem de Klerk, erklärt 1989 als sein politisches Ziel „ein neues, völlig verändertes Südafrika ohne jede Unterdrückung". Nur noch durch eine große nationale Versöhnung ist das unter zunehmenden Unruhen, wirtschaftlichen Krisen und internationalen Sanktionen leidende Land vor einem blutigen Bürgerkrieg zu bewahren, den zu gewinnen nur die Schwarzen eine Chance haben.

Eine Frau steht in Flammen

Die südkoreanische Hauptstadt Seoul ist 1988 kurz vor Eröffnung der Olympischen Spiele wieder einmal Schauplatz von Straßenschlachten. Militante Studenten demonstrieren für mehr demokratische Freiheiten. Polizisten mit Schutzschilden versuchen sie zurückzudrängen. Steine und Molotowcocktails fliegen durch die Luft. Eine Frau gerät bei einem Einkaufsgang zwischen die Fronten und stolpert in eine Lache entzündeten Benzins. Ihre Kleider brennen. Ein Polizist mit Handfeuerlöscher kommt der Frau zu Hilfe. Das rettet ihr das Leben.

Eine Frau steigt zur Spitze auf

Zu einem Triumphzug durch Pakistan gerät 1986 die endgültige Rückkehr der Oppositionspolitikerin Benazir Bhutto aus dem Exil. Sie ist die Tochter des 1979 hingerichteten Premiers Zulfikas Ali Bhutto, dessen Bild einen Wagen schmückt, mit dem sie durch ihre Heimat reist. Ihr und ihres Vaters ärgster Feind, Staatschef General Zia ul-Haq, kommt im August 1988 bei einem Flugzeugabsturz ums Leben, der vermutlich auf einen Sabotageakt zurückzuführen ist. Drei Monate später erringt Benazir Bhutto bei den ersten freien Parlamentswahlen seit elf Jahren einen überwältigenden Sieg. Die von ihr geführte Volkspartei wird stärkste Partei. Als erste Frau wird Benazir Bhutto Regierungschefin eines moslemischen Staates.

Attentat auf Sadat

Während einer Militärparade in der Kairoer Trabantenstadt Nasr-City stürmen am 6. Oktober 1981 vier Attentäter in Armeeuniform zur Ehrentribüne. Sie werfen Handgranaten und nehmen mit ihren automatischen Gewehren den in der ersten Reihe sitzenden ägyptischen Staatspräsidenten Anwar al-Sadat unter Feuer. Zwei Leibwächter versuchen, dem zusammengebrochenen Staatsmann zu Hilfe zu kommen, auf den über die Balustrade hinweg zwei Attentäter noch immer Schüsse abgeben, während ein Fotograf die Mordszene aufnimmt. Der Präsident wird von 15 Kugeln getroffen und stirbt auf dem Weg ins Krankenhaus. Sadats Mörder sind fanatische Moslems, die ihn wegen seiner Aussöhnung mit Israel hassen. Das Attentat bedeutet einen schweren Rückschlag für alle, die um eine friedliche Lösung des jahrzehntelangen Nahost-Konflikts bemüht sind.

Leibwache erschießt Indira Gandhi

Die indische Ministerpräsidentin Indira Gandhi wird am 31. Oktober 1984 in ihrer Residenz in der Hauptstadt Neu-Delhi von zwei Mitgliedern ihrer Leibwache angeschossen und stirbt zwei Stunden später. Beide Mörder sind Sikhs, deren heiliger „Goldener Tempel" in Amritsar am 6. Juni von Armee und Miliz gestürmt worden war. Die Aktion richtete sich gegen den für terroristische Anschläge verantwortlichen Sikh-Führer Sant Jarnail Singh Bhindranwale und seine Gefolgsleute. Er und Hunderte Sikhs kamen bei der Erstürmung des Tempels ums Leben. Die Sikhs schworen Rache. Eine ihrer Exil-Organisationen setzte für die Ermordung der 66jährigen Regierungschefin umgerechnet 400 000 Mark Prämie aus. Als in Indien bekannt wird, daß die Mörder Indira Gandhis zwei Sikhs sind, kommt es in vielen Teilen des riesigen Landes zu blutigen Unruhen. Fanatische Hindus machen Jagd auf Sikhs, massakrieren sie, vergewaltigen ihre Frauen und setzen ihre Häuser in Brand. Erst als in über 30 Städten die Ausgangssperre verhängt wird und Armeeinheiten eingreifen, gehen die Massaker zu Ende. Bilanz der Unruhen: über 4000 Tote, Zehntausende Verletzte. Nachfolger der ermordeten Regierungschefin, die den Subkontinent mit einer kurzen Unterbrechung von 33 Monaten seit 1966 geführt hatte, wird ihr Sohn Rajiv Gandhi.

Mord an Olof Palme

In der Stockholmer Innenstadt wird am Abend des 28. Februar 1986 der schwedische Ministerpräsident Olof Palme von einem Unbekannten erschossen. Der 59jährige Sozialdemokrat befand sich mit seiner Frau auf dem Heimweg von einer Kinovorstellung. Auf Leibwächter hatte er verzichtet. Der Tatort wird an den folgenden Tagen zum Wallfahrtsort trauernder Schweden. Sie legen dem Toten zu Ehren Blumen nieder und zünden für ihn Kerzen an. Auch über die Grenzen Schwedens hinaus löst der Tod Olof Palmes große Erschütterung aus. Er hatte sich als Abrüstungspolitiker und als Fürsprecher der notleidenden Dritte-Welt-Länder überall Anerkennung erworben. Bei der Suche nach dem Attentäter tappt die Polizei lange Zeit im dunkeln. Viele vermeintlich heiße Spuren erweisen sich als falsch. Ende 1988 wird ein geistesgestörter Gewalttäter als mutmaßlicher Mörder festgenommen.

Die Boeing als „Cabriolet“

In den Jahren 1988 und 1989 häufen sich Flugzeugunfälle durch Materialschäden. Die spektakulärste Panne trifft am 28. April 1988 eine Boeing 737-200 der „Aloha Airlines“ aus Hawaii. 7300 Meter hoch über dem Pazifischen Ozean löst sich das Dachsegment über dem Vorderteil und segelt davon. Die Passagiere sitzen plötzlich im Freien. Eine Stewardeß, die gerade Getränke serviert, wird von Bord gerissen und stürzt in den Tod. Ihre Kollegin kommt nur deswegen mit dem Leben davon, weil angeschnallte Passagiere sie mit vereinten Kräften festhalten. Eine Viertelstunde später landet der 42jährige Kapitän Robert Schornstheimer seine zum „Cabriolet“ gewordene Maschine sicher auf der Insel Maui. Die meisten der 61 Passagiere sind verletzt, aber alle haben überlebt. Als Ursachen für das Unglück, das um ein Haar zur Katastrophe geworden wäre, ermitteln Fachleute später Risse und Rostschäden an der Druckkabine.

'88 4 29

Sowjets schießen Jumbo ab

Auf dem Flug von Alaska nach Seoul wird in der Nacht zum 1. September 1983 ein Jumbo-Jet der Korean Airlines (KAL) von einem sowjetischen Su-15-Abfangjäger angegriffen. Zwei Raketen treffen die Boeing 747, und die von ihrem Kurs in sowjetischen Luftraum abgewichene Maschine stürzt nahe der Insel Sachalin in den Pazifik. Alle 240 Passagiere und die 29 Besatzungsmitglieder kommen ums Leben. Stumme Zeugen der Katastrophe sind Schuhe der Toten, die bei einer Suchaktion aus dem Meer gefischt werden. Warum der koreanische Pilot vom Kurs abwich und die als „militärisches Sperrgebiet" ausgewiesenen Lufträume über dem sowjetischen Raketen- und U-Boot-Stützpunkt Petropawlowsk auf der Halbinsel Kamtschatka überflog, bleibt ungeklärt. Nach sowjetischen Angaben ignorierte der Pilot die Aufforderung des Abfangjägers zum Landen. Inoffiziell geben sowjetische Funktionäre später zu verstehen, der Abschuß sei auf Fehler ihrer Luftüberwachung und übereifrige Militärs zurückzuführen.

Die Landung auf dem Roten Platz

Unbehindert von der sowjetischen Luftwaffe fliegt der 19jährige Bundesdeutsche Mathias Rust am 8. Mai 1987 mit einer Cessna-172 von Finnland aus nach Moskau und landet vor den Augen staunender Touristen auf dem Roten Platz. Das Bravourstück, ein Dummejungenstreich, dient dem neuen Kreml-Herrn Michail Gorbatschow zum Anlaß, sich hoher Militärs zu entledigen. Der Sportflieger aus Wedel bei Hamburg gibt bei seiner Festnahme an, sein Flug sei als eine Friedensmission zu verstehen. Der Oberste Gerichtshof verurteilt den jungen Mann, der durch sein waghalsiges Landemanöver im Zentrum einer Weltstadt Menschenleben aufs Spiel setzte, am 4. September wegen Rowdytums und Verletzung des sowjetischen Luftraumes zu vier Jahren Arbeitslager. Er bleibt dann jedoch unter erleichterten Haftbedingungen im Moskauer Letertowo-Gefängnis. Im August 1988 wird Rust vorzeitig aus der Haft entlassen und in seine Heimat abgeschoben.

Die Eroberung von Grenada

1900 US-Soldaten und 300 Mann aus karibischen Staaten besetzen im Morgengrauen des 25. Oktober 1983 nach kurzen Gefechten die karibische Insel Grenada. Die USA wollen so verhindern, daß das paradiesische Eiland mit seinen 108 000 Bewohnern zum sowjetischen Stützpunkt ausgebaut wird. Eine solche Sorge hatte man in Washington solange nicht, wie die Insel von dem rechtsgerichteten Diktator Eric Gairy regiert wurde. 1979 war Gairy gestürzt worden und eine sozialistische Regierung unter Maurice Bishop an die Macht gekommen. Mitte Oktober 1983 hatten orthodoxe Kommunisten durch einen Coup versucht, die Führung zu übernehmen. Der gemäßigte Sozialist Bishop wurde unter Hausarrest gestellt, dann von seinen Anhängern befreit und später von den kommunistischen Putschisten erschossen. Die Sicherheit der 1000 auf Grenada lebenden US-Bürger diente den USA als Vorwand zur Invasion. Während amerikanische Truppen landen und Washingtons Vormachtstellung auf Grenada sichern, wird der Bevölkerung über einen US-Radiosender verkündet: „Befreiungskräfte sind gekommen, um Ordnung und Ruhe wiederherzustellen."

SPICE ISLE NECTARS,
THE NATURAL CHOICE

Gaskrieg gegen die Kurden

In den letzten Monaten des Golfkrieges greift die irakische Luftwaffe im Grenzgebiet zum Iran von irakischen Kurden bewohnte Bergdörfer mit Gasbomben an. Den Kurden wird von der Regierung in Bagdad vorgeworfen, sich mit den in das Gebiet vorgedrungenen iranischen Truppen gegen den Irak verbündet zu haben. Insgesamt kommen bei den Giftgasangriffen auf kurdische Orte wie Halabja etwa 5000 Zivilisten ums Leben, darunter viele Kinder. Nach kurdischen Angaben werden die Gasangriffe auf ihre Siedlungen auch nach dem im August 1988 abgeschlossenen Waffenstillstand zwischen Irak und Iran fortgesetzt. In Bagdad wird der Einsatz chemischer Kampfmittel bestritten. Aus Angst vor Repressalien der irakischen Armee fliehen über 100 000 irakische Kurden in die Türkei.

Das Beste, was mit Raketen passieren kann

Erste Erfolge der Abrüstungsverhandlungen zwischen der Sowjetunion und den USA: Im Februar 1988 ziehen die Sowjets vorzeitig Mittelstreckenraketen kürzerer Reichweite aus der DDR und der Tschechoslowakei ab. In Bischofswerda bei Dresden werden abziehende Sowjetsoldaten von kleinen Kindern mit roten Fähnchen verabschiedet. Am 1. August 1988 zerstört die Rote Armee in Sarjosek, Sowjetrepublik Kasachstan, die ersten vier SS-12-Mittelstreckenraketen in Anwesenheit amerikanischer Inspektoren. Sie werden nach Entfernung der Atomsprengköpfe in die Luft gesprengt. Gleichzeitig beginnt auch in Westeuropa und in den USA die Verschrottung von Raketen mittlerer Reichweite.

Anschlag auf die Demokratie

Am 23. Februar 1981 stürmen rund 200 Mitglieder der spanischen Guardia Civil in Madrid während der Ministerpräsidenten-Wahl das Parlament, die Cortes, und richten ihre Waffen auf die darin versammelten 350 Abgeordneten. Der Anführer der Putschisten, Oberstleutnant Antonio Tejero Molina, erklärt die Parlamentarier mit gezogener Pistole zu Geiseln. Sie sollen solange gefangen bleiben, bis eine Militärregierung gebildet ist. Zur gleichen Zeit ruft in Valencia General Jaime Milans del Bosch den Ausnahmezustand aus. Drahtzieher des Staatsstreichs sind hohe faschistische Offiziere, die sich nach der Diktatur der Franco-Zeit zurücksehnen. Der Putsch gegen die Demokratie scheitert an der ablehnenden Haltung König Juan Carlos' und der Loyalität der Streitkräfte gegenüber der legalen Regierung. Nach 18 Stunden müssen Oberstleutnant Tejero und seine Kumpane ihre Geiseln wieder freigeben. Die Putschisten werden festgenommen, und 33 von ihnen später zu Freiheitsstrafen bis zu 30 Jahren verurteilt. Die spanische Demokratie hat im fünften Jahr ihres Bestehens eine Bewährungsprobe bestanden.

NO

Die Mehrheit sagt „No“ zu Pinochet

Bei einer Volksabstimmung lehnt die chilenische Bevölkerung am 5. Oktober 1988 mit großer Mehrheit eine Fortsetzung der Militärregierung unter Präsident Augusto Pinochet ab. Vor und nach der Abstimmung ist Santiago de Chile Schauplatz von Massendemonstrationen, bei denen übermalte Bilder des Generals mit der Aufschrift „No“ gezeigt werden. Augusto Pinochet, der seit der Ermordung des sozialistischen Präsidenten Salvador Allende 1973 an der Macht ist, hatte an einen sicheren Sieg bei der von ihm selber inszenierten Volksabstimmung geglaubt. Doch die Mehrheit der „No“-Sager liegt nach amtlichen Angaben bei 54,7 Prozent – und nach Meinung von Oppositionellen noch weit höher. Enttäuscht reagiert die Bevölkerung, als Präsident Pinochet trotz der Niederlage seinen sofortigen Rücktritt verweigert. Unter Hinweis auf eine Verfassungsklausel beharrt er darauf, noch bis zum 11. März 1990 im Amt zu bleiben.

Der Virtuose bricht seinen Boykott

Auf seinem aus den USA eingeflogenen Steinway-Flügel gibt der als größter Virtuose der Welt geltende Pianist Vladimir Horowitz im April 1986 im Moskauer Konservatorium ein umjubeltes Konzert. Über ein halbes Jahrhundert lang hatte sich der gebürtige Russe geweigert, in der Sowjetunion und in Deutschland aufzutreten, das ihm wegen der Judenverfolgungen während der Nazi-Herrschaft suspekt ist. Nun aber bricht er seinen eigenen Boykott und kehrt an die Stätten seiner frühen Triumphe zurück: Moskau und Leningrad, Hamburg und Berlin. Auch mit 82 Jahren begeistert Horowitz sein Publikum mit unvergleichlichen Klängen, wie nur er sie zu zaubern versteht. Die Konzerte sind, wie immer auf Wunsch des Pianisten, auf sonntags um vier Uhr nachmittags festgesetzt. Und auch, wenn es vier Uhr morgens wäre, die große Gemeinde der Horowitz-Bewunderer käme in Scharen. Des Künstlers Lohn: bis zu 500 000 Dollar für einen Auftritt.

Am schwarzen Montag stürzen die Kurse

19. Oktober 1987. Erschöpft hockt der Makler Matthew Barrall zwischen zwei Computern der Chikagoer Börse, in der an diesem schwarzen Montag eine Schlacht geschlagen und verloren wurde. Ausgehend von den USA haben dramatische Kursstürze die internationalen Aktienmärkte erschüttert. In New York fällt der Dow-Jones-Index um 508 Punkte, insgesamt 22,6 Prozent. In Frankfurt gehen die Aktienkurse um durchschnittlich 7,1 Prozent nach unten. Am 20. Oktober meldet die Börse von Tokio Rekordverluste von 14,9 Prozent. Die Börse von Hongkong wird geschlossen. Kaum hat sie am 26. Oktober wieder geöffnet, sacken die Kurse um 33 Prozent ab. Es folgen weitere Kursstürze an anderen Börsenplätzen. Der Wert des Dollar im Vergleich zur D-Mark sinkt von 1,774 DM am 19. Oktober auf 1,5815 DM am Jahresende. Langsam beruhigt sich die Lage dann wieder. Anders als beim Schwarzen Freitag von 1929 folgt auf den schwarzen Montag von 1987 keine Weltwirtschaftskrise.

Hand in Hand auf dem Schlachtfeld

Eine ungewöhnliche Geste verbindet am 22. September 1984 auf dem Schlachtfeld von Verdun Frankreichs sozialistischen Staatspräsidenten François Mitterrand und den konservativen deutschen Bundeskanzler Helmut Kohl. Sie gedenken Hand in Hand der 500 000 Soldaten beider Nationen, die hier 1916 im Ersten Weltkrieg gefallen sind. Mitterrand und Kohl wollen so ein Zeichen der Aussöhnung setzen, zu der es nach dem Kriege

zwischen Deutschen und Franzosen gekommen ist. Für den Bonner Kanzler bedeutet die Verbrüderungsszene zugleich eine kleine Entschädigung dafür, daß er als deutscher Regierungschef nicht im Juni an der Feier der Alliierten zum 40. Jahrestag ihrer kriegsentscheidenden Landung in der Normandie teilnehmen durfte. Für manche Beobachter wirkt die Freundschaftsgeste allerdings mehr gekünstelt als rührend. Die linke Pariser Zeitung „Le Matin" schreibt: „Eine Freundschaft, die so vieler Symbole bedarf, ist nicht so fest, wie Paris und Bonn glauben machen möchten."

Unr

Zwischen den beiden Supermächten ist der kalte Krieg im Laufe der achtziger Jahre hoffentlich endgültig abgeklungen. Eine gegenseitige nukleare Vernichtung ist kaum noch vorstellbar. Die Kubakrise der frühen sechziger Jahre, als die Welt am Rande der Apokalypse stand, dürfte sich nach menschlichem Ermessen nicht mehr wiederholen. Spätestens seit dem Super-GAU von Tschernobyl sind sich die verantwortlichen Atommächte bewußt, was auf dem Spiel steht, daß die Nuklear-Rüstung ihre abschreckende Kraft zwar erfüllt hat, aber für militärische Anwendung nicht taugt, es sei denn, man kalkuliert den Untergang der Menschheit ein.
Zu Beginn der achtziger Jahre begegneten sich die beiden Führungsmächte in Ost und West noch mit ideologischer Unerbittlichkeit. In den Weihnachtstagen 1979 waren sowjetische Truppen in Afghanistan eingerückt, und die Welt mußte mit weiteren territorialen Expansionsabsichten des Kreml rechnen. Erschwert wurde die Analyse der sowjetischen Intentionen durch die Ungewißheit, die die wahren Machtverhältnisse an der Spitze dieses riesigen Imperiums vernebelte. Ohne die russische Intervention hätten sich die Kommunisten von Kabul, die erst im Frühjahr 1978 durch Putsch an die Regierung gelangt waren, gegen den Aufstand der überwiegend islamischen Bevölkerung nicht behaupten können. Aber dem Vorgehen Moskaus am Hindukusch wurden auch andere, weitergreifende Zielsetzungen unterstellt. Hier bot sich eine Chance, den uralten zaristischen Traum zu verwirklichen, zu den warmen Gewässern des Indischen Ozeans vorzustoßen, den ganzen Mittleren Osten zu destabilisieren, Persien in die russische Einflußsphäre einzubringen und dem Westen den Ölhahn abzudrehen.
Es ist müßig, über die Absichten der damaligen Moskauer Führung zu spekulieren. Zweifellos hat Washington damals das Vordringen des russischen Bären in Richtung auf den indischen Subkontinent überaus ernst genommen. Fast zur gleichen Zeit hatten in Südostasien die mit Moskau verbündeten Vietnamesen zu einer Blitzoffensive gegen Kambodscha ausgeholt. In wenigen Wochen überrannten sie mit ihren kriegserprobten Divisionen dieses indochinesische Land, das seit dem Zusammenbruch des pro-amerikanischen Lon Nol-Regimes dem Horror und dem Massenmord der Roten Khmer ausgeliefert war. Die Erben Ho Tschiminhs folgten dem Vermächtnis ihres verstorbenen Führers, als sie mit der Okkupation von Kambodscha und Laos die Einheit des alten französischen Indochina wiederherstellten. Was von den Vietnamesen jedoch als regionale Flurbereinigung angesehen wurde, mußte bei gewissen Strategen des Westens den Eindruck erwecken, als sei eine umgreifende Zangenbewegung in Gang gekommen, die über Afghanistan im Westen, Kambodscha im Osten das politische Gleichgewicht Asiens aus den Angeln heben sollte.
Seltsamerweise zeigte sich der Kreml – während die Generalsekretäre Breschnew, Andropow, Tschernenko als menschliche Wracks dahinsiechten – von seiner aggressivsten Seite. Auch in Afrika versuchten die sowjetischen Expansionisten, diverse Positionen des Westens aufzurollen. In den siebziger Jahren hatten die Kubaner Fidel Castros in Angola Fuß gefaßt. Diese Präsenz

uhe

wurde nun mit Hilfe sowjetischer Logistik auf 50 000 Soldaten verstärkt. Der Verdacht kam auf, diese massive Konzentration ziele auf die Invasion Namibias und die Zerrüttung Südafrikas hin. In Äthiopien wurde zwar die kubanische Präsenz nach und nach reduziert, doch die Sowjetunion krallte sich am Osthorn Afrikas fest, kontrollierte mit Hilfe des marxistischen Regimes von Südjemen den Ausgang des Roten Meeres und somit indirekt auch den Schiffsverkehr im Suez-Kanal.

Europa blieb nicht ausgespart bei dieser russischen Kraftdemonstration. Die Stationierung von Mittelstreckenraketen des Typs SS 20 wurde von den Amerikanern als erpresserisches Druckmittel, als Ansatz zur Finnlandisierung Westeuropas angesehen. Der deutsche Bundeskanzler Helmut Schmidt und der französische Staatspräsident Mitterrand teilten diese Befürchtungen. Die lange, hitzige Debatte um die westliche Nachrüstung, um die Stationierung von Pershing II-Raketen auf dem Boden der Bundesrepublik kam in Gang. Sie löste im Atlantischen Bündnis eine tiefe psychologische Krise aus, deren Nachwirkungen heute noch zu spüren sind.

Nach dem Machtwechsel im Weißen Haus schlugen auch die USA wieder schärfere Töne an. Die Nachgiebigkeit und Unberechenbarkeit, die die Ära Carters überschattet hatten, waren nunmehr verpönt. Ronald Reagan ließ die Muskeln spielen und suchte sich als „Leader" einer kraftstrotzenden westlichen Welt zu profilieren. Große militärische Abenteuer wurden von den Amerikanern in jenen frühen achtziger Jahren glücklicherweise nicht eingegangen. Im Herbst 1983 führten amerikanische Luftlandetruppen und Marines einen Überraschungsschlag gegen den Zwergstaat Grenada in der Karibik. Die Ermordung des dortigen Premierministers Bishop durch seine eigenen marxistischen Gefolgsleute hatte alle Voraussetzungen geschaffen für eine erfolgreiche, fast unblutige US-Intervention. Eine große Waffentat war diese Eroberung der winzigen Insel Grenada nicht, aber sie signalisierte der Dritten Welt und dem Kreml, daß Washington der außenpolitischen Passivität abgeschworen hatte und zu Gegenschlägen bereit war.

Gegenüber der mittelamerikanischen Republik Nicaragua operierte die Reagan-Administration weit behutsamer. Der Präsident engagierte sich zwar nachhaltig auf seiten der sogenannten „Contras", die dem sandinistischen Regime von Managua den Untergang geschworen hatten und von Honduras aus operierten. Doch seit dem Vietnam-Fiasko war der Kongreß auf der Hut und wachte eifersüchtig darüber, daß die Geldzuwendungen und Waffenlieferungen an die Contras nicht zu einer direkten militärischen Verwicklung von US-Streitkräften ausarteten.

Bei allem Säbelrasseln auf beiden Seiten, bei allen Drohgebärden, mit denen sich die Protagonisten in Ost und West gegenüberstanden, war der Draht zwischen Moskau und Washington dennoch nie abgerissen. Trotz seiner militanten Rhetorik war Ronald Reagan kein Hasardeur, und die Entscheidungsträger im Kreml, ob sie nun den obersten Gremien von Partei, Armee oder KGB angehörten, waren alles andere als Amokläufer. Der Test wurde im Herbst 1983 erbracht, als sich ein südkoreanischer Jumbo in verdächtiger Weise der sibirischen Pazifikküste der Sowjetunion näherte, hoch sensible strategische Einrichtungen überflog und

nach einer Vielzahl von Pannen des sowjetischen Luftwarnsystems über der Insel Sachalin abgeschossen wurde. Bei diesem tragischen Zwischenfall, der die Öffentlichkeit des Westens und vor allem Japans in Wallung brachte, zeigten sich Russen und Amerikaner von der versöhnlichsten Seite und ließen keine Krisenstimmung aufkommen.
Im Frühjahr drang die israelische Armee tief in den Libanon ein, besetzte vorübergehend die Hauptstadt Beirut und vernichtete die Luftwaffe der mit Moskau verbündeten Arabischen Republik Syrien. Dennoch hat Moskau danach kein Öl ins Feuer gegossen. In gemeinsamer Bemühung haben die beiden Supermächte darauf gedrängt, daß die Israeli sich auf das südliche Grenzgebiet des Libanon zurückzogen und daß die arabischen Revanchegelüste sich nicht überschlugen.
Der wirkliche Probefall dieser tätigen Interessengemeinschaft stand noch bevor. Der Golfkrieg zwischen Iran und Irak enthüllte das höchst effiziente Zusammenspiel der angeblich auf den Tod verfeindeten Atomgiganten. Fast neun Jahre – von 1980 bis 1988 – hat der Konflikt zwischen Bagdad und Teheran gedauert. Er hat unermeßliche Opfer gefordert. Die Islamische Republik Iran des Schiitenführers Khomeini führte einen Schicksalskampf gegen die Arabische Republik Irak, die sich zur sozialistischen und nationalistischen Ideologie des „Baath", der „Partei der arabischen Wiedergeburt" bekannte. Der „Baath" wurde zum totalitären Herrschaftsinstrument des Präsidenten Saddam Hussein umfunktioniert. Die Gegnerschaft zwischen diesen beiden Nachbarvölkern war tief eingefleischt, reichte zurück in biblische Zeiten. In den Sümpfen des Schatt el-Arab und in den Bergen Kurdistans wurde um mehr gekämpft und gestorben als um das Freihalten einer Fahrrinne zum Persischen Golf oder um den Besitz einiger Höhenzüge im nördlichen Grenzgebiet.
Eindeutig war dieser Krieg von den Irakern vom Zaun gebrochen worden. Saddam Hussein hatte geglaubt, eine durch Revolution und innere Wirren geschwächte Republik Iran in offener Feldschlacht schlagen und die reiche Ölprovinz Khuzistan annektieren zu können. Er hatte die Rechnung ohne die mystische Todesbereitschaft, den religiösen Eifer, den Patriotismus der schiitischen Perser gemacht. Als die Divisionen Khomeinis Anfang der achtziger Jahre zum Gegenschlag ausholten und zahlreiche irakische Panzerverbände vernichteten, träumten die Mullahs von Teheran davon, daß ihre siegreichen Heerscharen tief nach Mesopotamien vorstoßen würden. Khomeini gab die Losung aus, die Heiligen Stätten der Schia im Irak, die Gräber der Imame Ali und Hussein in Nejef und Kerbela, müßten befreit werden. Der Weg nach Jerusalem, so hieß es damals bei den persischen Revolutionswächtern und Todesfreiwilligen, führe über Bagdad.
Ein Sieg der Islamischen Revolution Khomeinis über den „satanischen Diktator" Saddam Hussein hätte unabsehbare Umwälzungen ausgelöst. Aus dem Irak wäre – laut Vorstellung der Mullahs – eine Islamische Republik nach dem Modell Teherans geworden. Weit nach Westen ausholend hätten die Iraner versucht, eine Landbrücke zum Mittelmeer zu schlagen. Am Libanon waren schlagkräftige, fanatische Milizen unter den dort ansässigen Schiiten rekrutiert worden. Diese „Hizbollahi", schiitische Anhänger der „Partei Allahs", hatten zwischen West-Beirut und der israelischen Grenze ein Bollwerk errichtet.
Fast die gesamte arabische Welt empfand diesen Expansionsdrang der iranischen Revolutionäre als tödliche Bedrohung. Die Golfstaaten, Kuweit an der Spitze, das Königreich Saudi-Arabien, sogar Ägypten, fühlten sich herausgefordert durch diese persischen Fremdlinge, durch diese schiitischen Häretiker. In dieser Situation fanden sich Russen und Amerikaner zur kombinierten Aktion zusammen. Beide Supermächte hatten gewichtige Gründe, einen Durchbruch Khomeinis zu verhindern. Moskau war seit langem mit Bagdad verbündet, hatte die irakische Armee mit schweren und modernsten Waffen ausgerüstet. Es ging Moskau nicht nur um die Rettung des befreundeten und nominell sozialistischen Baath-Regimes Saddam Husseins, sondern um die langfristige Abschirmung der sowjetischen Präsenz in Zentralasien. Mit einiger Verspätung war sich die Sowjetführung bewußt geworden, daß innerhalb ihrer Grenzen ein explosives Potential von 50 Millionen Moslems vorhanden war. Es galt zu verhindern, daß der Funke der Islamischen Revolution auf diese Völkerschaften übersprang.
Die Vereinigten Staaten von Amerika waren ihrerseits darauf bedacht, die mit ihnen sympathisierenden konservativen Regime der arabischen Halbinsel gegen jeden Umsturz abzusichern. Die Ermordung des ägyptischen Präsidenten Anwar el-Sadat hatte enthüllt, welch unheimliche Kräfte sich auch im sunnitischen Mehrheitszweig des Islam jeder engen Bindung an den Westen und vor allem jedem Kompromiß mit Israel entgegenstemmten.
In der letzten entscheidenden Phase des Golfkrieges rüsteten die Russen ihre irakischen Freunde mit Kurz- und Mittelstreckenraketen aus, die die

iranische Zivilbevölkerung das Fürchten lehrte, schlugen sie doch mit unheimlicher Präzision in den Ballungszentren Teheran und Isfahan ein. Die Amerikaner verlegten das Schwergewicht ihrer Intervention auf den Seekrieg im Persischen Golf. Sie nahmen angebliche iranische Provokationen zum Vorwand, um den persischen Ölexport zu lähmen. Khomeini mußte allen Ernstes mit der Totalblockade der iranischen Küsten rechnen. Endlich fand er sich zum Waffenstillstand bereit.

Inzwischen hatte die Ära Gorbatschow eingesetzt. Eine atemberaubende Annäherung zwischen Washington und Moskau kam in Gang. Sie gipfelte sehr bald im INF-Abkommen über die Verschrottung der in Europa stationierten Mittelstrecken-Raketen. Der neue Generalsekretär der KPdSU war sich offenbar der wirtschaftlichen Engpässe, der skandalösen Rückständigkeit seines Landes voll bewußt. Er mußte Ballast abwerfen. Im Einvernehmen mit den Amerikanern wandte sich Moskau nunmehr der Bereinigung der Regionalkonflikte zu. Gegen den Widerstand Fidel Castros wurde der schrittweise Abzug der Kubaner aus Angola beschlossen, was wiederum eine Friedensregelung in Namibia und die Verselbständigung dieser ehemals deutschen Kolonie unter der Obhut der Vereinigten Nationen in Aussicht stellte. Die von Hunger und Bürgerkrieg heimgesuchte Volksrepublik Äthiopien haben die Russen so gut wie abgeschrieben. Sogar der treue, bewährte Verbündete Vietnam, der sich in Kambodscha in einen endlosen Partisanenkrieg verheddert hatte, wurde dem Kreml jetzt zur unerträglichen Last. Gorbatschow suchte die Annäherung und die gute Nachbarschaft mit China. Peking hatte für eine solche Aussöhnung strikte Bedingungen aufgestellt: Die drastische Verringerung der sowjetischen Truppenstärke längs der chinesischen Grenze, den Abzug der russischen Streitkräfte aus Afghanistan, die Preisgabe Kambodschas durch die Vietnamesen. Alle drei Forderungen sind durch Gorbatschow erfüllt worden.

Selbst in Mittelamerika sind die Positionen Moskaus flexibler geworden. Die Sandinisten von Nicaragua haben am Ende doch nicht einen starren kubanischen Kurs eingeschlagen. Unter der Schirmherrschaft des Kardinals Obando y Bravo ist die katholische Kirche zu einer beachtlichen Gegenkraft in Managua angewachsen. Fast alle politischen Häftlinge wurden auf freien Fuß gesetzt. Zwar existieren weiterhin auf dem lateinamerikanischen Subkontinent starke revolutionäre Kräfte und Guerilla-Gruppen, die sich zum Marxismus bekennen. Doch die steuernde Hand Moskaus ist hier kaum noch zu spüren. In Kolumbien vollzieht sich eine „Lateinamerikanisierung“ der Revolution, während in Peru die finsteren Partisanen des „Leuchtenden Pfades“ spät-maoistischem Gedankengut anhängen.

Auch in der Levante lenkt die sowjetische Diplomatie ein. Sie sucht – im Verbund mit ihrem syrischen Alliierten und nach Absprache mit den USA – einen Ausweg aus dem mörderischen libanesischen Dilemma. Gegenüber Israel hat Gorbatschow eine bemerkenswerte Schwenkung vollzogen, der eine symmetrische Annäherung der USA an die PLO entspricht. Die Wiederaufnahme normaler Beziehungen zwischen Moskau und Jerusalem dürfte nur noch eine Frage der Opportunität sein. Die Sowjetunion drängt sich danach, als Ordnungsmacht im Nahen Osten verlorenes Prestige und geschwundenen Einfluß zurückzuerlangen.

Bei der Annäherung zwischen den USA und der Sowjetunion, bei dem taktischen Eingehen aufeinander und der behutsamen Ausräumung möglicher Konfliktstoffe zeichnet sich – so ketzerisch das heute klingen mag – eine gewisse Solidarität der weißen Menschheit ab. Die Atomgiganten haben ihre Verwundbarkeit erkannt. Die als unbesiegbar geltende Rote Armee mußte Afghanistan räumen. Doch auch die Amerikaner sind heute nicht mehr in der Lage, ihre Landungstruppen an jeden beliebigen Krisenherd zu entsenden. Ein paar islamische Desperados haben genügt, um die US-Marines aus Beirut zu vertreiben. Im kleinen El Salvador, das nicht größer ist als Hessen, ist eine amerikanische Militärhilfe in Höhe von drei Milliarden Dollar wirkungslos im Partisanenkampf verpufft. Henry Kissinger warnt vor brodelnden Entwicklungen in Mexiko, eventuell in Brasilien.

Natürlich läßt sich keine Parallelität herstellen zwischen der immer noch ungebrochenen Dynamik, dem wiedergewonnenen Selbstbewußtsein, dem immensen Wirtschaftspotential der USA einerseits, den vielfältigen Engpässen und Nöten der Sowjetunion andererseits. Beide Machtsysteme sind jedoch im Verlaufe der vergangenen Dekade aus einer offensiven Attitüde, die den kalten Krieg charakterisierte, zu einem eher defensiven Verhalten übergegangen. Sie sind in erster Linie auf die Wahrung, auf die Stabilisierung ihrer unmittelbaren Besitz- und Einflußsphären im jeweiligen Paktsystem bedacht. In den achtziger Jahren ist die exklusive Bipolarität zwischen Moskau und Washington zu Ende gegangen.

Peter Scholl-Latour

Rüstung für den Weltuntergang

Es dauerte 400 Stunden und bedurfte eines riesigen Saales, um 1986 im Museum der Wissenschaft in Boston/USA Miniaturmodelle sämtlicher Atomwaffen und Atomwaffenträger aufzubauen, über die das amerikanische Militär verfügt. Ähnlich groß ist das Vernichtungspotential, das sich bis zu diesem Zeitpunkt bei der Sowjetunion und ihren Verbündeten angesammelt hat. Die Kernwaffen reichen aus, um außer der Erde noch einige Dutzend andere Planeten in die Luft zu sprengen. Die Ansammlung von Massenvernichtungswaffen wurde in der Vergangenheit damit begründet, daß nur ein „Gleichgewicht des Schreckens" einen Krieg zwischen den Supermächten verhindern könne. Inzwischen sind Amerika und die Sowjetunion nicht mehr sicher, ob das Rezept wirklich für alle Zeiten gilt. Sie einigen sich 1988 auf eine Reduzierung ihrer Atomwaffenarsenale. In beiden Ländern werden zum erstenmal nach dem Zweiten Weltkrieg Trägerwaffen von Atomsprengköpfen zerstört, bevor sie selbst Zerstörungen hervorrufen.

Waffen und Kriege

Das Gesicht des Golfkrieges

Die trockene Wüstenhitze hat am Persischen Golf das Gesicht eines toten Soldaten mumifiziert. Als ein Reporter den Gefallenen 1986 fotografiert, ist nur noch schwer zu erkennen, ob es sich um einen Iraker oder Iraner handelt. Es spielt auch keine Rolle mehr. Fest steht, daß der junge Mann wie weit über eine Million Menschen das Opfer eines sinnlosen Ringens ist. Der Angreifer Irak kann den Krieg trotz seiner modernen Militärmaschinerie nicht gewinnen, sein Gegner Iran ihn wegen seiner Menschenmassen nicht verlieren. Nach achtjährigen Kämpfen endet der Golfkrieg 1988 auf Vermittlung des UN-Generalsekretärs Peres de Cuellar mit einem Waffenstillstand. Beide Seiten werden Jahrzehnte brauchen, um sich von dem Blutzoll und den ungeheuren wirtschaftlichen Verlusten zu erholen.

Khomeinis letztes Aufgebot

1987 schickt Irans Revolutionsführer Ayatollah Khomeini zur Verstärkung seiner Truppen im Golfkrieg auch Frauen an die Front. Sie haben sich freiwillig gemeldet und werden auf einem Truppenübungsplatz in der Nähe von Teheran für Sprengeinsätze ausgebildet. Die Uniform der Soldatinnen ist der Schador, der traditionelle schwarze Umhang. Um die Stirn tragen sie ein rotes Tuch, dessen Schrift sie als Kämpferinnen Allahs ausweist, die sofort ins Paradies kommen, wenn sie im Krieg sterben.

Kriegskitsch und Kindersoldaten

Im Golfkrieg schickt der Iran 1983 12- bis 14jährige Kinder in den Kampf gegen den hochgerüsteten Gegner Irak. Die von den Mullahs, schiitischen Geistlichen, aufgehetzten Kinder tragen stolz grüne Schärpen, auf denen sie bekennen: „Ich opfere mich für Allah“. Selbst Knirpse, die noch in den Kindergarten gehören, werden von fanatischen Eltern als Soldaten ausstaffiert. Ähnlich wie einst bei Hitlers Kindersoldaten, die 1945 als „Wehrwölfe“ und „Volkssturm“-Leute in den Nahkampf gehetzt wurden, wird ihre jugendliche Begeisterung mißbraucht. Viele dieser Kinder kehren aus dem Krieg nicht mehr zurück. Andere werden zu Krüppeln geschossen. Dem verbrecherischen Einsatz von Kindern als Kanonenfutter entspricht der Kitsch des Krieges: In Teheran ließ das Khomeini-Regime einen „Blutbrunnen“ errichten, dessen rotes Wasser an das in dem angeblich heiligen Krieg vergossene Blut erinnern soll.

Die Royal Navy verliert sechs Schiffe

Die britische Fregatte „Antelope" wird am 24. Mai 1982 im Falkland-Sund von der argentinischen Luftwaffe angegriffen. Eine 500-Pfund-Bombe schlägt bis in den Maschinenraum durch, ohne zunächst zu explodieren. Erst als Feuerwerker sie zu entschärfen versuchen, kommt es zu einer gewaltigen Explosion, die das Schiff zerreißt. Fünf weitere britische Schiffe gehen bei den Kampfhandlungen ebenfalls verloren. Am 14. Juni landen britische Truppen bei San Carlos auf den Falkland-Inseln und erobern sie zurück. Die argentinischen Invasionstruppen, insgesamt 14 800 Mann, kapitulieren und gehen in britische Gefangenschaft. Bilanz des von den Militärdiktatoren in Buenos Aires angezettelten und von Großbritannien durch Überreaktion geschürten Krieges: 256 tote Briten, mehr als 1400 tote Argentinier.

Im Land der Todes-schwa-dronen

Seit Anfang der achtziger Jahre ist der kleine mittelamerikanische Staat El Salvador mit seinen 5,3 Millionen Einwohnern Schauplatz und Schlachtfeld eines brutalen „Bürgerkrieges“. Reiche Grundherren und das Militär, mehr als anderthalb Jahrhunderte an der Macht, wehren sich gegen soziale Reformen. Von der Oberschicht finanzierte Todesschwadronen schwärmen nachts aus, um politische Gegner niederzumetzeln. Aber auch die reguläre Armee verbreitet unter der Zivilbevölkerung Angst – etwa die mit schwarzen Schleiern vor den Gesichtern durch die Hauptstadt paradierenden Fallschirmjäger-Trupps. Massendemonstrationen linksgerichteter Organisationen enden 1980 im Kugelhagel von Armee und Polizei, den Marionetten rechtsgerichteter Politiker. Rechtsextremisten sind es auch, die im selben Jahr den populären Erzbischof Oscar Arnulfo Romero ermorden, einen scharfen Kritiker der korrupten Machtverhältnisse. Auf den Terror von rechts reagieren seit Beginn des Jahrzehnts linksgerichtete Guerilla-Gruppen mit Gegenterror. Fast täglich kommt es zu blutigen Zusammenstößen mit der von den USA unterstützten Armee. Die Folgen von zehn Jahren Bürgerkrieg: Über 70 000 Tote, vorwiegend Zivilisten, weit über 100 000 Verletzte, eine Million Flüchtlinge und zu allen sozialen Ungerechtigkeiten nun auch noch das totale wirtschaftliche Chaos.

Bürgerkrieg auf Sri Lanka

Terror auf der Tropeninsel Sri Lanka. Tamilische Frauen trauern um ihre von Singhalesen ermordeten Angehörigen. Terroristen der Mordgruppe „Tamil Tigers“ machen ihrerseits Jagd auf Singhalesen. Für den Fall ihrer Festnahme tragen sie eine Ampulle mit dem tödlichen Gift Xylestesin um den Hals. Sie haben geschworen, sich zu vergiften, falls sie dem Gegner in die Hände fallen. Der Bürgerkrieg in der ehemaligen britischen Kronkolonie brach 1983 aus, als die hinduistischen Tamilen mehr Rechte gegenüber der buddhistisch-singhalesischen Bevölkerungsmehrheit beanspruchten. Nach vierjährigen Auseinandersetzungen, die über 6000 Tote forderten, schickt Indien 1987 rund 3000 Soldaten nach Sri Lanka, um das Land zu befrieden. Statt dessen kommt es zu einer neuen Welle von Gewalttaten. Im Herbst 1988 ist die Lage so gespannt, daß die Regierung alle auf der Insel weilenden Urlauber aus dem Ausland zum sofortigen Rückflug in ihre Heimat auffordert. Durch den Zusammenbruch der Tourismusindustrie gerät das Land auch wirtschaftlich immer mehr an den Rand des Abgrunds.

Der Krieg, der nicht zu gewinnen war

Knieend gedenken Sowjetsoldaten in Moskau ihrer in Afghanistan gefallenen Kameraden. Die Sowjetunion hat zwar im Februar 1989, nach neun Jahren und 51 Tagen Besetzung, ihre letzten Truppen aus dem Bergstaat am Hindukusch abgezogen, aber das Afghanistan-Problem wird noch auf lange Zeit für den Kreml eine schwere Belastung bleiben. Der vergebliche Versuch der Sowjets, durch bewaffnete Intervention in Afghanistan eine kommunistische Regierung zu stützen, hat die Weltmacht einen ungeheuren Blutzoll gekostet: 15 000 Sowjetsoldaten sind im Kampf gefallen, 40 000 wurden verwundet, davon viele so schwer, daß sie ihr Leben lang Krüppel bleiben. Auf afghanischer Seite betrug die Zahl der Todesopfer nach Schätzungen des Internationalen Roten Kreuzes mehr als eine Million. Eine weitaus größere Zahl wurde verstümmelt. Schlimm auch sind für Moskau die politischen Folgen des einst von Sowjetpremier Leonid Breschnew befohlenen Afghanistan-Abenteuers: Hunderttausende, von sinnlosen Kriegseinsätzen zurückgekehrte Soldaten haben den Glauben an ihre Führung verloren, die Kommunisten Afghanistans fühlen sich von Moskau verraten, und muslemische Geistliche in aller Welt, auch in den südlichen Sowjetrepubliken, fühlen sich zum Widerstand gegen den „gottlosen" Kommunismus ermuntert.

In die Freiheit schwimmen

Um nicht hungern zu müssen, versuchen in aller Welt immer mehr Menschen aus armen Ländern in reiche zu flüchten. Dieser Mexikaner hat den Grenzfluß Rio Grande durchschwommen, dessen anderes Ufer zu den USA gehört. Mit seinen Kleidern unter dem Arm sucht er nun nach einer Möglichkeit, den fünf Meter hohen Grenzzaun zu überwinden. Seine Chancen stehen 50:50. In einem Jahr wie 1986 haben die Amerikaner rund 1,8 Millionen illegale Einwanderer beim Grenzübertritt festgenommen und gleich wieder zurückgeschickt. Etwa genau so hoch ist jährlich die Zahl der Illegalen, denen der Übertritt gelingt – meist mit Hilfe von Schlepperorganisationen, die sie mit ihrem letzten Geld bezahlen müssen. Hauptgrund des Zuwandererstroms aus Mexiko ist die hohe Arbeitslosigkeit. Einmal in den USA, können viele illegale Einwanderer unbemerkt untertauchen. Sie schlagen sich dann durch, indem sie schlechtbezahlte schmutzige Arbeit übernehmen.

Auf der Flucht

Nigeria weist zwei Millionen Ausländer aus

Die Regierung des westafrikanischen Staates Nigeria verfügt Anfang 1983, daß mehr als zwei Millionen illegal dort lebende ausländische Gastarbeiter das Land innerhalb von 14 Tagen zu verlassen haben und löst damit die größte Völkerwanderung in der jüngeren Geschichte des schwarzen Kontinents aus. Der Hinauswurf der Ausländer wird mit wirtschaftlichen Schwierigkeiten begründet. Durch sinkende Ölproduktion ist der bis dahin reichste Staat Schwarzafrikas in Zahlungsschwierigkeiten geraten. Von der Massenausweisung, die von Armee und Polizei überwacht wird, sind vor allem Ghanesen betroffen, großenteils Facharbeiter, für die es in ihrem Heimatland keine Jobs gibt. Ausgewiesen werden zugleich Hunderttausende Menschen aus dem Tschad und den verelendeten Nachbarstaaten der Sahel-Zone. Die lebten großenteils in Slums am Rande nigerianischer Städte und versuchten, sich durch Gelegenheitsjobs über Wasser zu halten – als Tellerwäscher, Lastenträger, Straßenkehrer, Müllmänner, Schrottsammler oder Leichenbestatter. Nun müssen sie alle aus einem Leben in Armut zurück in ein noch größeres Elend.

COLOR TELEVISION
MODEL

Kurden: Volk ohne Staat

Obwohl es 1988 im Golfkrieg zum Waffenstillstand kommt, müssen die im Grenzgebiet zu Iran lebenden irakischen Kurden weiter um ihr Leben bangen. Die Regierung in Bagdad beschuldigt sie, mit dem verhaßten Feind zusammengearbeitet zu haben. Viele Kurden flüchten aus Angst vor Repressalien in unwegsames Berggelände. Andere suchen Schutz in der Türkei. Nach Schätzungen der Vereinten Nationen befinden sich Anfang 1989 auf der Welt wenigstens 15 Millionen Menschen auf der Flucht. Gründe: politische Verfolgung, Bürgerkriege, Naturkatastrophen, Seuchen, Hunger.

Ein Kind wird im Elend geboren

Auf der Flucht vor Hunger und Bürgerkrieg bringt eine Frau aus Eritrea am Rande einer Straße in Äthiopien ein Baby zur Welt. Das ostafrikanische Land ist seit mehr als einem Jahrhundert Schauplatz eines ungeheuren Flüchtlingselends. Im Norden des Landes, der Provinz Eritrea, kämpft seit einem Vierteljahrhundert die Eritreische Volksbefreiungsfront um die Unabhängigkeit des Gebietes von Äthiopien. Bürgerkriegswirren, Umsiedlungsaktionen und Hungerkatastrophen zwangen Zehntausende Eritreer zur Flucht aus ihren Siedlungsgebieten. Zugleich haben nach Schätzungen der Vereinten Nationen mehr als 500 000 Menschen aus dem Sudan und aus Somalia in Äthiopien Zuflucht gesucht. Auch in ihren Ländern ist die Versorgung der Bevölkerung zusammengebrochen, seit dort Kämpfe zwischen Rebellen und Regierungstruppen toben.

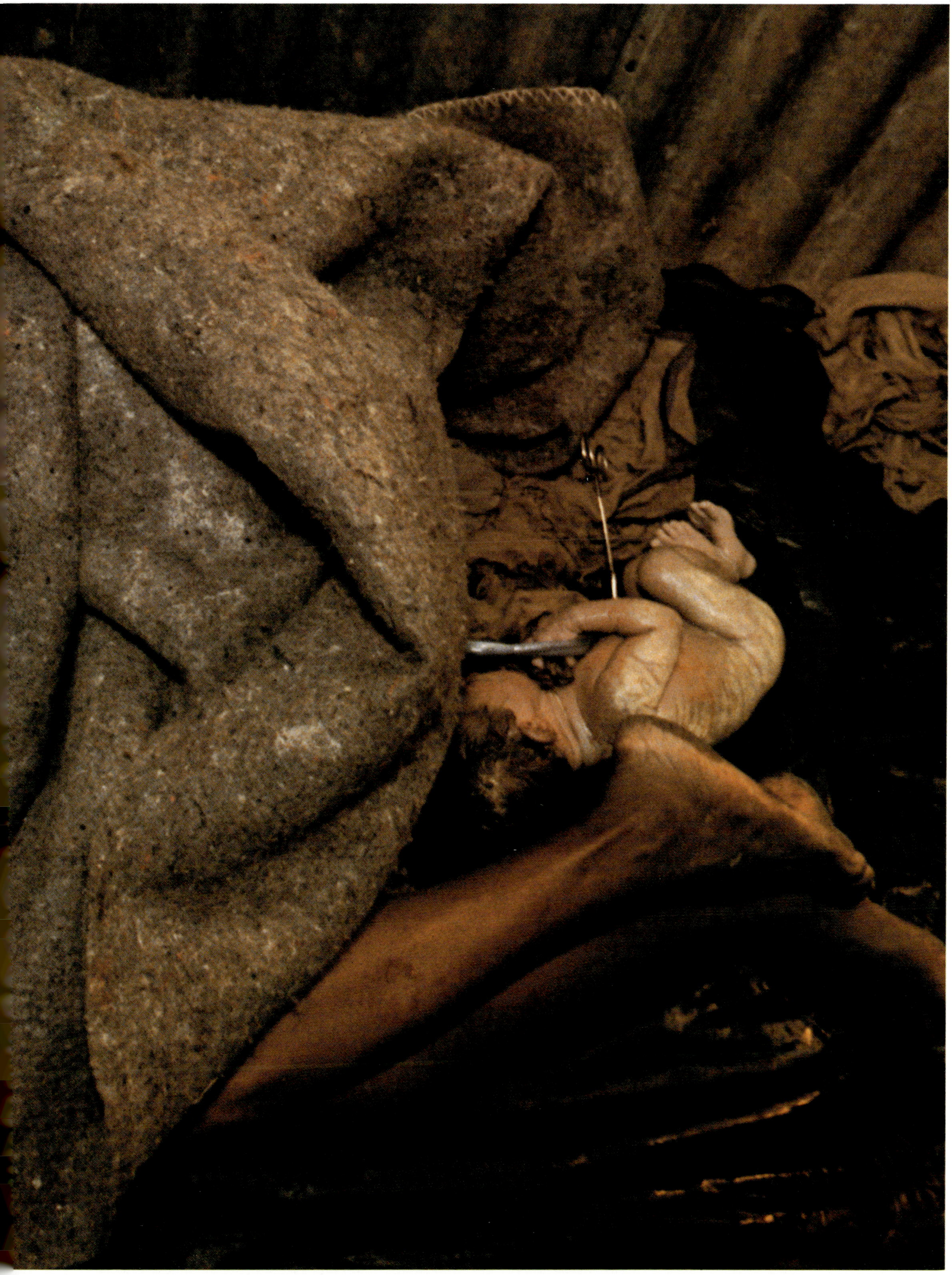

Das Attentat von Bologna

Auf dem Bahnhof der italienischen Provinzhauptstadt Bologna explodiert am 2. August 1980 ein im Wartesaal 2. Klasse abgestellter Koffer mit 25 Kilogramm Sprengstoff. Die Druckwelle ist so stark, daß ringsum die Wände weggepustet werden. Vom Wartesaal und einem daran anschließenden Selbstbedienungsrestaurant bleibt nicht viel mehr stehen als das tragende Gerüst aus Stahlbeton. Splitter der Höllenmaschine und umherfliegendes Mauerwerk töten 85 Menschen, die an diesem ersten Sonntag im August auf dem Bahnsteig vor dem Wartesaal auf die Abfahrt ihrer Züge warten. Einige der Opfer werden sterbend unter Bahnwaggons gefunden, wohin sie die Explosion schleuderte. Etwa 200 Reisende erleiden Verletzungen. Verantwortlich für das Blutbad sind Rechtsradikale, denen das kommunistisch regierte Bologna seit langem ein Dorn im Auge ist. Im Juli 1988 verurteilt das Schwurgericht in Bologna vier der Bombenleger zu lebenslanger Haft und acht Hintermänner des Verbrechens wegen Bandenbildung zu Haftstrafen zwischen sechs und 13 Jahren. Die meisten der Verurteilten sind Neofaschisten.

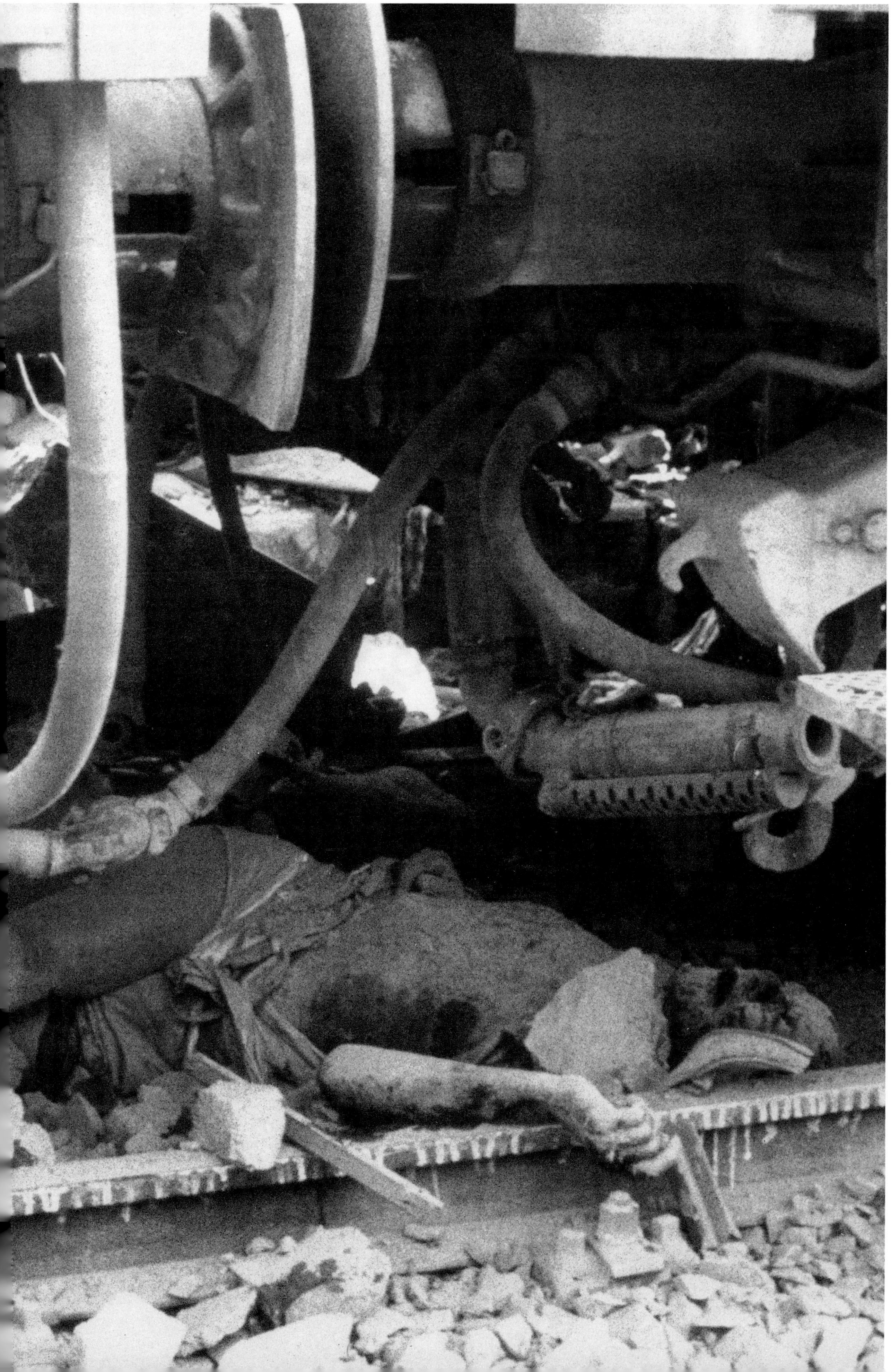

Maid of the Seas

Bombe an Bord geschmuggelt

Drei Tage vor Weihnachten 1988 startet ein Jumbo-Jet der amerikanischen Fluggesellschaft „Pan Am“ in London vollbesetzt zu einem Flug in die USA. Über Schottland kommt es zu einer Explosion, die das Cockpit vom Rumpf der Boeing reißt. Wrackteile und brennendes Kerosin regnen aus 9500 Meter Höhe auf die kleine Ortschaft Lockerbie herab. Häuser gehen in Flammen auf, Menschen werden von Mauerwerk und Flugzeugtrümmern erschlagen. Sämtliche 259 Insassen der Maschine „Maid of the Seas“ („Meerjungfrau“) und elf Bewohner von Lokkerbie kommen ums Leben. Die Katastrophe wurde, wie das britische Transportministerium ermittelt, durch hochexplosiven Plastiksprengstoff ausgelöst. Britische und amerikanische Geheimdienste sind überzeugt, daß die Bombe von Mitgliedern einer palästinensischen Terrororganisation an Bord gebracht wurde.

Blutbad im Hyde Park

Der Bürgerkrieg um Nordirland greift 1982 auf London über. Als die königliche Leibgarde am 20. Juli durch den Hyde Park zur Wachablösung in Whitehall reitet, läßt ein hinter einem Baum versteckter Terrorist über Fernsteuerung zwischen den Gardisten eine mit Zimmermannsnägeln gefüllte Bombe in einem Kleinwagen explodieren. Vier Soldaten erleiden tödliche Verletzungen. Ein Pferd ist sofort tot, sechs weiteren muß wegen schwerer Verletzungen an Ort und Stelle der Gnadenschuß gegeben werden. Zwei Stunden später geht bei einem öffentlichen Auftritt der Militärkapelle der britischen Elitetruppen „Royal Green Jakkets" im drei Kilometer entfernten Regent's Park eine zweite Bombe hoch und tötet sechs Musiker. Die „Verantwortung" für die beiden Terroranschläge, die außer den Toten mehr als 51 Verletzte forderten, übernimmt die Untergrundorganisation IRA, die für einen Anschluß Nordirlands an die Republik Irland kämpft. In Nordirland votiert die protestantische Bevölkerungsmehrheit im Gegensatz zur katholischen Minderheit für die Beibehaltung der britischen Oberhoheit.

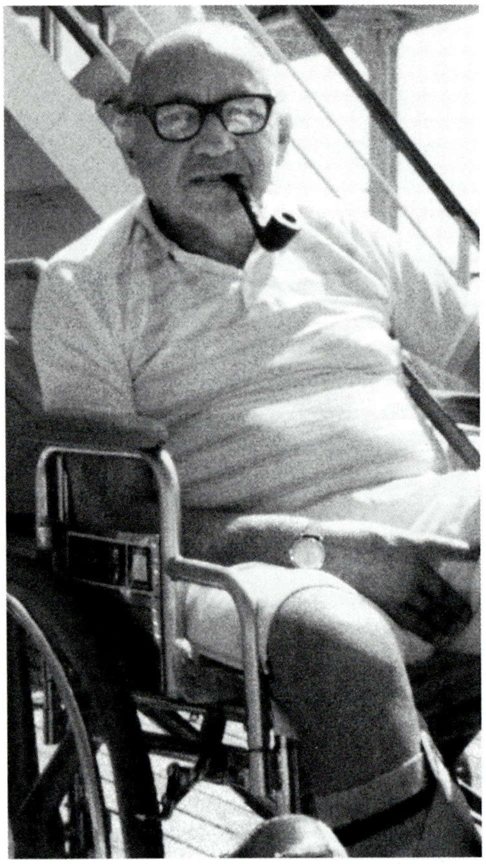

Jagd auf vier Entführer

Vier Palästinenser bringen im Oktober 1985 vor dem ägyptischen Hafen Port Said das mit 511 Menschen besetzte Kreuzfahrtschiff „Achille Lauro" in ihre Gewalt und lösen damit wenig später eine umstrittene Luftaktion der Amerikaner aus. Die Kaperer fordern die Freilassung von 50 in Israel inhaftierten Palästinensern. Als Israel ablehnt, erschießen die Terroristen den in einem Rollstuhl sitzenden jüdischen Geschäftsmann Leon Klinghoffer aus New York und werfen die Leiche ins Meer, bevor sie nach Zusicherung freien Geleits in Port Said an Land gehen. Am 10. Oktober startet abends von einem nahen Militärflughafen aus eine Boeing 737 der „EgyptAir", um die vier Terroristen zusammen mit zwei PLO-Unterhändlern und 15 ägyptischen Sicherheitsbeamten nach Tunis zu bringen. Gleich darauf fangen die Amerikaner mit vier von ihrem Flugzeugträger „Saratoga" in der Adria gestarteten F-14 „Tomcat"-Jägern die ägyptische Maschine ab und zwingen den Piloten zur Landung auf Sizilien. Die vier Terroristen werden dort von den Italienern festgenommen. Das Foto zeigt die „Saratoga" und US-Kampfflugzeuge.

Terror in der Rue de Rennes

Aus einem fahrenden Auto schleudern Terroristen am Nachmittag des 17. September 1986 eine Bombe in das Menschengewühl der Pariser Einkaufsstraße Rue de Rennes. Schreiend und blutend liegen 57 Menschen auf dem Bürgersteig. Für sechs von ihnen kommt jede Hilfe zu spät. Die „Verantwortung“ für den Mordanschlag übernimmt ein „Solidaritätskomitee für die politischen arabischen Gefangenen“. Ziel des Anschlags ist die Freilassung von drei in Frankreich festgenommenen Terroristen.

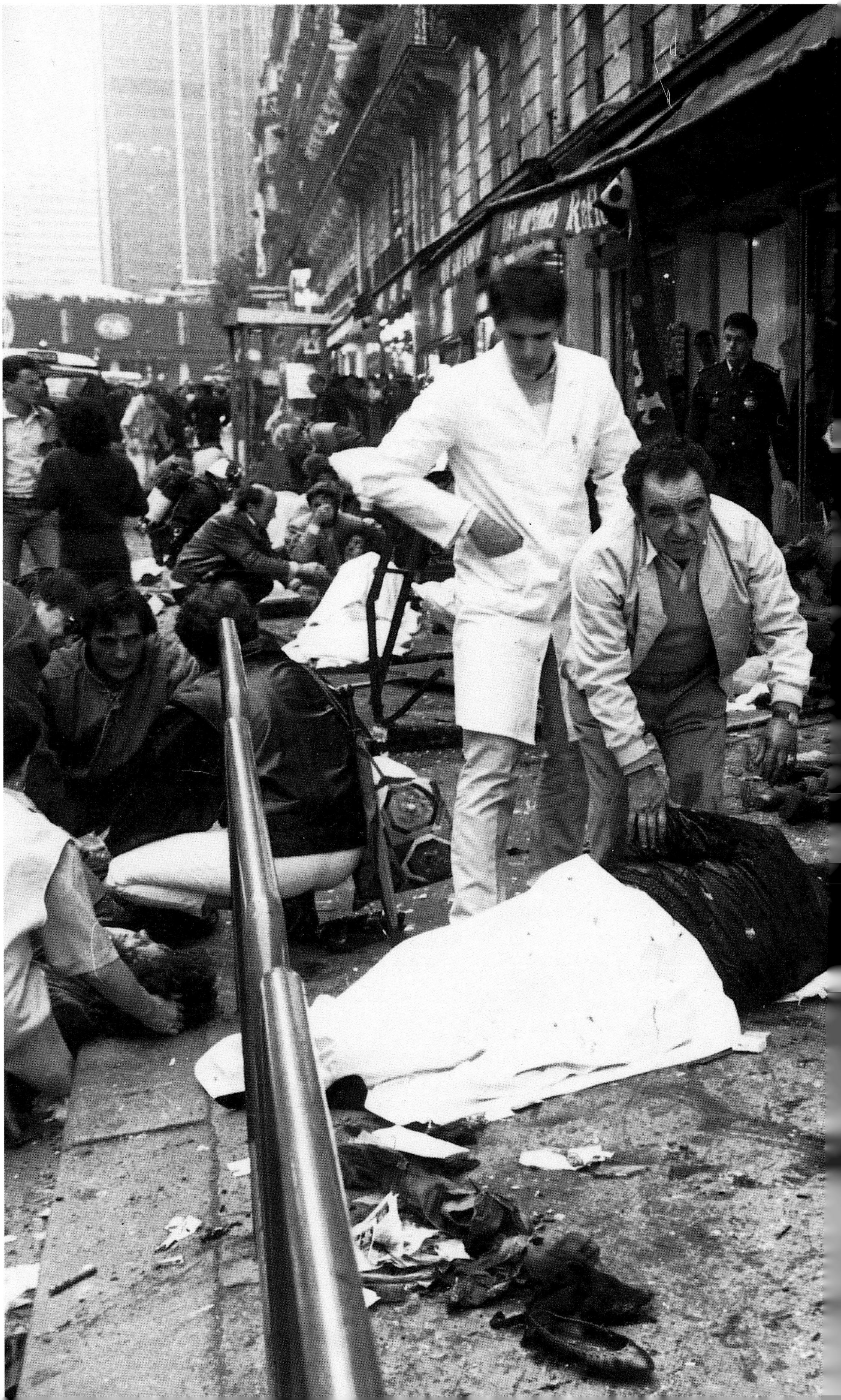

Kinder spielen Krieg

Kinderalltag in Nordirland, 1981. Ein kleiner katholischer Junge stürmt vermummt und mit einer angekohlten Holzstange bewaffnet durch Londonderry. Er spielt Krieg, wie es ihm die Erwachsenen vormachen, solange er denken kann. Auf katholischer Seite kämpft die terroristische Irisch-Republikanische Armee (IRA) für den Anschluß des Nordens an die Republik Irland. Dagegen wehrt sich die protestantische Bevölkerung, die britisch bleiben und die Vorherrschaft in Nordirland behalten will. Auch massiver Einsatz britischer Truppen kann nicht verhindern, daß es immer wieder zu bürgerkriegsähnlichen Ausschreitungen kommt.

WELCOME
BACK TO
FREEDOM
OPEN

Heimkehr der amerikanischen Geiseln

Am 20. Januar 1981 endet nach 444 Tagen die Geiselhaft von 52 amerikanischen Botschaftsangehörigen im Iran. Sie werden von Teheran aus über Algier nach Frankfurt ausgeflogen, bis sie nach ärztlicher Betreuung in einem Wiesbadener Militärhospital endlich in ihre amerikanische Heimat zurückkehren können. Der Tag ihrer Freilassung ist zugleich der erste Amtstag des zum 40. Präsidenten der USA gewählten Republikaners Ronald Reagan. Daß Reagan bei der Präsidentschaftswahl seinen demokratischen Vorgänger Jimmy Carter schlug, ist nicht zuletzt auf das Geiseldrama zurückzuführen. Die durch das Teheraner Khomeini-Regime gedemütigten Amerikaner nahmen es Carter übel, daß er die Geiseln nicht früher freibekam, vor allem auch, daß ihre militärische Befreiung durch ein US-Geheimkommando im April 1980 scheiterte.

Das Feuer rast auf Cannes zu

Mit einer Geschwindigkeit von 20 bis 30 Meter in der Sekunde nähert sich im Sommer 1986 die Flammenwand eines Waldbrandes dem mondänen Badeort Cannes an der französischen Riviera. Schwarze Rauchwolken stehen über der Prachtpromenade Croisette und dem schmalen Strand. Entsetzt beobachten Urlauber das Näherrücken des Feuers, das vom Mistral wie mit einem Blasebalg angefacht wird. Erst wenige Kilometer vor dem Luxusbadeort gelingt es schließlich, den Waldbrand mit Wasserbomben zu stoppen.

Katastrophen und Verbrechen

Erdbeben in Armenien

In der Sowjetrepublik Armenien bebt am 7. Dezember 1988, ohne daß die Bevölkerung zuvor gewarnt wurde, 45 Sekunden lang die Erde. Die zweitgrößte Stadt der Provinz, Leninakan, und zahlreiche Bergdörfer werden zerstört und ihre Bewohner unter Bergen von Mauerwerk verschüttet. Über 24 900 Menschen kommen ums Leben, über 31 000 erleiden Verletzungen. Mehr als 113 000 werden evakuiert. Im Gegensatz zu früheren Katastrophen wird in der Sowjetunion ausführlich über das Unglück berichtet und offen kritisiert, daß Schlampereien beim Häuserbau zu der hohen Zahl von Todesopfern beitrugen. Behörden hatten die für erdbebengefährdete Gebiete geltenden Sicherheitsvorschriften mißachtet. Nach der Katastrophe erlebt die Sowjetunion die größte internationale Hilfsaktion ihrer Geschichte. Aus aller Welt treffen Helfer und Hilfsgüter ein.

Ausbruch des Mount St. Helens

Der Vulkan St. Helens im nordwestlichen US-Bundesstaat Washington galt seit 123 Jahren als erloschen – zu unrecht: Am Morgen des 18. Mai 1980 explodiert der Berg mit einer Urgewalt, als seien in seinem Innern 500 Hiroshima-Bomben gleichzeitig gezündet worden. In einem Umkreis von 300 Kilometern bebt die Erde von der Druckwelle. Mehr als ein Kubikkilometer Asche, Magma und Staub schießt in einer brodelnden Rauchsäule zum Himmel. In einem Radius von 160 Kilometern verdunkelt sich die Sonne, so daß der Tag zur Nacht wird. Knapp 400 Quadratkilometer Wald in dem zum Glück nur dünnbesiedelten Gebiet rings um den Vulkan verkohlen. 61 Menschen finden bei der Naturkatastrophe den Tod.

Keine Hilfe für Omaira

Nach einem Vulkanausbruch ertrinken am 14. November 1985 in Kolumbien 22 500 Einwohner der Stadt Armero in Schlamm- und Schmelzwassermassen, die sich ins Tal ergießen. Als die Rettungsmannschaften nach Überlebenden suchen, finden sie die bis zum Kopf im Schlamm steckende Omaira Sanchez. Die Dreizehnjährige ist mit ihrem Unterkörper so fest zwischen Balken eingeklemmt, daß sie nicht herausgezogen werden kann. Das Fernsehen verbreitet das Bild des Mädchens in alle Welt. Eine Pumpe soll helfen, das Wasser um das Kind abzusaugen. Aber am Katastrophenort ist keine aufzutreiben.
60 Stunden hält Omaira, bis zum Kinn im Wasser steckend, durch. Als endlich eine Pumpe eintrifft, erliegt sie ihren inneren Verletzungen.

Die Kathedrale brennt

Ein Blitzschlag setzt im Juli 1984 die aus dem 13. Jahrhundert stammende Kathedrale von York in Brand, Englands bedeutendstes gotisches Kirchenbauwerk. Erst nach drei Stunden gelingt es der Feuerwehr, die aus dem südlichen Querschiff schlagenden Flammen unter Kontrolle zu bekommen. Die Schäden sind so groß, daß die Renovierungsarbeiten umgerechnet mehr als sieben Millionen Mark erfordern. Konservative Christen in der Grafschaft Yorkshire deuten den Blitzschlag als Rache Gottes. Im November 1988 wird die Kathedrale durch den Erzbischof von York, Dr. John Habgood, wiedereröffnet.

Fährunglück im Kanal

Beim Auslaufen aus dem belgischen Hafen Zeebrugge gerät die britische Autofähre „Herald of Free Enterprise“ am Abend des 6. März 1987 auf der Fahrt nach Dover mit 459 Passagieren und 80 Mann Besatzung an Bord plötzlich ins Schlingern. Durch die noch offene Ladeluke am Bug schießen gewaltige Wassermassen in das 7900-Tonnen-Schiff und lassen es kentern. Passagiere, Autos und Schiffsmöbel werden durcheinander gewirbelt. Wenige Minuten nach dem Unglück beginnen bereits die Rettungsarbeiten. Aber 188 Menschen können nur noch tot geborgen werden. Das Seegericht führt später die Katastrophe auf Schlampereien zurück. Ein Bootsmann hatte vergessen, die Ladeluke rechtzeitig vor dem Ablegen zu schließen. Der Erste Offizier hatte sich vor dem Auslaufen nicht überzeugt, ob die Luke auch wirklich geschlossen war. Der Kapitän habe nicht davon ausgehen können, daß alles in Ordnung war. Und die Reederei habe es versäumt, die Kommandobrücke mit Kontrollampen für die Fährtore auszustatten.

Der mörderische Leichtsinn von Ramstein

Über den Köpfen von 300 000 Zuschauern kommt es am 28. August 1988 bei einem Flugtag auf dem US-Militärflugplatz Ramstein in Rheinland-Pfalz zu einem folgenschweren Zusammenstoß. Eine Solomaschine der italienischen Kunstflugstaffel „Frecce Tricolori" kollidiert nach einem

Looping mit zwei von neun im Tiefflug dahinrasenden Flugzeugen der Staffel und stürzt nahe der Ehrentribüne auf das Flugfeld. Es kommt zu einer gewaltigen Explosion. Umherfliegende Metallteile und brennendes Kerosin richten unter der Zuschauermenge ein Blutbad an. 69 Menschen und der Pilot sterben, mehr als 300 erleiden Verletzungen, größtenteils schwerste Verbrennungen. Forderungen von kirchlichen und sozialdemokratischen Gruppen und örtlichen Friedensinitiativen, wegen der großen Unfallgefahr auf riskante Flugvorführungen zu verzichten, waren von den Amerikanern und vom Bonner Bundesverteidigungsministerium in den Wind geschlagen worden.

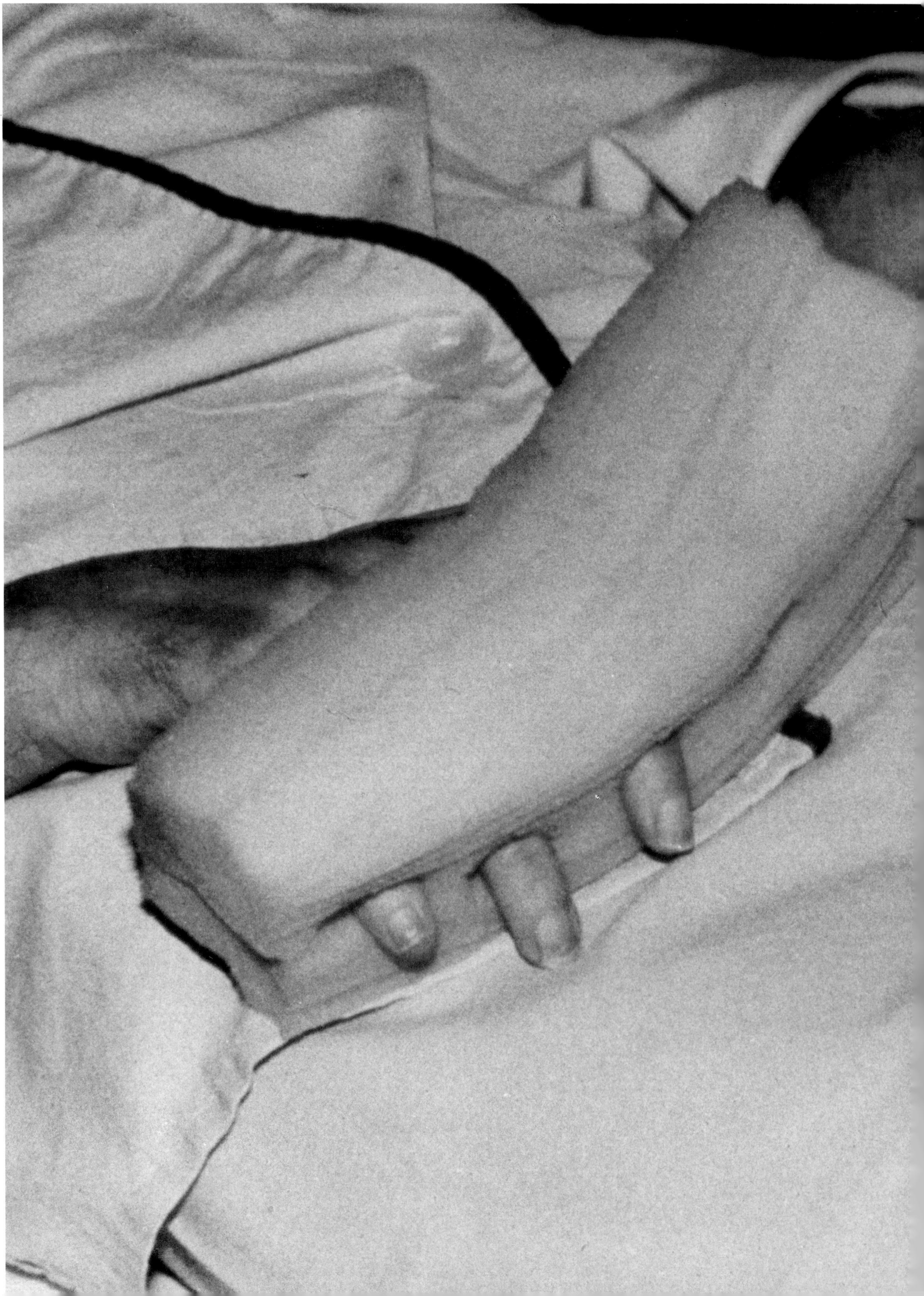

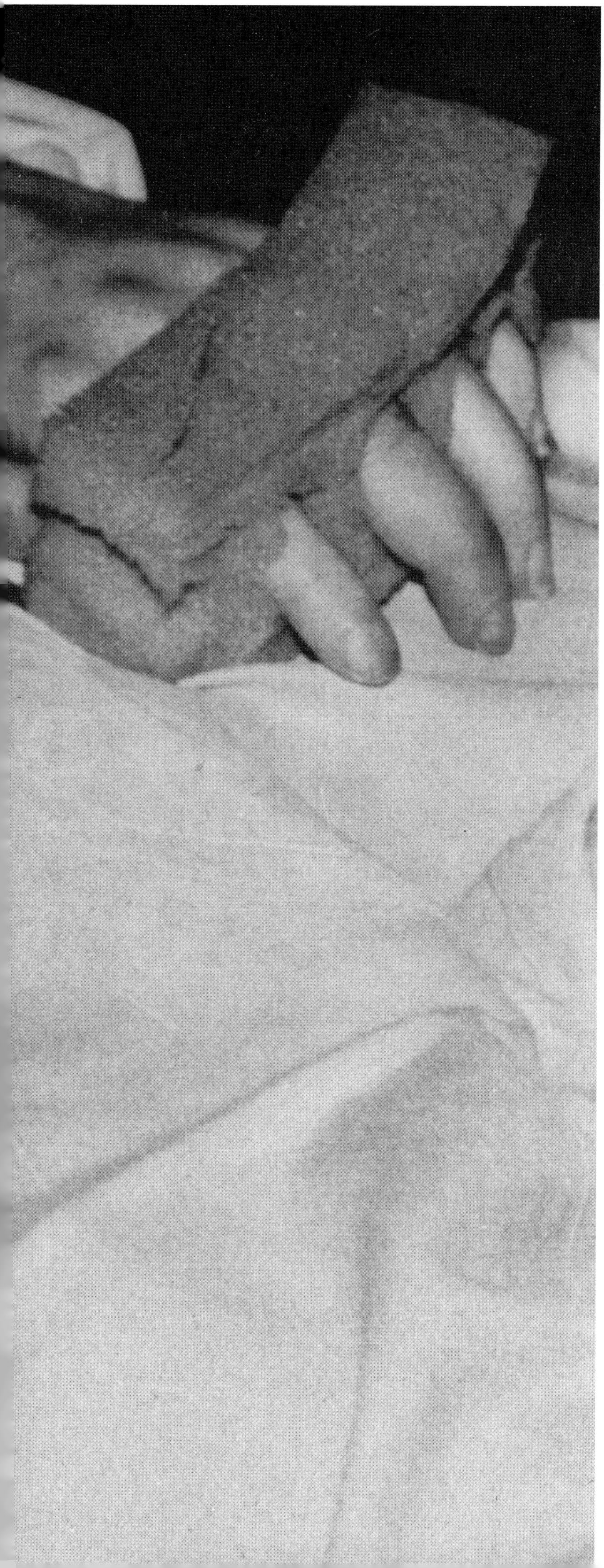

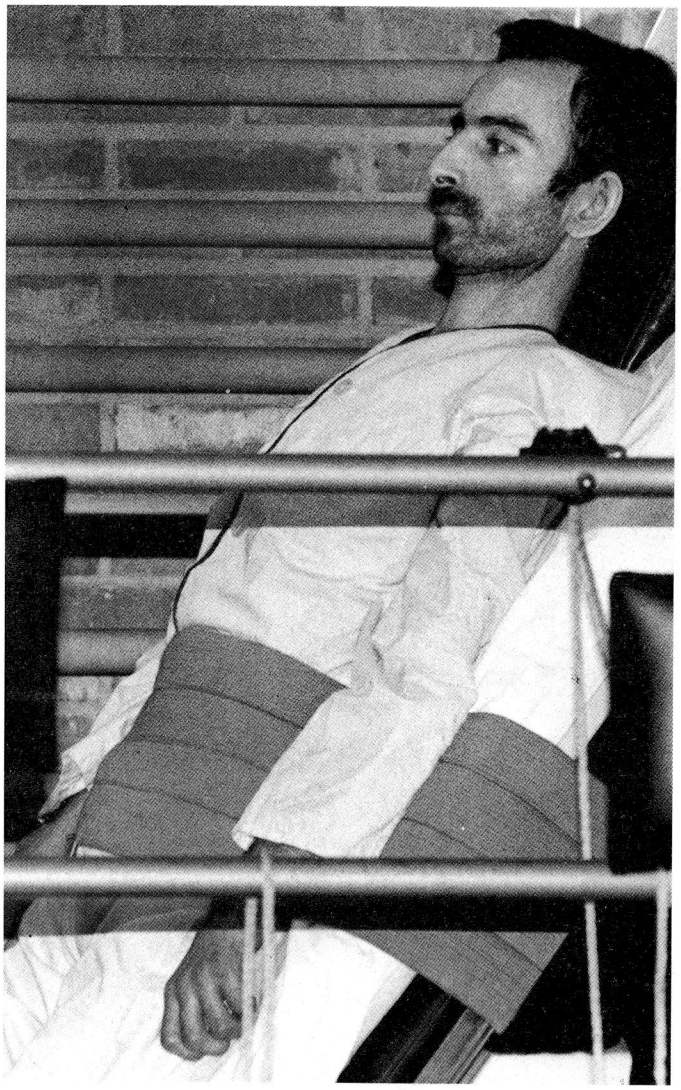

Giftskandal in Spanien

Über 25 000 Spanier, darunter viele Kinder, erkranken im Mai 1981 an einer rätselhaften Seuche. Sie magern ab, leiden an Lähmungen, die Finger verkrüppeln. Wenigstens 583 sterben in den folgenden Jahren, Tausende bleiben ihr Leben lang gelähmt. Die spanischen Gesundheitsbehörden machen für die Seuche billiges, gepanschtes Speiseöl verantwortlich. Das Öl sei mit dem giftigen Farbstoff Anilin verunreinigt. Mehrere Öllieferanten werden angeklagt, ihre Produkte mit anilinhaltigem Öl verschnitten zu haben. Aber vor Gericht gerät die Staatsanwaltschaft in Beweisnot. Es besteht zwar kein Zweifel, daß die Angeklagten gepanschtes Öl verkauften, doch als unbewiesen gilt, ob die Ware wirklich Anilin in hochtoxischen Dosen enthielt. Ärzte und Wissenschaftler führen die Giftkatastrophe vielmehr auf eine tödliche Konzentration von Pflanzenschutzgiften zurück. Ursache der 25 000 Erkrankungen sind möglicherweise Pestizide und Insektizide, die in zu hoher Konzentration auf ein Tomatenfeld in der spanischen Südostprovinz Almeria ausgebracht worden waren.

ENTRANCE

Das Jahrzehnt der Amokläufer

Bewaffnet mit einer Uzi-Maschinenpistole, einer Browning-Pistole, einem Schrotgewehr und mehreren hundert Schuß Munition stürmt am 18. Juli 1984 der 41jährige James Oliver Huberty ein McDonald's-Restaurant in der kalifornischen Stadt San Ysidro und feuert auf Bedienstete und Gäste. Danach erschießt er durch ein Fenster zwei draußen auf ihren Fahrrädern vorbeikommende Schuljungen, ehe er selbst von einem Polizeischarfschützen getötet wird. Insgesamt fallen der Irrsinnstat 22 Menschen zum Opfer, zwölf weitere sind verletzt. Der Amoklauf des psychisch Gestörten gehört zu einer Serie ähnlicher Verbrechen, die sich in den achtziger Jahren häufen wie nie zuvor. Allein in den USA registriert die Polizei durchschnittlich drei Massenmorde im Monat. Auch Europa bleibt davon nicht verschont. Bei Trikala in Nordgriechenland erschießt ein Amokläufer im Juni 1981 sieben Menschen. In Verdun bringt ein Arbeitsloser im Januar 1986 fünf Menschen um und tötet sich dann selbst. Im süddeutschen Eppstein ermordet ein Geisteskranker im Juni 1983 drei Schulkinder, einen Lehrer und einen Polizeibeamten. In Karlsruhe fallen im August 1985 drei Frauen und zwei Männer einem Amokschützen zum Opfer. In der kleinen südenglischen Stadt Hungerford tötet im August 1987 ein 27jähriger Waffennarr 14 Menschen und verletzt weitere 16. Den traurigen Rekord des Jahrzehnts hält ein kolumbianischer Vietnamkriegs-Veteran: Er erschießt im Dezember 1986 in der Hauptstadt Bogota 29 Menschen.

Die Mafia mordet und mordet

Sizilianischer Alltag. In der Nähe der Hauptstadt Palermo fällt der Aufseher Benedetto Grado 1982 der Mafia zum Opfer. Auf offener Straße ist er blutend zusammengebrochen. Seine Frau und seine beiden erwachsenen Töchter trugen schon vor dem Verbrechen Schwarz – erst ein halbes Jahr zuvor hatten Mafiosi einen Sohn des Aufsehers umgebracht. Auch Ende der achtziger Jahre scheint die Macht der Mafia ungebrochen zu sein. Wer sich ihr in den Weg stellt, den bringt sie um. Unter ihren Opfern sind Journalisten, Polizeibeamte, Staatsanwälte und Richter.

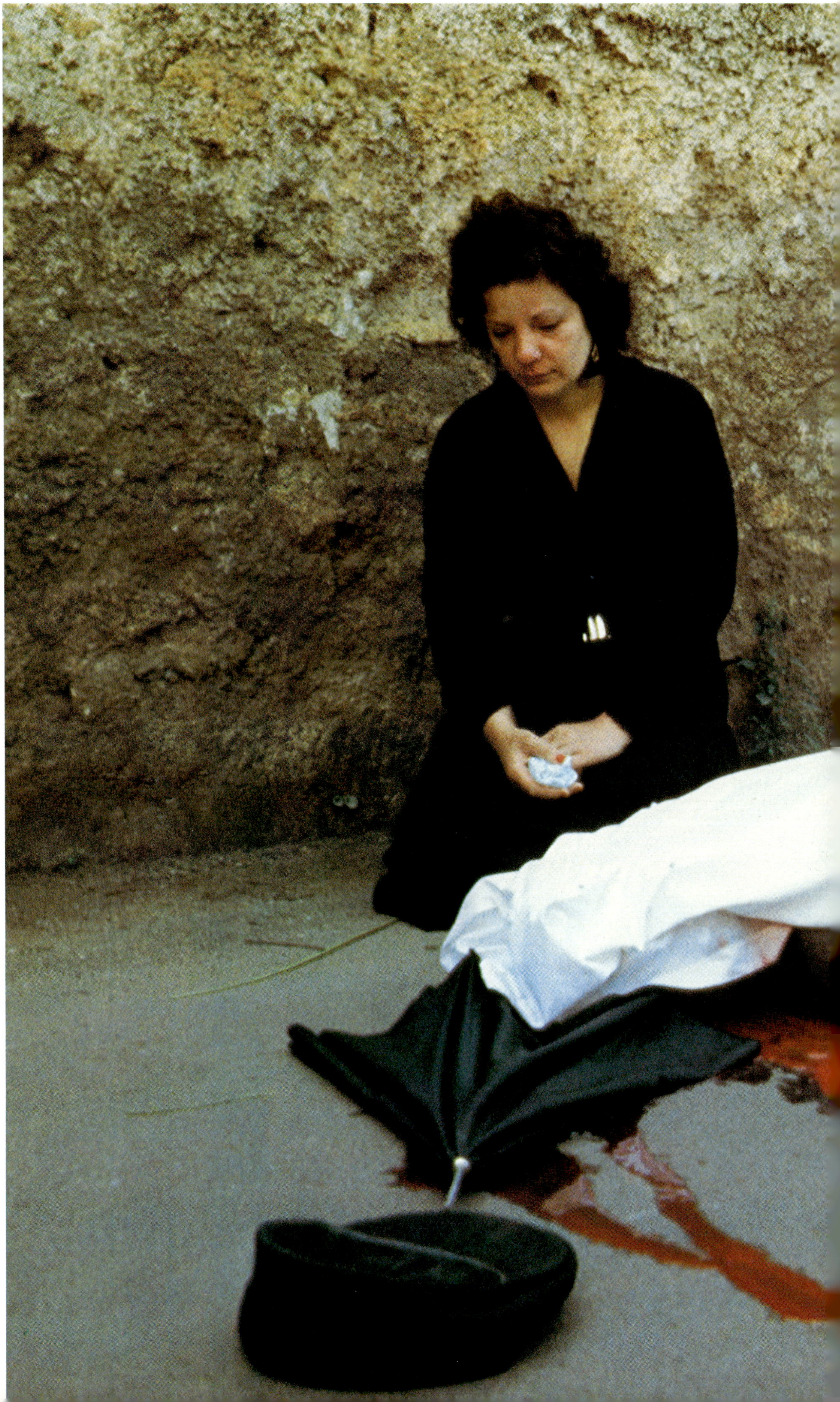

POLICE

Kampf gegen die Drogenmafia

Jahr für Jahr steigert eine internationale Drogenmafia ihre Milliardenumsätze. Jahr für Jahr steigt die Zahl ihrer Opfer um Tausende, Zehntausende, Hunderttausend. Und alle Erfolge von Polizei und ganzen Armeeeinheiten gegen den globalen Rauschgifthandel bleiben Stückwerk. Im Dezember 1986 verbrennen thailändische Soldaten im Hochland von Chieng Mai 3,7 Tonnen Opium und Heroin. Aber schon reifen im Goldenen Dreieck, dem Hauptanbaugebiet der Rauschgiftpflanze Schlafmohn, neue riesige Ernten heran. Tonnenweise Nachschub für die internationalen Verteilerringe kommt auch aus südamerikanischen Staaten wie Kolumbien. Dort ist der Rauschgifthandel fest in den Händen des nach der Provinzhauptstadt Medellin genannten Kartells, einer Verbrecherorganisation, die in den achtziger Jahren unter anderem Minister, Richter, Polizisten und Journalisten ermorden ließ. Als einer der führenden Köpfe des Rauschgiftsyndikats gilt der deutschstämmige Carlos Enrique Lehder, Besitzer einer Privatinsel auf den Bahamas. Nach seiner Festnahme durch amerikanische Rauschgiftfahnder wird Lehder im Juli 1988 wegen Schmuggels von mehreren Tonnen Kokain zu lebenslangem Gefängnis und weiteren 135 Jahren Haft verurteilt. Doch die Geschäfte der Rauschgift-Mafia gehen besser als je zuvor. Allein in die Bundesrepublik werden jährlich 30 bis 60 Tonnen Drogen geschmuggelt. Die Zahl der jährlichen Drogentoten in der Bundesrepublik liegt bei 600.

400 000 Israelis gehen auf die Straße

Am 25. September 1982 kommt es in Israel zur größten Demonstration seit Gründung des jüdischen Staates. 400 000 Israelis fordern in Tel Aviv den Rücktritt der Regierung Begin und die Einsetzung einer Untersuchungskommission zur Aufklärung der Hintergründe der Massaker an Palästinensern. Die israelische Armee war im Juni in den Libanon einmarschiert und hatte über West-Beirut, wo Tausende Palästinenser leben, eine Hungerblokkade verhängt. Später hatten die israelischen Besatzungssoldaten tatenlos zugesehen, wie falangistische Soldateska drei Tage lang bei Überfällen auf die Palästinenser-Lager Sabra und Schatila über 800 unbewaffnete Zivilisten massakrierte. Die Großdemonstration gegen das menschenfeindliche Verhalten der eigenen Armee wurde von der israelischen Friedensbewegung „Peace Now“ (Frieden jetzt) organisiert, die sich seit Ende der siebziger Jahre im Gegensatz zur offiziellen Politik ihrer Regierung für eine Aussöhnung mit den Palästinensern einsetzt.

שרון
אסון
UST LIVE
S DIE?

Demo gegen die Rüstung

1,2 Millionen Menschen beteiligen sich im Herbst 1983 an einer „Aktionswoche" der bundesdeutschen Friedensbewegung gegen die Nato-Nachrüstung. Am 22. Oktober bilden 150 000 Demonstranten zwischen Stuttgart und Neu-Ulm eine 108 Kilometer lange Menschenkette. Mitglieder der Bundesregierung versuchen die Demonstranten als „vom Kreml gesteuert" zu verunglimpfen.

Die Mütter von der Plaza de Mayo

Seit dem 15. Oktober 1981 kommt es jeden Donnerstag nachmittag auf der Plaza de Mayo in der argentinischen Hauptstadt zu einer stummen Prozession: Frauen mit weißen Kopftüchern drehen vor dem Präsidentenpalast, der Casa Rosada, Runde um Runde. Es sind Mütter und Großmütter, deren Kinder und Enkel während der Militärdiktatur zwischen 1976 und Dezember 1983 spurlos verschwunden sind. Die Frauen demonstrierten für die Aufklärung des Schicksals der Vermißten, deren Zahl auf 9000 bis 30 000 geschätzt wird. Inzwischen steht fest, daß die meisten Verschollenen von Schergen der Junta ermordet wurden. In zahlreichen Fällen wuchsen aber Babys der Mordopfer später als angebliche Kinder von Junta-Anhängern auf. Den Frauen von der Plaza de Mayo gelang es, solche Kinder ausfindig zu machen und ihren Familien zurückzugeben. Heute beklagen sich die Frauen mit den weißen Kopftüchern vor allem auch darüber, daß die demokratische Regierung Alfonsin sich dem Druck des Militärs beugte und Verbrechen aus der Zeit der Junta kaum noch verfolgt. Ein am 16. Mai 1987 verabschiedetes Befehlsnotstandsgesetz sichert den Folterern und Mördern von einst Straffreiheit zu.

ción con Vida
os-Desaparecidos

Der Streik der britischen Bergarbeiter

Auge in Auge stehen sich 1985 in England zwei Welten gegenüber: die Polizisten und ein streikender Bergarbeiter, der einen erbeuteten Polizeihelm mit einer Plakette der Bergarbeitergewerkschaft NUM auf dem Kopf trägt. Premierministerin Margaret Thatcher hat der Nationalen Kohlebehörde eine „Gesundschrumpfung" des britischen Bergbaus verordnet. Insgesamt 20 Zechen sollen stillgelegt und über 20 000 Kumpel entlassen werden. Als im März 1984 als erste die Zeche Cortonwood in Yorkshire dichtgemacht wird, ruft NUM-Präsident Arthur Scargill die 186 000 Kumpel seiner Gewerkschaft zum Streik auf. Für die meisten ist es ein Kampf ums nackte Überleben. Denn wegen der hohen Arbeitslosigkeit in Großbritannien gibt es bei Zechenstillegungen kaum eine Chance, einen Ersatzjob zu finden. Immer wieder kommt es während des Ausstandes zu Zusammenstößen zwischen Streikenden und ganzen Hundertschaften Polizisten, die in die Bergarbeiterstädte entsandt werden. Erst nach einem Jahr geht der Streik ohne greifbaren Erfolg für die Arbeiter zu Ende. Die streikenden Kumpel haben pro Mann bis zu 32 000 Mark Einkommen eingebüßt. Für die Nationale Kohlebehörde ist durch den Ausstand ein Schaden von 3,6 Milliarden Mark entstanden. Und das Zechensterben geht weiter.

SUPPORT THE MINERS
NUM

Eine Atommacht wird behindert

Mitglieder der Umweltschutzorganisation Greenpeace kommen im Juni 1988 im Mittelmeer dem amerikanischen Flugzeugträger „Dwight D. Eisenhower“ in die Quere. Die Umweltschützer haben Flaggen mit dem Zeichen für Radioaktivität gehißt und versuchen, das von zwei Kernreaktoren angetriebene Kriegsschiff am Ankern in der Bucht von Palma de Mallorca zu hindern. Begründung: Die „Eisenhower“ habe Atomwaffen an Bord, die auf spanischem Gebiet unerwünscht sind. Doch der US-Kommandant setzt seine Fahrt in den Hafen fort und läßt Greenpeace über Funk-Kanal 6 die Antwort geben: „Fuck off!“

Aber auch wenn der Flugzeugträger nicht aufzuhalten ist, trägt die Greenpeace-Aktion doch dazu bei, den weltweiten Bürgerprotest gegen Atomkraft und Atomrüstung zu stärken. Auch auf ökologischem Gebiet macht sich die 1971 gegründete Organisation mit ihren Zehntausenden Mitgliedern und Helfern verdient. In den letzten Jahren kämpft Greenpeace besonders erfolgreich gegen die zunehmende Verschmutzung der Weltmeere durch Industrieabwässer. Greenpeace ist es auch zu verdanken, daß sich die Fischfangnationen – mit Ausnahme von Island, Norwegen und Japan, die vorgeben, den Walfang nunmehr ausschließlich zu wissenschaftlichen Zwecken durchzuführen – zu einem zeitweiligen Verzicht auf Walfang verpflichten, um ein Aussterben der großen Meeressäugetiere zu verhindern.

Die Armee des Volkes schießt auf das Volk

Der Platz des Himmlischen Friedens im Zentrum von Peking wird im Frühjahr 1989 zum Schauplatz und Schlachtfeld eines Volksaufstandes für mehr Demokratie. Bis zu eine Million Studenten, Arbeiter und Angestellte fordern in spontanen Demonstrationen von der kommunistischen Regierung Bereitschaft zur Diskussion umstrittener Maßnahmen, Aufhebung der Pressezensur und Absetzung korrupter Parteifunktionäre. Mit einem Hungerstreik verhindern mehrere tausend Studenten Mitte Mai vor der mit einem Mao-Bild geschmückten Halle des Volkes die dort geplante offizielle Begrüßung des zu einem Staatsbesuch eingetroffenen sowjetischen Partei- und Regierungschefs Michail Gorbatschow. Als der chinesische KP-Chef Zhao Ziyang mit den demonstrierenden Studenten über ihre Forderungen verhandeln will, wird er abgesetzt. Sein Gegenspieler, Ministerpräsident Li Peng, verhängt am 20. Mai über acht Bezirke der Hauptstadt das Kriegsrecht und droht mit militärischen Maßnahmen. Am 3. und 4. Juni setzt die chinesische Führung größere Einheiten der „Volksbefreiungsarmee“ ein, um die angebliche Konterrevolution niederzuschlagen. Die Soldaten gehen mit Panzern und Maschinengewehrfeuer gegen unbewaffnete Zivilisten vor. Auf dem Platz des Himmlischen Friedens und den angrenzenden Straßen kommt es zu einem Massaker, bei dem mehrere hundert Menschen erschossen, von Armeefahrzeugen niedergewalzt oder erschlagen werden. Zwar gewinnt die Armee so die Oberhand, aber die Forderung nach Freiheit und Demokratie kann sie nicht erstikken. China bleibt ein unruhiges Land. Der Kommunismus ist am Ende, eine Chance zu demokratischer Selbsterneuerung vertan.

华人民共和国万岁
世界人民大团结万

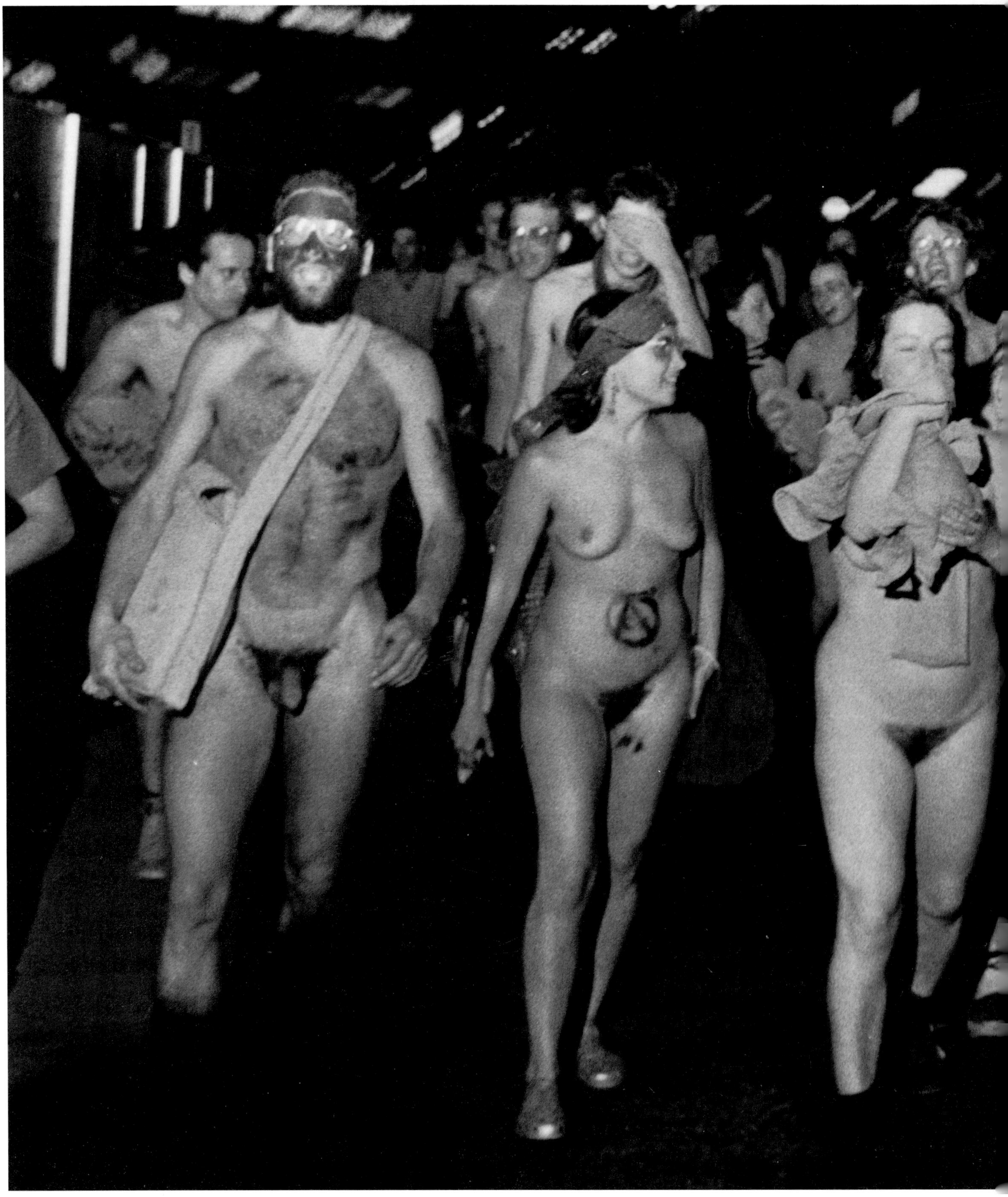

Die Krawalle von Zürich

In keinem Sommer der jüngeren Schweizer Geschichte geht es so hitzig zu wie 1980 in Zürich. Von Ende Mai bis in den Herbst ziehen rebellierende Jugendliche durch die Innenstadt – mitunter sogar zum Schrecken biederer Eidgenossen splitternackt. Sie demonstrieren für das selbstverwaltete Jugendzentrum, das der Stadtrat wegen angeblichen Mißbrauchs durch Drogendealer und Alkoholiker geschlossen hatte. Der Konflikt eskaliert zum offenen Aufruhr, als die Polizei gegen die Protestierenden mit Schlagstöcken, Wasserwerfern und Tränengas vorgeht. Auf der Zürcher Bahnhofstraße mit ihren exklusiven Geschäften und feinsten Bankadressen kommt es zu wüsten Straßenschlachten. Schaufensterscheiben gehen zu Bruch, Brände werden gelegt, Köpfe blutig ge-

schlagen. Am Ende siegt die alte Ordnung über die Befürworter einer alternativen Jugendkultur. Das umstrittene „Autonome Jugendzentrum Zürich" wird abgerissen, und die Justizbehörden gehen an die Bearbeitung von rund 900 Strafverfahren wegen Landfriedensbruchs und ähnlicher Delikte gegen die erste Schweizer Bürgerpflicht: die Ruhe.

Im Galopp gegen Stahlarbeiter

Massenarbeitslosigkeit, die internationale Stahlkrise und hohe Staatsverschuldung führen Anfang der achtziger Jahre in Belgien zu sozialen Spannungen. Es kommt zu Streiks und Straßenschlachten zwischen Arbeitern und Polizei. Als am 11. Februar 1982 mehrere tausend Stahlarbeiter gegen die Stillegung wallonischer Eisenhütten demonstrieren, versucht berittene Polizei die Großkundgebung zu sprengen. Mit langen Schlagstöcken prügeln die Polizisten auf die Arbeiter ein. Ein Berittener versucht im Eifer des Gefechts sogar über eine Ford-Limousine hinwegzusetzen – doch das Pferd strauchelt, und die Staatsmacht kommt zu Fall.

Der Aufstand der Palästinenser

Im Dezember 1987 kommt es in den von Israel besetzten Gebieten zu offenem Aufruhr der palästinensischen Bevölkerung gegen die israelische Herrschaft. In Gaza, im Westjordanland und in den Drusen-Dörfern auf dem Golan bricht die „Intifada“ los, die Erhebung der Palästinenser. Aufständische errichten Barrikaden aus brennenden Autoreifen. Israelische Militärstreifen werden mit Steinen und Molotow-Cocktails angegriffen. Kinder und Jugendliche liefern den Israelis Straßenschlachten. Alle Versuche, die „Intifada“ durch massierte Einsätze hochgerüsteten Militärs niederzuschlagen, sind zum Scheitern verurteilt. Kaum scheint an einer Stelle die Ruhe hergestellt, bricht der Aufstand an anderer von neuem los. Mehrere hundert Palästinenser, darunter viele Kinder, fallen den israelischen Angriffen zum Opfer. Tausende Menschen werden verletzt. Aber auch 1989 geht der Aufstand weiter. Rund 1,5 Millionen Palästinenser fordern von den Israelis das Recht auf politische Selbstbestimmung. Sie fordern den von PLO-Chef Jassir Arafat am 18. November 1988 in Algier ausgerufenen „Staat Palästina auf unserem palästinensischen Boden“.

Deut

Ob vielleicht der 26. November 1983 der Tag war, der für die Entwicklung der Bundesrepublik in diesem Jahrzehnt die größte Bedeutung hatte? Wenn es so wäre – ahnen hätte man das nicht so ohne weiteres können: Schon damals kannte schließlich kaum einer den Mann aus dem Bayerischen Wald, der da für einige Tage ein paar kleine Zeitungsüberschriften auslöste – und heute ist Franz Handlos schon wieder weitgehend vergessen: Aber wahr ist, daß an diesem Tag jener Handlos, bis zu seinem spektakulären Austritt aus der Partei am 8. Juli 1983, Bundestagsabgeordneter der CSU, die Partei der Republikaner gründete und zwar hauptsächlich deshalb, weil ihm sein Parteivorsitzender Strauß, den er bis dahin sehr verehrt hatte, plötzlich zu autokratisch wurde und – ohne Handlos zu fragen – ganz einfach einen Milliardenkredit eingefädelt hatte zugunsten der DDR. Handlos ist schon lange nicht mehr Republikaner, weil er eines Tages den Fehler beging, einen gewissen Schönhuber in die Partei aufzunehmen (der ihm dann bald viel zu autokratisch wurde). Aber was er damals inszenierte, ist wohl das, was man in Fachkreisen als Wetterleuchten bezeichnet. Und inzwischen ist der Himmel voller Blitze.

Für mich sind diese achtziger Jahre ein Jahrzehnt gewesen, in dem sich diese Bundesrepublik schneller und nachhaltiger verändert hat, als irgend jemand vorhergesehen hat. Dabei war nach außen hin lange Zeit davon gar nicht so schrecklich viel zu sehen: Gewiß, eine Bundesregierung ist aus dem Amt geschieden (ein Ereignis, das die Nachfolger ziemlich großspurig als „Wende" unter die Leute brachten, obwohl sich durch diesen Regierungswechsel sachpolitisch so furchtbar viel bestimmt nicht gewendet hat). Und große Leute sind aus der vordersten Front der Politik ausgeschieden: Willy Brandt zum Beispiel, Franz Josef Strauß, dessen Tod für ein paar Wochen die Republik durchaus erbeben machte. Aber so etwas kommt eben vor im Laufe von zehn Jahren – die entscheidenden Veränderungen löst es nicht aus.

Entscheidend ist, daß nach dem Ende dieses Jahrzehnts die Bundesrepublik nicht mehr so sein wird, wie sie einmal gewesen ist: Hatten wir uns nicht viele, viele Jahre lang gewöhnt an das stabile System der Drei-Parteien-Landschaft? Hatten wir nicht felsenfest gewußt – und das unrühmliche Auftauchen der NPD in den sechziger Jahren samt ebenso schnellem Verschwinden von der Bildfläche war eher eine Bestätigung dieses Wissens –, daß „die extremen Parteien hierzulande keine Chance haben". So hieß es jedenfalls immer wieder begeistert am Wahlabend, wenn einem ansonsten vielleicht bekümmerten Fernsehkommentator partout kein positiver Satz zum Wahlergebnis mehr einfallen wollte.

Und nun ist alles anders, nun haben wir in Bonn

sches

und auch in den Bundesländern kein Drei-Parteien-System mehr, sondern für lange Zeit wohl eines mit fünf Parteien: Es mag ein Zufall sein, daß die Bundespartei der Grünen am 13. Januar 1980 gegründet wurde, ein Signal war es aber auch, nur, daß es keiner so richtig ernst nehmen wollte. „Werden sicher bald wieder verschwunden sein", schrieben damals die Leitartikler, nicht, ohne dabei das grundsätzliche Anliegen der jungen Leute in ein paar wohlwollenden Sätzen zu würdigen, bevor ihnen erklärt wurde, daß sie aber natürlich überhaupt nicht „politikfähig" seien. Zehn Jahre lang haben inzwischen die Grünen, mit all dem Streit, zu dem sie fähig waren, trotz des unvorteilhaften Bildes, das sie damit abgaben, den Prognostikern jede Chance gelassen, ihre Vorhersage zu erfüllen. Nur wurde in all der Zeit die Luft nicht besser, der Müll nicht besser entsorgt – und zwar schon gar nicht von den Alt-Parteien, die so von oben herab auf die ungebärdigen Jungen schauen. So kam es – in Deutschland wie in Österreich oder der Schweiz –, daß sich die Probleme eine grüne Partei fast von alleine zimmerten. Und zusätzlich ist nun – ohne da etwas vergleichen zu wollen, was man garantiert nicht vergleichen kann – auch auf der rechten Seite völlig unvermittelt etwas aufgeplatzt.

Das hat sich alles logisch entwickelt in den achtziger Jahren – zum Beispiel damit, daß da plötzlich neue Themen waren und Menschen, die sich ihrer annahmen, egal, ob sich das die Entwerfer der Parteiprogramme so ausgedacht hatten. Wer hätte damit rechnen können, daß eines Tages mehr als eine Million Menschen einander an den Händen fassen würden, um eine Kette zu bilden gegen den Wahnsinn der Überrüstung? Oder eben das Thema Ökologie: Vom Waldsterben hatte man ja grade schon etwas gehört – aber wer hätte im Jahre 1980 sagen können, was ein Ozonloch ist, wer hätte was mit den Buchstaben FCKW anfangen können, wer hätte geahnt, daß in Österreich wegen des Wasserkraftwerks bei Hainburg Hunderttausende von Menschen auf die Barrikaden gehen würden? Als in der fernen Sowjetunion auch noch ein Kernkraftwerk in die Luft ging (und die Politiker hierzulande dekretieren zu können glaubten, die Menschen müßten sich dabei nichts denken), da war vor allem der Glaube an die Kompetenz dieser Politiker ruiniert. Für mich sind die achtziger Jahre bei uns vor allem ein Jahrzehnt des Verfalls der alten Autoritäten: Von heute aus gesehen wirkt es nur noch komisch, mit wieviel Pathos damals, im Jahre 1982, der neue christdemokratische Kanzler mit seiner neuen Mehrheit die sogenannte „geistig-moralische Wende" proklamierte, die aber dann im wesentlichen doch daraus bestand, daß bei den Haushaltsbeschlüssen – was übrigens bitter nötig war – eine Zeitlang mehr gespart wurde als zuletzt unter den Sozialdemokraten. (Die Liberalen waren schon damals etwas zu-

rückhaltender mit großen Tönen: Vielleicht argwöhnten sie, daß man sie irgendwann wieder gegen sie verwenden könnte.)
Ansonsten viel heiße Luft – und eben grade keine Wende, schon gar nicht auf moralischem Gebiet: Dort ging alles weiter wie bisher – und wurde eher noch schlimmer, übrigens in allen deutschsprachigen Ländern. In Österreich kamen die Zeitungen ohnehin nicht mehr nach mit der immer dicker werdenden Historiographie all der Skandale – und konnten sich mit Recht nur schwer entscheiden, ob sie nun den Skandal um den Bau eines Mammut-Krankenhauses, um das Steuergebaren ihres Finanzministers oder um eine auf kriminelle Weise versenkte, nicht vorhandene Uranerz-Aufbereitungs-Anlage am schlimmsten finden sollten. Auch die sonst so saubere Schweiz hatte plötzlich eine saubere Justizministerin, die ihrem Mann dabei geholfen hatte, seine zweifelhaften Geschäfte zu decken: Daß sie gehen mußte, war ein Schock, der die Schweizer vermutlich deshalb so erschütterte, weil sie nicht so viel gewöhnt waren wie die Leute in den Nachbarländern. (Kein anderes mitteleuropäisches Land war ja auch so sehr in seinen Grundfesten erschüttert worden wie diese Schweiz, als zu Beginn des Jahrzehnts die Jugend des Landes aufbegehrt hatte. Daß ausgerechnet „Züri brännen" würde, das hätte sich dort nun wirklich niemand in seinen schlimmsten Alpträumen vorstellen können.)
In der großen Bundesrepublik war das Jahrzehnt sowieso beinahe ein einziges Skandaljahrzehnt. Beginnend mit der Flick-Affäre, in der es sich zeigte, daß man eine ganze Republik für nicht allzuviel Geld sozusagen kaufen konnte samt Inventar aus beinahe allen Parteien – und gipfelnd in der Barschel-Affäre, die einen Politikkriminellen zeigte, von dem man entsetzt lernte, daß er ungefähr alles für erlaubt gehalten hatte, wenn es nur dazu diente, an der Macht zu bleiben. Als der Fall ausgestanden war, da war mehr zusammengebrochen als ein wenig Vertrauen in einen Provinzpolitiker: Es war ein Stück des Bodens eingebrochen, auf dem diese Republik steht. Wer die Kerzen in Erinnerung hat, die damals – nach Barschels Tod – ein paar ältere Damen vor einer Kirche in Mölln anzündeten, weil sie ganz einfach ihrem Glauben treu bleiben wollten, ein Ministerpräsident müsse ein Ehrenmann gewesen sein, wer dies also in Erinnerung hat, der hält vielleicht dieses Bild für das Bild des Jahrzehnts. Der Wind hat die Kerzen ganz schnell ausgeblasen, die Frauen standen schweigend daneben.
Auch wegen solcher Erschütterungen ist das eine andere, weniger stabile Republik geworden. Schneller als je zuvor wechseln nun die Mehrheiten: Gerade noch feiert die CDU ihren Sieg in Frankfurt, der langjährigen Hochburg der Linken – schon begeht sie trauernd ihre Niederlage in derselben Stadt; gerade noch denkt sie, für die

nächsten dreißig Jahre habe sie in Berlin die Sozis entscheidend aufs Haupt geschlagen, schon sind die dort wieder an der Macht.
Woran liegt es, wenn die Wähler immer weniger honorieren, daß es ihnen objektiv ganz gut geht (im Vergleich zu anderen Ländern)? Woran liegt es, daß die Rechten mit einem Mal frech werden, woher rühren die Ängste, die sich mit einem Mal gegen die Ausländer richten, die doch weiß Gott nicht plötzlich bedrohlicher geworden sind, als sie es in den siebziger Jahren gewesen sind oder auch nicht gewesen sind?
Mit einer überraschend etwa ausgebrochenen Armut kann es nichts zu tun haben: Nicht zuletzt die reiche Schweiz war es ja, die in diesen Jahren verstärkt damit begann, mit allerlei Initiativen gegen die Überfremdung vorzugehen. Und eben diese Schweiz war es, in der man sich daran machte, die asylsuchenden Tamilen mit einer vorher nicht erwarteten Unerbittlichkeit außer Landes zu schaffen. Das war im gleichen Jahr, in dem das Land den größten Außenhandelsüberschuß seiner Geschichte feiern durfte. Insoweit hatte es jedenfalls nichts gegen den Umgang mit Fremden, solange sie nämlich pünktlich ihre Rechnungen bezahlten.
Es ist zuviel passiert in diesen Jahren – und zu wenige Politiker scheinen es bemerkt zu haben. Könnte es sein, daß es die Leute nur noch lächerlich gefunden haben, als eine Bonner Koalition die Angst der Menschen vor einer atomaren Wiederaufarbeitungsanlage damit bekämpfen wollte, daß sie die Vermummung mit Hilfe von Pudelmützen und Sturzhelmen unter Strafe stellte? (Auch so ein unvergeßlicher Tag dieses Jahrzehnts: ein Sonderparteitag der Liberalen – nur zum Thema Vermummungsverbot.) Könnte es sein, daß die Menschen mit Recht immer weniger verstehen, warum noch immer Tiefflieger über ihre Köpfe hinwegrasen müssen, obwohl doch ziemlich eindeutig ist, daß wir gar keinen rechten Feind mehr haben, den wir mit diesen Fliegern abschrecken müßten.
Neue Ängste sind entstanden in diesem Jahrzehnt: Plötzlich war da die Krankheit Aids, von der die meisten Menschen bis heute noch nicht wissen, ob da nicht vielleicht ein junger Staatssekretär berühmt werden wollte – oder ob sie wirklich gezwungen sein würden, ihr Leben zu ändern. (Beides ist vermutlich wahr.) Oder sie merkten, daß die Arbeitslosigkeit ein Phänomen war, das man nicht mehr hinwegzaubern konnte mit ein wenig steigender Konjunktur. Und sie stellen fest – zum Beispiel, als sich Österreich einen Bundespräsidenten wählte, der sozusagen den Krieg beinahe vergessen hatte –, daß die Vergangenheit uns alle noch immer nicht losgelassen hat.
Wir werden uns noch sehr lange zu erinnern haben an die achtziger Jahre. Und ihr Erbe wird uns noch sehr lange beschäftigen.

Herbert Riehl-Heyse

Staats-besuch aus Ost-Berlin

Die einst von der sozial-liberalen Koalition unter Bundeskanzler Willy Brandt eingeleitete Politik der kleinen Schritte zur Annäherung der beiden deutschen Staaten kommt im September 1987 unter dem christdemokrati-
schen Kanzler Hel
mut Kohl einen gr
ßen Schritt voran:
Der DDR-Staats-
ratsvorsitzende Er
Honecker trifft als
erster Chef des ost
deutschen Staates
einem offiziellen B
such in der Bundes
republik ein. Nach
dem Empfang dur
den Bundeskanzle
spielt ein Musik-
korps des Wachba
taillons zu Ehren
Gastes die Hymne
beider deutscher
Staaten. Später be
sucht der SED-Ch
in seinem saarlän

ıen Geburtsort
ebelskirchen das
ab seiner Eltern.
einer unvorberei-
en Rede macht er
n Deutschen ein
nig Hoffnung auf
leichterungen im
iseverkehr zwi-
ıen den deutschen
ıaten, als er von
er Zukunft
richt, in der
renzen uns nicht
hr trennen", son-
rn „vereinen".

USA: RÜCKZUG AUS EL SALVADOR
GESELLSCHAFT FÜR BEDROHTE VÖLKER
JUSU-HSG
KEIN
„NACH"RÜSTUNG
UMKEHR ZUM LEBEN

Christen gegen Rüstung

Mit violetten „Friedenstüchern" demonstrieren junge Christen im Juni 1983 auf dem Evangelischen Kirchentag in Hannover gegen das atomare Wettrüsten der Großmächte und das militärische Engagement von USA und Sowjetunion gegen die Unabhängigkeitsbewegungen in Ländern wie El Salvador und Afghanistan. Höhepunkt der Demonstrationen von Rüstungsgegnern ist im Oktober 1983 eine „Aktionswoche" der Friedensbewegung, bei der 1,2 Millionen Bundesbürger gegen die Nato-Nachrüstung mit atomaren Mittelstreckenwaffen demonstrieren. Gleichzeitig unterzeichnen 4,5 Millionen Menschen den „Krefelder Appell" gegen die Raketenrüstung in Ost und West. Anfang der achtziger Jahre entsteht auch in der DDR eine starke Friedensbewegung. Mit einem Ärmelaufnäher ruft ein junger DDR-Christ 1982 aus Anlaß einer Friedensdekade der Evangelischen Kirchen der DDR zu „Gerechtigkeit, Abrüstung, Frieden" auf. Ebenfalls am Ärmel trägt er das gesamtdeutsche Friedenssymbol „Schwerter zu Pflugscharen". Es zeigt nach dem Vorbild einer von der Sowjetunion vor dem New Yorker UN-Gebäude aufgestellten Plastik einen Mann, der ein Schwert in eine Pflugschar umschmiedet.

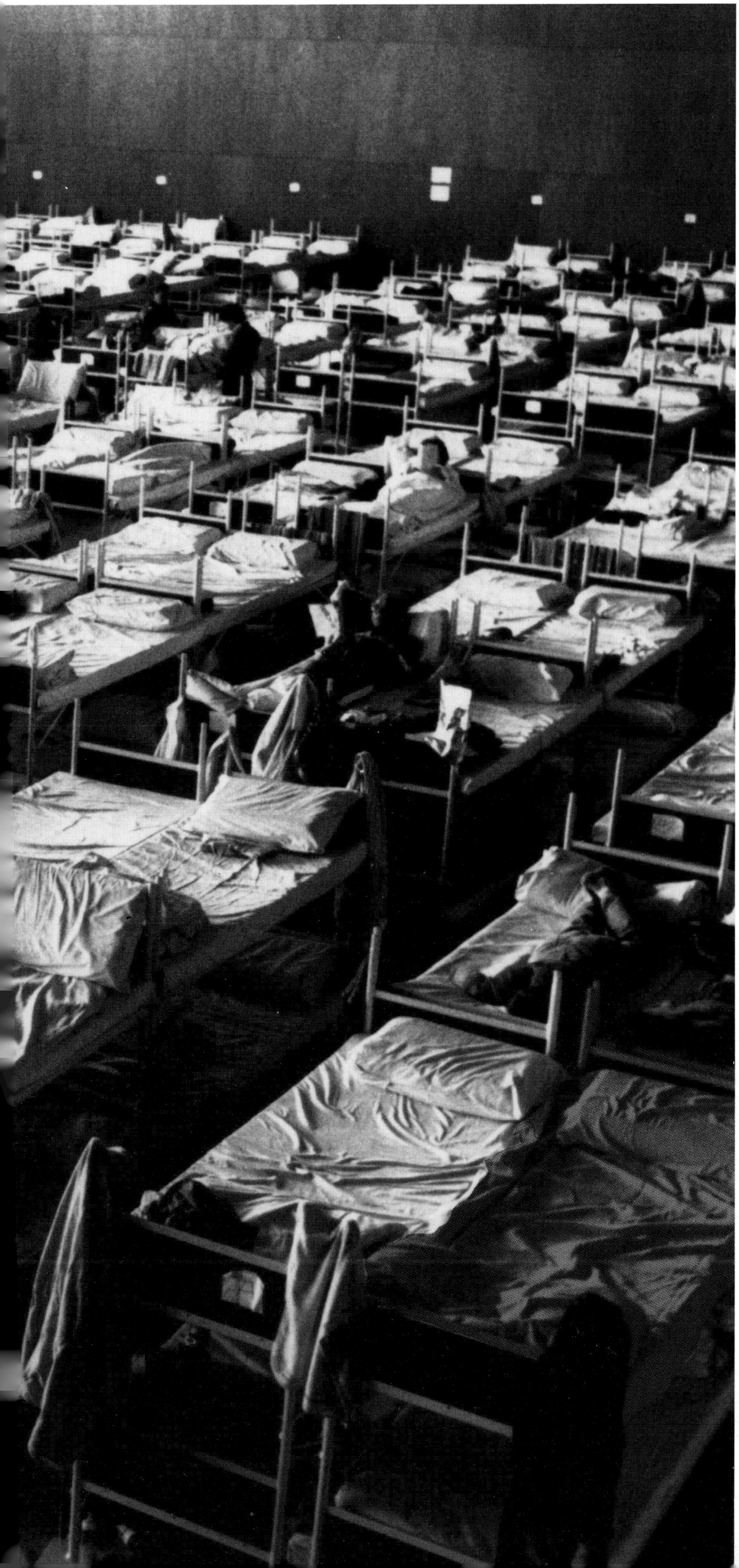

Ansturm der Aussiedler

1988 kommen rund 200 000 deutschstämmige Aussiedler aus Osteuropa in die Bundesrepublik. Weil das als Auffangstation eingerichtete Lager Friedland dem Ansturm nicht gewachsen ist, müssen zur ersten Betreuung, wie hier in einer Sporthalle der Universität Göttingen, Notquartiere eingerichtet werden. Auch politisch erweist sich der Zustrom von Aussiedlern als problematisch. Aus Kreisen sozialschwacher Bundesbürger schlägt ihnen Mißtrauen entgegen. Sie werden um ihre staatlichen Eingliederungshilfen beneidet und verdächtigt, anderen die Arbeit wegzunehmen. Bei vielen Aussiedlern schlägt die Freude über die endlich ermöglichte Rückkehr in die Heimat ihrer Vorfahren in Enttäuschung um.

Der Tod eines Türken

Am 30. August 1983 stürzt sich der 23jährige Türke Cemal Altun aus dem 6. Stock des Berliner Kammergerichts in den Tod. Der Asylbewerber hatte 13 Monate in Abschiebehaft gesessen und fürchtete seine Auslieferung an die Türkei, wo ihm Mitgliedschaft zu einer verbotenen Organisation und Beihilfe zum Mord vorgeworfen wurden.

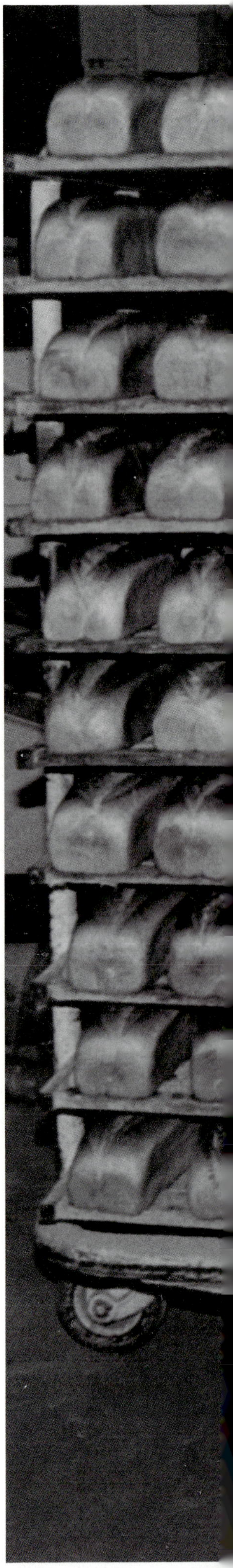

190 000 Wohnungen für nur eine Mark

Hochhäuser wie dieses in der Hamburger Siedlung am Osdorfer Born gehören zu den 190 000 Neue-Heimat-Wohnungen mit rund einer Million Bewohnern, die der Deutsche Gewerkschaftsbund im Oktober 1986 über seine Holding BGAG für eine Deutsche Mark an den West-Berliner Brotfabrikanten Horst Schiesser verkauft. Die gewerkschaftseigene Wohnungsgesellschaft Neue Heimat hatte bis dahin durch Mißmanagement und dubiose Geschäfte zum Vorteil leitender Herren statt Gewinn 17 Milliarden Mark Schulden angehäuft. Diese Schulden mußte Schiesser auch übernehmen. Weil die in die Transaktion eingeschalteten Banken dem Brotbäcker eine Sanierung des Konzerns nicht zutrauen, kauft der DGB die Neue Heimat nach sechs Wochen wieder zurück – für 14 Millionen Mark Kostenersatz. Mit auf der Strecke bleibt das Ideal der Gemeinwirtschaft, durch die Wohnungen billiger und besser gebaut werden sollten als durch kapitalistische Profiteure.

Ein Kanzler nimmt Abschied

Nach 13 Jahren endet im Oktober 1982 die Zeit sozialdemokratischer Kanzler in Bonn. Begleitet von einem Sicherheitsbeamten, der einen zuvor dem scheidenden Regierungschef überreichten Blumenstrauß trägt, geht Helmut Schmidt durch den Park des Palais Schaumburg zum Kanzler-Bungalow, den er nach einem konstruktiven Mißtrauens-Votum für seinen christdemokratischen Nachfolger Helmut Kohl räumen muß. Die sozial-liberale Koalition von SPD und FDP ist gescheitert. Gemeinsam mit der CDU/CSU stimmt die Mehrheit der Freidemokraten im Bundestag für eine neue Koalition unter der Führung von Helmut Kohl.

Ein Denkmal tritt zurück

Ein nichtiger Anlaß trägt dazu bei, daß Willy Brandt 1987 den Vorsitz der SPD niederlegt, die er 23 Jahre geführt hat und der er 1966 als Vizekanzler und Außenminister unter Kiesinger zu Regierungsmacht in Bonner Koalitionen verhalf. Brandt nimmt es seinen Genossen übel, daß sie die Berufung der parteilosen Griechin Margarita Mathiopoulus zur neuen Pressesprecherin der SPD ablehnen. Seinem Nachfolger Hans-Jochen Vogel gelingt es in den folgenden Jahren, der Partei den verlorenen Optimismus zurückzugewinnen und ihre Chancen auf eine Rückkehr in die Bonner Regierung zu mehren. Willy Brandt selbst, der am 18. Dezember 1988 seinen 75. Geburtstag feiert, widmet sich währenddessen erfolgreich seinem Amt als Präsident der Sozialistischen Internationale.

Ein Minister in Turnschuhen

Mit Turnschuhen an den Füßen wird Joschka Fischer (Mitte) am 12. Dezember 1985 als erster Grüner in der Bundesrepublik Minister. Der ehemalige Bundestagsabgeordnete übernimmt im hessischen Landeskabinett des sozialdemokratischen Ministerpräsidenten Holger Börner (dritter von links) das Ressort für Umwelt und Energie. Doch die erste rot-grüne Regierungskoalition in der Bundesrepublik hält nur vierzehn Monate. Es kommt zum Streit über die Hanauer Nuklearfabrik Alkem, der Minister Fischer die Betriebsgenehmigung verweigern will. Ministerpräsident Börner entläßt Fischer und leitet Neuwahlen ein, durch die am 5. April 1987 nach 42jähriger SPD-Herrschaft in Hessen eine CDU/FDP-Koalition unter dem Christdemokraten Walter Wallmann an die Macht kommt.

Oskar Lafontaine

Björn Engholm

Walter Momper

Gerhard Schröder

Brandts „Enkel" drängen an die Macht

In der Sozialdemokratischen Partei Deutschlands vollzieht sich in den achtziger Jahren ein tiefgreifender Generationswechsel: Die politischen „Enkel" des langjährigen Vorsitzenden Willy Brandt drängen an die Macht. Oskar Lafontaine, der sich unter anderem als Gegner des Nato-Doppelbeschlusses von der Politik des letzten SPD-Kanzlers Helmut Schmidt distanziert, steigt nach einem Wahlsieg über die CDU 1985 vom Oberbürgermeister Saarbrückens zum Ministerpräsidenten des Saarlandes auf und gilt Ende des Jahrzehnts als möglicher Kanzlerkandidat seiner Partei bei der nächsten Bundestagswahl. Björn Engholm erreicht bei vorgezogenen Landtagswahlen im Mai 1988 in Schleswig-Holstein für die SPD mit 54,8 Prozent der Stimmen die absolute Mehrheit und wird neuer Ministerpräsident – nach 38 Jahren sozialdemokratischer Opposition im Lande. Walter Momper wird im Frühjahr 1989 nach einem überraschenden Wahlsieg über die CDU/FDP-Koalition in West-Berlin neuer Regierender Bürgermeister an der Spitze einer Koalition von SPD und Alternativer Liste. Und Brandt-„Enkel" Gerhard Schröder hat in Niedersachsen große Chancen, bei den Landtagswahlen 1990 sozialdemokratischer Regierungschef zu werden.

Bombenanschlag beim Oktoberfest

Am Eingang zur Münchner Theresienwiese, auf der das traditionelle Oktoberfest gefeiert wird, explodiert am 26. September 1980 um 22.19 Uhr eine Bombe. Die Splitter richten unter den zahlreichen Menschen, die gerade fröhlich das Fest verlassen, ein Blutbad an. 13 Menschen sterben, 219 werden verletzt. Mutmaßlicher Attentäter ist ein 21 Jahre alter Rechtsradikaler, der bei dem Anschlag ebenfalls ums Leben kommt. Die Bombe detonierte offensichtlich im selben Augenblick, als er sie in einem Papierkorb versteckte. An der Einzeltäter-These gibt es inzwischen Zweifel, die sich aber nicht beweisen lassen. Sehr viele wichtige Spuren sind in den ersten Tagen nach dem Attentat nicht verfolgt worden oder sollten nicht verfolgt werden.

Schwarze Gelder für Bonner Politiker

Der ehemalige persönlich haftende Gesellschafter des Flick-Konzerns, Eberhard von Brauchitsch, gibt 1984 vor einem parlamentarischen Untersuchungsausschuß zu, jahrelang zur „besonderen Pflege der Bonner Landschaft" aus einer „schwarzen Kasse" seines Konzerns Spenden in einer Gesamthöhe von 25 Millionen Mark an Politiker der CDU, FDP und SPD gezahlt zu haben. Auch zahlreiche andere Wirtschaftsunternehmen, so stellt sich heraus, haben lange Zeit illegal zur Parteienfinanzierung beigetragen. Die Empfänger verstießen gegen das bis Ende 1983 gültige Parteiengesetz, indem sie die Namen der Spender nicht offenlegten. Viele Spender machten sich strafbar, weil sie ihre Zuwendungen gegenüber dem Finanzamt fälschlich als Spenden für gemeinnützige Vereine deklarierten. So kommt es in der zweiten Hälfte der achtziger Jahre zu rund 2000 Gerichtsverfahren. Im Zusammenhang mit den Flick-Spenden verurteilt das Landgericht Bonn 1987 von Brauchitsch wegen Steuerhinterziehung zu zwei Jahren Haft auf Bewährung und 550 000 Mark Geldbuße. Zwei mitangeklagte FDP-Politiker werden ebenfalls wegen Steuerhinterziehung verurteilt: Ex-Bundeswirtschaftsminister Otto Graf Lambsdorff zu 180 000 und Ex-Bundesfinanzminister Hans Friderichs zu 61 500 Mark Geldstrafe. Im Herbst 1988 wird Otto Graf Lambsdorff zum neuen FDP-Bundesvorsitzenden gewählt.

Die Wende, ein General und ein Toter

:inen Blumenstrauß 'or sich, genießt Helmut Kohl am 1. Oktober 1982 seinen größten politischen Triumph: Der Christdemokrat ist nach dem Sturz des Sozialdemokraten Helmut Schmidt zum Bundeskanzler gewählt worden. Den Bürgern wird eine „geistig-moralische Wende" versprochen, aber bald erschüttern die junge bundesdeutsche Demokratie Skandale, die alle früheren Bonner Affären in den Schatten stellen. Kohls Verteidigungsminister Manfred Wörner entläßt zum 31. Dezember 1983 nach einer ungeheuerlichen Rufmordkampagne den Vier-Sterne-General und stellvertretenden Nato-Oberbefehlshaber Günter Kießling, weil er wegen homosexueller Beziehungen ein Sicherheitsrisiko darstelle. Doch die Beschuldigungen entpuppen sich als Windei. 1984 muß der CDU-Minister (rechts neben Kießling) den General rehabilitieren. Im Herbst 1987 verliert Kohls Partei weiter an Ansehen, als sich herausstellt, daß der CDU-Politiker Uwe Barschel als Ministerpräsident von Schleswig-Holstein den sozialdemokratischen Oppositionsführer Björn Engholm durch eine anonyme Anzeige wegen angeblicher Steuerhinterziehung anzuschwärzen versuchte und sein Privatleben durch Detektive ausspionieren ließ. Barschel gibt öffentlich sein „Ehrenwort", daß er zu Unrecht beschuldigt wurde. Doch bald verstärkt sich der Verdacht, daß Barschel nicht nur selbst gelogen hat, sondern auch Untergebene zu falschen eidesstattlichen Versicherungen anstiftete, um seinen Kopf aus der Schlinge zu ziehen. Nach seinem erzwungenen Rücktritt wird der 43 Jahre alte CDU-Politiker am 11. Oktober 1987 tot in der Badewanne eines Genfer Luxushotels gefunden. Alles spricht dafür, daß Uwe Barschel Selbstmord begangen hat – und daß er bemüht war, den Freitod als Mord erscheinen zu lassen. Bei Neuwahlen gewinnt die SPD des von Barschel ausspionierten Björn Engholm 1988 in Schleswig-Holstein die absolute Mehrheit.

Der Versuch mit dem Tempo 100

Im Oktober 1985 endet in der Bundesrepublik ein umstrittener „Großversuch" der Bundesregierung über die Möglichkeiten, die Stickoxid-Emissionen aus Kraftfahrzeugen durch generelle Geschwindigkeitsbegrenzungen zu reduzieren. Neuneinhalb Monate lang wurde für zwanzig längere Versuchsstrecken auf den Autobahnen Tempo 100 angeordnet und der Ausstoß an Autoabgasen mit dem auf Strecken ohne Tempolimit verglichen. Das Ergebnis: Auf den Versuchsstrecken soll die Schadstoffbelastung im Vergleich zu Strecken ohne Beschränkung nur geringfügig zurückgegangen sein. Naturschützer halten den Großversuch für unzureichend, um zu einem gültigen Urteil zu kommen. Denn nur etwa 30 Prozent der Autofahrer hatten sich an das Tempolimit gehalten. Würden sich alle daran halten beziehungsweise durch schärfere Strafvorschriften dazu gezwungen, wäre nach Ansicht von Umweltschützern eine Schadstoffreduzierung von etwa 30 Prozent möglich. Sie fordern darum weiter, auch in der Bundesrepublik wie in vielen anderen Ländern generelle Geschwindigkeitsbeschränkungen einzuführen: Tempo 100 auf Autobahnen, Tempo 80 auf Landstraßen.

Dicke Luft an der Ruhr

Wie in Duisburg-Hamborn kommt am Freitag, dem 18. Januar 1985, im gesamten westlichen Ruhrgebiet der Kraftverkehr zum Erliegen. Es herrscht Smogalarm der höchsten Stufe 3. Lieferanten müssen ihre Ware zu Fuß transportieren, Berufstätige auf dem Weg zum Arbeitsplatz ihre Wagen am Straßenrand abstellen, Schulkinder zu Hause bleiben. Durch das totale Fahrverbot sollen die Menschen in den Ballungsgebieten vor Vergiftungsgefahr geschützt werden. Infolge einer Warmluftglocke hat sich über der Region eine gefährliche Konzentration aus Schadstoffen wie Schwefeloxid, Stickoxid und Schwebstaub gebildet. Ausgenommen von dem Fahrverbot sind öffentliche Verkehrsmittel, Polizeifahrzeuge, Krankenwagen sowie Autos mit Sondergenehmigung und Elektrofahrzeuge.

SMOG
6-10 u. 15-20h

Ein Konzern wächst und wächst

Unter der Führung ihres Vorstandsvorsitzenden Edzard Reuter entwickelt sich die Stuttgarter Daimler-Benz AG Ende der achtziger Jahre zum mächtigsten Technologie-Konzern Westeuropas. Bereits 1985 verfügte das Unternehmen durch Ankauf des Luft- und Raumfahrtunternehmens Dornier, des Elektroriesen AEG und der Motoren und Turbinen-Union (MTU) über knapp 300 000 Arbeitsplätze. 1989 strebt Edzard Reuter mit Unterstützung von Teilen der CDU/CSU-FDP-Bundesregierung die Fusion mit dem Münchner Rüstungs- und Luftfahrtunternehmen MBB (Messerschmidt-Bölkow-Blohm) an, stößt aber mit diesem Plan auf den Widerstand des Bundeskartellamtes, das schwerwiegende Wettbewerbsnachteile für andere Firmen befürchtet. Vor allem auf dem Gebiet der Militärtechnik könnte eine Fusion der beiden Rüstungskonzerne zu einer gewaltigen wirtschaftlichen und politischen Machtkonzentration führen. Der MBB-Konzern ist über seine Tochterfirma Deutsche Airbus GmbH unter anderem an der Produktion der Großraumflugzeuge A 300–600 beteiligt, die im französischen Toulouse montiert werden.

N 470
N 470

ALI
Kaffee

Die neue Armut

Trotz zunehmendem Wohlstand wächst in der Bundesrepublik der achtziger Jahre die Armut. Zu über zwei Millionen Arbeitslosen kommen von Jahr zu Jahr mehr Sozialhilfeempfänger. Die Zahl der Menschen, die für ihren Lebensunterhalt staatliche Hilfe in Anspruch nehmen müssen, erhöht sich von 1,32 Millionen zu Beginn der achtziger Jahre auf rund 2,5 Millionen am Ende des Jahrzehnts. Der 1937 in Ostpreußen geborene Mann auf dem Foto wäre ohne Hilfe obdachlos und aufs Betteln angewiesen. Die „Ambulante Hilfe“, ein vom Diakonischen Werk unterstützter Verein für alleinstehende Wohnungslose, besorgte ihm eine Unterkunft im Wohnheim Bauhof in Stuttgart-Feuerbach. Für die Mietkosten kommt das Sozialamt auf. Der Mann erhält monatlich 410 Mark Sozialhilfe zuzüglich etwa 20 Mark für Kleiderreinigung. Rund 40 Mark muß er als Stromzuschuß an die Heimleitung weiterleiten. Zum Leben bleiben ihm so 390 Mark. Aus gesundheitlichen Gründen kann der gelernte Schmied, der sieben Jahre als Matrose bei der Handelsmarine beschäftigt war, nicht mehr einer körperlichen Arbeit nachgehen. Aber auch wenn er noch kräftig wäre – Schmiede und Matrosen seines Alters werden nicht gebraucht.

Zwei Geiseln müssen sterben

August 1988: Mit dem Finger am Abzug seines Revolvers bedroht der Bankräuber Dieter Degowski seine 18jährige Geisel Silke Bischoff bei einem Zwischenstop in der Kölner Innenstadt, während ihre ebenfalls als Geisel genommene Freundin neben ihm eine Zigarette raucht. Degowski hatte zusammen mit seinem Komplizen Hans-Jürgen Rösner in Gladbeck eine Bank überfallen und war mit der Beute und zwei anderen Geiseln, die später freigelassen wurden, in einem Personenauto geflüchtet. Weil sie sich von der Polizei bedroht fühlen, bringen die Gangster einen Tag später in Bremen einen Linienbus mit 30 Fahrgästen in ihre Gewalt. An einer Autobahn-Raststätte erschießt Degowski kurz darauf eine der neuen Geiseln, einen 15jährigen Italiener. Die Flucht geht dann weiter über die holländische Grenze, wo die Gangster den Bus stehen lassen. In einem BMW flüchten sie mit den beiden Bremerinnen als Geiseln in Richtung Köln. 54 Stunden nach dem Gladbekker Banküberfall stellt ein Spezial-Einsatzkommando der Kölner Polizei das Fluchtauto auf der Autobahn bei Bad Honnef. Es kommt zu einer Schießerei, bei der die Anwaltschaftsgehilfin Silke Bischoff von einer Kugel aus der Pistole des am Steuer sitzenden Geiselnehmers Hans-Jürgen Rösner tödlich getroffen wird.

Ein Opfer des Terrors und ein Akt der Gnade

Am Abend des 10. Oktober 1986 wird der Bonner Ministerialdirektor Gerold von Braunmühl vor seinem Haus beim Aussteigen aus dem Auto von fünf Kugeln eines Killerkommandos tödlich getroffen. Zu dem Anschlag bekennt sich die Terrororganisation Rote Armee Fraktion (RAF), die dem Vertrauten von Außenminister Hans-Dietrich Genscher vorwirft, als Leiter der Politischen Abteilung des Auswärtigen Amtes mit dem amerikanischen Aufrüstungsprojekt SDI zu tun zu haben. Von Braunmühls kritische Distanz zu den „Sternenkrieg"-Plänen des US-Präsidenten Ronald Reagan war der RAF offenbar verborgen geblieben. Zwiespältig reagiert die bundesdeutsche Öffentlichkeit auf Bemühungen von Bundespräsident Richard von Weizsacker, ehemaligen Terroristen, die sich von der RAF abgewandt haben, durch vorzeitige Haftentlassung eine Resozialisierung zu erleichtern. Im März 1989 begnadigt der Präsident die 37jährige frühere RAF-Angehörige Angelika Speitel. Sie war 1978 an einem Schußwechsel beteiligt gewesen, bei dem ein Polizist getötet und ein zweiter schwer verletzt wurde. Ihre lebenslange Freiheitsstrafe wird vom 30. Juni 1990 an zur Bewährung ausgesetzt. Nach den Worten von Weizsäckers muß der demokratische Rechtsstaat einem Straftäter die Möglichkeit geben, auch schwerste Schuld zu Lebzeiten abzubüßen und sich wieder in die Gemeinschaft einzugliedern.

Der Kampf um die Hafenstraße

Mit roten Fahnen, Kapuzen über den Gesichtern und geballten Fäusten demonstrieren 1984 Hausbesetzer in der Hamburger Hafenstraße gegen die Staatsgewalt. Sie fürchten eine gewaltsame Räumung der Häuser durch die Polizei, wie es die CDU in der Hansestadt fordert. Die ursprünglich zum Abbruch vorgesehenen Häuser sind zu Festungen ausgebaut. Barrikaden behindern die Zufahrt auf der Straße, Stahltüren sichern die Eingänge, über die Dächer gespannte Drähte sollen das Abseilen von Polizisten aus Hubschraubern verhindern. Zeitweilig warten 6000 Polizisten aus allen Teilen des Bundesgebiets in Hamburg auf den Befehl loszuschlagen. Doch der sozialdemokratische Bürgermeister Klaus von Dohnanyi vermeidet in letzter Minute ein Blutvergießen. Er sichert den Hausbesetzern einen Pachtvertrag zu, der die Häuser in der Hafenstraße als ein „alternatives Wohnmodell" erhalten soll. Die Barrikaden werden wieder abgebaut, der Frieden scheint hergestellt. Aber kriminelle Übergriffe einzelner Bewohner der Hafenstraßen-Häuser stellen bald in Frage, ob eine Lösung auf Dauer gefunden ist.

DAS
IST DER

Zu tief und zu laut

Zwei tieffliegende Jets der Bundeswehr vom Typ F-16 stören in der Hunsrück-Ortschaft Belg einen Beerdigungszug. Die Einflugschneise der nahen Hahn Air Base führt genau über den Friedhof hinweg. Die Empörung der Bevölkerung über die zunehmende Belästigung und Gefährdung durch Tiefflieger trägt im April 1989 mit dazu bei, daß der erst knapp ein Jahr zuvor berufene Verteidigungsminister Rupert Scholz durch Gerhard Stoltenberg ersetzt wird.

Nicht jeder läßt sich zählen

Die Gesichter zu maschinenlesbaren Kennzeichen geschminkt, demonstrieren in Hamburg und vielen anderen Städten Bundesbürger gegen die „Volkszählung 1987“, bei der mit Hilfe von 500 000 Zählern persönliche Daten aller Bewohner erfaßt werden sollen. Nach Ansicht der Zensus-Gegner bedeutet die Zählung einen weiteren Schritt zum „gläsernen Menschen“, über den der Überwachungsstaat jederzeit alle erwünschten Daten abrufen kann. Hunderttausende boykottieren die Zählung trotz Strafandrohung oder füllen die Fragebogen so schlampig aus, daß die Erhebungsstellen sie nicht wie gewünscht auswerten können. Die Ergebnisse der Volkszählung, die den Staat 756 Millionen Mark kostete, bleiben damit fragwürdig.

Hexenjagd in Bayern

Rund 7000 Frauen demonstrieren im Februar 1989 in der bayerischen Stadt Memmingen gegen den Paragraphen 218 und für ein Selbstbestimmungsrecht der Frauen in Fragen der Schwangerschaftsunterbrechung. Ein Abtreibungsprozeß gegen den Frauenarzt Dr. Horst Theissen hat die Stadt in den Verruf gebracht, mit gnadenloser Härte auch fast hundert Frauen zu verfolgen, die sich von ihm helfen ließen. Im Mai 1989 verurteilt die 1. Strafkammer des Landgerichts Memmingen Dr. Theissen zu zweieinhalb Jahren Gefängnis und drei Jahren Berufsverbot.

Attacken gegen den Atomstaat

Das durch Stahlgitterzäune und Stacheldrahtrollen gesicherte Baugelände der atomaren Wiederaufarbeitungsanlage im oberpfälzischen Wackersdorf wird vom ersten Spatenstich 1985 an zum Symbol des Atomstaates. Bei einer Oster-Kundgebung von 50 000 Atomkraftgegnern kommt es am 31. März 1986 zu schweren Zusammenstößen zwischen militanten Demonstranten und Polizei. Nachdem die Bauherren etwa 2,3 Milliarden Mark in das Projekt gesteckt haben, droht dem Unternehmen im April 1989 eine gigantische Pleite. Denn der als wichtigster Kunde der WAA Wackersdorf vorgesehene Veba-Konzern kündigt an, er wolle künftig die Brennstäbe aus konzerneigenen Atomkraftwerken statt in der Oberpfalz vom französischen Staatskonzern Cogema in Le Hague am Ärmelkanal aufarbeiten lassen. Der Veba-Chef Rudolf von Bennigsen-Foerder hat für die Entscheidung, eine einfache Begründung: Eine Wiederaufarbeitung von jährlich 400 Tonnen abgebrannter Brennelemente seines Konzerns würde in Frankreich weitaus weniger kosten als in Wackersdorf. So kommt es Ende Mai 1989 zum Baustopp.

Auch seine Gegner trauern um ihn

Am 3. Oktober 1988 stirbt im Alter von 73 Jahren der bayrische Ministerpräsident Franz Josef Strauß. Um den unter der bayrischen Fahne im Münchner Prinz-Carl-Palais aufgebahrten Toten trauern nicht nur seine Freunde. Auch politische Gegner bezeugen dem Mann Respekt, der mehr als drei Jahrzehnte das politische Geschehen in der Bundesrepublik mitgeprägt hat. Franz Josef Strauß war Gründungsmitglied der CSU, deren Vorsitzender er von 1961 bis zu seinem Tode war. Mehrfach gehörte der konservative Bayer Bundesregierungen an – zunächst unter Konrad Adenauer als Minister für besondere

Aufgaben/Atomminister und als Verteidigungsminister und später, während der Großen Koalition unter Kiesinger, als Finanzminister. 1980 trat er bei den Bundestagswahlen als Kanzlerkandidat der Unionsparteien an, unterlag jedoch dem Sozialdemokraten Helmut Schmidt. Ein weiteres Amt in Bonn strebte er danach nicht mehr an, nahm aber nach dem Amtsantritt von Helmut Kohl von München aus in oft harscher Weise Einfluß auf die Bonner Politik.

Umb

Das war das Jahrzehnt, in dem der Fortschritt für jedermann sichtbar ins Stolpern geriet. Als es begann, glaubte die Mehrzahl der Zeitgenossen noch an grenzenlose Horizonte, als es endete, war der Himmel ihrer Erwartungen voll dunkler Angstwolken. Der flammende Untergang der amerikanischen Raumfähre, die in überheblichem Stolz „Challenger", Herausforderer, benannt worden war, wurde zum Symbol des vorläufigen Scheiterns einer Supertechnik. Das katastrophale Versagen eines sowjetischen Atomreaktors in Tschernobyl erschütterte das Vertrauen in die Beherrschbarkeit nicht nur dieser, sondern auch anderer großtechnischer Anlagen. Raketen und Nuklearsymbolik, Markenzeichen der kühnen neuen Welt, verschwanden aus der Werbung. Immer stärker, immer schneller, immer höher hatten die Losungsworte des Fortstürzens gelautet. Nun hieß es zurückstecken, bremsen, sparen und überlegen. Den gedankenlosen Exzessen der „Roaring Sixties" ist das von Erschrecken ausgelöste Unbehagen der „Uneasy Eighties" gefolgt.

Nie wieder gutzumachen

Pannen und Unglücke hatten schon immer den Vormarsch der wissenschaftlich-technischen Revolution begleitet, ohne ihn wirklich aufzuhalten. Aber diesmal waren die Katastrophen von grundsätzlich anderer Natur. Sie wirkten über den Raum, in dem sie sich ereigneten, über die Zeit, in der sie geschahen, weit hinaus, waren von kontinentaler, globaler, epochaler Natur. „Irreversibel" hieß der neue Begriff, mit dem die Endgültigkeit von niemals wiedergutzumachenden Schäden festgenagelt wurde. Fehler konnten beim Stand der neuesten Produkte von Forschung und Entwicklung oft nicht mehr korrigiert werden. Man mußte sie um jeden Preis vermeiden. Aber war das nicht zuviel verlangt?

So ist in dieser vorletzten Dekade des zweiten Jahrtausends öfter als je seit Beginn der Neuzeit vom selbstverschuldeten Weltuntergang die Rede gewesen. Aber nicht wie gegen Ende des vorigen Milleniums aufgrund unbeweisbarer religiöser Prophezeiungen, sondern gestützt auf nüchterne wissenschaftliche Berechnungen, die das gewaltige, seit 1940 entstandene militärische und zivile Zerstörungspotential in eine unheimliche Kalkulation der schwindenden Überlebenschancen aller Kreaturen auf diesem Erdball einsetzten.

Ein wenig verbesserten sich diese Aussichten, als die beiden Supergroßmächte endlich erste Abrüstungsschritte beschlossen und teilweise wirklich durchführten. Aber der erhoffte schnelle Weitergang dieser Bemühungen blieb zunächst einmal aus. Die Aufmerksamkeit der Öffentlichkeit wandte sich jetzt anderen Gefahren zu, die den schleichenden Untergang der natürlichen Le-

üche

bensssphäre ankündigten. Auch da gab es einige sensationelle Ereignisse, welche die Öffentlichkeit alarmierten, wie die Verseuchung des Rheins als Folge der Verantwortungslosigkeit eines Basler Chemiekonzerns und die Massenvergiftung von Bewohnern der indischen Stadt Bhopal, in der eine amerikanische Chemiefirma ihre hochgiftige Produktion nicht wie versprochen „im Griff behalten" konnte.

Der schleichende Untergang

Schwerwiegender als solch spektakuläres Versagen, das alle Risikoberechnungen der Industrie als unwirkliche Zahlenspielerei entlarvte, war die fast unübersehbare Fülle von allmählichen Veränderungen und Verschlechterungen der natürlichen Umweltbedingungen, die auf bisher unterschätzte Nebenwirkungen der industriellen Produktion zurückzuführen waren. Zuerst wurde das Sterben der Wälder immer unübersehbarer, dann ereignete sich das Verenden zahlloser Fische in den Flüssen, das Krepieren Tausender Seehunde und Robben an den Ufern der Meere, das endgültige Verschwinden Tausender Pflanzenarten in den rücksichtslos abgeholzten tropischen Reservaten der Erde, und schließlich brachten Aufklärungssatelliten die Hiobsbotschaft, daß die lebensschützende Ozonschicht über den Polen aufgerissen sei und diese Löcher sich weiter vergrößerten. Nun wurde sogar den Gleichgültigsten klar, daß am Ende auch die Menschen Opfer der zunehmenden Schadenswirkungen von Industrialisierung und Motorisierung würden.

Besinnung und Neuanfang

Bedeutsam ist es, daß in diesem Jahrzehnt wenigstens das Wissen über diese bedrohlichen Entwicklungen wuchs und so etwas wie ein weitverbreitetes Umweltbewußtsein entstand. Wir sind über den gefährdeten Zustand unserer unmittelbaren Umgebung und darüber hinaus ganzer Erdteile besser informiert. Nun klafft zwischen der Information, die schnelle und energische Rettungsaktionen bewirken müßte, und dem tatsächlichen Handeln der Verantwortlichen ein Abgrund von Unwahrheit und Untätigkeit. Nicht einmal die in ihrer Art einmalige Studie der Vereinten Nationen, die 1987 unter dem Titel „Our Common Future" erschien, erreichte es, daß nationale und ökonomische Interessen vor der dringenden Notwendigkeit radikaler Umorientierung von Produktion und Verkehr zurückgewichen wären. Alle Konferenzen, die sich mit der Umweltproblematik befaßten, und es sind seit 1980 beinahe hundert gewesen, waren unfähig, drastische Entschlüsse zu fassen und ihre Durchführung zu gewährleisten.
Ganz allmählich beginnt sich – bisher allerdings noch ungenügend öffentlich gefördert – eine umweltgeeignete sanfte Technik zu entwickeln. Sie geht meist auf die Initiative von entschlossenen

einzelnen oder Gruppen zurück, die mit eigenen Mitteln beginnen, ökologisch verträgliche Energie zu erzeugen, sparsamen Umgang mit den natürlichen Ressourcen zu erproben, mit den Kräften der sich ständig erneuernden Natur zusammenzuarbeiten statt gegen sie. Diese vielversprechende Entwicklung hat sich zwar in den achtziger Jahren durch Gründung von vielen Versuchsstätten und Instituten – vor allem in Skandinavien, Holland, England, der Bundesrepublik Deutschland, der Schweiz und den USA – verstärkt, reicht aber in keiner Weise aus, um die Versorgungsprobleme der schnell wachsenden Weltbevölkerung auch nur annähernd lösen zu können.

Die Bevölkerungslawine wächst

Denn im Gegensatz zu den Prognosen der „World Population Conference" des Jahres 1982, die hoffnungsvoll eine allmähliche Verlangsamung des Wachstums der Bevölkerung vorauszusagen wagte, hat sich der Trend inzwischen wieder geändert. Seit 1987 nimmt die Zahl der Menschen auf der Erde schneller zu als erwartet. Vor allem weil Maßnahmen zur Geburtenkontrolle in der dritten Welt nicht gegriffen haben oder wie in China inoffiziell wieder zurückgenommen wurden. So wird nach den neuesten Berechnungen die für das Jahr 2000 erwartete Erdbevölkerung von sechs Milliarden Menschen vermutlich um mindestens fünfhundert Millionen überschritten werden.

Die Sorge, wie diese vielen Münder gefüttert werden können, wird noch dadurch verstärkt, daß eine globale Klimaveränderung schon jetzt für fast unvermeidbar gehalten wird. Von ihr werden die großen Kornkammern und Reisplantagen der Erde besonders betroffen werden. Hitzeperioden, Wirbelstürme, Monsune haben bereits in diesem Jahrzehnt an Zahl und Wirkung zugenommen. Die USA erlebten die vier wärmsten Jahre des Jahrhunderts. Die bis in den Anfang des Jahrzehnts noch anhaltende Zunahme der Getreideproduktion brach ab, die Nahrungsmittelreserven sanken auf den tiefsten Stand seit 1972.

Es wird angenommen, daß als Folge des durch die Nebenwirkungen der Industrialisierung ständig steigenden Kohlendioxydgehalts in der Luft entstandenen Treibhauseffekts die Temperaturen auf der Erde ansteigen, die Wüsten wachsen und sowohl Dürre wie Überflutungen produktive Ackerflächen vernichten werden. Langfristig werden durch solche Entwicklungen die Forderung nach einem Friedensschluß im Krieg gegen die Natur auch von jenen akzeptiert werden müssen, die vorläufig noch nicht dazu bereit sind. Allerdings sieht es anhand der Ereignisse der achtziger Jahre so aus, als wollten die im technokratischen Denken befangenen Politiker und Manager in West und Ost zunächst einmal an die Stelle des Umdenkens die Umfunktionierung ihrer Produktion setzen und das Heil einmal mehr von technischen Innovationen statt anderen Verhaltensweisen erwarten. Das Stichwort ihrer „Revolution", die in Wahrheit keine ist, weil sie weder die ökonomischen noch politischen Machtstrukturen antastet, sondern sie eher noch verstärkt, heißt „High Tech".

Die Informationsgesellschaft entsteht

Wichtigster Sektor dieser Hochtechnik ist die Elektronik in ihren vielfachen Ausprägungen und Anwendungsmöglichkeiten. Sie soll die schwerfällige, schmutzige, laute und mächtige Maschinenwelt alten Stils durch eine Technik ablösen, die sauber, leise und „intelligent" ist, weil sie „sehen", „fühlen" und angeblich sogar „denken" kann. Der Computer, den das amerikanische Nachrichtenmagazin 1982 zur „Maschine des Jahres" kürte, ist das Herzstück dieser Transformation, die in alle Bereiche der Produktion, des öffentlichen wie des privaten Lebens eingreift.

Im Zusammenwirken mit der rapide und extensiv wachsenden Kommunikationstechnik ist seit 1980 ein immer dichteres, den ganzen Globus umspannendes Nervensystem entstanden, das Wirtschaft, Politik, Verwaltung, Universitäten, Laboratorien und seit dem massenhaften Durchbruch preiswerter „PCs" (Personal Computer) auch zahlreiche einzelne miteinander verbindet. Prinzipiell denkbar wäre es, daß diese Informatisierung der Gesellschaft zur Erhöhung ihres Wissens und zu einer Demokratisierung durch schnelle und direkte Mitsprachemöglichkeit führt. Vorläufig allerdings hat sie eher das Umgekehrte bewirkt: Mehr Kontrollmöglichkeiten für diejenigen, die bereits über Macht, Einfluß und die notwendigen Mittel zum effektiven Gebrauch der neuen Technologie besitzen. Datenbänke, die es heute bereits zu Tausenden gibt, können meist nur von denen benutzt werden, die hohe Gebühren bezahlen können oder über geheime Schlüsselwörter verfügen. Informationen kann man über diejenigen sammeln, die sich dagegen selbst mit Datenschutzgesetzen kaum wirksam wehren können, aber nicht über diejenigen, die ihr Wissen geheimhalten wollen. Allerdings sind auch sie – wie die Börsenpanik von 1987 und die „Ansteckung" peinlich abgesicherter Informationshorte durch Verwirrung stiftende „Viren" zeigten – nicht vor negativen Folgen der neuen Technik geschützt.

Die gesteigerte Abhängigkeit der Informationsgesellschaft von ihrem elektronischen Instrumentarium macht sie nämlich nicht nur stärker, sondern auch verwundbarer. Der Brand einer einzigen automatisierten Telefonzentrale im US-Staat Illinois lähmte 1988 das Leben einer ganzen Region für viele Stunden, die versehentliche Löschung von elektronisch aufgezeichneten Akten eines US-Konzerns machten ihn für viele Monate unfähig, seine Geschäfte weiterzuführen.

Biotechnik – Hoffnung und Sorge

Vordringlichste persönliche und öffentliche Sorge, die in den achtziger Jahren unübersehbar wurde, ist die in einer „krankmachenden Gesellschaft" immer dringender werdende, aber auch immer kostspieligere Gesundheitsfürsorge. Die diagnostische Technik verbesserte sich zum Teil entscheidend, verlangte aber auch von Arztpraxen und Krankenhäusern hohe Investitionen für aufwendige Apparaturen, wie man sie zum Beispiel zur Tomographie oder schadenvermindernde Schallstatt Röntgendurchleuchtung braucht. Die Fülle von zivilisatorischen Belastungen brachte eine deutliche Steigerung von chronischen Leiden, die durch ein massives Aufgebot von Arzneimitteln nur oberflächlich und vorübergehend gemildert werden. Der erwartete schnelle Übergang von chemotherapeutischen Mitteln zu biologisch einwirkenden Pharmazeutika vollzog sich nur langsam und unsicher, weil man die Effekte dieser neuen Behandlungsweise, die vor allem gegen bisher unheilbare Krankheitszustände eingesetzt wurden, erst allmählich kennenlernte. Zwar ereignete sich durch die beginnende biotechnische Praxis das befürchtete „Gen Tschernobyl" nicht, aber es gab doch zum Beispiel als Folge von Hormonbehandlungen unvorhergesehene Monstrositäten, wie die Geburt von Sechslingen oder eine Schwangerschaft mit Zehnlingen.

Gespeist wurde das Mißtrauen gegen die entstehende Gentechnik vor allem durch Gerüchte. So wurde durch einen Wissenschaftler die Entstehung der neuen, durch einen bisher unbekannten Virus erzeugten Seuche, die unter dem Namen AIDS bekannt wurde, auf ein fehlgeschlagenes Experiment in einer mikrobiologischen Versuchsstätte der amerikanischen Rüstungsindustrie zurückgeführt, ohne daß für diese brisante These bisher überzeugende Beweise geliefert werden konnten. Da dieser vorläufig noch unbesiegte Krankheitserreger, der das Immunsystem des Körpers zerstören kann, vor allem durch den Geschlechtsverkehr übertragen wird, überschatten von nun an neue, bisher unbekannte Gefahren das menschliche Intimleben.

Nicht nur das Leben der Menschen, der Tiere und der Pflanzen werden durch die zwischen 1980 und 1989 zur Milliardenindustrie gewachsenen biotechnischen Unternehmungen der Pharmawirtschaft bereits beeinflußt und verändert, sondern auch Sinne und Seelen. Nie ist die Produktion von Psychodrogen, die beruhigen, Schmerzen betäuben oder Glücksgefühle erzeugen sollen, so sprunghaft gewachsen wie in der jüngsten Vergangenheit, die angesichts zunehmender Probleme und Befürchtungen von vielen überhaupt nur noch so ertragen wurde. Erstmals wurden Mittel, die Aufmerksamkeit vorübergehend steigern und gegen Übermüdung wirken, gezielt in der immer streßbesetzteren Arbeitswelt eingesetzt. Statt die oft unerträglichen Produktionsbedingungen den Menschen anzupassen, hat man genau den umgekehrten Weg gewählt, um die Beschäftigten „technikgeeignet" zu machen. Sollte das nicht gelingen, so wird man die Produktion von Robotern anheben, die heute bereits viele Arbeiten verrichten, welche für den durchschnittlichen Menschen zu schwierig sind.

Die große Herausforderung

„1984" heißt der Titel des warnenden Zukunftsromans von George Orwell, in dem er bald nach Kriegsende die Diktatur der achtziger Jahre auszumalen versuchte. Während die von ihm vorausgesagten totalitären politischen Diktaturen in den achtziger Jahren eher geschwächt wurden und zurückstecken mußten, ist die wirtschaftliche Macht der Konzerne, die durch Atomtechnik, Informationstechnik und Gentechnik ganz neue Möglichkeiten der Herrschaft erhalten haben, gewachsen, oft genug, ohne daß die Betroffenen sich dessen bewußt sind. Jedenfalls solange, wie sie nicht durch das Versagen der „Risikogesellschaft" immer wieder erneut beunruhigt werden. Daß sie diese Beunruhigung durch Flucht in den Konsum, die Unterhaltung, das Reisen oder neue spirituelle Bewegungen dauerhaft verdrängen können, ist zu bezweifeln. Eher ist aufgrund historischer Erfahrungen zu erwarten und zu hoffen, daß aus dem Unbehagen der achtziger Jahre die große Umorientierung des Fortschritts und der allmähliche Umbau in Richtung auf eine umwelt- und menschengerechtere Zukunft erwächst. Eine „challenge", die nicht im Weltraum liegt, sondern hier auf diesem Heimatplanet Erde.

Robert Jungk

Die Fähre für den Weltraum

Cape Canaveral, 12. April 1981: Mit der Weltraumfähre „Columbia“ starten die Amerikaner zum erstenmal einen wiederverwendbaren Raumtransporter. Nach einer zweitägigen Reise um die Erde kehrt der sogenannte „Space Shuttle“ mit den Astronauten Robert Crippen und John Young an Bord im Gleitflug zur Erde zurück. Schon am 12. November startet die „Columbia“ erneut ins All. 1988 schießen auch die Sowjets eine der amerikanischen „Challenger“ gleichende Weltraumfähre ins All und bekommen sie nach erfolgreicher Mission wieder heil zur Erde zurück.

Herausforderung Technik

Ein Mann im All

Der Amerikaner Bruce McCandless schwebt mit seinem 140 Kilo schweren „Manövrierstuhl“ 280 Kilometer hoch über der Erde. Zu dem ungewöhnlichen 100-Meter-Ausflug im Jahre 1984 ist der Astronaut von einer Weltraumfähre gestartet, zu der er dann auch gleich wieder zurückkehrt. Als Antrieb für den Weltraumsitz dienen 24 in den Armlehnen angebrachte Stickstoffdüsen. Die Entwicklung des „Manövrierstuhls“ ließen sich die Amerikaner 150 Millionen Dollar kosten. Er soll Astronauten Arbeiten außerhalb ihrer Raumfähre ermöglichen.

Das Ende der „Challenger“

Das amerikanische Präsidentenpaar Ronald und Nancy Reagan sowie June Scobee, die Frau des gerade gestarteten Raumschiffkommandanten, sehen am 28. Januar 1986 entsetzt mit an, wie die Weltraumfähre „Challenger“ 73 Sekunden nach dem Abheben am Himmel über dem US-Weltraumbahnhof Cape Canaveral explodiert. An der rechten Startrakete sind Dichtungsringe geborsten. Ein Gemisch von 100 Tonnen Wasserstoff und 600 Tonnen Sauerstoff entzündet sich und verbrennt in einem 3000 Grad heißen

Feuerball, während zwei Hilfsraketen unkontrolliert wie Feuerwerkskörper durch die Luft schießen. Die siebenköpfige Besatzung findet den Tod. Das amerikanische Weltraumprogramm ist um Jahre zurückgeworfen.

Energie aus der Sonne

Im Jahre 1982 wird in Barstow/Südkalifornien das Sonnenkraftwerk „Solar One“ in Betrieb genommen. 1818 Spiegel mit einer Gesamtfläche von mehr als 70 000 Quadratmetern reflektieren das Licht der Sonne und bündeln es in einem Turm im Zentrum des Spiegelfeldes so stark, daß dort eine Hitze von 500 Grad entsteht. Damit wird eine Flüssigkeit aufgeheizt, die dann Dampfturbinen und Stromgeneratoren betreibt. Alle Spiegel werden computergesteuert ständig der Sonne nachgeführt. „Solar One“ erzeugt zehn Megawatt elektrische Leistung. Mit modernster Technik wird es vor allem in den warmen Regionen der Erde, aber auch überall sonst, immer wirtschaftlicher, die umweltfreundliche Energie der Sonne zu nutzen.

Die Rückkehr der Windmühlen

Jahrhundertelang gehörten Windmühlen zu den wichtigsten Energielieferanten. In den achtziger Jahren haben sie als Stromerzeuger wieder Konjunktur. Amerikanische Geldanleger beteiligen sich an sogenannten Windfarmen, in denen – wie hier bei Altamont, östlich von San Francisco – Hunderte oder Tausende von Mühlen gleichzeitig Windkraft in Elektrizität umsetzen. Das Aufstellen vieler kleiner, in Serien gefertigter Mühlen ist wirtschaftlicher als der Bau kirchturmhoher Strommühlen, wie sie unter anderem in der Bundesrepublik Deutschland und in Dänemark ausprobiert wurden. Zwar kommt auch in den USA die Gewinnung von Strom mit Hilfe des Windes immer noch teurer als die aus Öl und Gas, trotzdem macht sich der Betrieb kleiner Windmühlen dort für die Betreiber bezahlt. Zum einen müssen die großen Elektrizitätsunternehmen den gesamten Windmühlenstrom laut Gesetz zu einem angemessenen Preis aufkaufen, zum anderen sparen die Windmühlenbetreiber rund die Hälfte der Anschaffungskosten durch Steuernachlässe wieder ein.

Ein Stoff, der die Welt verändern kann

Die Metallkugel schwingt im kalten Nebel, weil sie „supraleitend“ ist, d.h. keinen elektrischen Widerstand hat. In dem mit flüssigem Helium auf minus 269 Grad abgekühlten Metall können elektrische Ströme ungehindert kreisen und deshalb ein Magnetfeld aufbauen. Dadurch wird der Metallbrocken von dem Hufeisenmagneten abgestoßen – und schwingt hin und her. Bereits im Jahre 1911 hatte der niederländische Physiker Heike Kamerlingh Onnes das Phänomen der Supraleitung entdeckt und dafür den Nobelpreis bekommen. Metalle, so seine Erkenntnisse, verlieren nur in der Nähe des „absoluten Nullpunktes“ – das sind minus 273 Grad – ihren elektrischen Widerstand. Ein Dreivierteljahrhundert lang war das eine felsenfeste Erkenntnis. Im Jahre 1986 jedoch entwikkeln zwei Physiker, der Schweizer Karl Alexander Müller und der Deutsche Johannes Georg Bednorz, ein Material, das schon bei geringeren Minus-Graden seinen elektrischen Widerstand verliert. Dafür bekommen sie 1987 den Nobelpreis. Seither forschen Physiker in den USA, in Deutschland, Japan, in der Schweiz und in der Sowjetunion um die Wette für eine Revolution in der Elektrotechnik. Sie wollen ein Material entwikkeln, das sogar bei Zimmertemperatur Strom – anders als die bisherigen Kupferkabel – ohne jeden Energieverlust transportiert.

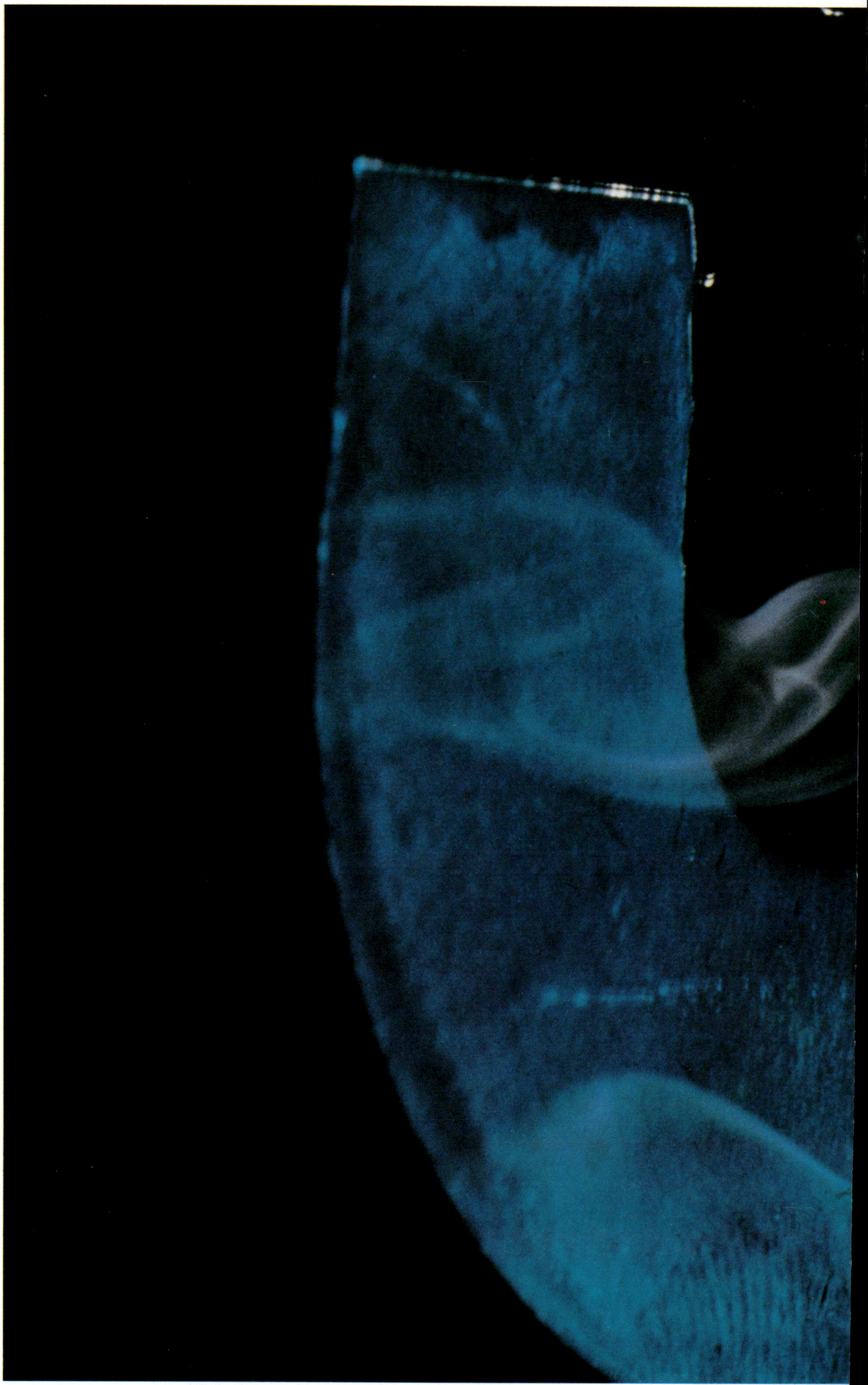

Geisterschiff am Meeresgrund

Immer wieder waren Expeditionen aufgebrochen, um das berühmteste Wrack der Welt zu finden. Erst am 1. September 1985 ist eine erfolgreich. Ein amerikanisch-französisches Team unter der Leitung der Meeresforscher Robert D. Ballard, Woods Hole/ Massachusetts, und Jean-Louis Michel aus Frankreich findet am 1. September 900 Kilometer südlich der Küste Neufundlands in 4000 Meter Tiefe die „Titanic". Der als unsinkbar gepriesene Luxusliner war auf seiner Jungfernfahrt in der Nacht vom 14. auf den 15. April 1912 gegen einen Eisberg gestoßen und voll Wasser gelaufen.

Mehr als 1500 Menschen ertranken oder erfroren damals im kalten Atlantik. 73 Jahre nach dem Desaster gelingt Ballard und Michel die Entdeckung des Wracks mit einem automatischen Tauchschlitten, der mit Scheinwerfern, Fernsehkameras, Echoloten und Magnetometern ausgerüstet ist und hinter ihrem Suchschiff hergezogen wird. Mit diesem Roboter können die Forscher selbst Möbel, silberne Teller und Weinflaschen an Bord des gesunkenen Schiffes erkennen.

Siegeszug der Super-Scheibe

Die Schallplatte ist „out“ – die Compact Disc (CD) ist „in“. Auf der neuen Scheibe wird Information digital und optisch gespeichert. Winzige Löcher im Kunststoff werden per Laser abgetastet. Hauptvorteile gegenüber der herkömmlichen Platte: Die CD arbeitet abnutzungsfrei, ist unempfindlich gegen Kratzer, und der Zugriff ist schneller. Vor allem aber ist die Informationsdichte um ein Vielfaches höher. Musik, Bild, Text und Daten – alles, was sich digitalisieren läßt, kann auf der Super-Scheibe gespeichert werden. Längst gibt es die Werke von Johann Sebastian Bach, Shakespeares Dramen und das Schweizer Telefonbuch auf CDs. Der Plattenindustrie verhalf die Neue aus schweren Krisen in den Jahren 1982 und 1983. Schon im Jahre 1989 läuft die Compact Disc der 102 Jahre alten Analogschallplatte als Tonträger den Rang ab: der CD-Marktanteil überschreitet die 50 Prozent-Marke.

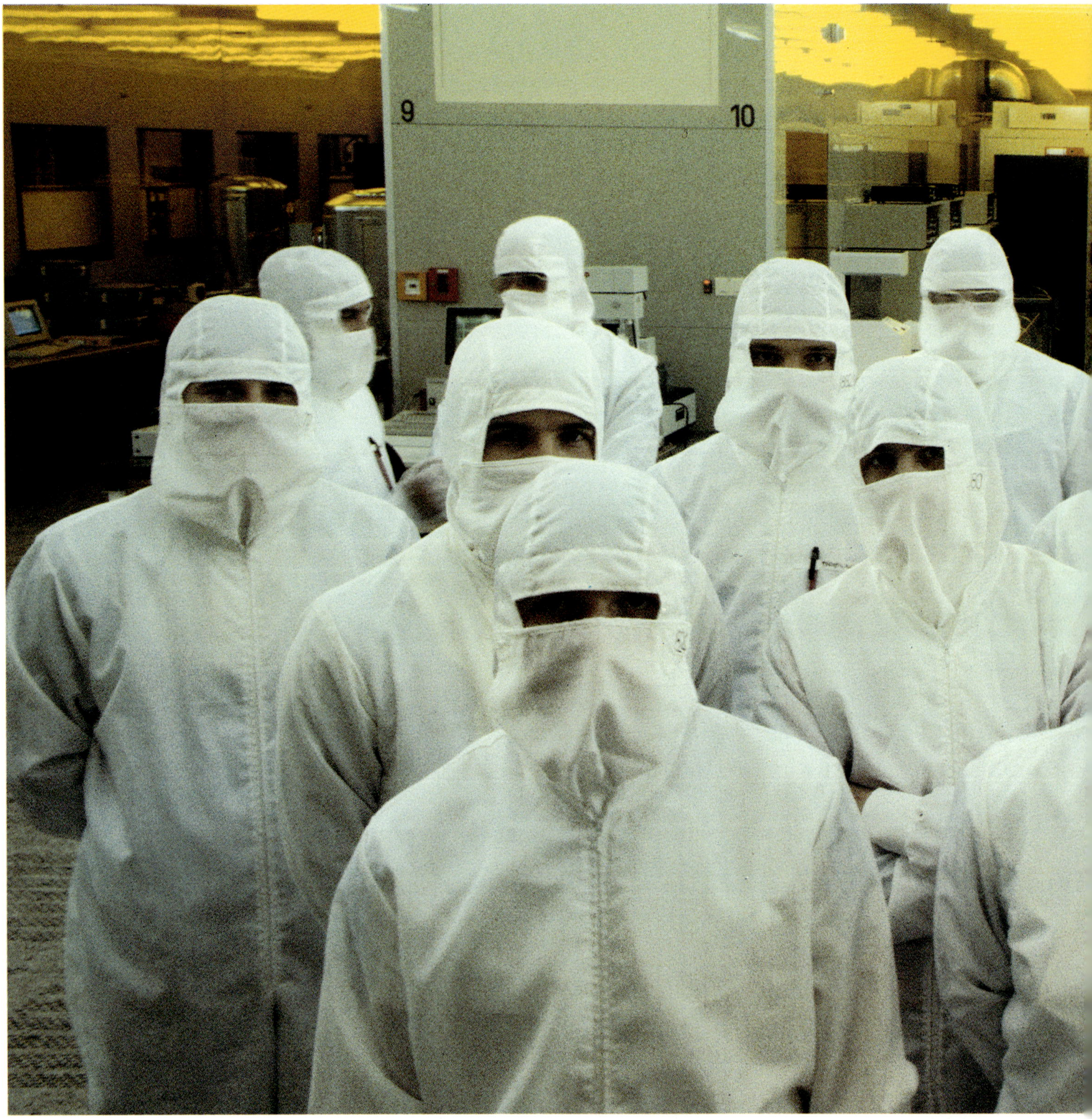

Automaten kosten Jobs

Menschen in Kittel und Kopfmasken symbolisieren den Arbeiter der achtziger Jahre. Die Vermummten stellen in hochreinen Räumen „Chips" her – winzige Bauelemente für Computer. Die elektronischen Maschinen haben die gesamte Produktion und das Dienstleistungsgewerbe in den westlichen Industrienationen total verändert. Automation und Management-Fehler haben Millionen Menschen arbeitslos gemacht. In einigen Ländern verschärfen wirtschaftliche Strukturkrisen das Problem. So sterben etwa in der Bundesrepublik Werften und Stahlwerke, weil inzwischen andere Länder wesentlich billiger Schiffe und Metall produzieren und auf dem internationalen Markt anbieten kön-

nen. Die Folge: Über 2 Millionen Bundesbürger sind ohne Beschäftigung. Ein Ende der Massenarbeitslosigkeit ist nicht in Sicht. Helfen, so sehen es zumindest die Gewerkschaften, kann nur eine Umverteilung der Arbeit durch drastische Verkürzung der Wochenarbeitszeit. Die Unternehmer sträuben sich dagegen.

Flitzer auf Erfolgskurs

Mit immer schnelleren Zügen versuchen Eisenbahngesellschaften dem Flugzeug Konkurrenz zu machen. Im April 1988 stellen die französischen Staatsbahnen SNCF den ersten „TGV Atlantique“ vor – einen Super-Hochgeschwindigkeitszug, der ihre „Trains à Grande Vitesse“ (TGV) der ersten Generation noch in den Schatten stellt. Die neuen Schienen-Flitzer sollen mit bis zu 300 Kilometer pro Stunde Paris mit dem Westen und Südwesten Frankreichs verbinden. Seit 1981 verkehren zwischen Paris und Lyon die „alten“ TGV-Züge mit einer Höchstgeschwindigkeit von 270 Kilometer pro Stunde. Auch die Deutsche Bundesbahn macht bei diesem Rennen mit. Zwischen Hamburg und München soll in den neunziger Jahren ihr „Inter-City“ zunächst mit einer fahrplanmäßigen Höchstgeschwindigkeit von 250 Kilometer in der Stunde rasen – im Test hat der deutsche Zug jedoch schon, wie sein französisches Pendant, über 400 Kilometer pro Stunde erreicht.

Das achte Weltwunder

„Was wir hier machen, gehört baugeschichtlich in eine Reihe mit dem Koloß von Rhodos und den Pyramiden von Giseh", sagt Tjebbe Visser, Chef des holländischen „Projekt Delta", des größten Sperrwerkes der Welt. Zum Bau der Wehranlage, die der Nordsee in der Rhein-Maas-Schelde-Mündung einen Riegel vorschieben soll, werden insgesamt vier Gruben vor der niederländischen Küste ausgebaggert, jede mehrere Fußballfelder groß, fünfzehn Meter unter dem Wasserspiegel, von hohen Deichen gegen die Nordsee geschützt. Über dreihundert Pumpen halten die Becken trokken – vier Jahre lang. Solange brauchen ganze Heerscharen von Arbeitern, um im gigantischen Trockendock 66 Betonpfeiler zu gi-ßen. Ein einziger sol-cher Klotz ist bis zu 18 000 Tonnen schw und bis zu 45 Meter hoch – ein Koloß wi ein zwölfgeschossige Haus. Dann werden Deiche durchstoche

und die Becken geflutet. Ein Spezialschiff nimmt Betonblock für Betonblock in eine stählerne Zange und schleppt sie in ihre endgültige Position in die Oosterschelde. Zwischen die dort in Reih und Glied aufgestellten Klötze werden riesige Stahltore gehängt, die bei Sturmflut ferngesteuert geschlossen werden können. Im Oktober 1986 ist das 7,2 Milliarden Mark teure Bauwerk fertig.

Inferno auf dem Meer

Am Abend des 6. Juli 1988 reißt eine Serie von Gasexplosionen die britische Ölplattform „Piper Alpha“, 180 Kilometer nordöstlich von Aberdeen, auseinander. Über 100 Meter schießen die Flammen in den Himmel. Die meisten Arbeiter werden im Schlaf überrascht. Nur 64 Männer können sich durch einen Sprung ins Meer retten, für die anderen kommen die herbeigerufenen Rettungsschiffe und Hubschrauber zu spät – 167 Arbeiter sterben in dem Inferno auf See. Fast vier Wochen lang strömen Gas und Öl aus dem Wrack. Erst dann gelingt es dem eigens aus Texas herbeigeflogenen Spezialisten Paul („Red“) Adair das Feuer zu löschen und die Bohrlöcher zu stopfen. Nur neun Monate später gibt es erneut eine Ölkatastrophe – vor Alaska. In der Nacht vom 23. auf den 24. März 1989 läuft der Supertanker „Exxon Valdes“ mit 163 000 Tonnen Rohöl im Bauch im Prinz-William-Sund auf ein Riff. Aus den Rissen im Schiff strömt der schwarze Dreck ins Meer. Selbst das Umpumpen auf kleinere Tanker kann das schlimmste Öldesaster in der Geschichte der Vereinigten Staaten nicht verhindern. 40 000 Tonnen Schmiere laufen aus. Tausende Vögel und Fische sterben in dem riesigen schwarzen Teppich. 1500 Kilometer Küste werden verdreckt.

Es war einmal . . .

Idyllisch versteckt steht im dunklen Fichtenwald des Harzes die „Hanskühnenburg". Das Gasthaus mit seinem massigen Turm nahe der Sösetalsperre ist eine beliebte Herberge für Wanderer, die im norddeutschen Mittelgebirge Erholung suchen. Die Kuppen und Höhenzüge dieser Bergwelt waren berühmt für ihre dichten Waldbestände. Schon Heinrich Heine und Johann Wolfgang von Goethe ergötzten sich auf langen Wanderungen in den gewaltigen Wäldern des Harzes. Wie sehr das Gebirge Goethe beeindruckt hat, kann man im „Faust" lesen, dort spielt die Walpurgisnacht im Harz. Im Jahre 1972, als dieses Foto von der „Hanskühnenburg" entstanden ist, war Waldsterben noch ein Fremdwort.

Im Krieg mit der Natur

. . . ein Wald

Im Jahr 1983 steht das Gasthaus „Hanskühnenburg“ auf einer kahlen Kuppe. Gase, die überall im Land aus den Schloten der Industrie, Schornsteinen der Haushalte und Auspufftöpfen der Autos quellen, haben die Atmosphäre vergiftet und die Fichten im Harz krank gemacht, Trockenheit und Schädlinge haben den angegriffenen Bäumen den Rest gegeben. Überall in der Bundesrepublik und Europa sterben inzwischen die Wälder mit furchterregender Geschwindigkeit. Im Jahre 1983 sind laut einer Erhebung des Bonner Landwirtschaftsministeriums bereits 34 Prozent des deutschen Waldes krank. 1988 registriert die bundesdeutsche Waldschadenserhebung 52,4 Prozent kranke Bestände. Nach den Nadelbäumen sterben nun auch die Laubbäume. Inzwischen leiden knapp 70 Prozent der Eichen an Schäden.

Sintflut in Afrika

Nach jahrelanger Dürre fällt 1988 im Sudan innerhalb eines halben Tages mehr Regen als im ganzen Jahr zuvor. Die Erde ist durch die Sommerhitze so steinhart geworden, daß das Wasser nicht versickern kann. Wochenlang stehen die Fluten in der Hauptstadt Khartum. Überschwemmungen am Nil reißen vielerorts die Hütten der Menschen weg. Der Fluß vernichtet die Ernte. Auf die Flut folgen Seuchen: Typhus, Diphtherie, Cholera, Malaria und Masern. Herbeigeflogene Hilfsgüter aus Libyen, Saudi-Arabien, Ägypten und der Europäischen Gemeinschaft können die Not im Sudan, der zu den ärmsten Ländern der Erde gehört, kaum lindern.

Hitze-Streß in Amerika und Europa

Gnadenlos brennt im Sommer 1988 die Sonne auf Nordamerika. In der Hälfte der US-Staaten herrscht monatelange Dürre. Im Mittleren Westen sind Felder und Obstplantagen ausgetrocknet. Die halbe Weizenernte ist vernichtet. Weil die Weiden verdorrt sind, müssen Tausende von Rindern notgeschlachtet werden. Verzweifelte Farmer sengen mit der Gasflamme sogar die Stacheln von Kakteen ab, damit der Rest der Tiere überhaupt noch was zum Fressen hat. Auch Griechenland leidet unter enormem Hitze-Streß. In vielen Dörfern fällt bei wochenlangen 40 bis 45 Grad im Schatten die Wasserversorgung aus, auf einigen Inseln wüten verheerende Waldbrände. Mehr als tausend, meist ältere Menschen mit Herzleiden, müssen hitzekrank in die Athener Hospitäler eingeliefert werden.

Die grüne Lunge verbrennt

Durch das Niederbrennen riesiger Tropenwald-Areale am Amazonas wollen brasilianische Großgrundbesitzer neue Felder und Weiden gewinnen. 20 Millionen Quadratkilometer war der Regenwald der Erde einmal groß. Der Mensch brauchte nur ein knappes Jahrhundert – dann waren die gewaltigen Baumflächen rund um den Äquator auf die Hälfte reduziert. Die Regenwälder in Indien, Bangladesch und Sri Lanka sind fast vernichtet, und auch der „grünen Lunge" am Amazonas droht nun der Tod. Beim Verbrennen der Bäume entsteht in riesigen Mengen das Gas Kohlendioxid. In der Atmosphäre wirkt es wie das Glasdach eines Treibhauses, deshalb heizen Sonnenstrahlen die Erde immer mehr auf. Durch diesen Treibhauseffekt – verstärkt durch andere Verbrennungsprozesse – droht unserem Planeten die Klimakatastrophe.

Tod in der Nordsee

Täglich spült im Sommer 1988 die Nordsee-Brandung verendete Seehunde an die holländische, deutsche und dänische Küste. Unter den Tieren ist eine Seuche ausgebrochen. Insgesamt sterben in diesem Jahr zwischen dem holländischen Den Helder und dem dänischen Esbjerg über 7000 Tiere – etwa 70 Prozent der südlichen Nordsee-Population. Veterinäre und Wissenschaftler identifizieren als tödlichen Erreger einen Hundestaupe-Virus. Zwar haben die Mikroben den Robben den Garaus gemacht, doch die Seehund-Experten sind sich einig: Vor allem die gewaltigen Giftmengen, die durch Atmosphäre, Flüsse und Schiffe in die Nordsee transportiert werden, haben den Tieren so zugesetzt, daß die Säuger nun mit den Viren, die sie sonst verkraftet hätten, nicht mehr fertig werden.

SOS in den Alpen

Nach heftigen Regenfällen rutscht im Juli 1987 in den italienischen Alpen eine Bergflanke in das Veltliner Tal und begräbt drei Dörfer unter sich. Auch in der Schweiz und in Österreich muß in vielen Alpentälern der Notstand ausgerufen werden. Reißende Fluten überschwemmen Dörfer, Straßen und Bahnstrecken und hinterlassen verwüstete Landschaften. Es gibt Milliardenschäden und Tote. Schuld an den sogenannten Naturkatastrophen ist meistens der Mensch: Luftverschmutzung läßt die Bäume sterben, und die Rodungen für die zahlreichen Lifte und Skipisten schlagen breite Schneisen in den Wald. An den kahlen Hängen fließt der Regen ungebremst zu Tal, denn ohne das Wurzelwerk der Bäume haben die Berghänge keinen Halt mehr.

Kälber-Doping

Die Marke im Ohr dieses Kalbes bedeutet: Das Tier ist beschlagnahmt, Transport und Verkauf sind verboten. Folge des „Hormonskandals“, der im Sommer 1988 in der Bundesrepublik Schlagzeilen macht. Im Nacken einiger Kälber aus bayerischen und nordrhein-westfälischen Viehmästereien haben Veterinäre frische Einstichstellen entdeckt und herausgefunden, daß die jungen Rinder mit verbotenen wachstumsfördernden Hormonen behandelt worden sind. Tausende Tiere werden beschlagnahmt und enden beim Abdecker. Der Markt für Kalbfleisch bricht in der Bundesrepublik zusammen, denn die Verbraucher reagieren geschockt – nicht nur auf das Doping der Tiere, sondern auch auf den legalen Alltag im deutschen Kälberstall: Dort werden die jungen Rinder in Enge und Dunkelheit gehalten und eisenarm ernährt, damit das Fleisch hell bleibt. Dem Futter werden Antibiotika beigemischt, um gegen Durchfall vorzubeugen, der Gewicht kosten würde. Sechs Monate dauert die Tortur, dann geht's zum Schlachter.

Nahrungsmittel auf der Müllhalde

Im Sommer 1984 kippen französische Obstbauern in der Provence Tausende von Tonnen frischgeernteter Äpfel auf den Müll – und kassieren dafür Entschädigung aus Brüssel. Überall in der EG verleiten Preisgarantien für Agrarprodukte die Bauern Europas zur Überproduktion. Die Kosten für diese Brüsseler Landwirtschaftspolitik sind im Jahre 1984 größer als der gesamte EG-Haushalt – 46 Milliarden Mark. Zwar schmelzen am Ende des Jahrzehnts die Milchpulver- und Butterberge der Europäer, aber die Weizen- und Rindfleischbestände wachsen. Ende August 1988 lagern EG-weit 291 000 Tonnen Butter, 28 000 Tonnen Milchpulver, 2,289 Millionen Tonnen Hartweizen, 875 000 Tonnen Reis, 723 000 Tonnen Rindfleisch und 386 000 Tonnen Olivenöl. Der Wert der gesamten EG-Lagerbestände beträgt zu diesem Zeitpunkt 9,7 Milliarden Mark.

Das große Schlachten

Inzwischen stehen sogar Elefanten auf der Liste der vom Aussterben bedrohten Tierarten – so gnadenlos machen Wilderer in Kenia, Tansania und Uganda auf die Dickhäuter Jagd. Abgesehen haben es die Killer einzig und allein auf die Stoßzähne der Tiere. Ein Kilo Elfenbein bringt 1989 am Schwarzmarkt 150 US-Dollar, 20 bis 30 Kilo wiegt der Zahn eines ausgewachsenen Elefanten. Zwar ist offiziell in ganz Ostafrika der private Handel mit dem „weißen Gold" verboten. Und oft werden Wilderer sogar von den Wildhütern in den Nationalparks erschossen. Doch das Geschäft mit der Schmuggelware blüht. Vor allem in Fernost, aber auch in den Golf-Staaten und in Europa sind Elfenbeinschnitzereien sowie Armreifen und Halsketten aus dem edlen Material sehr begehrt.

Todeswolke über Indien

In der Nacht vom 2. auf den 3. Dezember 1984 treten aus einem lecken Tank des Chemiewerkes der „Union Carbide“ in der zentralindischen Stadt Bhopal 42 Tonnen hochgiftige Stoffe aus, darunter Methylisocyanit. Die Gaswolke kriecht über die Slums und Armenviertel der 900 000-Einwohner-Stadt, treibt die Menschen in Panik auf die Straße oder tötet sie im Schlaf. Anderen verätzen die Dämpfe die Lungen oder lassen sie – wie diesen Mann – erblinden. Nach offiziellen Angaben sterben 3135 Menschen, andere Schätzungen sprechen sogar von etwa 8000 Toten. Insgesamt sind 500 000 Inder von der größten industriellen Umweltkatastrophe der Geschichte betroffen. Erst als im Februar 1989 die „Union Carbide“ durch den Obersten Gerichtshof Indiens gezwungen wird, die Opfer bzw. deren Angehörige finanziell zu entschädigen, zahlt der amerikanische Chemiekonzern 470 Millionen Dollar – ein Almosen angesichts des Leids.

GAU am Rhein

In der Nacht vom 31. Oktober auf den 1. November 1986 explodieren und verbrennen auf dem Gelände der Schweizer Chemie-Firma Sandoz bei Basel mehr als 1200 Tonnen Chemikalien, darunter jede Menge giftiger Substanzen. Ätzende Dämpfe ziehen über das Land. Fünf Stunden lang bekämpfen 160 Feuerwehrleute das Inferno. Mit dem Löschwasser fließen die Gifte in den nahen Rhein. Fische verenden zu Hunderttausenden, und die Wasserwerke entlang des Stromes, die Millionen Menschen mit Trinkwasser versorgen, müssen ihre Arbeit einstellen. Die langfristigen Schäden für das Ökosystem Rhein sind riesig und kaum abzusehen. Denn die Wirkungen der Chemikalien haben das Gefüge der einst reichhaltigen Pflanzen- und Tierwelt langfristig zerstört. Vor allem: Beträchtliche Teile der Gifte bleiben über Jahre im Flußsediment gespeichert und wirken dort als Zeitbombe. Schon 1981 hatte eine Versicherungsgesellschaft im Sandoz Werk automatische Löschanlagen und große Auffangbecken bei der Lagerung von Chemikalien für nötig gehalten, um den Rhein bei einer Katastrophe vor Vergiftung zu bewahren.

Atomkatastrophe in der Ukraine

25. April 1986: Super-GAU im sowjetischen Kernkraftwerk in Tschernobyl, 130 Kilometer von der ukrainischen Hauptstadt Kiew entfernt. Durch den Bedienungsfehler eines Ingenieurs heizt sich im Block 4 des Reaktors eine Sektion rapide auf, das

Kühlwassersystem versagt, nach einer Explosion und einem Brand beginnt der Reaktorkern zu schmelzen. In großen Mengen wird Radioaktivität freigesetzt – die Folgen sind verheerend. 31 Menschen sterben an den direkten Strahlenfolgen. 135 000 Sowjetbürger, die im Umkreis von 30 Kilometern um die Nuklearanlage leben, werden evakuiert. Aus dem Reaktor austretendes Jod, Strontium, Cäsium und andere strahlende Elemente treiben mit Wolken und Wind über ganz Europa. In der UdSSR berichtet fast drei Jahre nach der Katastrophe die Zeitschrift „Moskauer Nachrichten", daß sich die Zahl der Krebserkrankungen in den damals nicht evakuierten Gebieten rund um das Atomkraftwerk verdoppelt habe.

Das künstliche Herz von Texas

Der japanische Mediziner Tetsuzo Akutsu erklärt im St. Luke's Episcopal Hospital von Houston/Texas die Arbeitsweise des von ihm entwickelten Kunstherzens. Im menschlichen Körper werden in den beiden künstlichen Herzkammern mit Hilfe von Preßluft Membranen bewegt, die das einströmende Blut zurück in den Kreislauf drücken. Sein Kollege, der amerikanische Herzchirurg Denton A. Cooley setzt das Kunstherz im Juli 1981 dem 36jährigen holländischen Busfahrer Willebordus A. Meuffels ein, dessen eigenes Herz bei der Operation von drei Bypässen versagt hatte. Mit den künstlichen Herzkammern, die an ein neben dem Patienten stehendes Steuergerät angeschlossen sind, wird der Holländer 54 Stunden am Leben gehalten, bis ihm das Herz eines Unfallopfers transplantiert werden kann. Er lebt damit weitere sieben Tage, dann führen Infektionen und Nierenversagen zum Tod. Weitere künstliche Herzen werden in den folgenden Jahren Patienten in den USA und West-Berlin ebenfalls zur Überbrückung eingesetzt, bis ein menschliches Spenderherz für sie gefunden ist.

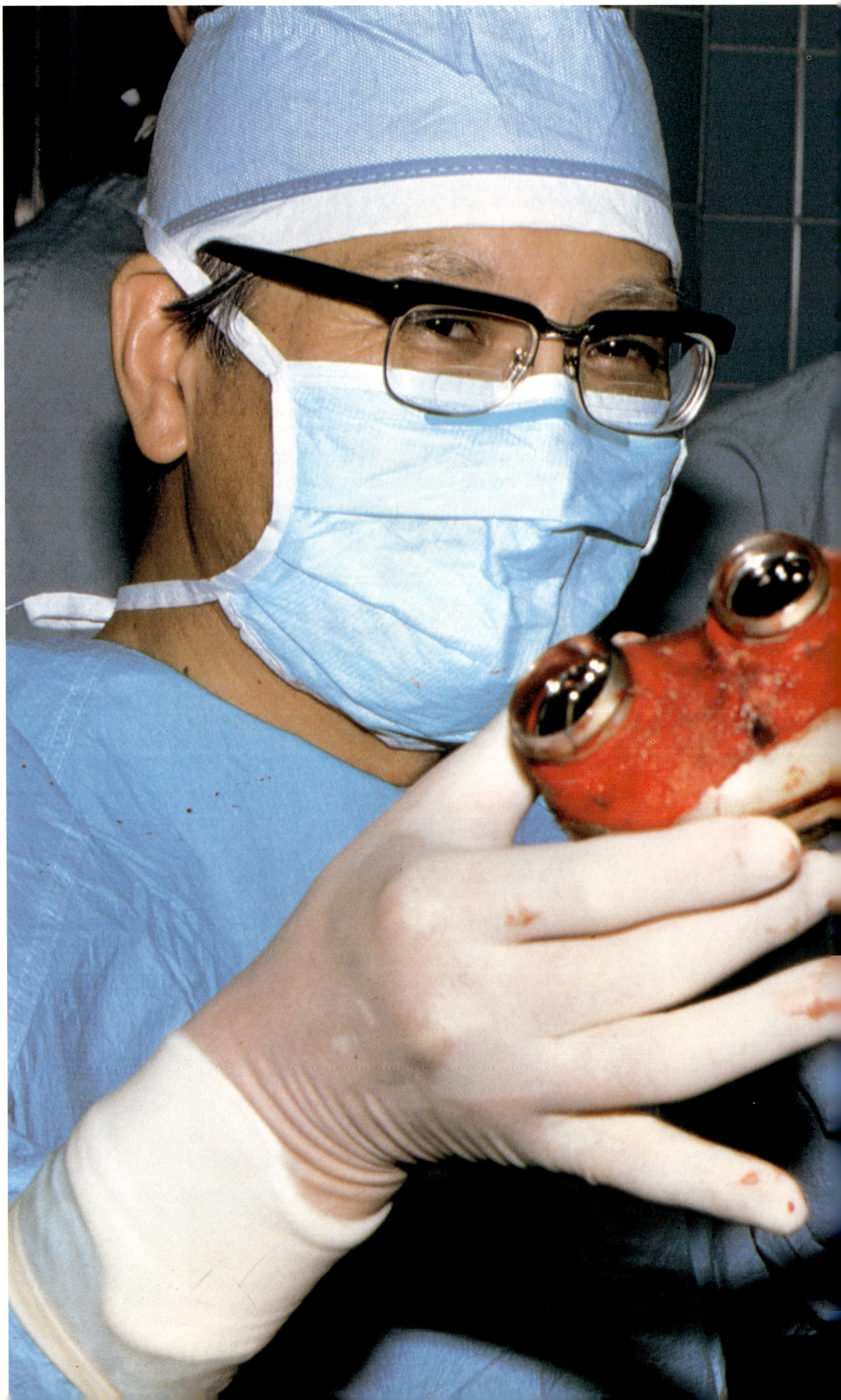

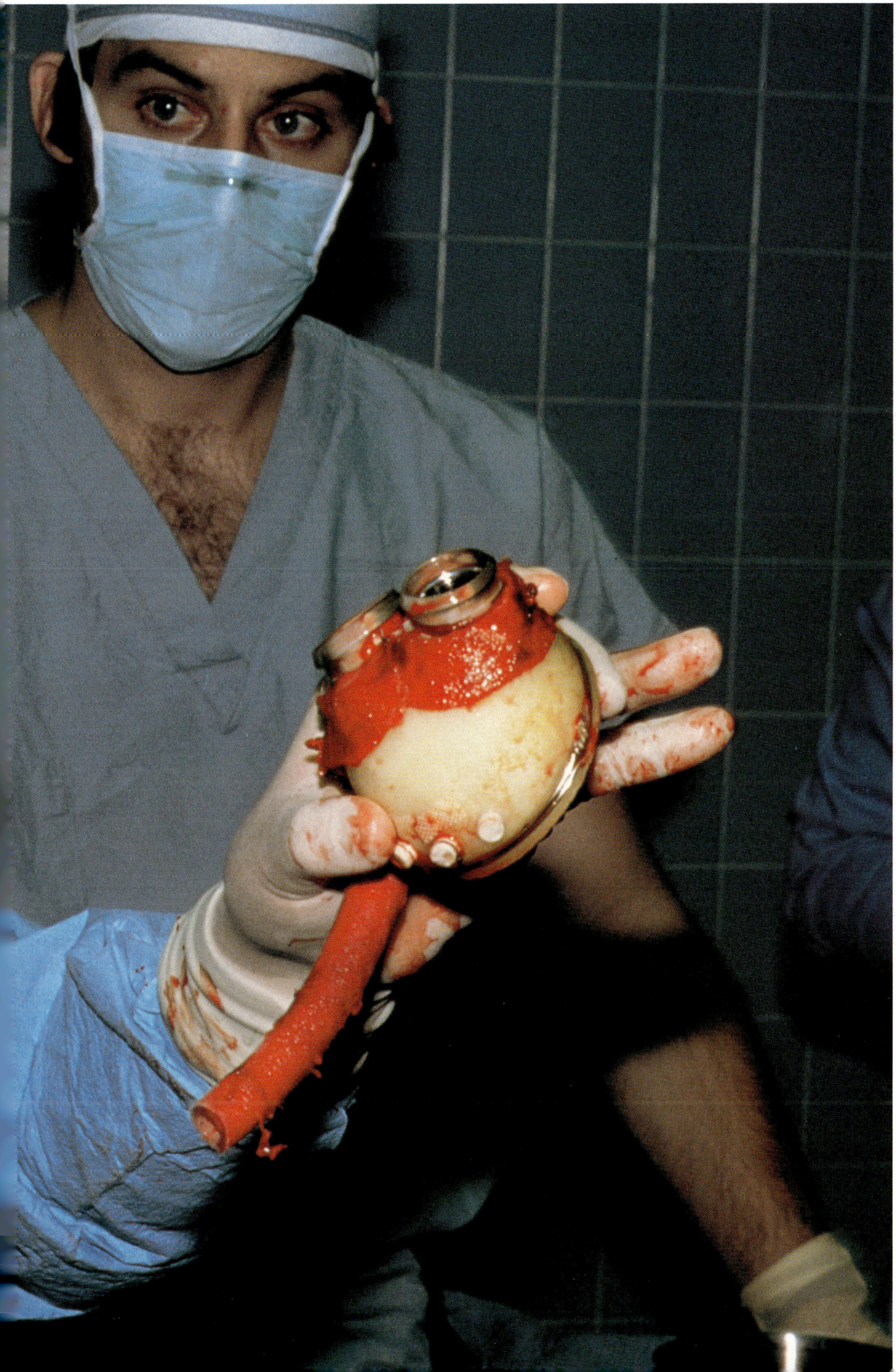

An den Grenzen der Forschung

Hormone und Leihmütter als Geburtshelfer

Am 18. November 1983 kommen im englischen Liverpool per Kaiserschnitt innerhalb von vier Minuten Sechslinge zur Welt – alles Mädchen. Mutter Janet Walton hatte, um schwanger zu werden, Hormone genommen. Weil Mediziner die Wirkung dieser Stoffe nicht genau kalkulieren können, kommt es in solchen Fällen manchmal gleichzeitig zu mehreren Eisprüngen und dann auch zu Mehrlingsgeburten. Schlagzeilen macht auch ein Kind, das am 27. März 1986 in den USA auf die Welt kommt. Die Presse gibt ihm den Namen „Baby M.". Für ein Honorar von 10 000 Dollar hatte sich die Amerikanerin Mary Beth Whitehead bereit erklärt, sich mit dem Samen ihres Lands-

mannes William Stern künstlich befruchten zu lassen. Sie wollte das Kind für Stern und seine unfruchtbare Ehefrau austragen. Als „Baby M(elissa)" jedoch zur Welt kommt, weigert sich die Leihmutter, das Kind den Sterns zu geben. Erst vor Gericht findet der Streit ein Ende: Die Mutter muß das kleine Mädchen den Auftraggebern überlassen.

Spiel mit dem Code des Lebens

Die beiden Frösche sind völlig identisch. Erzeugt hat sie der britische Molekularbiologe John B. Gurdon. Der Wissenschaftler hat bei einem Exemplar des südafrikanischen Krallenfrosches „Xenopus laevis“ aus einer Körper-Zelle den Kern entnommen, in dem die genetische Information steckt. Diesen Kern hat Gurdon in eine entkernte Eizelle desselben Frosches eingepflanzt. Daraus ist ein Tier entstanden, das ein „Klon“, eine Kopie des anderen ist. Längst können Mikrobiologen sogar an den genetischen Informationen innerhalb des Kernes von Pflanzen und Tieren herumbasteln. So entstehen etwa Riesenmäuse, wenn Gentechniker Mäuse mit dem Gen einer Ratte manipu-

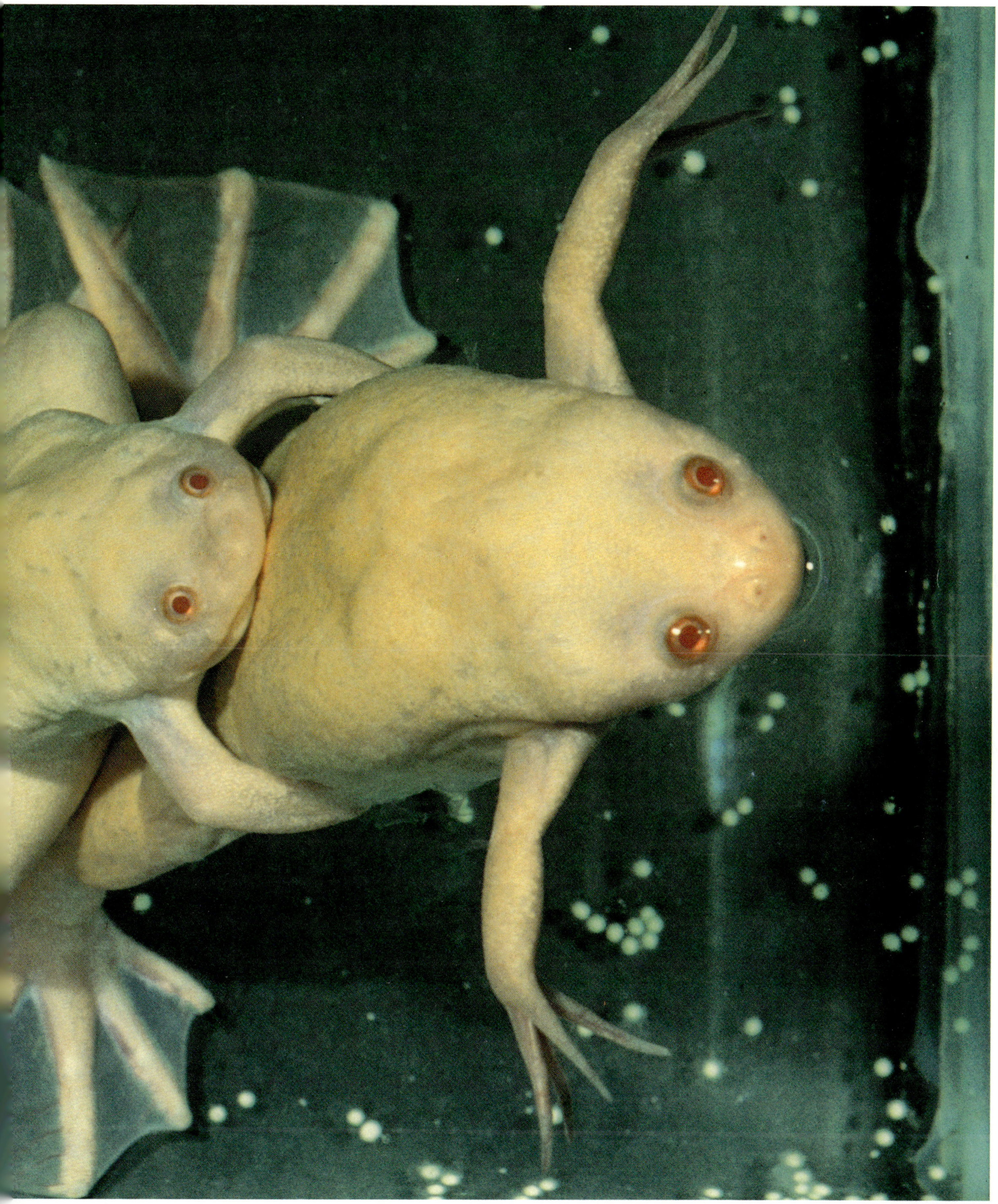

ieren, das für die
Produktion des
Wachstumshormo-
nes verantwortlich
st.

30 Jahre Contergan

Drei Jahrzehnte nach der Katastrophe: Der Londoner Bankangestellte Richard Satheby feiert 1987 seine Trauung und löffelt die Suppe des Festmahls mit dem Fuß. Der Mann lebt seit seiner Geburt ohne Arme, weil seine Mutter während der Schwangerschaft das Schlafmittel Thalidomid eingenommen hatte. Am 1. Oktober 1957 brachte die Arzneimittelfirma Chemie Grünenthal aus Stolberg bei Aachen das Medikament mit dem Handelsnamen Contergan auf den Markt. Die Chemiker wußten nicht, daß in ihren Labors eine teuflische Substanz entstanden war. Das Mittel verursachte Nervenschäden, konnte bei Schwangeren die Placenta durchdringen und beim Embryo das Wachstum bremsen, so daß sich einige Organe nicht normal entwickelten. Es gibt keine exakten Zahlen, wie viele durch Contergan geschädigte Kinder geboren wurden, weltweit waren es schätzungsweise weit über 8000. Der Pharma-Riese Chemie Grünenthal zahlte nach einem von Mai 1968 bis Dezember 1970 dauernden Strafverfahren 100 Millionen Mark für die 2846 deutschen Opfer.

Millionenfache Qualen für die Forschung

Wie viele Millionen Tiere in der Welt jedes Jahr durch Versuche „verbraucht" werden, ist unbekannt – eine Statistik wird darüber nicht geführt. Die kommerziellen Versuchstier-Zuchtbetriebe jedenfalls machen glänzende Geschäfte. Vor allem zur Erprobung von Medikamenten, in der medizinischen Forschung, aber auch zur Erprobung kosmetischer Produkte sterben täglich in den Versuchslabors von Firmen und Instituten Scharen von Mäusen und Ratten; werden Hunde, Kaninchen und Affen zu Tausenden gequält. Erstmals machen 1983 Tierschützer in vielen Städten der Welt mit gleichzeitigen Aktionen gegen die oftmals unsinnigen Tierversuche mobil: Sie demonstrieren, befreien Tiere aus Versuchslabors und ketten sich vor Pharmakonzernen und Forschungsinstituten an. Doch nur schleppend werden Alternativen entwickelt, die das Tier als unvollkommenen Stellvertreter des Menschen in den Versuchen nach und nach ablösen könnten.

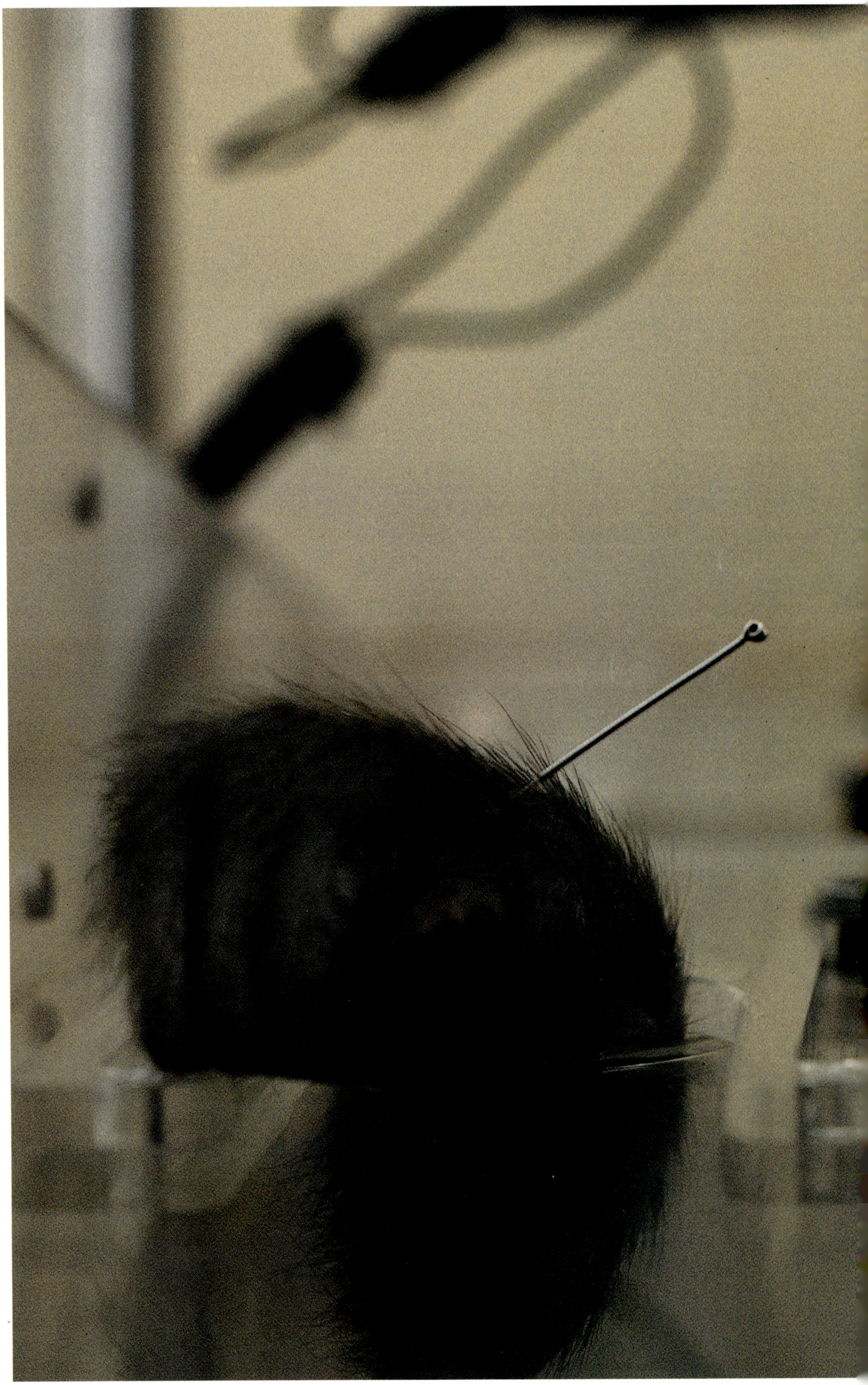

Sonden erkunden das All

Im November 1980 nähert sich die drei Jahre zuvor gestartete Raumsonde „Voyager“ dem Saturn und funkt Daten und gestochen scharfe Fotos des Planeten zur 1,5 Milliarden Kilometer entfernten Erde. Saturn ist 815mal so groß wie unser Globus, besteht überwiegend aus Gas und hat über tausend einzelne Ringe, gigantische Reifen aus Staub, Eis- und Felsbrocken. 1985 starten gleich fünf verschiedene Sonden von der Erde Richtung „Halley“. Der Komet ist alle 76 Jahre Gast in unserem Planetensystem. Die europäische Sonde „Giotto“ funkt Nahaufnahmen des aus gefrorenen Gasen, Eis und darin eingebackenen Staubkörnchen bestehenden Schweifstern-Kerns zur Erde. Wissenschaftler konnten im himmlischen Geschoß jede Menge hochkomplexer Moleküle nachweisen – chemische Grundbausteine des Lebens. Als vor Milliarden Jahren viele Kometen auf die Erde prasselten, könnten sie die kalte Saat des Lebens mitgebracht haben, die Ingredienzen der „Ursuppe“, aus der sich dann auf dem Globus die erste Zelle und schließlich die Vegetation entwickelte.

Gefährliches Loch am Himmel

Die tiefstehende Sonne läßt beim Flug in 10 Kilometer Höhe die Grenze zwischen oberer und unterer Lufthülle unseres Planeten erkennen. Die untere Schicht der Atmosphäre, die „Troposphäre", ist mit Abgasen aus den Schloten von Industrieanlagen, Schornsteinen der Haushalte und Auspuffen der Autos belastet. In der oberen Schicht, der „Stratosphäre" gefährden Gase aus Spraydosen, aus der Schaumstoffproduktion und den Kältemitteln von Kühlschränken unseren Globus. Diese „Fluorkohlenwasserstoffe" zerstören in 35 Kilometer Höhe den Ozonschirm der Erde. Er filtert einen großen Teil der ultravioletten Strahlen der Sonne heraus und schützt so das Leben auf unserem Planeten vor der krebserzeugenden Wirkung der Sonnenenergie. Inzwischen haben Wissenschaftler über der Antarktis ein riesiges Loch im Ozonschild der Erde entdeckt – es ist 1989 bereits so groß wie die Fläche der Vereinigten Staaten von Amerika.

Zeitz

Da wird ein halbes Jahrzehnt lang geklagt, die Magie des Wortes sei endgültig der Magie des Bildes unterlegen, die Lese- und Buchkultur habe vor der heraufziehenden elektronischen Bilderflut kapituliert. Und dann stellt am Ende dieses Jahrzehnts ein einziger Schriftsteller mit seinem polemischen Roman über die erotischen Vergnügungen des Propheten Mohammed alle Prognosen in Frage: Salman Rushdies „Satanische Verse" sind gewiß kein Meisterwerk der modernen Literatur, aber sein Thema und die Einzelheiten der Darstellung – insbesondere das Verhältnis islamischer Religionsführer zur Sexualität – provozierten schiitische Fanatiker zu einer Menschenjagd auf den Schriftsteller, wie sie die aufgeklärte westliche Welt noch nicht erlebt hat. Selbst die Jagd auf kommunistische Schriftsteller unter Stalin, auf Carl von Ossietzky durch die Nationalsozialisten und auf Bert Brecht im Amerika der Mc Carthy-Ära ist nicht zu vergleichen mit dem öffentlichen Mordaufruf gegen Rushdie, mit dem Khomeini seine Mullah-Republik gegen die Kritik von innen abzuschirmen versuchte. Den weltweiten Erfolg der „Satanischen Verse" hat er nicht verhindern können. Die Kraft des gedruckten Wortes ist, dem mittelalterlichen Ritual der Bücherverbrennung zum Trotz, bis heute ungebrochen. Denn die Ideen, die Utopien und Szenarien der Gegenwart, die in der Literatur unbeschadet aller düsteren Prophezeiungen auch in diesem Jahrzehnt wirkungsvoll ausgebreitet wurden, finden weiterhin ihr Publikum.

Eines ist auffällig: das Bedürfnis der Leser nach epischer Breite, nach der Erschließung unbekannter Welten, die dennoch ihre geschichtliche Realität haben. Gabriel García Márquez hat mit seinem Roman „Hundert Jahre Einsamkeit" einen ganzen Kontinent den Menschen in Europa und Nordamerika nähergebracht, Isabel Allende hat mit ihrer Familien-Saga „Das Geisterhaus" die gescheiterte politische Mission ihres Onkels einer jungen Generation von Europäern wieder ins Bewußtsein gerufen, und dem Italiener Umberto Eco gelang mit „Der Name der Rose", jene mittelalterliche Glaubens- und Klosterwelt wieder zu beleben, die viele Zeitgenossen auf der Flucht in neue Heilslehren zu faszinieren schien. Alle diese Bücher haben Auflagen erreicht, die die Konkurrenz von Fernsehsendungen nicht zu scheuen brauchen. Das Echo auf diese Autoren zeigt auch, wie viele Menschen nach wie vor bereit sind, die Welt nicht nur durch Bilder, sondern auch im eigenen Kopf entstehen zu lassen.

„Wir amüsieren uns zu Tode" prophezeite der Amerikaner Neil Postman 1985 in seiner gleichnamigen kulturpessimistischen Studie, die für den Rest des Jahrzehnts die Diskussion beherrschen sollte. Die Gefahr, daß das gesamte kulturelle Leben ebenso wie das politische zur öffentlichen Show-Veranstaltung verkommt, in der nicht mehr der Vortrag oder die geistvolle Rede, sondern die mediengerechte „Verpackung" das öffentliche Leben bestimmt, ist gewiß nicht zu unterschätzen. Nicht zu Unrecht hatte der bundesdeutsche Kanzler Helmut Schmidt schon 1978 öffentlich dazu aufgerufen, einmal in der Woche einen fernsehfreien Tag einzurichten – übrigens ohne nennenswerte Proteste der TV-Verantwortlichen, die den moralischen Impetus dieser Forderung nicht leugnen, allenfalls unterlaufen konnten. Natürlich blieb der Appell des Politikers ohne unmittelbare Wirkung, doch zumindest in der Bundesrepublik hat Helmut Schmidt die Neugründung einer „Le-

eichen

segesellschaft", die Förderung des Lese-Interesses in den Schulen und die Erziehung zum Lesen in den Familien gefördert. Auf die Gefährdung, die der Lesekultur droht, hat im übrigen auch die französische Regierung reagiert. Nachdem die Bücher aus dem Schutz des festgelegten Ladenpreises entlassen worden waren, zeigte sich sehr schnell, daß viele Buchhandlungen Frankreichs in ihrer Existenz gefährdet waren. Daraufhin wurde die unbeschränkte Freigabe des Ladenpreises rückgängig gemacht – eine Schutzmaßnahme zugunsten der Lesekultur, wie sie für ein Land mit einer liberalen Handelsgesetzgebung nicht selbstverständlich ist. Für Frankreich als Land mit einer großen literarischen Tradition allerdings durchaus.

Noch von einer anderen Seite her bedarf der Pessimismus eines Neil Postman zumindest vorübergehend einer Korrektur. Im vergangenen Jahrzehnt wurden nicht weniger, sondern mehr Bücher verkauft als in allen vorangegangenen Dekaden. Verkauft heißt freilich noch lange nicht gelesen, aber zumindest für die literarischen Bestseller läßt sich sagen, daß die öffentliche Diskussion über diese Bücher, gerade auch in den elektronischen Medien, eher zugenommen hat. Allerdings muß man auch sehen, daß der Anteil der literarischen Werke am Gesamtumsatz des Buchhandels langsam, aber stetig zurückgeht, während das sogenannte „Sachbuch" und der „Ratgeber" weiterhin an Bedeutung gewinnen. Die Zeit, die der Durchschnittseuropäer für die Lektüre von Büchern aufwendet, mag weniger werden, die Bedeutung, die das Buch für die öffentliche Diskussion, für den Transport von Ideen hat, schwindet gewiß nicht.

Die Selbsteinschätzung einer Zeit wird auch sichtbar in den Bauten, die sie der Nachwelt hinterläßt. War es in den beiden vorangegangenen Jahrzehnten der Stil der Sachlichkeit, der im Rückgriff auf die Bauhaus-Zeiten die architektonischen Schöpfungen bestimmt hat, so fällt die Architektur der achtziger Jahre deutlich dahinter zurück. Was unter dem Begriff der „Postmoderne" gebaut worden ist, hat nicht die Strenge eines einheitlichen Stils aufzuweisen, sondern zitiert ohne Scheu aus der Kunstgeschichte. Am ehesten kommt dem neuen Bau-Gefühl die Bezeichnung „Freistil-Klassizismus" entgegen, doch die klassizistischen Elemente in der Architektur der achtziger Jahre sind selber nur eine von vielen Möglichkeiten. „Moderne Zuckerbäcker" hat man die Architekten der Postmoderne genannt. Ihre Bauwerke tendierten „hin zum rauschenden Selbstgenuß, zur festlichen Feier einer schönen, wenn auch meistens nur oberflächlichen Erinnerungsgestik", urteilte die „Frankfurter Allgemeine Zeitung". Die modernen Glas-, Stahl- und Betonbauten zelebrieren eine neue Üppigkeit der Dekoration, wie sie jahrzehntelang verpönt war. Erker, Rundbögen und Säulen, Gewölbekonstruktionen und auskragende Gesimse, gläserne Kuppeln und prachtvolle Treppenaufgänge gehören zu ihren Requisiten, und ihr ideologischer Wortführer Charles Jencks spricht ungeniert vom „Krieg der Stile", während das Nebeneinander der verschiedenen Stilzitate eher den Frieden des Kitschs hervorbringt.

Für die Fassaden-Fetischisten der neuen Prächtigkeit ist die Funktionalität von Bau-Elementen offensichtlich nicht der Rede wert – die Kulissenschieber unter den Architekten haben ihre große Stunde. Ob der Trump Tower in New York oder der Pseudo-Klassizismus des spanischen Architekten Bofill im französischen Montpellier – hinter den Fassaden wirkt nicht der originale Gestaltungswille genialer Baumeister, sondern das Spiel mit dem Dekor früherer Zeiten. Daneben jedoch sind erste Ansätze einer „High-Tech-Architektur" nicht zu übersehen, etwa in der Hongkong und Shanghai Banking Corporation oder bei Lloyds of London. Gewaltige Kaufmannsdome, die mit Licht-Wirkungen und einer neu entwickelten Statik die Funktionalität der Bauweise mit ungewohnten Raum-Effekten verbinden. Nicht vergessen sei schließlich auch, daß die Industriekultur des 19. Jahrhunderts wiederentdeckt wurde. Ihre verfallenden Fabrikbauten in den Großstädten des Westens wurden zu Wohnstätten umfunktioniert – zu Lofts und Cafés, zu Büro- und Mietshaus-Anlagen, die sicherstellten, daß die nutzlos gewordenen Baudenkmäler von gestern für die nächsten Jahrzehnte erhalten bleiben. Restaurierend hat sich dieses Jahrzehnt in der Denkmalspflege engagiert. Auch dies ein Indiz für den Kammerton des Historismus, der durch die Dekade klang.

Ein Hang zur Kunstgeschichte bestimmte den Umgang mit der Malerei. Während das öffentliche Interesse an den Museen wuchs wie nie zuvor, während im New Yorker Museum of Modern Art bei einzelnen Ausstellungen Besucherkarten ausgegeben werden – Anrechtskarten mit Datum und genauer Tagesstunde, die eine Besichtigung in ein bis drei Wochen ermöglichen – haben die Künstler kaum neue Zeichen gesetzt. In Europa waren es vorübergehend die „Neuen Wilden", die für wenige Jahre die Aufmerksamkeit der Kunstkritik und ein interessiertes Sammlerpublikum fanden – doch den internationalen Durchbruch schafften die vorwiegend aus Deutschland stammenden Künstler nicht. Als die jungen Meister einer neuen stilbildenden Schule waren sie selber schon zu sehr Epigonen, um international Anerkennung zu finden. Die in Amerika protegierte neue Kunst kam über das perfekte Management durch den etablierten Kunsthandel ebenfalls nicht hinaus. Künstler wie Keith Haring beherrschten zwar bewundernswert die Methoden, über geschickte öffentliche Auftritte den Einfluß bestimmter Galerien auf die Kunstkritik zu mobilisieren, doch stilbildend blieben seine Strichmännchen folgenlos. Nach Concept und Land art in allen ihren Varianten von Christo bis H.A. Schult hat der Kunsthandel in New York die Graffiti-Kunst erfolgreich lanciert. Von Auktionspreisen ist daher weit öfter die Rede als von Kunst. Mit immerhin 31 Millionen Mark wurde ein Gemälde des Pop-Künstlers Jaspar Johns in einer Dollar-Kategorie gehandelt, die sonst nur den Altmeistern der Moderne, den französischen Impressionisten oder den großen Künstlern des beginnenden zwanzigsten Jahrhunderts vorbehalten ist. Denn auch dies ist ein Hinweis auf das rückwärts gewandte Interesse im vergangenen Jahrzehnt: Die Zahl der großen Sammlungen, das Engagement zahlungskräftiger Privatsammler, die ihre Kollektionen irgendwann einmal dem Staat als ihr Vermächtnis übereignen, hat international kräftig zugenommen. So verwundert es nicht, daß die Kunst im vergangenen Jahrzehnt finanziell gesehen Hoch-Konjunktur hatte.

In der Ära nach der Pop-art ist kein Gestaltungswille erkennbar, der die beherrschenden Themen der Dekade, der die Ausdrucksmöglichkeiten neuer elektronischer Darstellungstechniken künstlerisch umgesetzt hätte. Bemerkenswert allenfalls, daß in diesen zehn Jahren die Kunst der Fotografie endgültig von den Museen integriert wurde. Große Werk-Ausstellungen einzelner Fotografen, etwa Robert Mapplethorpe im Museum of Modern Art oder die große Fox-Talbot-Ausstellung aus der Frühzeit der Fotografie in der Berliner Nationalgalerie, sind dafür Beispiele. Das Entstehen zahlreicher Fotogalerien in den Großstädten der westlichen Hemisphäre unterstreicht dies nur. Die Museen haben die Fotografie in den Kanon der Künste aufgenommen.

Große Beachtung fand die Entwicklung der Kunst in Osteuropa. Die Öffnung der Sowjetunion, der Geist von Glasnost hat auch der Malerei des Riesenreiches Möglichkeiten eröffnet, auf die die Künstler jahrzehntelang vergebens gehofft hatten. Die ersten Ausstellungen junger kritischer Sowjet-Maler im Westen zeigen zwar, daß unter der Abschirmung und Isolierung einer zentral kontrollierten Kulturpolitik eine neue Originalität bisher nicht entstanden ist, doch die Auseinandersetzung mit den Stilformen des Westens haben zumindest den jungen Malern die Möglichkeit zu einer gesellschaftskritisch wirksamen Malerei in die Hand gegeben, die im Westen zunehmend auf Interesse stößt.

„Wir leben künstlerisch und intellektuell in einer ausgesprochen abenteuerarmen Zeit" – dieser Ausspruch der amerikanischen Schauspielerin Meryl Streep war auf die Filmkultur der achtziger Jahre gemünzt, er gilt aber auch für die anderen Disziplinen der Kunst. Mögen die neuen Freiheiten die Künstler im Weltreich Gorbatschows zu geistigen Abenteuern verführen, im Westen war von Aufbruch wenig zu spüren. Allenfalls wurden die alten Bastionen des Kulturbetriebs mit Erfolg verteidigt. Am erstaunlichsten geschah dies im Bereich des Films. Nachdem die Video-Technik für jedermann erschwinglich geworden war, drohte dem Kino wieder einmal – wie schon nach dem Durchbruch des Fernsehens – das große Sterben. Statt in den Filmpalästen verbrachte die junge Generation ihre Abende vorübergehend zu Hause bei Video-Partys oder vor endlosen TV-Aufzeichnungen. Die Antwort der Filmwirtschaft war der Bau komfortabel ausgestatteter Freizeit-Kino-Zentren, in denen nicht nur verlockend bequeme Sessel, sondern auch die Bar im Foyer, die noch weiter vergrößerte Leinwand und die ständig verbesserte Tontechnik für neue Attraktivität sorgten. Nach dem Tiefstand der Besucherzahlen im Jahre 1985 nahm das Interesse am Kino in der zweiten Hälfte des Jahrzehnts deutlich zu. Die Oscar-Verleihung wurde auch in Europa, live im Fernsehen, als großes kulturelles Ereignis zelebriert. Zu ganz großen Publikumserfolgen wurden Filme mit prachtvollen Landschaftsaufnahmen und exotischen Massenszenerien, deren Wirkung auf dem Bildschirm nicht zu erreichen war. Die Suggestion der Kinoleinwand mit ihrer überdimensionalen Wucht des Geschehens wurde von den Regisseuren gezielt eingesetzt. Filme wie „Gandhi“, „Jenseits von Afrika“, „Der letzte Kaiser“ oder selbst „Paris, Texas“ sind auf dem Bildschirm nur ein matter Abglanz ihrer szenischen Pracht. Während das Theater allenfalls noch auf Festivals für Gesprächsstoff sorgte, hat der Film seine Internationalität behaupten, ja sogar verstärken können. Denn für die junge Generation in allen Ländern sind die neuesten Filme weit interessanter als die Veranstaltungen des traditionellen Kulturbetriebs, seien es Schauspielaufführungen, Konzerte klassischer Musik oder die Shows der avantgardistischen Malerei. In den Zeitschriften der jungen Generation, in den „Zeitgeist“-Blättern, die in den Großstädten für die vergnügungssüchtigen Twens gemacht werden, spielt die Filmkritik denn auch eine weit größere Rolle als die herkömmliche Kulturkritik.

Steven Spielberg hat mit seinem Märchen vom Weltraum-Gnom „E.T.“, der nach seiner Landung auf der Erde die Freundschaft eines einsamen Vorstadt-Jungen erfährt, wohl am erfolgreichsten die Sentimentalität getroffen, die ein Massenpublikum nachleben will. Die Flucht in ferne Welten, der Rückgriff auf die Mythen aus verschütteten Zeiten treffen die Stimmung des Jahrzehnts. Der Welterfolg von Michael Endes Roman „Die unendliche Geschichte“ – auch er wurde verfilmt – ist ein Beispiel dafür, daß hier eine Seelenlage angesprochen wird, die dem kindlichen Gemüt ebenso entspricht wie den geheimen Sehnsüchten vieler Erwachsener. Ein ganz anderes Gefühl trafen die Tanzfilme: Mit „Flashdance“ begann eine Serie, die prägend wurde für das Joy of Life-Gefühl des Jahrzehnts. „Dirty Dancing“, ein Sex-Tanz-Film, in dem der männliche Hauptdarsteller bis zur Obszönität in seiner Körperlichkeit vorgeführt wird, entwickelte sich zum Kultfilm, der nicht nur einen Tanz in Mode brachte – das Tanzen selber wurde zum Sinnbild des „Positiven“, der Lebensfreude. Auch der spanische Regisseur Carlos Saura profitierte mit seiner filmischen Version des „Carmen“-Stoffes von dieser Stimmung. Wie sehr das Kino damit den Nerv der Zeit getroffen hatte, zeigte sich, als die Mode die textilen Ausdrucksmittel Carmens aufgriff und nach den geschlechtsneutralen Schnittmustern der alternativen Kultur nun ganz auf die Verführungskraft einer entfesselten Weiblichkeit setzte.

Das Leben ein Tanz – ein Teil der jungen Generation feierte sich selbst. Die anderen, die jugendlichen Arbeitslosen von Liverpool und Marseille, von Berlin und Amsterdam, warfen sich in schwarzes Leder, färbten ihr Haar und „dröhnten sich die Birne voll“. Nur wenige protestierten mit erhobener Faust – und allzu offenkundig vergebens. Nicht einmal in der zeitgenössischen Kunst war ihre Not ein Thema. Die Ideale der Französischen Revolution wurden am Ende des Jahrzehnts zur Zweihundertjahrfeier dieser folgenreichsten Erhebung Europas gebührend bejubelt – in der gesellschaftskritischen Kunst waren sie kein Thema. Als „Zeitalter des Narzißmus“ hatte der amerikanische Kulturphilosoph Christopher Lasch die gegenwärtige Epoche bezeichnet – Rückzug ins Private war die Antwort auf den weltweiten Frust, die unerfüllten Hoffnungen. Für die junge Generation der achtziger Jahre gilt dieses Stichwort weiter – auch wenn die erfolgreichen Aufsteiger unter ihnen, die „Yuppies“, ihren Narzißmus auf einem Feld demonstriert haben, das nun doch wieder etwas mit Gegenwartskunst zu tun hat. Seit „Performance“ zur anerkannten Kunstrichtung wurde, seit den Rollenspielen von Cindy Sherman, die sich bald als Marilyn Monroe, bald als Joan Collins in Szene setzt – hat die junge Szene für ihre modischen Inszenierungen noch eine besondere Rechtfertigung. Auftritt ist alles. Und das Auftreten erfordert jenen modischen Glanz, den die Dekade mit ihrer postmodernen Prächtigkeit zur gesellschaftlichen Selbstverständlichkeit ausgerufen hat. Daß darüber wieder ein Dekor in Mode kam, das unecht und für jedermann billig zu haben ist, zeigt den Geist der Zeit: die Wiederentdeckung des Straß.

Manfred Leier

Sowas hat die Welt noch nicht gesehen

Seit September 1985 gibt es in der Architektur ein neues Wunder: Die West Edmonton Mall. So heißt das bislang größte Einkaufs- und Vergnügungszentrum der Welt, errichtet von der Teppichhändlerfamilie Ghermezian in der kanadischen 570 000-Einwohner-Stadt Edmonton. Es gibt wenig, was es in dem 483 000 Quadratmeter umfassenden und 1,1 Milliarden Dollar teuren Bau nicht gibt. Unter einem Dach sind unter anderem vereint: 850 Läden, 110 Restaurants und Imbißstuben, ein Schwimmbad, eine naturgetreue Nachbildung des Kolumbus-Schiffes Santa Maria, eine Guillotine, vier U-Boote, ein Golfplatz, elf Kaufhäuser, eine Eishockeyfläche, maßstabsgerechte Nachbildungen alter Läden des Faubourg-St. Honoré in Paris, ein Becken mit lebenden Haien und ein ganzer Vergnügungspark mit Achterbahnen, Karussells und Riesenrutschen. Auch an Leute, die bei diesem Wirrwarr irre werden, ist gedacht. In den medizinischen Zentren der Anlage stehen ständig Psychiater und andere Ärzte zur Verfügung.

Der Turmbau von New York

Seit 1983 besitzt New York neben altbekannten Sehenswürdigkeiten wie dem Wolkenkratzer des Empire State Building und der Freiheitsstatue einen weiteren Anziehungspunkt für jährlich 100 000 Touristen: den 68 Stockwerke hohen Trump Tower – davon sechs Stockwerke unter der Erde – an der Fifth Avenue. Seine in Gold, Grün und Pfirsich gehaltene sechsstöckige Lobby gilt als nobelstes Einkaufszentrum der Welt. Hier ragen aus marmornen Böden echte Bäume empor, plätschert ein gewaltiger Wasserfall und spiegeln unzählige Spiegel das auf Rolltreppen auf- und niederschwebende Publikum. Juweliere, Antiquitätenhändler, Damen- und Herrenausstatter zahlen für eine Boutique im Trump Tower Monatsmieten bis zu 200 000 Dollar. Appartements in den oberen Stockwerken werden von 1,5 Millionen Dollar an aufwärts verkauft. Viel Prominenz hat sich hier ein Erst- oder Zweitdomizil gesichert – zum Beispiel die Filmschauspielerin Sophia Loren, der Regisseur Steven Spielberg und die britische Königsfamilie. Bauherr Donald Trump bewohnt mit Frau und drei Kindern zwei zusammengelegte dreistökkige Penthäuser in der Spitze des Wolkenkratzers, dessen Bau rund 190 Millionen Dollar kostete. In kaum mehr als einem Jahrzehnt hat sich Trump ein Imperium aus Immobilien und Spielcasinos aufgebaut und wurde dabei Dollar-Milliardär.

Gold am Dom und Glas am Louvre

Wie Gold leuchtet vor dem Kölner Dom das Titanzinkblech an den Dachfassaden des Doppelmuseums Wallraf-Richartz/Ludwig. Hier sind Kunstwerke aus sieben Jahrhunderten ausgestellt, darunter Peter Ludwigs Sammlung zeitgenössischer Kunst. Frankreichs Louvre hat seit 1989 eine hypermoderne Eingangshalle: Eine 21,60 Meter hohe Pyramide aus Aluminium, Stahl und viel Glas des amerikanischen Architekten Ieoh Ming Pei.

Zwei Rahmen für Kunst

Am 6. Dezember 1986 wird der Bau des 1939 stillgelegten Pariser Gare d'Orsay neu eröffnet – als Museum. Die ehemalige Bahnhofshalle und das Bahnhofshotel sind zur 16 000 Quadratmeter großen Ausstellungsfläche für impressionistische Kunst geworden. In Stuttgart öffnet 1984 der postmoderne Bau der Neuen Staatsgalerie die Pforten. Der britische Architekt James Stirling läßt innen wie außen eine Vielfalt von Formen, Materialien und Farben mit neuzeitlicher Kunst wetteifern.

Ein Mann macht den Stil von morgen

Der Franzose Philippe Starck gilt als der Futurist unter den Designern. Was er heute skizziert und in Wirklichkeit umsetzen läßt, ist die Welt von morgen. Für das Pariser Theater „Cigale" entwarf der Stylist, der auch vor dem eigenen Gesicht nicht Halt macht, eine futuristische Vorhalle, durch die sich eine schwarz-weiße Skulptur zu bewegen scheint. Die Wände erinnern an Raumschiffrundungen, das Mobiliar würde selbst in einem im Jahr 3000 spielenden Science-Fiction-Roman nicht veraltet wirken. Was auch immer Starck in die Hände kommt, er modelt es um, macht etwas Neues daraus. Ein von ihm entworfener Klapptisch ergibt zusammengefaltet ein Wandbild von erlesener Schönheit. Sein Name steht für strenge klare Formen, aber auch für futuristische Scherze – etwa die neue Stuhlform „Pat Conley", ein Möbelstück, auf dem man nicht sitzen kann.

Wohnen wie in einem Theater

Mit tempelhaften Wohnungsneubauten wie der Anlage „Antigone“ im französischen Montpellier macht sich der Spanier Ricardo Bofill zum radikalsten Architekten der Postmoderne. Statt von der Zweckmäßigkeit der alt gewordenen Neuen Sachlichkeit läßt sich Bofill bei der Konstruktion seiner Sozialsiedlungen von Theatralik leiten. Einfallsreich gestaltet der Mann aus Barcelona „bewohnte Denkmäler“, die sich schön ansehen lassen, aber von den Mietern mitunter als Alptraum empfunden werden. Der Name des neuen Stils, bei dem vorgefertigte Betonteile altmeisterliche Steinmetzkunst vortäuschen: Architecture brutale. Ricardo Bofill will den Raum strukturieren, neue Symbole schaffen und eine klassische Formensprache entwickeln.

Mutierte Möbel aus Mailand

Nicht unbedingt praktisch und bequem, aber immer frech und provokant sind die neuen Möbel der Mailänder Designer-Gruppe „Memphis“. Unter der Bezeichnung „Memphis“, die sowohl an die altägyptische Hauptstadt als auch an den Wohnort des amerikanischen Rock ’n’ Roll-Sängers Elvis Presley erinnert, haben sich 1981 die Designer Ettore Sottsass, Alessandro Mandini, Michael Graves, Michele de Lucchi und Paola Navone zusammengeschlossen. Sie entwerfen Möbel, deren Zweck oft rätselhaft scheint, wie etwa Sottsass’ 2,50 Meter hohes Sideboard „Beverly“, das als Möbelstück kaum zu benutzen ist, aber als verrückte Skulptur für Leute mit Sinn dafür einen hohen Dekorationswert besitzt. Nicht die Herstellung von Gemütlichkeit hat sich die Gruppe „Memphis“ zum Ziel gemacht, sondern die Aufreizung zum Widerspruch. Die beiden Fotos zeigen eine dreibeinige Kaffeekanne und einen Sitz-Liege-Stuhl.

Die Architekten haben wieder Ideen

An dem 1983 fertiggestellten 27stöckigen Wohnhochhaus „Atlantis“ im amerikanischen Miami wird die in ihrer Sachlichkeit noch an Altmeister Le Corbusier erinnernde Fassade durch ein riesiges Viereck unterbrochen, in dem ein Palmwipfel grünt und die Bewohner über eine knallrote Stahltreppe zu einem Freiluft-Whirlpool stolzieren. Ebenfalls in Miami ist auch wieder schmückendes Beiwerk modern, hier Tropical deco genannt und kombiniert mit leuchtenden Farben wie Meerblau und Pink. Ausdruck des High-Tech-Zeitalters schließlich ist in Hongkong der 178 Meter hohe Neubau der Hongkong und Shanghai Banking Corporation. Das zwei Milliarden Mark teure Hochhaus des englischen Architekten Norman Foster gilt als ein Meisterwerk moderner Büroorganisation und Raumaufteilung. Aufgänge und Lifts sind in der Außenfassade untergebracht, um innen genug Platz für Schalterhallen und Büros zu lassen, in denen 37 000 Angestellte täglich rund 20 000 Kunden bedienen.

Christos bunte Inseln

Eine Luftaufnahme der Biscayne Bay vor der Küste Floridas 1983 zeigt Ungewöhnliches: Inseln mit rosaroten Planen drum herum. Der aus Bulgarien stammende Verpackungskünstler Christo hat die Eilande von 430 Helfern mit 663 000 Quadratmetern Polypropylen-Gewebe umgeben lassen und so ein für ihn typisches Gesamtkunstwerk hergestellt. Die Kosten von 3,5 Millionen Dollar bringt er durch den Verkauf von eigenen Zeichnungen und Collagen auf. Nach seinem 1976 entstandenen 40 Kilometer langen „Running Fence", dem laufenden Zaun aus Nylon, sind die „Surrounded Islands" vor der amerikanischen Küste sein bis dahin größtes Kunstwerk. Spektakuläre Christo-Kunst gibt es 1985 für zwei Wochen auch in Paris zu sehen, wo der große Verpacker die älteste Seine-Brücke, den Pont Neuf, mit 40 000 Quadratmetern feuerfestem Stoff verhüllt und dann mit elf Kilometern Seil verschnürt. Ein weiteres Großprojekt ist für 1990 vorgesehen – die

Aufstellung von 3000 bunten Riesenschirmen in zwei Tälern Japans und Kaliforniens. Warum macht Christo Javacheff, wie der Bulgare vollständig heißt, das alles? Das in Worten auszudrücken, weigert sich der Künstler. Schließlich habe ja auch Mozart keine Worte gemacht, sondern Musik.

Blutige Runde der Irrenärzte

In der Sowjetunion verdrängt unter dem Reformkurs von Michail Gorbatschow eine junge avantgardistische und meist aggressiv gesellschaftskritische Kunst den in Langeweile erstarrten „sozialistischen Realismus". Die neuen Bilder, von denen manche schon etliche Jahre alt sind, dürfen nicht nur in Metropolen wie Leningrad und Moskau gezeigt werden, sie sind Ende der achtziger Jahre auch in westlichen Ausstellungen zu sehen – etwa 1988 in der Emder Kunsthalle, einer Stiftung des STERN-Gründers Henri Nannen. Dort zeigt unter anderem Maksim Kantor seine unheimliche „Morgenstunde" mit blutverschmierten Irrenärzten bei der Visite in einer psychiatrischen Klinik. Es ist ein gemalter Protest gegen die langjährige Praxis der sowjetischen Bürokratie, Regimekritiker in Irrenanstalten verschwinden zu lassen.

Blindes Volk mit Tarnköpfen

Über das Pathos der Partei und die Auswechselbarkeit ihrer Repräsentanten macht sich auf eigenwillige Weise Grischa Bruskin aus Moskau lustig. Auf seinen Bildtafeln stehen gipsfigurenartige Sowjetbürger mit den Porträts von Parteigrößen vor dem Gesicht und mit Schildern in den Händen, auf denen gängige Schlagworte stehen – etwa „Ruhm der KPdSU" oder „Glasnost". Auch mit hohen sowjetischen Auszeichnungen und Orden können seine blinden Parteivolkfiguren aufwarten. Dazu der Künstler: „Der Betrachter soll nie sicher sein, ob das ernst gemeint ist oder nicht." Aber die Bilderserien mit Titeln wie „Logien" sind ernstgemeint.

Von Pop und Fett und Filz

Sie waren Freunde, und sie sterben kurz nacheinander: Der New Yorker Pop-Künstler Andy Warhol und das Düsseldorfer Avantgarde-Genie Joseph Beuys. Mit einer vielfach vergrößert auf eine Leinwand gemalten Suppendose der Firma Campbell läutete der Gebrauchsgraphiker, Maler und später auch Filmemacher Warhol 1961 das Zeitalter der Pop-Art ein und wird ihr Superstar. Mit seinem neuen Realismus macht er Front gegen die den Kunstmarkt beherrschende abstrakte Malerei. „Alles ist schön", lautet sein Credo. Warhol-Bilder feiern das Banale, die Konsumwelt. Altvertrautes wird für die Pop-Art neu aufbereitet – etwa die Mona Lisa, die Warhol mit Hilfe von Siebdruck-Schablonen gleich 36mal auf einer Leinwand verewigt. Am 22. Februar 1987 stirbt Warhol an den Folgen einer Gallenblasenoperation. Ein Jahr zuvor ist Joseph Beuys gestorben. Der Kunstprofessor, der wegen einer Schädelverletzung stets einen Filzhut trug, war im Krieg nach einem Flugzeugabsturz von Tataren gesund gepflegt worden, die ihn mit Talg salbten und in wärmenden Filz hüllten. Später übernehmen Fett und Filz in der symbolischen Kunst des Düsseldorfers magische Funktionen. Er schneidert überdimensionale Filzanzüge, stellt fettbestrichene Stühle aus und baut über 30 000 Multiples aus Filz, Holz, Zucker, Papier und anderen Materialien. Der Avantgardist, dessen mystische Werke in den bedeutendsten Museen der Welt hängen, glaubte an das Schöpferische in jedem Menschen: „Jeder ist ein Künstler."

Die Malwut der Neuen Wilden

Mit frischer Malwut bringen junge Talente Anfang der achtziger Jahre die westeuropäische Kunstszene in Bewegung. Was bis dahin als Avantgarde galt, ist den Jungen zu karg, zu streng, zu unsinnlich. Sie wollen eine wilde Kunst, farbstark und anarchistisch. Vielgestaltig in der Form, aber einheitlich in ihrem Ungestüm, bevorzugen sie aggressive Motive. In die Kunstgeschichte gehen sie als die „Neuen Wilden" ein. Zu ihnen gehört Elvira Bach (oben

links), die ihre kraftvollen Frauen nach der Devise malt: „Ich will nicht, was ich seh', ich will, was ich erträume!" Ihr Berliner Kollege Helmut Middendorf (unten links), tobt sich bevorzugt auf Riesenleinwänden aus. Als Neuer Wilder hat auch der Berliner Salomé (eigentlich Wolfgang Cilarz) bei Kunstsammlern Erfolg, etwa mit Akten, für die er selbst (rechts oben) Modell steht. In Köln malt Walter Dahn (rechts unten) in seinem mit Sprühdosen übersäten Atelier spontane Stilleben. Er ist ein Multitalent, das sich auch als Fotograf und Heavy Metal-Musiker versucht.

Die teuersten Bilder der Welt

Einen Monat vor seinem Selbstmord vollendete Vincent van Gogh 1889 sein Bild „Sonnenblumen“. Fast ein Jahrhundert später bringt das Gemälde, das der Maler gut und gern für 500 Franc hergegeben hätte, am 30. März 1987 bei einer Versteigerung im Londoner Auktionshaus Christie's einen Erlös von umgerechnet 72 Millionen Mark. Es ist zu der Zeit das teuerste Gemälde der Welt – bis dann am 11. November desselben Jahres bei Sotheby's in New York van Goghs „Schwertlilien“ für umgerechnet etwas über 100 Millionen Mark verkauft werden. Am 10. Mai 1989 zahlt dann in New York ein unbekannter Käufer für Pablo Picassos Selbstbildnis von 1901 „Yo, Picasso“ den stolzen Preis von umgerechnet 91,3 Millionen Mark. Es folgen in der Rangliste mit einem Auktionserlös von 66,8 Millionen Mark Picassos „Akrobat und junger Harlekin“, gefolgt von Claude Monets „Im Feld“ mit 45 Millionen Mark. Auf den sechsten und siebten Platz kommen Picassos „Maternité“ (45 Millionen Mark) und van Goghs „Die Brücke von Trinquetaille“ (37 Millionen Mark). Den höchsten Preis für das Bild eines noch lebenden Künstlers erzielt 1988 das Gemälde „False Start“ des Amerikaners Jaspar Johns: umgerechnet 31 Millionen Mark.

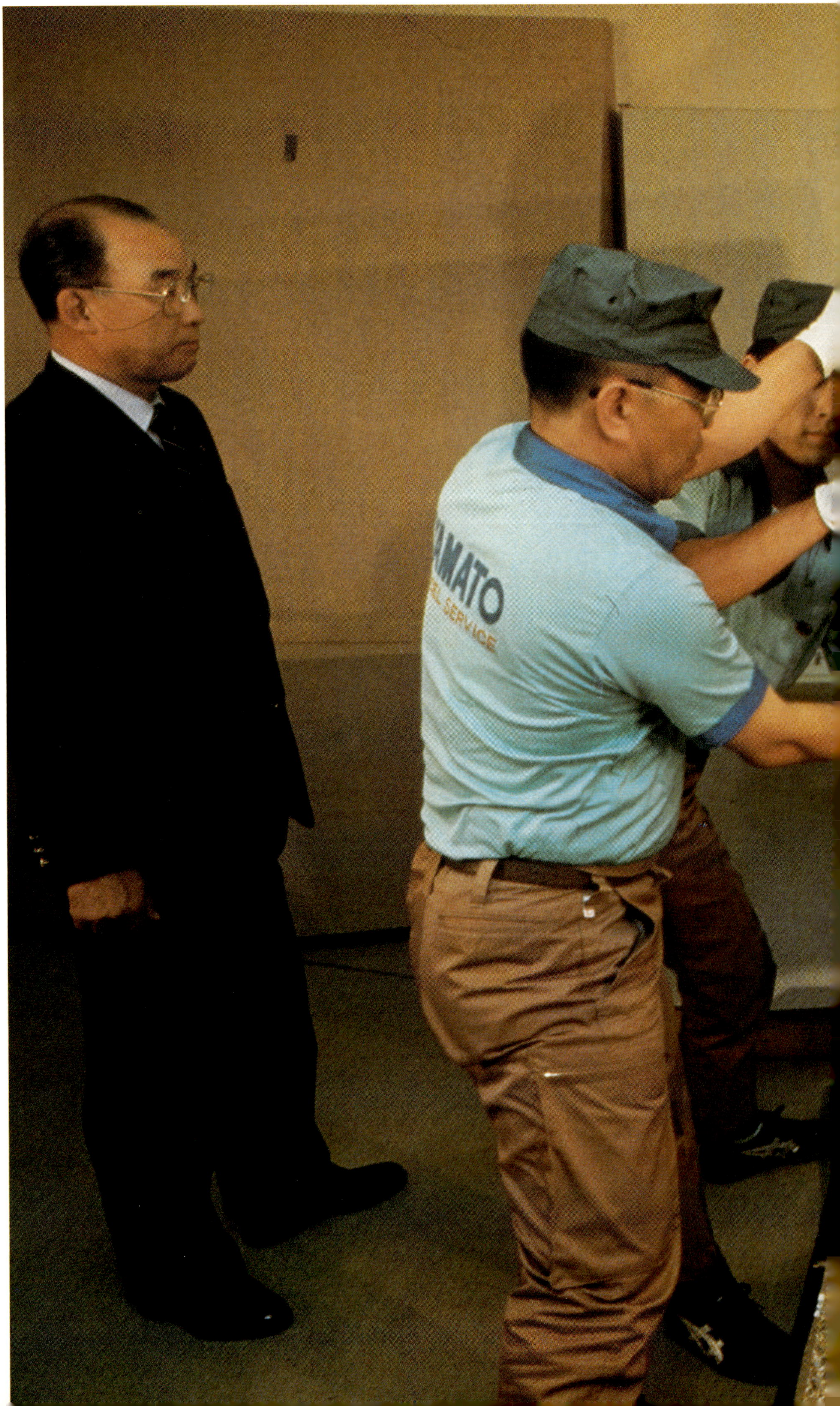

Theater mit Feuer und Gas

Er schuf mit „Roncalli" eine neue Form von Zirkus, magisch und geheimnisvoll. Er erfand „Flic Flac", ein Varieté der Erotik und der Phantasie. Am Spätabend des 11. Juni 1983 verzaubert der Wiener Liedermacher, Poet und Großspektakel-Veranstalter André Heller eine Million Portugiesen mit dem „Teatro de Fogo", einem Theater des Feuers. Elf Tonnen Feuerwerkskörper für etwa 1,5 Millionen Mark läßt er über der Bucht von Lissabon in die Luft gehen, Riesenfiguren aufleuchten, illuminierte Schiffe den Tejo entlangschaukeln und über Lautsprecher die Feuerwerksmusik von Georg Friedrich Händel erschallen. Zwar gehen eine Menge der 25 000 Knall- und Leuchtkörper verfrüht los, doch das Publikum ist begeistert und der Künstler zufrieden. Der amerikanische Verleger und Multimillionär Malcolm Forbes läßt 1987 über Südfrankreich monströse Heißluftballons aufsteigen. Das ist seit langem seine Art, für den Kapitalismus und für sich selbst Reklame zu machen. Das fliegende Haus ist eine Nachbildung seines Schlosses Balleroy in Calvados/Frankreich. Ein etwas konventionellerer Ballon trägt die Botschaft durch den Himmel, daß die Magazine des Verlegers die Freundschaft zwischen China und den USA fördern. Malcolm Forbes über sein buntes Hobby: „Der einzige Unterschied zwischen Erwachsenen und Kindern ist der Preis ihres Spielzeugs."

Der Schurke und die Schöne

Amerikanische Unterhaltungsserien, sogenannte Seifenopern, erobern sich in den achtziger Jahren in Westeuropa Sender um Sender und Zuschauermillion um Zuschauermillion. Stars des Jahrzehnts werden J.R. und Sue Ellen, der Schurke und die Schöne aus „Dallas", dem Ränkespiel um Öl und Dollars, Haß und Liebe. In über 60 Ländern der Erde flimmern die beiden von Linda Gray und Larry Hagman verkörperten Hauptakteure regelmäßig über den Bildschirm. Großmäulig verkündet Hagman, der inzwischen pro Folge über 100 000 Dollar Gage kassiert: „Die Zeit war einfach reif für einen richtigen Schweinehund – und der bin ich." 1989 halten französische Kulturpolitiker die Zeit für gekommen, den unterhaltsamen US-Import zu stoppen. Sie versuchen über die Europäische Gemeinschaft neue Fernsehrichtlinien durchzusetzen, die nationalen Produktionen eine Sendezeit von mehr als 50 Prozent sichern soll. Dagegen wehren sich kleine Mitgliedsländer der EG.

Als die Töne Bilder wurden

Am 1. August 1981 bricht in der Popmusik eine neue Zeitrechnung an: Der New Yorker Kabelsender MTV (Music Television) startet ein 24-stündiges Videoprogramm. Rock 'n' Roll around the clock. Fünf Jahre später sind fast 30 Millionen Haushalte angeschlossen. Das Rezept ist einfach: Der Sender strahlt die zu Werbezwecken gedrehten Videoclips der Plattenindustrie aus. Bald schon ist keine Platte mehr ohne Video in die Hitparade zu bringen. 1986 gelingt dann dem britischen Komponisten und Rocksänger Peter Gabriel mit seinem Video zu „Sledgehammer“ ein Klassiker der erst wenige Jahre alten Kunst, Töne auf dem Bildschirm auch angemessen optisch zu präsentieren. Der von Stephen Johnson in acht Tagen trickreich aufgenommene Song des ehemaligen Sängers der Gruppe „Genesis“ erhält 1987 zehn von 20 möglichen Auszeichnungen des Senders MTV – unter anderem als Video des Jahres. Gabriel prangert in seinen Liedern – so in der Anti-Apartheid-Hymne „Biko“ – immer wieder das Unrecht in der Welt an und engagiert sich, zuletzt 1988 auf einer Tournee mit anderen Rockgrößen durch fünf Kontinente, für Amnesty international.

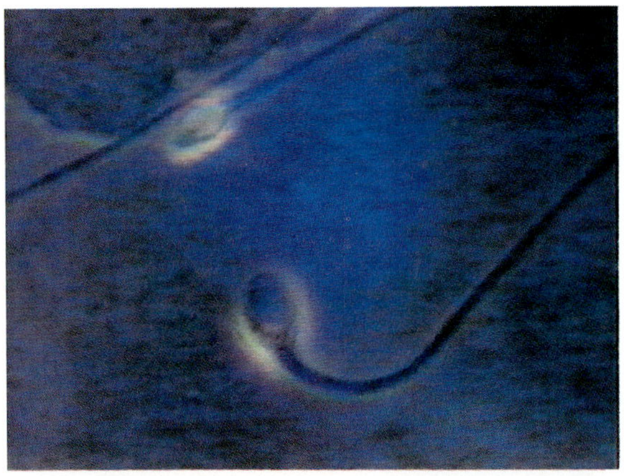

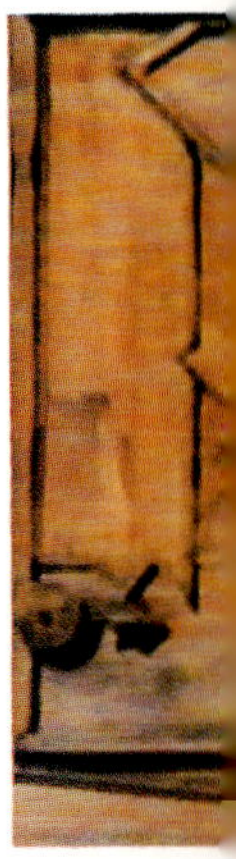
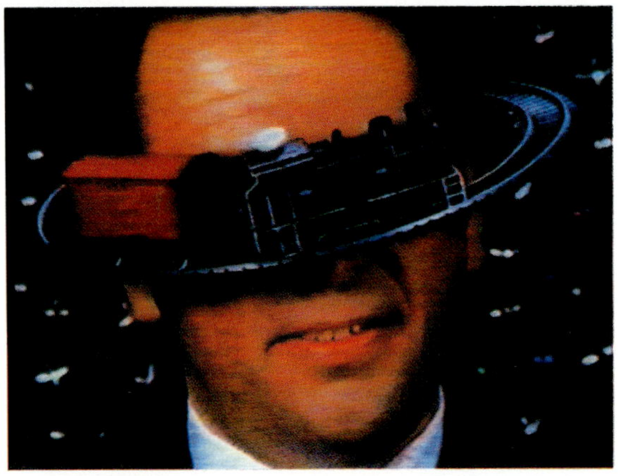
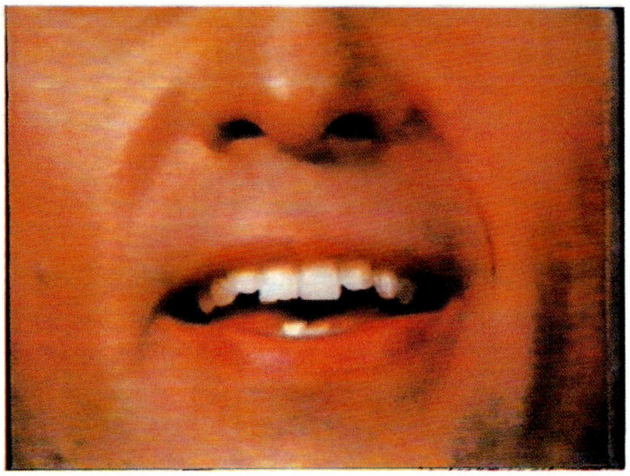

Das freche Monster aus dem Weltall

Er sieht aus wie eine Kreuzung zwischen Ameisenbär und Hausschwein, frißt am liebsten Katzen und ist der Schrecken der amerikanischen Mittelstandsfamilie Tanner. Wer? Alf – das Zottelmonster aus dem Weltall. In der zweiten Hälfte der achtziger Jahre taucht es zum erstenmal im amerikanischen Fernsehen auf. Nach einer Raumschiffpanne kracht es den Tanners durchs Garagendach. Seitdem ist Alf Star einer Serie, die in bald 50 Ländern über die Bildschirme flimmert. Überall diesseits und jenseits des Atlantiks werden Alf-Sprüche zu geflügelten Worten, zum Beispiel: „Das Beste, was Goethe nicht geschrieben hat, stammt wahrscheinlich von Brecht", „Alle schimpfen über den Kanzler, dabei macht er doch gar nichts", „Ich pfeife auf den Wohlstand, ich will Luxus" oder „Enthauptet die Sprengköpfe". Auch um den Umsatz neuer Waren macht sich der außerirdische Frechdachs verdient. Rund 250 Alf-Artikel kommen in den Handel, darunter Alf-Regenschirme, Alf-Unterwäsche, Alf-Bettlaken und Alf-Porzellan.

Neues deutsches Kino

Ein Mann findet nach langer Suche seine fortgelaufene Frau in einer Peep-Show wieder und nimmt, durch eine Glasscheibe am direkten Sprechen gehindert, über Telefon Kontakt zu ihr auf. Das ist eine der großen Szenen und der dramatische Höhepunkt in dem Wim-Wenders-Film „Paris, Texas“ mit Harry Dean Stanton und Nastassja Kinski in den Hauptrollen. Wie der Regisseur Wim Wenders trägt auch Rainer Werner Fassbinder bis zu seinem Tode 1982 dazu bei, deutschen Filmen Weltgeltung zu verschaffen. Das Foto zeigt den Regisseur mit Barbara Sukowa auf den Schultern, dem Star seines 1981 gedrehten Films „Lola“.

Herzogs Schiff

Von allen Filmen über exzentrische Helden, die der deutsche Regisseur Werner Herzog bis 1982 gedreht hat, ist „Fitzcarraldo“ der abenteuerlichste. Vier Jahre dauert die Vorbereitungs- und Drehzeit im tiefsten Amazonas-Dschungel, ehe die Geschichte des verrückten Kautschuk-Sammlers und Opern-Liebhabers Fitzcarraldo endlich Premiere hat. Mit Klaus Kinski in der Titelrolle läuft auf der Leinwand ein Stück vom Filmteam real erlebte Phantastik ab: Fitzcarraldos wahnwitziges Unterfangen, einen ausgedienten Flußdampfer mit Hilfe angeheuerter Indios über einen Urwaldberg von einem Strom zum anderen zu ziehen. Alles ohne Tricks: Es ist ein richtiger Dampfer, dessen Transport über einen Hang mit 40 Prozent Steigung gezeigt wird. Herzogs Filme tragen dazu bei, dem bundesdeutschen Film weltweites Ansehen zu verschaffen.

Blick in eine giftige Zukunft

Roboter, die genau wie Menschen aussehen und sich auch wie Menschen benehmen, spielen Hauptrollen in dem Zukunftsfilm „Blade Runner", der 1982 in den USA Premiere hat und zu einem neuen Kultfilm wird. Der Regisseur Ridley Scott drehte ihn nach dem 1968 erschienenen Science-fiction-Roman „Do Androids Dream of Electric Sheep?" (Träumen Roboter von elektrischen Schafen?) von Philip K. Dick. Er spielt in einem beklemmenden Los Angeles des Jahres 2019. Schmutziger Regen prasselt auf die Stadt nieder. Müllberge verpesten die Straßen. Giftiger Chemierauch verhüllt die Sonne. Wer es sich finanziell erlauben kann, flieht aus dieser Hölle in außerirdische Kolonien. Dort werden nützliche Arbeitssklaven produziert, sogenannte Replikanten, Roboter-Menschen mit einer Lebensdauer von vier Jahren. Die Dramatik des Films setzt ein, als eine Gruppe dieser Androiden die Besatzung eines Raumschiffes ermordet und sich zur Erde absetzt. Dort unten in Los Angeles kommt es zu einer schicksalhaften Begegnung: Ein zum „Eliminieren" von Robotern eingesetzter Mensch, der Blade Runner, verliebt sich in eine der künstlichen Frauen. Und die Androidin reagiert darauf infolge einer Fehlprogrammierung gefühlvoller, als bei ihrer Fabrikation geplant.

Ein großer Film über die Größe Gandhis

Bei der Premiere in Neu-Delhi spendet das Publikum im November 1982 stehend Beifall, und bei Hollywoods glanzvollster Preisverteilung im folgenden Jahr gibt es für den Monumentalfilm „Gandhi" gleich acht Oscars. Nach 20 Jahren, von der ersten Idee bis zum letzten Schnitt, ist dem britischen Regisseur Sir Richard Attenborough ein Meisterwerk gelungen, das nicht nur den Lebensweg Mahatma Gandhis erzählt, sondern auch das starke Charisma des Inders deutlich macht und seine Ideale der Gewaltlosigkeit und der Menschenwürde vermittelt. Der Erfolg ist nicht zuletzt dem Gandhi-Darsteller Ben Kingsley zu danken, dem Sohn einer Engländerin und eines Inders. Ermöglicht wurde die 22 Millionen Dollar teure Produktion durch finanzielle Hilfe der indischen Regierung.

Tanzen, daß die Fetzen fliegen

Dem spanischen Regisseur Carlos Saura gelingt 1983 der beste Ballett-Film des Jahrzehnts: „Carmen“ – eine moderne Liebesgeschichte nach der Novelle von Prosper Mérimée und der Oper von Georges Bizet mit viel Flamenco, mitreißend getanzt und gesungen. Filmkritiker feiern das Werk als „Apotheose gesteigerten Lebensgefühls und tänzerischer Choreographie der Leidenschaften“, und das Publikum spende wieder und wieder Szenenapplaus. Ein Welterfolg wird auch der in den USA von Emile Ardolino weniger kunstvoll und aufwendig gedrehte Disco-Film „Dirty Dancing“ und der dazugehörige Soundtrack. Millionen Teenager in aller Welt ahmen zu Mambo-Rhythmen den erotischen Engtanz nach, den der Film lustvoll vorführt. Ebenfalls ein Kassenschlager ist „Flashdance“ – 1983 von dem britischen Regisseur Adrian Lyne als eine Art verlängerter Videostreifen produziert. Erzählt wird zu viel poppiger Musik und Tanzeinlagen die Geschichte einer Arbeiterin, die allabendlich hüftschwingend durch eine Disco wirbelt, um sich für die Aufnahmeprüfung einer Ballettschule zu trainieren.

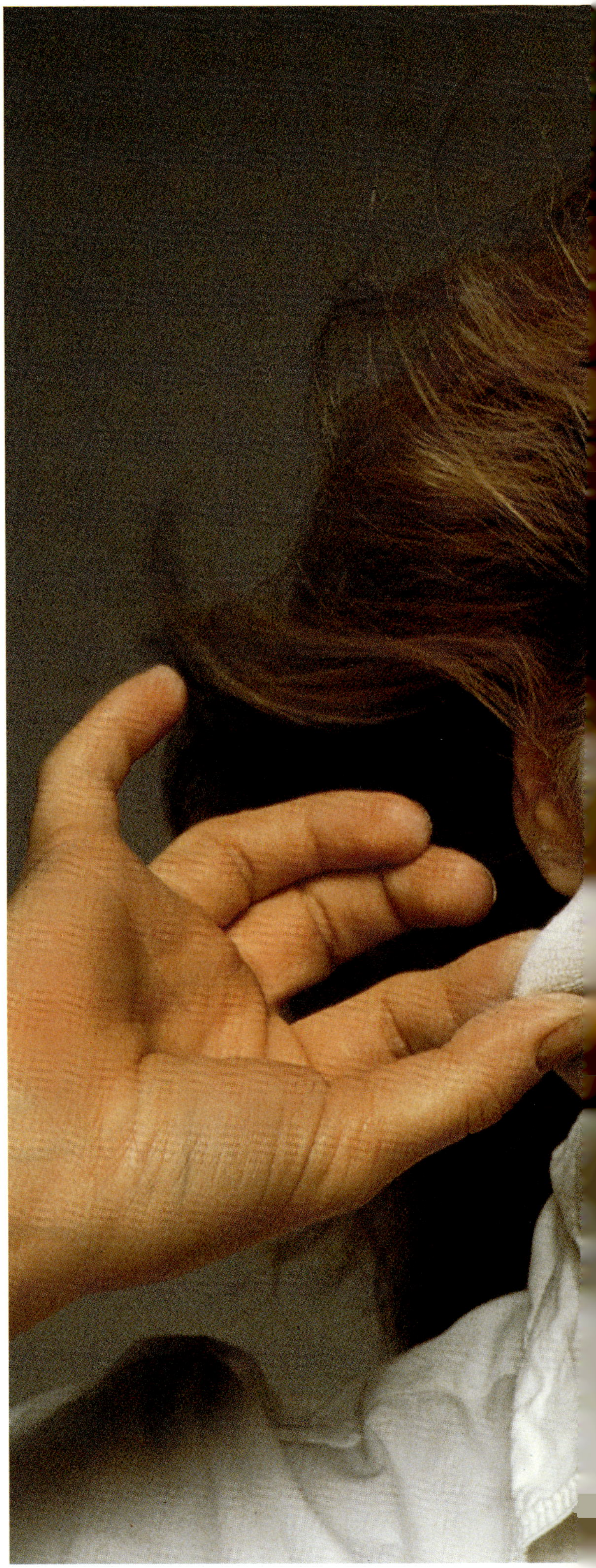

Zwei Gesichter aus Hollywood

Durch markante Rollen werden sie dem Kinopublikum weit über die achtziger Jahre hinaus im Gedächtnis bleiben: Robert De Niro und Meryl Streep. Schon in frühen Filmen hatte sich Robert De Niro als ein Charakterdarsteller von äußerster Wandlungsfähigkeit erwiesen, eine Kunst, die er ausgedehnten Milieustudien verdankt.
So präparierte er sich 1976 für die Hauptrolle in „Taxi Driver“ durch nächtelanges Fahren eines echten New Yorker Taxis. Für die Darstellung des Boxers Jake La Motta in Martin Scorseses 1980 uraufgeführtem „Raging Bull“ (deutsch: „Wie ein wilder Stier“) nimmt er bei La Motta selbst Boxunterricht und mästet sich später 25 Kilo Übergewicht an, um zum Schluß des Films auch den gealterten Faustkämpfer wirklichkeitsnah spielen zu können.

Große Auftritte hat der Star danach auch in Filmen wie „True Confessions“ („Fesseln der Macht“), „King of Comedy“ und 1984 an der Seite von Meryl Streep in „Falling in Love“ („Der Liebe verfallen“). Meryl Streep wird vor allem in amerikanischen Blättern als eine der besten Schauspielerinnen des Hollywood-Films gefeiert – unter anderem wegen ihrer Rollen in „Die demanzipierte Frau“ und „Jenseits von Afrika“, der Verfilmung des Lebens der dänischen Schriftstellerin Tania Blixen. Für die Darstellung der Polin in „Sophies Entscheidung“ erhält sie 1982 ihren zweiten „Oscar“.

Waschkomödie

Ein britischer Fernsehsender verhilft dem britischen Film seit 1982 zu neuer Blüte. Der von 15 privaten Fernsehanstalten finanzierte Sender Channel 4, ein Non-Profit-Unternehmen, fördert im Jahr die Herstellung von etwa 15 Filmen unbekannter Regisseure mit zumeist auch noch unbekannten Darstellern. Viele der preiswerten Produktionen, die sowohl im Kino als auch im Fernsehen gezeigt werden, sind auch international erfolgreich – wie Stephen Frears' „Mein wunderbarer Waschsalon", eine Komödie um einen Pakistani und einen britischen Rocker, die gemeinsam einen Waschsalon eröffnen und sich zum Schrecken braver Hausfrauen ineinander verlieben.

Krimi um eine schwarze Kokotte

Der 1986 mit Hilfe von Channel 4 von dem Iren Neil Jordan gedrehte Krimi „Mona Lisa" bringt dem Hauptdarsteller Bob Hoskins im selben Jahr bei den Filmfestspielen in Cannes den Preis als bester Darsteller ein. Hoskins spielt in dem Reißer einen Knastbruder, der von einem Verbrecherboß als Chauffeur und Beschützer einer schwarzen Prostituierten beschäftigt wird und sich in sie – unglücklich – verliebt. Darstellerin der dunklen Schönen ist Cathy Tyson.

Die große Liebe in Liverpool

Ebenfalls mit Unterstützung des Fernsehsenders Channel 4 gelingt dem Regisseur Chris Bernard 1985 eine bittersüße realistische Komödie: „Brief an Breschnew". Erzählt wird die Liebesgeschichte des arbeitslosen Britenmädchens Elaine, das sich in den russischen Matrosen Pjotr verliebt und mitten im schmutzigen Liverpool eine himmlische Nacht verlebt. Beim Abschied von dem Geliebten am Hafengitter erscheint ihr angesichts der Misere im eigenen Land eine Auswanderung zu Pjotr in die UdSSR als ein Weg in ein besseres Leben. Um sich den Weg zu einem kleinen Glück am Schwarzen Meer zu ebnen, schreibt sie, was dem Film den Titel gibt: einen Brief an Breschnew.

Besuch aus dem Weltraum

Mit leuchtendem Finger zeigt „E.T." auf seinen Schöpfer, den amerikanischen Filmemacher Steven Spielberg. Der „Extra Terrestrial" (Außerirdische) übertrifft 1982 an Leinwandruhm alle Filmstars der Welt. Er ist zwar nach menschlichen Begriffen ziemlich häßlich, dafür aber so lieb, daß vor allem Kinder ihn sofort in ihr Herz schließen. Das Herz von E.T. selbst leuchtet, wenn sich das Wesen aus dem Weltraum zu sehr aufregen muß. Spielberg ließ sich die Konstruktion des Hauptdarstellers seines „E.T."-Films in dreifacher Ausführung rund 1,5 Millionen Dollar kosten. Die Puppen mit der Elefantenhaut und den großen blauen Augen können 150 verschiedene Bewegungen ausführen und wirken, als wären sie am Leben.

Das Drama der Menschheit in neun Stunden

Am 13. Juli 1985 beginnt gegen halb acht Uhr abends in einem Steinbruch südlich von Avignon eine der denkwürdigsten und längsten Theaternächte des Jahrzehnts: Die von dem britischen Regisseur Peter Brook inszenierte und neun Stunden dauernde Aufführung einer Bühnenfassung des 3000 Jahre alten indischen Menschheitsdramas „Mahabharata", des umfangreichsten Epos der Literaturgeschichte. Es erzählt von den ersten Menschen auf Erden, ihrem vergeblichen Kampf gegen das eigene Schicksal und schließlich vom Ende der Menschen in einem großen Krieg. Peter Brooks Inszenierung, an der er zehn Jahre arbeitete und die er zehn Monate probte, geht als unvergeßlich in die Theatergeschichte ein. 1988 erhält er den unter der Schirmherrschaft der Europäischen Gemeinschaft verliehenen Europa-Preis für Theater. Angespornt durch den Welterfolg dreht der Theatermann 1989 auch eine sechsstündige Fernseh- und eine zweieinhalbstündige Kinofassung von „Mahabharata". In früheren Jahren hatte Peter Brook mit „Marat Sade" von Peter Weiss, „US", einer Art Strip über Vietnam, und „König Lear" ebenfalls einige seiner besten Theaterarbeiten verfilmt.

Neue Theaterformen

In den USA und mehr noch in der Bundesrepublik Deutschland inszeniert der Texaner Robert Wilson in den achtziger Jahren avantgardistisches Theater – so zum Beispiel 1986 in New York und Hamburg die „Hamletmaschine" (Foto) des DDR-Dramatikers Heiner Müller. Charakteristisch für Wilsons Regiestil ist die Suche nach neuen Ausdrucksformen. Sie läßt ihn multimediale Collagen auf die Bühne bringen – eine Mischung aus Performance, künstlich überhöhter Sprache, Musik und Bildern. Typisch für Wilson-Inszenierungen ist eine betonte Langsamkeit des Sprechens, häufiges Wiederholen. Der als Leitfigur der europäischen Bühnen-Avantgarde geltende Amerikaner eignete sich diese Technik schon in den fünfziger Jahren an, als er Theaterstücke zur Therapie hirngeschädigter und anders behinderter Kinder entwickelte. Wilson will sein Publikum durch Visionen beeindrucken.

Von Katzen und Mädchen

Seit Anfang der achtziger Jahre schlägt das Musical „Cats“ des britischen Komponisten Andrew Lloyd Webber alle Rekorde – sowohl bei den Besucherzahlen als auch bei den Einnahmen. Allein in Nordamerika spielt das nach Versen aus „Old Possums Katzenbuch“ von T.S. Eliot komponierte Stück mit den singenden, fauchenden, schnurrenden, tanzenden und sprechenden Katzen bis 1989 einen Reingewinn von 44 Millionen Dollar ein. Die Investoren, die mit ihrem Geld 1982 die Broadway-Inszenierung ermöglichten, streichen innerhalb von sieben Jahren einen Gewinn von 11:1 ein. Für den genialischen Musical-Macher Webber bedeutet „Cats“ dabei nur einen Erfolg von vielen. So laufen 1983 von ihm komponierte und produzierte Musicals gleichzeitig auf drei Londoner und drei New Yorker Broadway-Bühnen.

Einen dauerhaften Erfolg hat der deutsche Regisseur Peter Zadek 1988 mit seiner Inszenierung von Frank Wedekinds „Lulu“. Das Stück um eine von Susanne Lothar (rechts) bewegend dargestellte junge Frau auf der Suche nach wirklicher Zuneigung hat in Hamburg ausverkaufte Häuser. 1989 inszeniert Zadek „Lulu“ ebenfalls mit Susanne Lothar in der Titelrolle in englischer Sprache am Londoner „Old Vic Theatre“. Im selben Jahr gastiert das Hamburger Ensemble des Regisseurs mit dem umjubelten Stück auch in München und Wien.

Mordbefehl gegen den Autor Rushdie

Im zehnten Jahr seiner religiösen und weltlichen Herrschaft über den Iran schockiert Ayatollah Khomeini 1989 die gesamte nichtislamische Welt. Der Schitenführer fordert die Moslems auf, den Schriftsteller Salman Rushdie zu töten, einen britischen Staatsbürger indischer Abstammung. Khomeini wirft dem erfolgreichen Autor vor, in seinem Roman „Die satanischen Verse" den Propheten Mohammed mit Homosexualität und Prostitution in Verbindung gebracht zu haben. Für die Ermordung des Schriftstellers läßt Khomeini ein Kopfgeld in Millionenhöhe aussetzen. Der Bannfluch aus Teheran bringt in aller Welt Moslems in Aufruhr. In Teheran und Beirut werden Kinder mit Plakaten auf die Straße geschickt, auf denen zu lesen steht: „Wir sind bereit, Rushdie zu töten." Im englischen Bradford, Rushdies Wohnort, werden bei einer moslemischen Protestkundgebung Bücher des Autors öffentlich verbrannt. In Pakistan trampeln Teilnehmer einer Anti-Rushdie-Kundgebung mehrere Menschen zu Tode. Verleger des Rushdie-Buches erhalten Morddrohungen.

Zwei, die gut erzählen können

Zwei Literaturstars der achtziger Jahre stammen aus Lateinamerika: Isabel Allende und Gabriel García Márquez. Die Chilenin Allende lebte seit dem Militärputsch des Generals Pinochet 1973 und der Ermordung ihres Onkels, des Staatspräsidenten Salvador Allende, vorwiegend im Exil in Venezuela. Erst 1988 traut sie sich wieder in ihre Heimat zurück, um als Journalistin über die demokratische Opposition im Lande zu berichten. Isabel Allendes 1982 erschienener erster Roman, „Das Geisterhaus", ist ein Welterfolg, der sich in den europäischen Ländern die Spitze der Bestsellerlisten erobert. Die Autorin erzählt darin mit starken autobiographischen Bezügen vom Aufstieg und Niedergang einer chilenischen Familie. Der Kolumbianer Gabriel García Márquez gilt heute als bester lateinamerikanischer Erzähler und Meister des „magischen Realismus". Weltruhm erlangte der im Exil lebende Schriftsteller mit seinem 1967 erschienenen Roman „Cien Años de Soledad" („Hundert Jahre Einsamkeit"). Große Erfolge sind auch „Cronica de una Muerte anunciada" 1981 („Chronik eines angekündigten Todes") und der 1986 in einer Erstauflage von 1,2 Millionen Exemplaren erschienene Roman „El Amor en los Tiempos del Colera" („Die Liebe in den Zeiten der Cholera"), die Geschichte eines abgewiesenen jungen Liebhabers, der noch im hohen Alter sein Glück auf einem Schiff unter der Cholera-Flagge findet. In Marquez' Büchern vermischen sich kunstvoll Phantastik, Geschichte und Mythologie des lateinamerikanischen Kontinents. 1982 erhält Márquez für sein Werk den Literatur-Nobelpreis.

Zwei, bei denen es Tote gibt

Mit Millionenauflagen können der Italiener Umberto Eco und der Amerikaner Stephen King aufwarten. Der Semiotik-Professor Eco, dessen wissenschaftliche Werke nur einem kleinen Kreis Eingeweihter bekannt sind, überrascht 1981 mit einem Kriminalroman aus dem Klostermilieu des 14. Jahrhunderts: „Der Name der Rose“. Erzählt wird von Mord und Intrigen in einem abgelegenen Appenin-Kloster. Ein britischer Franziskaner, der in dem düsteren Gemäuer eine Diskussion päpstlicher Gesandter mit dem Minoriten-Orden vorbereiten soll, wird dort in unheimliche Abenteuer verwickelt. Intelligent, spannungsreich und historisch milieugerecht geschrieben, wird das Buch viele Jahre ein Bestseller, den der Regisseur Jean-Jacques Annaud ebenso erfolgreich verfilmt. Viel Stoff fürs Kino liefert auch der amerikanische Grusel-Autor Stephen King, den das Foto mit einer Sammlung Horror-Masken zeigt. Nahezu jedes Jahr produziert King einen neuen Bestseller – wie etwa „es“ oder „Der Friedhof der Kuscheltiere“. Typisch für Kings Horrorgeschichten sind bizarre Einfälle und detailgenaue Beschreibung psychischer Reaktionen.

Eine Mauer für die Rockmusik

Ein Schwein von der Größe eines Dinosauriers blickt von einer mit Zielscheiben verzierten Mauer in die Dortmunder Westfalenhalle, als dort im Februar 1981 die britische Band „Pink Floyd“ an acht Abenden ihre Rockoper „The Wall“ aufführt. Das zuvor in Los Angeles, New York und London gezeigte Psychodrama, in dem die Lebensgeschichte des Komponisten Roger Waters erzählt wird, gilt als das aufwendigste Bühnenspektakel in der Geschichte der Rockmusik. Vor dem Symbol einer Mauer, „die uns alle umgibt“, wird dabei mit Songs wie „Another Brick in The Wall“ die Sehnsucht junger Menschen nach Freiheit von gesellschaftlichen Zwängen zum Ausdruck gebracht. Die Songzeile „We don’t need no education“ wird zur Hymne frustrierter Schüler und Lehrlinge. Roger Waters, der „Kopf“ der Gruppe, verläßt 1983 Pink Floyd.

Korsett und Slip und sehr viel Sex

Mit provozierenden Auftritten und viel Gespür für Teenager-Träume werden in den achtziger Jahren zwei junge Amerikaner zu Weltstars: Madonna und Prince. Mit verschämt niedergeschlagenen Augen, aber zugleich frivol in schwarzer Unterwäsche, ersingt sich Madonna (eigentlich Madonna Louise Veronica Ciccone) ein Vermögen von schätzungsweise hundert Millionen Dollar. Mal in Straps und Korsett, mal als platinblonde Marilyn Monroe-Imitation oder jüngst mit schwarzen Locken und Kreuz vorm Busen kreiert die junge Italo-Amerikanerin Teenie-Mode. Dabei stehen weder ihre kieksige Stimme noch die Dauer-Ehestreits mit dem Schauspieler Sean Penn dem Erfolg von Hits wie „Who's That Girl?", „Like A Virgin" und „Papa Don't Preach" im Wege. Auch, daß sie 1989 mit „Like A Prayer" unverhohlen Werbung für Pepsi Cola macht, nehmen ihr ihre Anhänger nicht übel. Prince, ein Multi-Talent und Rock-Derwisch, ist für Jugendliche das unzüchtige Gegenstück zu Michael Jackson. Der schwarze Sänger Prince, 1959 in Minneapolis geboren, hat seinen ersten Erfolg mit dem 1982 erschienenen Doppelalbum „1999". Zu Megahits werden sein Album „Purple Rain" (1984), der gleichnamige erste Spielfilm und der Song „When Doves Cry", der meistverkaufte Pop-Titel des Jahres. Seine Konzerte sind Orgien aus Tönen und Lichtern, seine knappen Slips und provokanten Gebärden machen seine Fans an und provozieren Ärger bei deren Eltern.

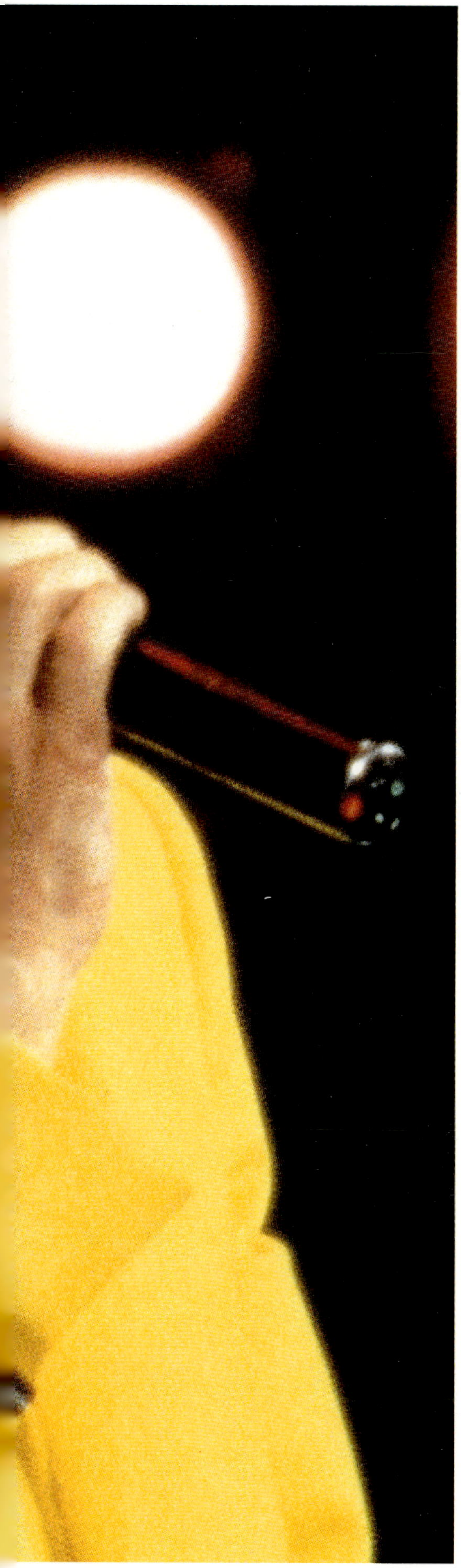

Das Gewissen der Rockmusik

Zugunsten der Hungernden in Afrika finden am 13. Juli 1985 zeitversetzt in London und im amerikanischen Philadelphia als Freilichtveranstaltungen die berühmten „Live Aid“-Konzerte statt, die größten Shows in der Geschichte des Rock. 16 Stunden lang treten diesseits und jenseits des Atlantiks über 70 Pop-Stars auf. Tina Turner und Mick Jagger singen im Duett „State Of Shock“. Auch Berühmtheiten wie Eric Clapton, Phil Collins, The Who, Sting, David Bowie singen und spielen für Afrika. 172 000 Rockfans verfolgen das Mammutspektakel live in den beiden Konzert-Arenen. Über zwei Milliarden sehen sich die via Satelliten in 160 Länder übertragene Show im Fernsehen an. Das von dem Iren Bob Geldof organisierte Doppel-Konzert bringt umgerechnet über 200 Millionen Mark ein. Geldof kümmert sich anschließend auch um die Verteilung der „Live Aid“-Spenden in den afrikanischen Hungergebieten. Ein zweites Pop-Marathon findet am 11. Juni 1988 im Londoner Wembley-Stadion statt. Elf Stunden lang spielen zwei Dutzend Bands zu Ehren des südafrikanischen Menschenrechtlers Nelson Mandela, der am 18. Juli 70 Jahre alt wird. Der seit 1962 in seinem Heimatland inhaftierte Führer der Schwarzen-Organisation „African National Congress“ ist zum Symbol des Widerstands gegen das südafrikanische Apartheid-Regime geworden. 72 000 Menschen sind zu dem Mandela-Konzert in das Stadion geströmt, etwa 750 Millionen erleben am Fernsehschirm die Auftritte berühmter Rock- und Reggae-Musiker mit – darunter Eric Clapton, Joe Cocker, George Michael, Miriam Makeba, Tracy Chapman, Sting und Stevie Wonder.

Die Musik, die von der Straße kommt

In den New Yorker Slums breitet sich Anfang der achtziger Jahre die rhythmisch klopfende Musik des Rap aus. Schwarze Jugendliche haben die auch als Hip Hop bezeichnete Musik entwickelt und begleiten sie mit einer Art Sprechgesang. Stars der neuen Musik, die sich bald auch die Discos und sogar Tanzbühnen erobert, werden unter anderem die Musiker von Run DMC, die sich selbst als „die größte Rap-Gruppe der Welt“ bezeichnen. Getanzt wird zur Rap-Musik der von schwarzen Jugendlichen in New York erfundene Breakdance. Er setzt sich aus verschiedenen akrobatischen Figuren zusammen – etwa dem „Hand Glide“, bei dem der Tänzer seinen Körper mit einem Arm über dem Boden balanciert und sich dabei dreht. Unverzichtbares Utensil beim Straßen-Breakdance ist der sogenannte Ghetto Blaster – ein tragbarer Radiorecorder mit zwei gewaltigen Lautsprechern. Wer auch noch auf eine passende Kulisse Wert legt, sucht sich zum Breakdance als Hintergrund eine mit bunten Graffiti besprühte Fassade.

NEW YORK
Break Board

Halb Mann und halb Frau

Androgyne Pop-Stars, aufgedonnert zu Zwitterwesen, sind die singenden Teenie-Stars der achtziger Jahre. Der Brite Boy George, der sein bartloses Babygesicht gern wie eine schrille Tunte schminkt, überschwemmt mit seiner Gruppe Culture Club die Welt mit etwa 20 Millionen LPs und nahezu gleich vielen Singles.

Androgyn gibt sich bei ihren Bühnenauftritten auch Annie Lennox, die Sängerin der Rock-Gruppe „Eurythmics". Mit karottenrotem Haar und in Männeranzügen verkörpert sie eine Zeitlang den Gegenpart zu Boy George, bis sie dann doch lieber Weibliches hervorkehrt – mit knappem Büstenhalter über bloßer Haut.

Die drei Stars unter den Tenören

Wo immer diese drei Herren singen, stehen die Fans nach Karten Schlange – oft nächtelang. Der bärtige Italiener Luciano Pavarotti gilt als gefragtester Operntenor der Welt. Vor allem Donizetti- und Verdi-Opern verdanken ihm unvergleichliche Höhepunkte. Die steile Karriere des Spaniers José Carreras gerät Mitte der achtziger Jahre durch eine Leukämie-Erkrankung in Gefahr. Erst eine Knochenmarktransplantation rettet dem Tenor das Leben. Als er nach 13 Monaten Zwangspause 1988 am Triumphbogen seiner Heimatstadt Barcelona unter offenem Himmel zum erstenmal wieder auftritt und Opernarien und katalanische Volkslieder singt, jubeln ihm 150 000 Menschen zu. Star großer Operninszenierungen ist auch Plácido Domingo. In weißer Tunika singt der Mexikaner spanischer Abstammung 1987 bei einer spektakulären Aufführung der Verdi-Oper „Aida“ im ägyptischen Luxor die Rolle des Feldherrn Radames.

Eine junge Frau spielt sich an die Spitze

Der bundesdeutschen Geigerin Anne-Sophie Mutter, 1963 im Schwarzwaldort Wehr geboren, gelingt Ende der siebziger Jahre eine der schnellsten und steilsten Karrieren in der Musikgeschichte. Schon als Sechsjährige wurde sie Siegerin im Bundeswettbewerb „Jugend musiziert“. Als Dreizehnjährige begeisterte sie mit der Chaconne aus der d-Moll-Solo-Partita von Johann Sebastian Bach und zwei Sätzen aus Violinkonzerten von Wolfgang Amadeus Mozart den Stardirigenten Herbert von Karajan, der sie seitdem fördert. Mit 25 Jahren besitzt die Virtuosin zwei Stradivaris und gilt als Interpretin von Weltrang. Sie ist Ehrenmitglied der Royal Academy of Music in London und Trägerin des deutschen Bundesverdienstkreuzes Erster Klasse. Kritiker loben ihre perfekte Technik und ihr musikalisches Temperament, Konzertveranstalter zahlen ihr 40 000 Mark Abendgage, und Freunde klassischer Musik reißen sich um Schallplatten von ihr. Und dabei hat Anne-Sophie Mutter gerade erst angefangen, ihre Kunst zu entfalten.

Poetische Hüllen aus Fernost

Die Japaner sind für die meisten die großen Vormacher im Nachmachen. Daß der Preis, den die Japaner dafür zahlen mußten – ihre kulturelle Identität – hoch, ja vielleicht zu hoch war, beginnen immer mehr Japaner zu beklagen. Zu den Künstlern und Intellektuellen, die ihrem Volk die Rückbesinnung auf kulturelle Eigenständigkeit anraten, gehört der Mode-Designer Issey Miyake. Der 1938 in Hiroshima geborene „Dichter der Mode" setzt auf Tradition. Und Tradition ist für ihn kein Gegensatz zur Moderne, sondern deren Quelle. Aus ihr schöpft er ein „Gebrauchs-Design", das nie aus der Mode kommt, weil es nie Mode war: „bequem, schön und vor allem zeitlos" wie dieses Cape, eine poetische Hülle aus plissierter Wolle. Inzwischen steht Miyake, der 1970 sein Designstudio in Tokio gründete, nicht mehr allein da. Talentierte Landsleute wie Yohji Yamamoto, Matsuda oder Rei Kawakubo von „Comme des Garçons" sind heute neben Miyake weltweit modisch salonfähig – ihr „Japan-Look" ist zum Avantgarde-Design geworden.

Geglitzer und Männliches für die Frau

Das Weibliche und das Männliche kommen bei der Frauenmode der achtziger Jahre nicht zu kurz. Zu falschen Kronjuwelen hochgeschliffene Glasklunker schmücken die Damen von der Hacke bis zum Hals – Straß ist der Star des Jahrzehnts. Im Kontrast dazu zieht der Mailänder Modemacher Giorgio Armani die Frauen wie Männer an, indem er ihnen beispielsweise den Blazer verpaßt, das Jackett – sachlich, praktisch, modern.

Die Kerle möchten knackig sein

Mit Gel im Haar und auch sonst modisch gestylt präsentieren zwei lockere Berliner Typen ihr Lebensgefühl bei einem Drink. Zum erstenmal gelingt es der Modeindustrie in den achtziger Jahren, wie bei den Frauen auch bei den Männern einen häufigeren Klamottenwechsel durchzusetzen. Modebewußte Mittdreißiger bringen sich auch schon mal mit Hilfe von Beauty- und Haarpflegeprodukten äußerlich in Schuß. „Das Schöne an den Männern ist", freut sich der Pariser Kleider-Guru Jean Paul Gaultier, „daß sie in punkto Mode noch Jungfrauen sind, die jetzt wachgeküßt werden."

Die schwarze Lust

Die Trendmacher der Mode sehen schwarz. Die internationale Riege der Designer-Stars hat am Anfang des Jahrzehnts alles in den schwarzen Topf getaucht: Klamotten und Kosmetik-Verpackungen, Hi-Fi-Geräte, Rasierapparate und selbst Lochbleche für die Innendekoration. Schwarz ist in, Schwarz wird zum Statussymbol. Die Mode-Stars aus Europa und die japanischen Mode-Avantgardisten hüllen ihre Kunden in Schwarz. Schwarz ist Lockmittel für Luxusgüter. Schwarze Stereoanlagen und Boxen verheißen Power, schwarze Autos Schnelligkeit, schwarze Uhren und Kameras Präzision. Schwarz ist seit zehn Jahren Mode, und ein Ende der kreativen Schwarz-Arbeit auch für die 90er Jahre ist nicht abzusehen.

Ein Grieche geht allen an die Wäsche

Mit 33 Jahren hat der in Paris lebende Grieche Nikos Apostolopoulos 1985 nach eigenem Bekunden „die Nase voll von der biederen Männerunterwäsche“ und entwirft für die Geschlechtsgenossen die modischste Reiz-Wäsche des Jahrzehnts. Der Designer, Manager eines französischen Textilunternehmens, nennt sein mit Strahlen-Biesen verziertes Unterzeug aus Baumwoll-Trikot oder elastischem Lycra nach sich selbst „Nikos“. Die Herren sollen sich darin so frei bewegen können wie Olympioniken. Und viele zahlen auf Anhieb sogleich Luxuspreise für die Neuheit. Das macht den Griechen Apostolopoulos Mut, als weiteren Hit auch Bademoden auf den Markt zu bringen – außer für Ihn auch für Sie.

Für die Fans immer was Neues

Mit Mode für junge Frauen, die auf Herkömmliches pfeifen, macht in Paris Jean Paul Gaultier von sich reden. Der Mann mit dem wasserstoffsuperoxidierten Bürstenhaarschnitt dient seiner Fan-Gemeinde selbst halsbrecherische Plateauschuhe, Neo-Korsetts und Gummischläuche als modische Extravaganzen an und läßt sich als einer der einflußreichsten Designer des Jahrzehnts feiern. Seit 1983 entwirft Gaultier auch für Männer was Neues – zum Beispiel den Herrenrock, Strumpfhosen und durchsichtige Spitzenhemden – passend zum Nadelstreifen.

Sz

Wenn wir's dereinst unseren Kindern und Kindeskindern beschreiben sollen; wenn sie uns im Jahr 2040 als Jubelgreise vor die Bildtelefone holen mit der Bitte, in der nach wie vor beliebten Sendung „Heute vor fünfzig Jahren" ein bißchen vom Zeitgeist der achtziger Jahre zu plaudern . . . was werden wir erzählen?

Ich male mir aus, wie ich eines Tages im Seniorenstift auf den Seychellen sitze (denn Mallorca wird dann im Park-and-Ride-System an München und Düsseldorf angeschlossen sein) und mir das graue Haupt zerbreche, wenn meine Enkel fragen: Oma, wer waren eigentlich diese Yuppies? Und Großmutter, wie ging Aerobic? Ist es wahr, Großmutter, daß Ihr früher mit japanischen Stöpseln in den Ohren rumgelaufen seid, die Walkman hießen? Was, bitte, Oma, ist ein Loft? Dort sollen die Neuen Wilden gehaust haben und die Singles – weißt Du da was drüber? Großmutter, ich habe im Technischen Museum ein Skateboard gesehen und ein BMX-Fahrrad – hattest Du früher auch so was? Und gab es bei Euch sonntags Müsli oder Designer-Drogen? Oma, ich muß nämlich einen Aufsatz schreiben über die gedanklichen Strömungen im vorletzten Jahrzehnt des letzten Jahrhunderts in der Bundesrepublik. Soll ich über New Age schreiben oder über die AKW-Nee!-Bewegung? Über das Kreditkarten-Fieber oder über Aufstieg und Fall der Nouvelle Cuisine?

Kids, werde ich dann sagen und mich in meinem hydraulischen Lehnstuhl zurücklehnen, Kids, die achtziger Jahre waren irgendwie echt cool und total geil. Erste Sahne sozusagen. Granatenmäßig. Ach, Gottchen, ich vergesse immer, daß Ihr dies Altdeutsch gar nicht versteht! Drum, liebe Kinder, aufgepaßt . . .

Mit diesen Worten werde ich ein Fotoalbum hervorholen. Einen Gegenstand, den die Jungen des nächsten Jahrtausends bestaunen wie eine Gutenberg-Bibel, da sie all ihre Bilder auf Video haben. Also, hier seht ihr den Opa, der damals noch ein junger Mann war mit guter Figur. Weil er auf Bodybuilding stand und immer ins Fitneß-Studio ging, um sich von seinem leptosomen 68er-Vater zu unterscheiden, der noch diese vorsintflutlichen Ideen hatte, daß man Gewichtheberei lieber im Kopf statt mit dem Bizeps betreiben sollte. Das kleine Plastikding an Opas linkem Handgelenk hieß Swatch und war mehr als eine Uhr. Man mußte es einfach haben. Nein, er hatte nie fettige Haare. Aber es war damals Mode, sich ein Mittel namens Gel ins Haar zu schmieren. Und das am rechten Ohr ist kein Pickel, sondern ein billiger Brillant. Modische Männer trugen das in den achtziger Jahren.

Wieso Ägypten? Das ist doch nicht der Eingang zu einem Pharaonengrab, sondern zu einem Luxuskaufhaus! Was lernt Ihr heutzutage eigentlich im Kunstgeschichteunterricht? Nie was von Postmoderne gehört, dem irre schicken Baustil der achtziger Jahre? So, so, Euer Lehrer meint, das sei alles nur Fassadenschwindel und Kopie gewesen. Da ist vielleicht was dran. Kopieren lag in den achtziger Jahren voll im Trend. Nachrichtensprecher kopierten die Sprache der Politiker, Lehrer redeten wie Soziologen, und Raubkopien von Rolex-Uhren, Vuitton-Taschen oder Cartier-Armreifen zu besitzen war weder schändlich noch peinlich.

Ach nein, Ihr naseweisen Kinderchen, Opas Disco-Bekanntschaften auf diesem Foto sind keine gentechnischen Unfälle; so weit waren wir damals rein wissenschaftlich noch gar nicht. Manche Leute fanden es bloß angesagt, sich den Schädel zu rasieren und ein Restbüschel grün oder rosa zu färben. Hieß Punk. Sonst noch Fragen?

Auch Deine Frage, Alpha, verrät Ignoranz: Diese Abzeichen auf den Hemden, Pullovern, Jacken so

ene

vieler Menschen aus den achtziger Jahren hatten nichts mit Datenerfassung zu tun. Waren auch keine Parteiabzeichen. Höchstens Abzeichen der nicht organisierten Volkspartei der Konsumfetischisten. Wir waren damals mehrheitlich so blöd, mehr Geld für ein Kleidungsstück zu zahlen, wenn der Modeschöpfer seinen Schriftzug draufsetzte, und liefen damit stolz Gratis-Reklame.

Ihr wundert Euch, was diese Schleifen-Piktogramme unter den Fotografien bedeuten? Das ist meine Handschrift. Tja, Kids, ich geb's ja zu: Das verrät mein Alter natürlich deutlicher als alle Falten. Ihr könnt gar nicht mehr mit der Hand schreiben, gell? Das dachten wir uns in den achtziger Jahren schon. All meine schicken Bekannten legten sich damals nicht nur Telefonanrufbeantworter, Videorecorder, Maßschuhe, einen Mineralwasser-Keller, Telefax und Filofax zu, sondern vor allem einen PC. Ich schäme mich nicht einzugestehen, daß Euer Papa mir schon im Alter von zehn Jahren am Computer weit überlegen war.

Da, schaut, hier haben wir ein Foto von der House-warming-Party Eures entfernten Großonkels. Mein Vetter hatte ja eigentlich nix Richtiges gelernt. Aber das war zum Berühmtwerden damals auch nicht nötig. Erst hat er als DJ gejobbt, dann hat er ein Restaurant eröffnet. Er trug sein Haar in einem kleinen Schwänzchen und sommers wie winters weiße Anzüge. Das genügte damals, um in die Scheinwerferkegel der Schickeria zu geraten. Hier weihen wir also gerade seine neue Wohnung ein. Wie bitte, Sozialquartier? Jungs und Mädels, Euer angeheirateter Großonkel hätte sich ohne weiteres eine solide, garantiert kakerlakenfreie Hochhauswohnung mit Zwergfichte auf der Waschbeton-Dachterrasse leisten können. Bloß, wir fanden das damals fad. Unter der verrosteten Eisenkonstruktion einer pleite gegangenen Kartonagenfabrik oder in den Kachelgewölben einer verblichenen Großmetzgerei war es erst so richtig schick. Ihr meint, der Anstreicher sei zum Einweihungsfest nicht rechtzeitig fertig geworden wegen dieser Krickel an der Wand? Kinderchen, das sind keine Krickel, das sind Graffiti, war mal hochgehandelte Kunst. Als Eure Oma noch ganz, ganz jung war, sah man derlei nur auf öffentlichen Toiletten und in U-Bahnschächten. Aber die naive Zeichenwucht der Armen gefiel den Reichen bald ebensosehr wie das Zauberwörtchen „kreativ", und drum wollten sie so was gern überm Ledersofa haben. Und alle waren's zufrieden. Denn so wie in grauer Vorzeit die Kapitalisten die Arbeiter ausbeuteten, so machte sich in den achtziger Jahren auf die nette Tour ein bestimmter Menschenschlag an die Vermarktung der Sprayer und der singenden Müllkinder. Und wenn sie nicht vor mir gestorben sind, leben sie jetzt alle fröhlich von der Rendite.

Was versteht Ihr daran nicht? Das war doch alles imagemäßig okay, logo und paletti. Ein Quentchen Schmuddel, Slum und Subkultur war als superscharfe Zutat einfach nötig als Gegengewicht zum Metallic-Look auf der Seele und im Wohnzimmer. Wir trugen damals alle nur Weiß oder Designer-Grau auf den Wänden, und um die Lampen lag wie ein Heiligenschein die Formel Halogen. Im Badezimmer klotzten wir mit Marmor und stromlinienförmigen Edelstahlarmaturen, die in der Anschaffung teurer waren als die Ohrgehänge der Hausfrau. Ohne Whirlpool und Bidet sah jeder Neureiche alt aus. Kulturkritiker (die gab's auch damals schon) sahen darin den rundum verspiegelten Beweis ihrer Narzißmus-These.

Ihr müßt das verstehen: Auch wir hatten schließlich Eltern und altvordere Geschwister, deren Lebensstil wir ablehnten. Und die Kinder der achtziger Jahre hatten es bei ihrem stilistischen und gedanken-ästhetischen Abnabelungsprozeß mit einem besonders dominanten harten Brocken von

Vorläufergeneration zu schaffen. Die waren so herzensgut und nervtötend in ihren Ansichten. Ich sage nur 68er, Endlos-Debatten in antiautoritären Kindergärten, schwiemeliges Wir-Gefühl und Wohngemeinschaften in den Farben Braun-Orange. Diese Farben heimelten die Anhänger der Urschrei-Therapie an und waren auch im beliebten Tchibo-Stehausschank vorherrschend. Bloß daß es dort keine Grundsatzdebatten über die Leerung des Mülleimers gab.

Ich will mal so sagen: In den siebziger Jahren reiste der modisch deutsche Mensch zur Gestalttherapie oder zum Töpfern in die Toskana. In den Achtzigern fuhr er dorthin, um weiße Trüffel zu fressen oder sich bei seinem heimischen Star-Gastronomen durch eine Buddel handgepreßten Olivenöls einzuschmeicheln.

Rückblickend haben die achtziger Jahre ein bläßliches Gesicht, meint Ihr? Sooo langweilig war es nun auch wieder nicht. Vergeßt nicht, daß wir Frauen in den achtziger Jahren den selbst geschaffenen Softie zu Grabe getragen haben. Still und leise. Listig wie die Wühlmäuse haben wir ihm die Existenzberechtigung durch Windelwechseln abgesprochen und ihn zum Turnschuhunternehmer umfrisiert. Wir haben den Neuen Mann proklamiert. Auch wenn ich persönlich nie rausgekriegt habe, was das war. Obwohl ich es theoretisch immer wußte: einer, der an Börse, Babybadewanne und am Tresen von Harry's Bar stets souverän reagiert.

Wollt Ihr wirklich noch mehr Schnappschüsse sehen aus den achtziger Jahren? Diese verblaßten hier müssen vom Anfang des Jahrzehnts stammen. Nix orientalischer Basar! Das war ein Straßenfest am Eichelhäherweg. Die Palästinenserfeudel um die Locken der schönsten Mädchen bedeuten gar nichts; man trug das so wie eine aufmüpfige Krawatte. Wir waren doch alle ganz scharf darauf, daß sich in unserer faden Vorortsiedlung ein singender Luigi oder ein grillender Ahmed niederließ. Anfang der achtziger Jahre trug man noch Gemeinschaftsgefühl, kein Mensch ahnte die Auswirkungen der Wende, und selbst dem Augenarzt war es noch eine Ehre, seinen Vorgarten vorübergehend als Heckenwirtschaft für einen guten Zweck zur Verfügung zu stellen. Das ließ dann nach. Ende der achtziger Jahre waren die Straßenfeste schon gähn-ächz-würg. Stark kommerzialisiert. Statt dem Pfarrer, der seinen Schäfchen die Schuhe putzte, sahen wir nun die Geschenkboutique ihren Ramsch auch auf dem Pflasterstrand abdrücken. Originalität perdu. Und die Augenarzt-Gattin war schon deswegen nicht mehr bereit, Streuselkuchen und Thermoskaffee zu bereiten, weil sie sich wie viele ihresgleichen eingeigelt hatte. Hinter sehr teuren Alarmanlagen.

Die Mittelschicht, meine lieben Kinder, verließ Ende der achtziger Jahre unter dem Vorwand der Wende ziemlich erleichtert das soziale Experimentierfeld. Besann sich, weg von der integrierten Gesamtschule, gern wieder auf die elitären Vorteile klassischer Gymnasien, katholischer Privatschulen. Mit der Hausmusiklehrerin der Kinder war so gut angeben wie mit einem Porsche Targa. Und die portugiesische Putzfrau wurde nun nicht mehr geduzt und nach ihren Integrationsproblemen befragt. Sondern gut bezahlt und auf Abstand gehalten.

Nöö, deswegen war uns noch lange nicht langweilig. Wir haben weitergefeiert. Bloß sozusagen ohne Risiko für unsere silbergrauen Teppichböden. Dankenswerterweise haben die Kommunen ja miteinander gewetteifert, wer die marmorweißeste oder bestverglaste Einkaufspassage hatte, wo auch bei schlechtem Wetter in Kaviar und Kaschmir was lief. Wer sehr jung war in den achtziger Jahren, hatte mit diesem Konsumscheiß nur halbherzig zu tun. Und begab sich wie zuzeiten der amerikanischen Prohibition mit Fleiß an geheime

Orte, wo man Feste für eine Nacht feierte, und das hieß dann Acid House oder so ähnlich.
Mit Idealismus also nichts zu machen in den achtziger Jahren? Jein, jein. Liebe Kids, wir müssen jetzt noch mal ein bißchen zurückblättern; nur drei oder vier Jährchen. Da habt Ihr Idealismus satt: Wer all diese Menschen in Rot sind mit dem eigenartig abgerichteten Gesichtsausdruck? Das waren die Sanyassins, aber mit offenem Strafvollzug hatte das nichts zu tun. Es gab da einen gewissen Bhagwan aus Indien, der auch in der Bundesrepublik Bürgersöhnchen und unglückliche höhere Töchter hinter sich zu bringen wußte wie der Rattenfänger von Hameln. Man kann jedoch nicht sagen, daß er sie ins Verderben geführt hat. Er ließ sie zunächst meditieren und nach Herzenslust durcheinanderbumsen, nach Ausbruch von Aids – Ihr wißt, das ist diese in den achtziger Jahren aufgetretene Pest des 20. Jahrhunderts gewesen, gegen die Ihr heute alle geimpft seid – ließ er sie nur noch malochen, und seine Schweizer Nummernkonten schwollen wie die Lymphdrüsen der Kranken.
Ob wegen Aids oder wegen Bhagwans Rolls-Royce-Flotte – Ende der achtziger Jahre hörte und sah man von den Sanyassins nicht mehr viel. Die Träumereien der Bundesdeutschen an ihren Designer-Kaminen waren nun weniger auf Sinnsuche im Osten als auf Rendite-Suche im Westen gerichtet.
Geld haben, Geld machen, Geld scheffeln war in der Bundesrepublik in den fünfziger Jahren gesellschaftlich anerkannt, in den sechziger und siebziger Jahren vorübergehend tabu, und in den Achtzigern kam das Kapital wieder groß raus. Wer prassen konnte, tat es ungeniert, doch leider befand er sich dabei in einem Zwangskorsett. Die Einschnürung bestand im gesellschaftlichen Druck zum Dünn-, Fit- und Jungsein. Also wurde auch an 200-Mark-Spesen-Menüs nur ein Salatblatt, zwei Forellenbäckchen und zehn Gramm pochierter Porree genibbelt.
Weil man in den achtziger Jahren nicht mehr so viel essen durfte, wie man sich leisten konnte, mußten die Triebe sublimiert werden. Kunst kam riesengroß raus. Nein, nicht die Literatur – wer hatte denn die Zeit, dicke Bücher zu lesen? Die verkauften sich zwar wie warme Semmeln, wenn sich erst mal herumgesprochen hatte, daß sie nur für Intellektuelle mit Doppel-Magister verständlich seien. Es war die bildende Kunst, die so riesengroß rauskam. Die berühmte Wandaktie. Das Geld mußte ja irgendwo hin. Seit die Millionärsgattin nicht mehr scharf auf Zobel und Nerze war – wg. Furcht vor militanten Tierschützern –, seit das goldene Töchterchen statt Smaragd-Ohrringen lieber Reebok-Turnschuhe zum Geburtstag wollte, schmückte man sich mit Kunst. Und ihrem kleinen Bruder, dem Design. Wißt Ihr, ich habe Leute gekannt, die sich die ganze Woche von Margarinebrot ernährten, um sich einen italienischen Teekessel für 300 Mark leisten zu können.
Was Filofax war und Michael Jackson? Kinder, schlagt doch im Computer nach. Ich werde allmählich müde. Das liegt sicher an diesen wunderbaren Psychopharmaka, von denen wir schon 1989 ahnten, daß man sie uns dereinst ins Essen täte. Ich find's aber lieb, wie Ihr mit mir morschem Baustein der Alterspyramide umgeht. Grüßt den Papa und die Mama im Altersheim auf Hawaii und überlaßt mich jetzt meinen süßen Retro-Träumen von den achtziger Jahren, als wir jungen Dinger noch glaubten, Liebesbriefe auf Recycling-Papier und Jojoba-Öl statt Haarspray im Haar könnten das Ozonloch bannen. Dann, meine lieben Enkel, bräuchtet Ihr mich nämlich jetzt nicht so dämlich aus Euren Strahlenschutz-Kapuzen zu beäugen.

Paula Almqvist

Die Schnelle mit den bunten Nägeln

Die 28jährige Amerikanerin Florence Griffith-Joyner läuft am 16. Juli 1988 in Indianapolis einen Traum-Weltrekord: 100 Meter in 10,49 Sekunden. Im September gewinnt die Athletin mit einer Zeit von 10,54 Sekunden den 100-Meter-Endlauf bei den XXIV. Olympischen Spielen in Seoul. Zwei weitere Goldmedaillen holt sich „Flo" in der 4×100-m-Staffel und beim 200-m-Lauf in der Rekordzeit von 21,34 Sekunden. Seit diesen spektakulären Siegen ist die Läuferin ein begehrtes Fotomodell. Sie hat Spaß an modischen Extravaganzen – zum Beispiel kunterbunt lackierten Fingernägeln.

adidas
BASF
MARTINI

Die Asse des deutschen Sports

Zwei Menschen aus dem Badischen sind schuld, daß in Deutschland der Tennis-Boom ausgebrochen ist. Zuerst ist es ein 17jähriger Rotschopf namens Boris Becker, der 1987 überraschend in Wimbledon gewinnt und im Jahr darauf die Sensation wiederholt. Und später das Mädchen Stefanie Graf, das sich unaufhaltsam zur Weltspitze durchschlug. Während Boris – die Öffentlichkeit registriert es mit Gier – mit einigen Rückschlägen fertig werden muß und auch mal die Freundin wechselt, spult die Steffi unbarmherzig ihr Programm herunter. Das Programm heißt „Siegen". Am 9. Juli machen die beiden die Sensation perfekt: Steffie Graf bezwingt Martina Navratilova im Finale mit 6:2, 6:7 und 6:1 und Boris Becker deklassiert anschließend den Schweden Stefan Edberg in drei Sätzen. Tennisdeutschland steht kopf.

OPEL

Überflieger, Halbgötter und ganz normale Stars

Gibt es bald keine echten Stars im Fußball mehr? In der deutschen Fußball-Bundesliga jedenfalls kicken vor allem die robusten Kämpfer, die ihren Sport abarbeiten. Wer die echten Typen sehen will, muß schon ins Ausland gucken. Da zaubern sie noch, mit Lust am Spiel und mit einem Gefühl fürs Geniale. Sie werden kultisch verehrt und scheffeln Millionen. Und nach ihrer Karriere vertauschen sie das kurze Leibchen mit dem Maßgeschneiderten, wie Michel Platini, der französische Spielmacher. Während er auch als Geschäftsmann der Überflieger ist, stehen zwei andere begnadete Fußballspieler noch im Brot ihrer italienischen Arbeitgeber: Diego Maradona, zur Fülle neigender Argentinier, der mit seinem Familienclan in Neapel das Dasein eines Halbgottes führt, und Ruud Gullit, mit dem Holland Europameister wurde, und dem man nie so recht anmerkt, daß er ein sogenannter „Superstar“ ist.

Das Blutbad von Brüssel

Eine halbe Stunde vor Beginn eines Europacup-Endspiels zwischen Juventus Turin und dem FC Liverpool kommt es am 29. Mai 1985 in Block Z des Brüsseler Heysel-Stadions zu einer Massenpanik, als britische Schlachtenbummler italienische Fußballfans angreifen. Die vor den Schlägern zurückweichende Menge trampelt über gestürzte Menschen hinweg und drückt andere an einer Absperrung zu Tode. Insgesamt 39 Stadionbesucher, darunter 31 Italiener, werden getötet. Die Zahl der Verletzten beträgt mehr als 400. Einige der britischen Schläger werden später zu Gefängnisstrafen verurteilt. Gegen alle englischen Liga-Clubs wird bis 1992 eine Sperre für alle Europapokal-Wettbewerbe verhängt. Die für die Organisation des Spiels im Heysel-Stadion Verantwortlichen müssen sich den Vorwurf lebensgefährdender Schlamperei gefallen lassen, was den baulichen Zustand des Stadions sowie die Postierung der Sicherheitskräfte angeht.

Fans zu Tode gequetscht

Schauplatz einer Fußball-Katastrophe ist am 15. April 1989 die englische Stadt Sheffield. 93 Menschen werden vor dem Cup-Spiel Liverpool gegen Nottingham am Eisengitter der drei Meter hohen Spielfeldeinfassung zu Tode gequetscht, weitere sterben später an inneren Verletzungen. Um ein bedrohliches Gedrängel vor dem Stadion aufzulösen, hatte ein Einsatzleiter der Polizei 3000 Liverpool-Fans ohne Eintrittskarten ein Tor geöffnet. Als sie sich auf eine überfüllte Stehtribüne drängen, lösen sie ein Massengeschiebe aus, das den vorn Stehenden zum Verhängnis wird.

Mit Schwung dabei: China

Nach einer Pause von 32 Jahren starten 1984 in Los Angeles zum erstenmal wieder Athleten aus dem Reich der Mitte bei Olympischen Spielen. Sie zeigen aufsehenerregende Leistungen wie die akrobatische Fluggrätsche von Qiri Zhou am Stufenbarren. Die Chinesen gewinnen 15 Gold-, acht Silber- und neun Bronzemedaillen. In der Nationenwertung kommt die Volksrepublik auf Platz vier. Insgesamt nehmen an den XXIII. Olympischen Spielen 140 Nationen teil, mehr als je zuvor, obwohl die Länder des Ostblocks die Spiele boykottieren.

Mit Spritze zur Spitze

Der Sieger ist gedopt, alle wissen es und feiern ihn dennoch. Als 1988 der Spanier Pedro Delgado die Tour de France gewinnt, werden bei ihm verbotene Substanzen im Urin festgestellt, doch disqualifiziert wird der Spanier nicht – eine Lücke im Regelwerk. Beim Thema Doping wird geheuchelt, daß sich die Balken biegen.

Unter vollen Segeln um die Ehre der Nation

Wer beim America's Cup Schiffbruch erleidet, wie hier die „Kookaburra III", hat nicht nur den größten Segeltörn der Welt verloren. Er hat auf einen Schlag Millionen ins Wasser gesetzt. Die Veranstaltung hat sich zu einem Prestigekampf zwischen Nationen und Sponsoren ausgewachsen. Ein Schiff, das am „America's Cup" teilnimmt, kostet über zehn Millionen Mark. Raketenbauer tüfteln die Betakelung und die Elektronik und den Bau des Rumpfes aus – aber segeln müssen immer noch die Menschen. Als 1988 der Amerikaner Dennis Conner mit einem Riesen-Katamaran den „America's Cup" gewinnt, beginnt ein einjähriges Hickhack vor Gericht, ob Conners Schiff noch den Regeln des Wettbewerbs entspricht. Kläger Neuseeland bekommt Recht und den Titel, und ganz Amerika trauert.

U.S.A

„Albatros" flog auch bei Gegenwind

Ein begeisterter Reporter schreit ihn während der Olympischen Spiele 1984 in Los Angeles zum Sieg: „Flieg, Albatros, flieg!". Und der „Albatros" Michael Groß fliegt. Ihm werden olympische Medaillen um den Hals gehängt, er sammelt Weltrekorde. Doch ein „pflegeleichter" Wunderknabe des Sports wird er nicht. Michael Groß bleibt der Athlet, der schwimmen will und dem die Show drumherum suspekt ist. Auf Dauer jedoch kann sich auch der Offenbacher Schwimmer nicht dem Rummel entziehen, der um einen Großen des Sports gemacht wird. Gegen Ende seiner Karriere verdingt er sich bei einem deutschen Boulevardblatt als Kolumnist – man muß schließlich an seine Zukunft denken.

Zwei Profis der Spitzenklasse

Vom Beginn der achtziger Jahre bis zum Abschluß ihrer Amateur-Karriere im März 1988 ist Katarina Witt aus der DDR eine der erfolgreichsten Eiskunstläuferinnen der Welt. Ihre Eleganz, ihr großes Ausdrucksvermögen und ihr Charme machen die Schauspielschülerin aus Karl-Marx-Stadt überall zum Liebling des Publikums. Zweimal holt sie sich olympisches Gold, viermal wird sie Weltmeisterin, zweimal Vizeweltmeisterin und sechsmal Europameisterin. Vom Herbst 1988 an tritt sie ein halbes Jahr als Profi in den Dienst der amerikanischen Eisrevue „Holiday on Ice" – gegen eine Millionengage, von der allerdings den größten Teil der Deutsche Turn- und Sportbund in der DDR kassiert. Ein Profi, der es in den Fäusten hat, ist der Amerikaner Mike Tyson, dessen Schlagkraft mit der einer Dampframme verglichen wird. Bevor er 1985 Berufsboxer wird, gewinnt er 24 von 26 Amateurkämpfen. Mit 21 Jahren wird Tyson 1986 durch seinen Sieg über den Kanadier Trevor Berbick Weltmeister im Schwergewicht – der jüngste, den es je gab. Bis Frühjahr 1989 gewinnt er nacheinander 36 Profi-Kämpfe, davon 32 durch k.o. Mike Tyson prahlerisch: „Ich ziele immer auf die Nasenspitze, weil ich hoffe, daß dann das Nasenbein ins Hirn dringt."

Härtester Dreikampf der Welt

Zu einem mörderischen Kräftemessen stürzten sich im September 1983 an der Strandpromenade von Nizza 15 Frauen und 206 Männer ins Mittelmeer. Sie nehmen an den noch inoffiziellen Weltmeisterschaften im Triathlon teil, dem härtesten Dreikampf der Welt. Die Teilnehmer müssen diesmal ohne Pause drei Kilometer schwimmend zurücklegen, 120 Kilometer mit dem Rennrad und 32 Kilometer im Langstreckenlauf. Als Sieger keucht nach sechs Stunden, vier Minuten und 51 Sekunden der Amerikaner Mark Allen durchs Ziel, ein ehemaliger Rettungsschwimmer. Triathlon wurde zum erstenmal 1978 auf der Pazifikinsel Hawaii ausgetragen – nachdem bei einer Biertischwette die Regeln aufgestellt worden waren. Von Hawaii griff der neue Wettkampfsport zunächst auf die USA über, um dann bald auch in Europa Nachahmer zu finden. Ein erstes deutsches Triathlon wird 1983 in Immenstadt im Allgäu ausgetragen.

Tödlicher Wahnsinn Paris – Dakar

Im selben Augenblick, als der Fotograf Jean-Claude Francolon „eher zufällig“ auf den Auslöser drückt, explodiert vor ihm 1987 bei der neunten Rallye Paris-Dakar das Yamaha-Motorrad von Toshinori Asaga. Der Japaner hatte die Maschine, deren Motor heißgelaufen war, im Wüstensand zurückgelassen. Als sie hochgeht, befindet er sich in sicherem Abstand in einem Servicewagen. Andere Teilnehmer des zuletzt rund 11 000 Kilometer langen Rennens durch acht Länder haben weniger Glück – fast 30 verunglükken im Laufe der Jahre tödlich, viele werden zu Krüppeln wie der Motor-Cross-Weltmeister André Malherbe, der durch eine Halswirbelverletzung lebenslang gelähmt bleibt. 1986 wird der mörderische Wettkampf zwischen Autos, Motorrädern und Camions auch dem französischen Werbemann Thierry Sabine zum Verhängnis, der die Rallye Ende der siebziger Jahre ursprünglich für Motorräder konzipierte und seitdem organisierte. Er stürzt beim Beobachten des Rennens mit einem Hubschrauber ab. Alle fünf Insassen kommen dabei ums Leben. Thierry Sabines Slogan: „Wenn dein Leben langweilig ist, dann riskiere es!“

Das Ende eines Wellenritts

Je höher die Woge, desto größer die Freude der Wellenreiter – jener Wassersportler mit Surfbrettern, deren Zahl von Jahr zu Jahr wächst. Vor der Küste von Hawaii gelingt dem Surfer Antonio Martins 1984 der Ritt auf dem Kamm einer sogenannten Jahrhundert-Woge, die siebeneinhalb Meter hoch auf den Strand zu rollt. Sehr lange kann sich Martins da oben allerdings nicht halten. Bald fliegt sein Brett über das „Paradies der Surfer", die sichere obere Kante, hinaus und erreicht jenen gefürchteten Umschlagpunkt, von dem an es auch für den besten Wellenreiter kein Surfen mehr gibt. Kopfüber stürzt der junge Mann in die brodelnde Tiefe – gefolgt von seinem treuen Board.

Als erste stehend über den Atlantik

Den beiden Franzosen Frédéric Beauchêne und Thierry Caroni gelingt im Sommer 1985 ein ungewöhnlicher Rekord: Sie überqueren auf einem Doppel-Surfbrett als erste stehend den Atlantik. Für die 5500 Kilometer lange Reise vom Start im New Yorker Hafen bis Lizard Point in Südwestengland brauchen die beiden Steher genau 38 Tage, zwei Stunden und 21 Minuten. Das Doppel-Surfbrett ist eine 800 Kilo schwere Kunststoffkonstruktion, 8,20 Meter lang und 1,90 Meter breit. Im Innern gibt es eine 80 Zentimeter hohe Kajüte mit Koje, Kocher und Navigationsinstrumenten.

MONITEUR
RACER
CGM
CN PINTA
Astral

Ein Konditor geht auf Abenteuer

Der Umgang mit Schlangen wie das Essen von Spinnen und Würmern gehören zum Überlebenstraining des Hamburger Konditormeisters Rüdiger Nehberg. Um sich auf „verschüttete Kräfte und Fähigkeiten“ zu besinnen, entflieht er immer wieder der heimatlichen Backstube zu extremen Härtetests. 1987 überquert der Hamburger in einem winzigen Doppelrumpfboot mit Fahrradantrieb und Treibsegel den Südatlantik. Die 5000 Seemeilen lange Strecke vom nordwestafrikanischen Dakar bis nach Sao Luis in Brasilien schafft der 52jährige in 64 Tagen. Mit der Tretbootreise will Nehberg auf das Schicksal der brasilianischen Yanomami-Indianer aufmerksam machen. Dieser mit seinen rund 8000 Menschen größte übriggebliebene Indianerstamm ist in seiner Existenz bedroht, seit in seinem Reservat in Amazonien riesige Bodenschätze entdeckt wurden.

Die 14 höchsten Berge der Welt bestiegen

Waghalsige Alleingänge zu den höchsten Gipfeln des Himalaja haben den Südtiroler Reinhold Messner zum berühmtesten Bergsteiger der siebziger und achtziger Jahre gemacht. Durch ein hartes Spezialtraining setzt sich der Alpinist in die Lage, ohne Sauerstoffmaske Achttausender zu besteigen, was bis dahin als unmöglich gegolten hatte. Am 9. August 1978 gelingt ihm mit der Besteigung des 8125 Meter hohen Nanga Parbat die erste Alleinbegehung eines Achttausenders. Ebenfalls im Alleingang und ohne Atemhilfe besteigt er 1980 von der tibetischen Nordseite aus den Mount Everest. Es folgen allein oder in Begleitung weitere Achttausender. 1986 kann Messner von sich sagen, daß es ihm als erstem Menschen gelungen ist, die 14 höchsten Gipfel der Erde zu besteigen. Das Foto zeigt den auch als Autor vieler Bergbücher erfolgreichen Alpinisten auf dem Gipfel des Mount Everest.

Klettern ohne Haken und Ösen

Einem jungen Österreicher gelingt im Sommer 1987 etwas, was bis dahin noch keiner auf sportliche Weise versucht hatte: die Besteigung der Chinesischen Mauer auf dem Direktwege – der Direttissima sozusagen. Der Tiroler gehört zur weltweiten Bewegung der Freikletterer, die ohne Haken und Ösen alles angehen, was steil ist – Felswände, Brückenpfeiler, Wolkenkratzer oder auch Gotteshäuser wie das 116 Meter hohe Freiburger Münster, dessen Turm erstmals 1973 von einem Kletterer „bezwungen“ wurde. Das Frei- oder Sportklettern, von den Amerikanern „Freeclimbing“ genannt, nahm in den siebziger Jahren seinen Anfang an den Steilhängen des kalifornischen Yosemite-Valley. Mit Magnesium an den Händen, um auch an glatten Stellen noch irgendwie Halt zu finden, und profillosen Spezialschuhen an den Füßen hangelten sich dort Knaben und bald auch Mädchen hoch und höher. In Westeuropa hat der neue Sport, den man im Gegensatz zum traditionellen Bergsteigen auch mitten in der Großstadt ausüben kann, mit 10 000 Fans die meisten Anhänger in der Bundesrepublik Deutschland. Im französischen Grenoble werden 1987 die ersten inoffiziellen Hallen-Kletterweltmeisterschaften ausgetragen – an künstlichen Wänden.

Ein Grab aus dem Jahr 1846 wird geöffnet

Der kanadische Anthropologe Owen Beattie öffnet 1984 auf Beechey Island im Nordwesten Kanadas drei durch Steine markierte Gräber, in denen 138 Jahre zuvor, 1846, drei britische Seeleute bestattet worden waren. Es handelt sich um Mitglieder der 1845 von England aus mit zwei Schiffen aufgebrochenen Franklin-Expedition, die in der Arktis eine Verbindung zwischen Atlantik und Pazifik zu finden hoffte. Doch alle 129 Expeditionsteilnehmer kamen nach Verlassen ihrer festgefrorenen Schiffe in der Eiswüste um – aus bis dahin rätselhaften Gründen. Beim Öffnen der Gräber wird als erste die Leiche des 20jährigen Fähn-

richs zur See John Torrington freigelegt, den die Kälte vollständig konserviert hat. Eine Untersuchung von Knochen und Gehirn ergibt einen extrem hohen Bleigehalt. Weitere Spuren weisen darauf hin, daß vermutlich alle Expeditionsmitglieder durch schlecht verlötete Konservendosen eine schwere Bleivergiftung erlitten hatten, die sie zusätzlich zu den allgemeinen Strapazen geistig verwirrt hat und ihnen das Überleben in der Arktis unmöglich machte.

Das Spiel mit der Elektronik

Videospiele und Computerspiele, auf dem Fernsehschirm oder der Mattscheibe von PCs (Personalcomputern), machen es möglich: Die Abwehr von Mörderspinnen aus dem Weltall, das Lenken fliegender Untertassen, die Übersetzung der Sprache von Marsmenschen oder auch das Abschießen von Panzern – bumm, boing und peng. Die Erfindungsgabe der Hersteller neuer Bildschirmspiele ist grenzenlos – und gelegentlich auch geschmacklos. Vor allem Kinder finden zunehmend Spaß daran, sich vor der Mattscheibe als große Killer zu beweisen. Ganze Reaktionstests laufen vor ihnen ab, bei denen es darum geht, außer Mörderspinnen auch menschliche Ziele zu liquidieren. Die schlimme Tradition des Kriegsspiels lebt fort – elektronisch.

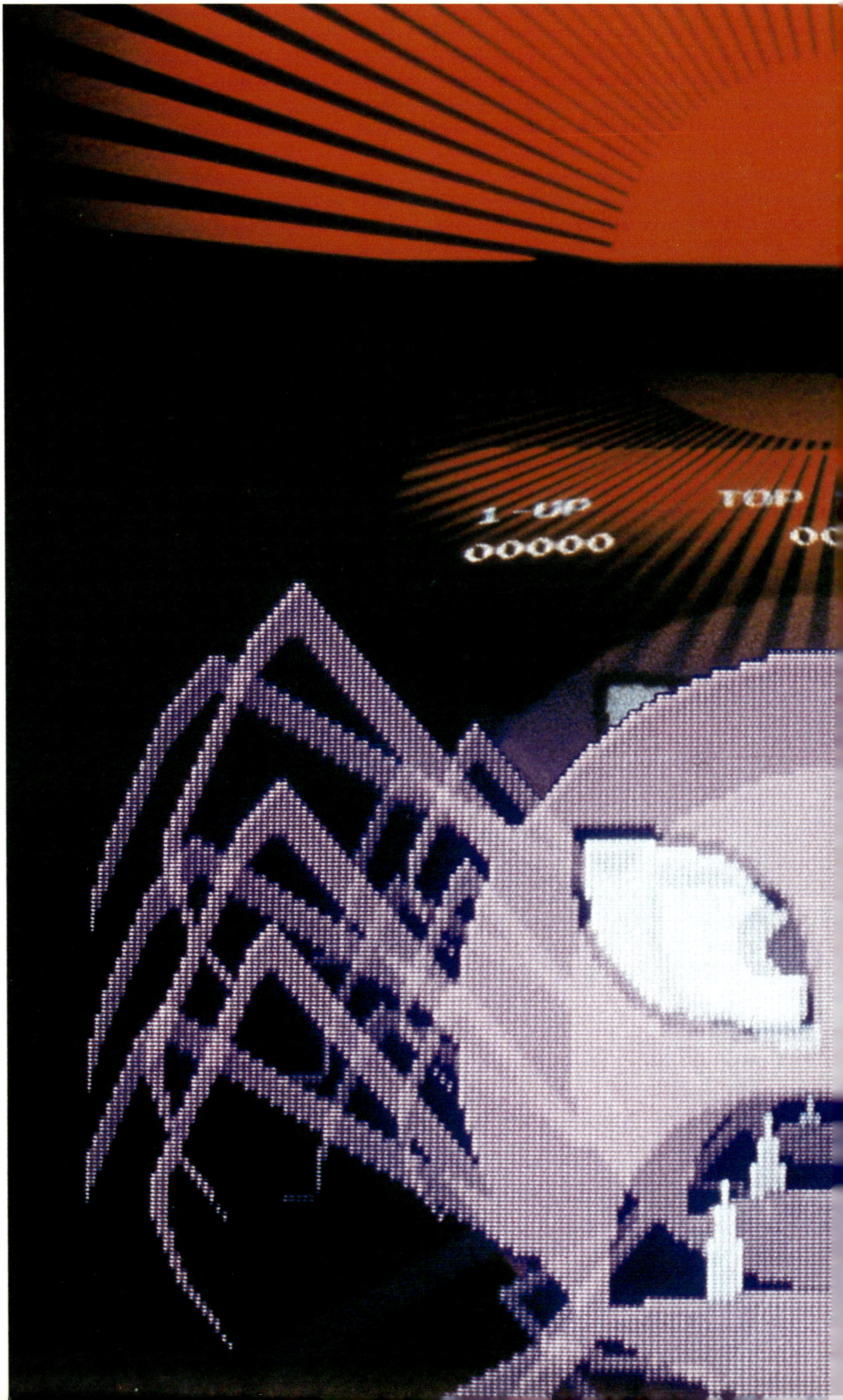

2-UP
00000

Die Flachen und die Falschen

Zwei Sorten Zeitmesser machen in den achtziger Jahren Schlagzeilen: preiswerte „Swatch"-Uhren aus Plastik und gefälschte Chronometer von Edelmarken wie „Rolex". Der aus den englischen Wörtern „Swiss" (Schweizer) und „watch" (Uhr) gebildete Begriff Swatch setzt sich für billige, aber modische Armbanduhren durch, die in den verschiedensten Farben und poppigen Mustern geliefert werden. Mit der Entwicklung der nur zwei Millimeter dicken Swatches rettet der Marketing-Profi Ernst Thomke 1983 die von fernöstlicher Konkurrenz in ihrer Existenz bedrohte Schweizer Uhrenindustrie. Innerhalb von fünf Jahren werden rund 50 Millionen Exemplare verkauft – bei Herstellerpreisen, die noch unter zehn Franken pro Uhrwerk liegen. Mühseliger ist der Kampf der Edeluhren-Hersteller gegen das Geschäft der Fälscher. Im US-Staat Florida werden 1988 rund 17 000 vom Zoll beschlagnahmte Fälschungen mit Hilfe einer Dampfwalze vernichtet. Aber der Nachschub aus den Fälscherwerkstätten rollt in unübersehbaren Mengen und bedroht weiter die Hersteller echter Präzisionsuhren.

POES
RENTALS
ROLEX

Halogen – eine Revolution des Lichts

Der alten Glühbirne erwächst Mitte der achtziger Jahre in Wohnung und Büro eine Konkurrenz: kleinformatige Halogen-Leuchten, auch Metalldampflampen genannt. Sie liefern drei- bis viermal soviel Licht pro Watt wie herkömmliche Glühbirnen und haben eine bis zu sieben mal höhere Lebensdauer. Das leichte Gewicht und die extreme Helligkeit der neuen Haushaltsstrahler ermöglichen den Designern des High-Tech-Zeitalters die Entwicklung von Leuchtsystemen, die wie Mobiles aussehen und zudem jederzeit individuell veränderbar sind – wie etwa das abgebildete YaYaHo-Lichtsystem des Münchner Designers Ingo Maurer und seines Teams. Im International Design Yearbook 1986/87 werden die exotisch kleinen Lichtquellen aus Bayern als „eine der originellsten Lampen der letzten zwanzig Jahre" gefeiert, die dem Käufer erlauben, sein eigenes Design zu gestalten.

Der Walkman – ein Siegeszug mit Musik

Von 1980 an erobert sich der ein Jahr zuvor in Japan entwickelte Walkman – ein Mini-Kassettenrecorder mit Leichtkopfhörern – die Ohren junger Leute in aller Welt. Er ist die Musikberieselungsanlage für unterwegs – und mit dem großen Vorteil, meist nur vom jeweiligen Träger gehört zu werden. Die tragbaren Musikmaschinen werden zur großen Mode und damit zum Verkaufshit. Allein die Erfinder-Firma Sony verkauft bis 1987 weltweit 30 Millionen Stück. Walkman-Fans begegnet man seitdem überall – sie sitzen einem versunken in der U-Bahn gegenüber, flitzen als Jogger an einem vorbei, rekeln sich lauschend in den Wartesesseln der Flughäfen oder bewegen sich im Tanzschritt durch Einkaufspassagen. Längst gibt es die kleinen Hörapparate in großer Typenvielfalt zu kaufen – vom Plastik-Walkman für 30 Mark bis zur Winzig-Hi-Fi-Anlage für 1000 Mark und mehr. Auch ein wasserdichter Walkman wird erfunden, damit man beim Duschen die Hörer aufbehalten kann.

Immer schneller – immer stärker

Während auf den meisten europäischen Autobahnen und Landstraßen Geschwindigkeitsbegrenzungen eingeführt werden, geht der Trend bei Autos der Spitzenklasse zu immer schnelleren und immer stärkeren Modellen. Dieser 1985 auf der Internationalen Automobilausstellung in Frankfurt zusammen mit einem weiblichen Blickfang vorgeführte Porsche 944 S2 Cabrio bringt es mit seinem Drei-Liter-Motor und vier Zylindern auf 211 PS und eine Spitzengeschwindigkeit von 240 Kilometern in der Stunde. Auch die Beschleunigung kann sich sehen lassen: 0 bis 100 km/h in 7,1 Sekunden. Wie die meisten neuen Modelle Ende der achtziger Jahre kann der mehr als 85 000 Mark teure Wagen aber auch mit einer umweltfreundlichen Einrichtung aufwarten – einem Katalysator.

HARO

Neue Spiele aus Amerika

Von den USA aus erobern sich neue Freizeitbeschäftigungen junger Leute Europa. Da ist zum Beispiel das Freestyling, auch Break-Fahren genannt. Auf speziellen BMX-Rädern mit profillosen Reifen vollführen die Freestyler akrobatische Kunststücke. Als besonders schick gilt es, von einer steilen Rampe aus mit dem BMX-Rad halsbrecherische Luftsprünge zu wagen – wie auf dem Bild links die schwedischen Freestyler Anders Nyberg und Dick Bergquist. Billiger als die rund 1200 Mark teuren „Freestyle Bikes" und auch leichter nachzubauen sind Skateboards – der inzwischen verbreitetste Jugendsportartikel aus USA. Selbst in der Sowjetunion wird Skateboarding modern. Der Schnappschuß rechts zeigt einen Sowjet-Skateboarder vor einem riesigen Lenin-Fresko in Moskau. Auch eine andere Weltmode junger Leute macht der gleitende Russe mit – er trägt alles, was man so unterwegs braucht, nach westlichem Vorbild im Rucksack mit sich.

Muskeln für Millionen

Der muskulöse Rükken einer 21jährigen Amerikanerin, von der nur der Vorname Alix bekannt ist, wird 1986 zum weltweiten Schönheitsideal der Bodybuilding-Bewegung. Der Fotograf Christopher Maggio hatte das Modell auf einer Pferdefarm kennengelernt und vier Monate lang mit blitzenden Hanteln hantieren lassen, bis er den Rücken so hatte, wie er es für ein in Großauflage gedrucktes Poster brauchte. Schätzungsweise 100 Millionen Männer und zunehmend auch Frauen trainieren sich in Zehntausenden von Bodybuilding-Studios rund um die Welt regelmäßig Fett ab und Muskeln an, um sich fitter und schöner zu fühlen. Allein in der Bundesrepublik Deutschland gibt es über 5000 Fitneß-Center mit anderthalb Millionen regelmäßigen Besuchern. Die vom Weltverband der Bodybuilder und seinen 132 Mitgliedsverbänden ausgerichteten Meisterschaften verzeichnen wachsende Zuschauerzahlen. 1992 soll Bodybuilding in Barcelona ins olympische Programm aufgenommen werden.

Die Kluft zwischen reich und arm

Arbeitslose Jugendliche vor den Kühltürmen eines britischen Kraftwerks. In Großbritannien entwickelt sich in den achtziger Jahren ähnlich wie in anderen westeuropäischen Ländern eine sogenannte Zweidrittelgesellschaft – zwei Drittel haben Anteil am wirtschaftlichen Wachstum, ein Drittel lebt am Rande des Existenzminimums. Während die von der Regierung Margaret Thatcher unterstützten privaten Unternehmer florieren, wird das Leben von Arbeitslosen, Sozialhilfeempfängern und Kleinrentnern durch die Kürzung staatlicher Sozialleistungen erschwert, der Abstand zwischen reich und arm immer größer.

Die Welt der jungen Aufsteiger

Erfolgreiche junge Leute beim Cocktail an einer Bar der Düsseldorfer Altstadt. Sie gehören zur Generation der Aufsteiger, für die Anfang der achtziger Jahre in den USA ein neuer Name in Mode kommt: Yuppies (Young urban professional people). Aus eigener Kraft schon jung wirtschaftlich unabhängig, verstehen sie sich auf die Kunst, im Beruf voranzukommen, ohne die schönen Seiten des Lebens zu

vernachlässigen. Drei Dinge bewegen viele Yuppies: Cocktails, Kaviar und Karriere.

Die Suche nach dem Sinn des Lebens

Die achtziger Jahre werden zum Jahrzehnt der Meditation und Besinnung. Abgestoßen vom krassen Materialismus der modernen Industriegesellschaft suchen viele meist jüngere Menschen ihr Seelenheil vor allem in den Lehren östlicher Religionen. Nach Art eines Yogi verharrt dieser Amerikaner viele Stunden in tiefer Selbstversenkung vor dem Mount Shasta in Kalifornien.

Der Guru mit dem Rolls-Royce

Von allen Sektenführern macht Bhagwan Shree Rajneesh in den achtziger Jahren die meisten Schlagzeilen. Der Guru verläßt sein Meditationszentrum im indischen Poona 1981 und gründet im amerikanischen Bundesstaat Oregon „Rajneeshpuram", ein neues Weltzentrum zur seelischen und geistigen Aufrüstung wohlhabender junger Leute. Doch das Unternehmen zerbricht an internen Machtkämpfen. Mitte der achtziger Jahre kehrt der bärtige Meister in seine indische Heimat zurück. Nach einem Zwischenaufenthalt am Rande des Himalaja richtet er 1988 in Poona einen neuen „Ashram" ein – wo er wie in seinen besten Zeiten wieder im Rolls-Royce vorfährt. Seinen Anhängern stellt er sich mit dem neuen Namen „Osho" vor, was auf japanisch „vollkommener Mensch" bedeutet. In Westeuropa und vor allem in der Bundesrepublik haben Ende der achtziger Jahre Teufelssekten bei jungen Leuten Erfolg. Ihre Führer predigen eine Religion des Hasses und veranstalten sogenannte Schwarze Messen, zu deren Ritual sexuelle Orgien gehören.

Goldener Badespaß in Japan

Auf der japanischen Halbinsel Izu bietet ein Hotel den größten Badeluxus der Welt an. Zum Preis von umgerechnet rund zehn Mark pro Minute dürfen die Gäste in einer Wanne planschen, die sich ein reicher Japaner einst aus 143 Kilogramm 22karätigem Gold anfertigen ließ. Zur Erinnerung an dcn Spaß kann man sich in dem goldenen Vogel auch fotografieren lassen – für 90 weitere Mark, dafür aber auch in Farbe.

Alles für die Fitneß

Schweißtreibender Freizeitsport gehört zur Lust, aber auch Last der achtziger Jahre. Vom Joggen und Marathonlaufen bis hin zu neuen Formen der Gymnastik wird alles ausprobiert, was den Körper schlank und fit halten soll. Beim New York Marathon 1983 hetzen 15 193 Menschen über die zur Rennstrecke gehörende Verrazano Narrows Bridge. In die Millionen geht die Zahl der Fans von Aerobic, gymnastischen Übungen mit Musik, zu dessen Leitfiguren die Filmschauspielerinnen Jane Fonda und Sydne Rome (Foto) geworden sind. Zusammen mit der Aerobic-Welle läuft auch noch wirtschaftsfördernd eine Aerobic-Modewelle. Millionen Frauen vor allem verlangen nach den vorgeschriebenen Aerobic-Trikots und den dazugehörenden Legwarmers – zu deutsch: Beinwärmern.

Die bösen Puppen aus England

Seit 1984 lassen die Londoner Peter Fluck und Roger Law im privaten britischen Fernsehsender ITV die Puppen tanzen. Plastisch, mit viel Schaumstoff, schufen die beiden Karikaturisten groteske Nachbildungen Prominenter – wie beispielsweise Nancy Reagan, Königin Elizabeth II., Ronald Reagan und Michail Gorbatschow. Sonntags treten die Prominenten-Puppen mit täuschend echt klingenden Stimmen in der Satire-Sendung „Spitting Image" (Wie aus dem Gesicht geschnitten) auf, dem schärfsten, was britischer Humor zu bieten hat. Da muß sich etwa die Königin von Premierministerin Margaret Thatcher mit „Mal los!" zu politischen Aktivitäten antreiben lassen, wundert sich Ronald Reagan über das Wahlrecht für amerikanische Neger, unterzeichnet der Ayatollah Khomeini Todesurteile stilgerecht mit einer abgehackten Hand oder stiftet Libyens Staatschef Muammar Gadhafi einen Preis für den „Terroristen des Jahres", um dann beim Öffnen eines Briefes mit dem Namen des Gewinners selbst in die Luft zu fliegen. Bald übernehmen auch amerikanische und westeuropäische Fernsehsender den rüden Spaß, an dem sich allein in Großbritannien regelmäßig an die 14 Millionen Fans erfreuen.

Dirigent in der Antarktis

Um für ein ungewöhnliches Foto zu posieren, unterbricht der Chefdirigent des New York Philharmonic Orchestra, Zubin Mehta, 1987 eine Kreuzfahrt durch die Antarktis zu einem Landgang auf der Insel South Georgia. Dort steigt der Amerikaner in seine Berufskleidung, den Frack, und hebt vor Tausenden Pinguinen mit frackähnlichem Federkleid den Taktstock. Endlich habe er genügend Musiker hinter sich, juxt der Dirigent, um Mahlers achte Symphonie aufzuführen, die auch „Symphonie der Tausend" genannt wird.

Ein nackter Busen macht Politik

Im Sommer 1987 gelingt in Italien der bis dahin nur durch öffentliche Entblößungen ihrer Brüste bekannt gewordenen Pornodarstellerin Ilona Staller der Aufstieg in die große Politik: Die 36jährige mit dem Künstlernamen „Cicciolina“ (kleines Dikkerchen) zieht als Abgeordnete der Radikalen Partei ins italienische Parlament ein. Dort setzt sich die offenherzige Parlamentarierin außer für den Frieden auch für die Abschaffung des Pornographie-Paragraphen ein, durch den sie die Freizügigkeit ihrer Kunst behindert sieht. Ihr Wahlspruch: „Macht Liebe statt Krieg“.

Der Präsident und seine Mimi

Im Oktober 1981 zum griechischen Regierungschef gewählt, verspricht der Sozialist Andreas Papandreou seinen Landsleuten staatliche Erneuerung und vor allem soziale Gerechtigkeit. Doch das große Ansehen des Führers der Panhellenischen Sozialistischen Bewegung (Pasok) leidet unter hoher Inflation, ungelösten Umweltproblemen und schließlich auch noch durch eine Reihe von Skandalen. Mitglieder der Regierung Papandreou werden verdächtigt, für die Vergabe von Rüstungsaufträgen Schmiergelder kassiert und durch ungesetzliche Zinsmanipulationen den Staat um Beträge im Gesamtwert von 210 Millionen Dollar betrogen zu haben. 1988 setzt sich der 69jährige Regierungschef zudem öffentlichem Spott aus wegen seiner Zuneigung zu der 34jährigen ehemaligen Stewardeß Dimitra Liani, die er 1984 beim Flug zum Begräbnis von Indira Gandhi kennengelernt hatte. Der alte Mann reicht wegen der drallen Rothaarigen nach 38 Jahren Ehe die Scheidung von seiner Frau Margareta ein. Statt mit der First Lady tritt er nun mit seiner Freundin in der Öffentlichkeit auf, seiner „Mimi", wie er sie nennt.

Die Hochzeit des Jahres

Mit einem Aufwand von 4,6 Millionen Mark und vor den Augen von 750 Millionen Fernsehzuschauern der westlichen Welt feiern am 29. Juli 1981 in London die Brautleute des Jahres Hochzeit: Lady Diana Spencer und der britische Kronprinz Charles. Der Erzbischof von Canterbury nimmt den beiden das Ja-Wort ab, muß aber auf Wunsch der Braut bei der Trauung auf die traditionelle Formel verzichten, die der Frau lebenslangen Gehorsam gegenüber ihrem Ehemann abverlangt. Nach den Hochzeitsfeierlichkeiten posieren die Jungvermählten in prächtiger Gala-Uniform eines Commander der Royal Navy und Brautkleid mit gewaltiger Schleppe für ein inniges Bild des Hoffotografen.

Die teuren Vögel des Scheichs

Mit Lederkappen auf den Köpfen, durch die sie ruhig gehalten werden, reisen kostbare Jagdfalken in einem Privat-Jet und in Begleitung ihrer Betreuer von einem Jagdrevier zum anderen. Sie gehören Scheich Raschid bin Said al Maktum von Dubai. Wie schon vor viertausend Jahren erfreut die königliche Falkenjagd die Mächtigen im Morgenland. Hauptziel der insgesamt 80 abgerichteten Greifvögel des Scheichs von Dubai ist jedes Jahr Pakistan. Dort werden jeweils sechs Wochen lang Kragentrappen gejagt, der arabischen Falkner liebste Beutevögel. Die Nachfrage nach guten Jagdfalken ist inzwischen in den Golf-Staaten so groß, daß ihre Preise im Gegensatz zu den Ölpreisen eher steigen als fallen. Für gut abgerichtete Ger-, Saker- und Wanderfalken blättern reiche Araber gut und gern bis zu 30 000 Mark hin.

EMERGENCY EXIT

Zum Feiern nach Paris

Mit seiner Frau Lamia zur Rechten und der offenherzigen Gloria Fürstin von Thurn und Taxis zur Linken läßt sich 1987 der gern als „reichster Mann der Welt“ geltende Großgeschäftemacher Adnan Kashoggi im Pariser Prominentenlokal „Bains“ fotografieren. Die drei feiern den 61. Geburtstag von Johannes Fürst von Thurn und Taxis, Ehemann der 34 Jahre jüngeren Gloria und einer der reichsten Deutschen. Trotz allen Wohlstands gerät Kashoggi im gleichen Jahr in finanzielle Schwierigkeiten. Um flüssig zu bleiben, hat er schweren Herzens Privat-Jet und Luxus-Yacht verkauft.

Prinzessin wird Titelgirl

Drei Jahre nach dem Tod ihrer Mutter Gracia Patricia avanciert Prinzessin Stephanie von Monaco 1985 zum internationalen Titelmädchen. Der französische Fotograf Frédéric Meyland, der mit der Schönen einen Exklusivvertrag macht, bringt ihr Bild innerhalb von zwei Jahren auf der Frontseite von 160 Magazinen in aller Welt unter. Auch als Badenixe in selbst entworfener Mode ihrer Firma „Pool Position“ ist sie zu sehen. 1986 erscheint ihre Platte „Irresistible“ (Unwiderstehlich) und verkauft sich mehr als eine Million Male.

In der Südsee auf dem Thron

In einem blumengeschmückten Auslegerboot mit thronartigem Aufbau holen Eingeborene des Südseestaates Tuvalu 1982 die britische Königin Elizabeth II. von ihrer Yacht „Britannia" ab. An Land gibt es für den hohen Besuch ein festliches Abendessen mit Südseeköstlichkeiten – darunter gekochte Amseln und gegrillte Fledermäuse.

Hochzeit, Kokain, Tod

Nur kurz dauert die am 4. Oktober 1987 auf Schloß Bleiburg in Kärnten geschlossene Ehe der Prinzessin Isabella Maria von Thurn und Taxis und Valsassina mit dem Welfen-Prinzen Ludwig Rudolph von Hannover, einem Urenkel des letzten deutschen Kaisers, Cousin der spanischen Königin Sophie und Vetter der englischen Königin Elizabeth. Die Eheleute gelten als rauschgiftsüchtig. Im November 1988 wird die Prinzessin nach der Einnahme von Kokain tot in ihrem Bett aufgefunden, woraufhin sich ihr Mann mit einer doppelläufigen Flinte in seinem Mercedes erschießt.

Krone, Protest, Krawall

Während auf den Straßen von Amsterdam Polizei mit Tränengas gegen Demonstranten vorgeht, läßt sich die holländische Thronerbin Beatrix Wilhelmina Armgard am 30. April 1980 von ihrem Prinzgemahl, dem gebürtigen Deutschen Claus von Amsberg, im Königsmantel zur Inthronisation führen. „Keine Wohnung, keine Krönung!“ rufen draußen junge Leute. Die Proteste gegen die Wohnungsnot gipfeln in Straßenschlachten. Zugleich werden am Festtag in 27 holländischen Städten über 200 Wohnungen von sogenannten Kraakern besetzt.

Hallo, Ureinwohner!

Seit 1985 können nun auch die Aborigines, die Ureinwohner, von Daly River im tiefsten Australien, bequem von einer öffentlichen Zelle aus mit aller Welt telefonieren – solange ihnen nicht das Kleingeld ausgeht. Als erster probiert Jimmy Numbatu den neuen Anschluß aus, während

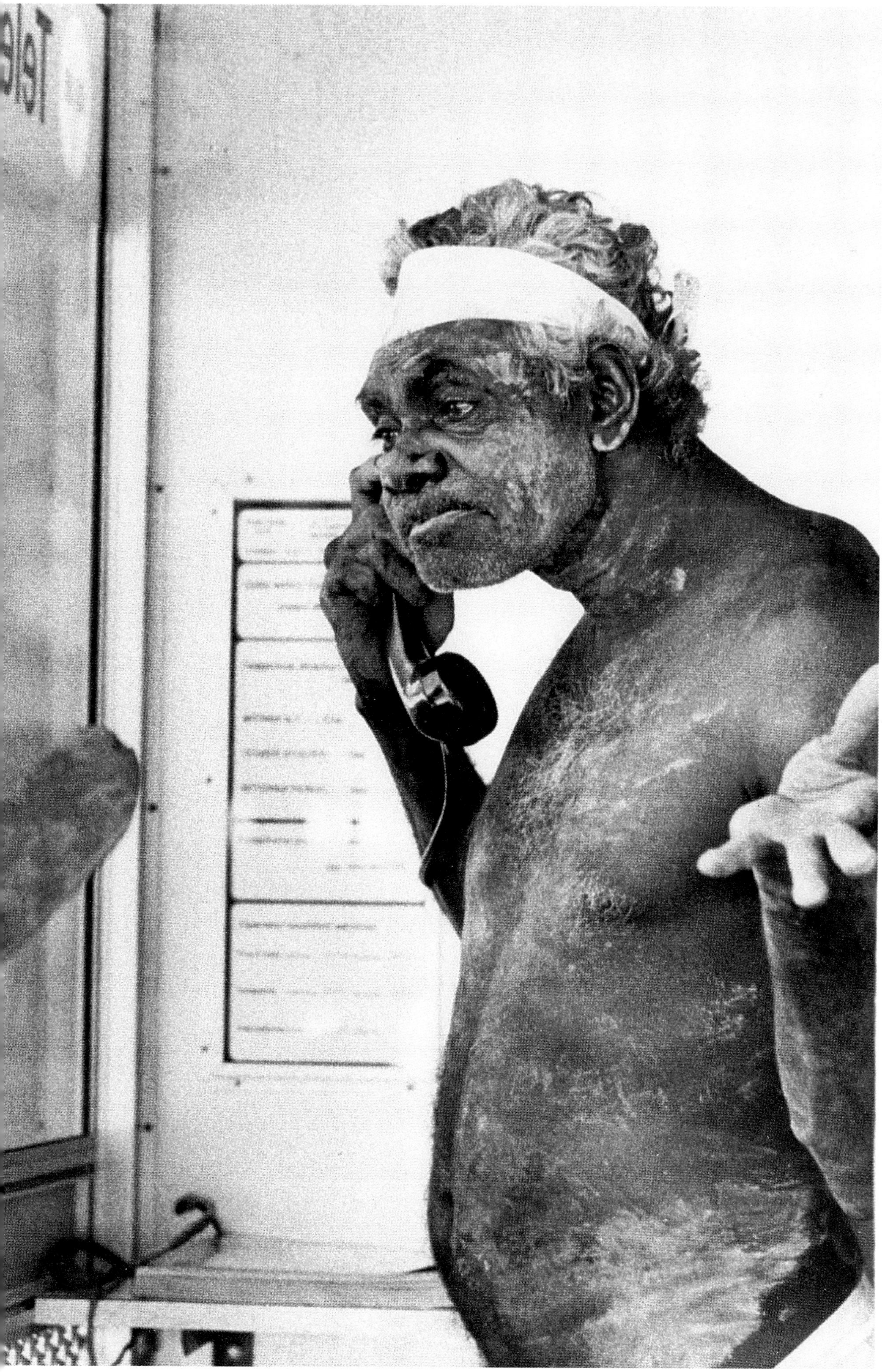

Nachbar Jacob Wiler mit seinem Bumerang draußen wartet, bis auch er an der Reihe ist. Vor Einrichtung des ersten Telefons konnten sich die Leute von Daly River mit der Außenwelt nur über ein altmodisches Radiophon verständigen, in das sie nach jedem Satz ein „Over" brüllten. Und davor mußten sich die Aborigines zu Fuß zu denen begeben, mit denen sie sprechen wollten.

Chronik des Jahrzehnts

Die internationale Chronik

1980

1. Januar. Pietro Nenni, Gründer der italienischen Sozialistischen Partei, stirbt mit 88 Jahren in Rom.

3./6. Januar. Bei den Parlamentswahlen in **Indien** erreicht die Partei der 1977 abgewählten Ministerpräsidentin Indira Gandhi die Zweidrittelmehrheit. Frau Gandhi wird am 14. Januar als Ministerpräsidentin vereidigt.

14. Januar. Der Däne Poul Hartling, UN-Flüchtlingskommissar, gibt die Zahl der **Flüchtlinge** weltweit mit zehn bis zwölf Millionen Menschen an.

22. Januar. Der sowjetische Physiker und Dissident **Andrej Sacharow** wird festgenommen und nach Gorki verbannt; alle staatlichen Auszeichnungen und Ehrungen werden ihm aberkannt.

23. Januar. In seinem alljährlichen Bericht zur Lage der Nation erklärt US-Präsident Carter den **Persischen Golf** zum amerikanischen Interessengebiet und kündigt an, daß die **USA** die Ölversorgung der westlichen Welt notfalls mit Waffengewalt verteidigen werden. Am 13. Februar entsendet er vier Kriegsschiffe und 1800 Marinesoldaten in den Persischen Golf.

12. Februar. Die vor zwei Jahren gegründete internationale **Nord-Süd-Kommission** unter dem Vorsitz Willy Brandts, die im Auftrag der Weltbank das Verhältnis der Industrie- zu den Dritte-Welt-Ländern untersuchen und Konzepte zur Verbesserung der Entwicklungshilfe untersuchen sollte, legt dem UN-Generalsekretär ihren Abschlußbericht vor.

25. Februar. Abschluß der Olympischen Winterspiele im amerikanischen **Lake Placid.** Mit zehn bzw. neun Goldmedaillen sind die UdSSR und die DDR die erfolgreichsten Nationen.

3. März. In **Amsterdam** liefern sich „Kraaker", die leerstehende Häuser besetzt haben, schwere Straßenschlachten mit der Polizei.

7. März. Der mit 26 000 Tonnen Heizöl beladene Tanker „Tanio" bricht im Ärmelkanal auseinander und erzeugt einen **Ölteppich**, der auf 70 Kilometer Länge die Küste der **Bretagne** verschmutzt. Fünf Tage später explodiert vor der mauretanischen Küste ein spanischer Supertanker, glücklicherweise mit leeren Tanks.

11. März. Der Wahlsieger der ersten international anerkannten freien Wahlen – der winzigen weißen Minderheit wurden 20 (von 100) Sitze reserviert – in **Simbabwe**, Robert Mugabe, ernennt ein Kabinett aus 20 schwarzen und zwei weißen Ministern.

23. März. Bei einer heftig umstrittenen Volksabstimmung in **Schweden** stimmt die Mehrheit für einen begrenzten Ausbau von Atomkraftwerken.

24. März. Eine der wenigen moralischen und überparteilichen Instanzen in El Salvador, **Erzbischof Romero** von San Salvador, wird von rechtsradikalen Kommandos ermordet.

24. März. Die seit dem 3. Juni 1979 ins Meer sprudelnde mexikanische Ölquelle Ixtoc II im **Golf von Mexiko** wird abgedichtet; gigantische Ölmengen treiben im Golf.

7. April. Nachdem **Ayatollah Khomeini** verkündet hat, daß die 70 seit dem 4. November 1979 festgehaltenen US-Geiseln so lange in der besetzten amerikanischen Botschaft in Teheran bleiben sollen, bis das iranische Parlament über sie entschieden hat, bricht US-Präsident **Jimmy Carter** die diplomatischen Beziehung zum Iran ab und verkündet ein neues Handelsembargo. Der Iran will mit den Geiseln die USA erpressen, den Schah auszuliefern. Am 25. April scheitert eine Einheit der US-Armee bei dem Versuch, die Geiseln in einem Überraschungsschlag zu befreien, schon beim Anflug an technischen und logistischen Fehlern; acht US-Soldaten kommen bei einem Flugzeugzusammenstoß ums Leben. Die Geiseln werden jetzt über das ganze Land verteilt. Der von der Aktion nicht informierte US-Außenminister Cyrus Vance tritt am 28. April aus Protest von seinem Amt zurück.

15. April. Er war Philosoph, Dramatiker und ein exzellenter Erzähler. Mit 74 Jahren stirbt der Begründer des Existenzialismus, **Jean-Paul Sartre**, in Paris.

15. April. Der Film **„Kramer gegen Kramer"** von Robert Benton erhält bei der Oscar-Verleihung in Hollywood die meisten Auszeichnungen. Volker Schlöndorffs Verfilmung der **„Blechtrommel"** von Günter Grass wird als bester ausländischer Film ausgezeichnet.

29. April. Alfred Hitchcock, Meister des spannenden Kinos, stirbt.

30. April. Begleitet von heftigen Straßenschlachten, wird die neue holländische **Königin Beatrix** inthronisiert; ihre Mutter Juliana hatte an ihrem 71. Geburtstag abgedankt.

4. Mai. Mit 87 Jahren und nach langer Krankheit stirbt der jugoslawische Staatschef **Josip Broz Tito**.

10. Mai. Im von Krieg, Bürgerkrieg und Bandenkämpfen geschüttelten **Uganda** übernimmt das Militär die Macht und setzt eine Woche später eine zivile Regierung ein, in der die Anhänger des von Idi Amin gestürzten Präsidenten Milton Obote die Mehrheit haben. Obote kehrt am 27. Mai nach neun Jahren aus dem Exil in Tansania zurück und wird am 10. Dezember bei den ersten freien Wahlen seit der Unabhängigkeit 1962 zum Präsidenten gewählt.

17. Mai. Nachdem in **Miami** vier Polizisten, die einen Schwarzen zu Tode geprügelt haben, vor Gericht freigesprochen worden sind, brechen in der Stadt schwere Rassenunruhen aus.

19. Mai. Der französische Staatspräsident **Valéry Giscard d'Estaing** ist nach dem Beginn der Intervention der UdSSR in Afghanistan der erste westliche Politiker, der mit dem sowjetischen Staats- und Parteichef **Leonid Breschnew** zusammentrifft.

22. Mai. Die bisher umfassendste **Picasso-Ausstellung** wird im New Yorker „Museum of Modern Art" eröffnet.

7. Juni. Er schrieb „Wendekreis des Krebses" und „Stille Tage in Clichy": 88jährig stirbt **Henry Miller,** Kritiker des „klimatisierten Alptraums" in den USA.

16. Juni. Aus Anlaß des vierten Jahrestags der Unruhen von Soweto kommt es in **Südafrika** zu heftigen Auseinandersetzungen zwischen schwarzen Demonstranten und weißer Polizei und zu Arbeitsniederlegungen. Mindestens 42 Menschen kommen ums Leben.

20. Juni. Zum ersten Mal nach 20 Jahren finden im **Irak** freie Wahlen statt. Sieger wird die herrschende Baath-Partei unter Saddam Hussein, die 175 von 250 Mandaten gewinnt.

17. Juli. 19 Tage nach der Präsidentenwahl in **Bolivien** wird die amtierende Präsidentin Lidia Gueiler vom Militär zum Rücktritt gezwungen; am Tag darauf wird General Luis Garcia Meza Tejada als neuer Präsident vereidigt.

18. Juli. Als sechstes Land startet **Indien** eine selbstentwickelte Rakete und bringt damit einen Satelliten in eine erdnahe Umlaufbahn.

19. Juli. Staats- und Parteichef Leonid Breschnew eröffnet die **Olympischen Spiele in Moskau**, an denen sich nur 81 der 146 dem IOC angeschlossenen Staaten beteiligen.

2. August. In der italienischen Stadt **Bologna** wird von rechtsextremen Terroristen eine Bombe im Hauptbahnhof gelegt, deren Explosion 85 Menschen das Leben kostet.

6. August. US-Präsident **Jimmy Carter** unterzeichnet eine Direktive, die den **Interkontinentalraketen** ein neues Ziel gibt: Nicht mehr die Großstädte der UdSSR, sondern vorrangig militärische und politische Kommandozentralen sollen vernichtet werden.

20. August. Der Weltsicherheitsrat verurteilt das **israelische Annexionsgesetz**, mit dem das teilweise besetzte Jerusalem zur „ewigen Hauptstadt Israels" erklärt wird.

31. August. Die polnische Regierung akzeptiert sämtliche Forderungen der streikenden Danziger Werftarbeiter. Neben umfangreichen sozialen Zusagen werden auch die Bildung einer unabhängigen Gewerkschaft und das Streikrecht genehmigt. Vier Tage später werden auch den streikenden Bergarbeitern diese Rechte zuerkannt. Am 6. September wird der polnische Parteichef Edward Gierek durch den ZK-Sekretär Stanislaw Kania abgelöst. Am 24. Oktober wird beim Wojwodschaftsgericht in Warschau der neue unabhängige Gewerkschaftsbund **„Solidarität"** offiziell registriert; der Versuch der Regierung, deren Statuten zu bestimmen, wird am 10. November vom Obersten Gerichtshof Polens zurückgewiesen.

11. September. Nach Angaben der Militärjunta **Chiles** haben in einer Volksabstimmung zwei Drittel der chilenischen Wähler für die neue Verfassung votiert; Diktator Pinochet kann vom 11. März 1981 an noch weitere acht Jahre im Amt bleiben.

12. September. In der **Türkei** übernimmt das Militär nach einem unblutigen Putsch die Macht. Ein „Nationaler Sicherheitsrat" unter Generalstabschef Kenan Evren löst das Parlament auf, verbietet sämtliche Gewerkschaften und politischen Organisationen und verhängt über das ganze Land das Kriegsrecht.

17. September. Der von der sandinistischen Befreiungsfront verjagte langjährige nicaraguanische Staatspräsident **Anastasio Somoza** wird in seinem Exil in Asunción in Paraguay ermordet.

17. September. Die irakische Regierung will die vermeintliche Schwäche des Iran nutzen und erklärt den 1975 mit dem Schah geschlossenen Grenzvertrag für null und nichtig. Mit einem Überfall des **Irak** am 20. September beginnt der (achtjährige) **Golfkrieg** zwischen den beiden Staaten, in dem vom Giftgas bis zum Einsatz von Kindern als „Minenhunde" so gut wie keine kriegerische Scheußlichkeit ausgelassen wird.

10. Oktober. Mindestens 20 000 Menschen verlieren ihr Leben bei einem Erdbeben in der Gegend der nordalgerischen Stadt El Asnam. 44 000 werden verletzt, 380 000 sind obdachlos.

20. Oktober. Erstmals fliegt in Kalifornien ein **Flugzeug** nur mit **Sonnenenergie** und ohne sonstigen Antrieb.

4. November. Der frühere Filmschauspieler und ehemalige Gouverneur von Kalifornien, **Ronald Reagan**, erhält bei den amerikanischen Präsidentschaftswahlen 51 Prozent der abgegebenen Stimmen; sein Gegner, der amtierende Präsident Jimmy Carter, bekommt nur 41 Prozent. Zugleich gewinnen die Republikaner, die Reagan nominiert haben, mit 53 von 100 Sitzen die Mehrheit im Senat.

20. November. In Peking beginnt der Prozeß gegen die **„Viererbande"** um die Mao-Witwe Jiang Qing. Den Angeklagten, verfolgt wegen einer nicht genehmen politischen Linie, werden verschwörerische Aktivitäten während der „Kulturrevolution" in den sechziger Jahren zur Last gelegt. Sie werden im Januar 1981 zum Tode verurteilt und nach zweijähriger „Bedenkzeit" zu lebenslangem Freiheitsentzug begnadigt.

22. November. Mae West, zeitloser Vamp des amerikanischen Kinos, stirbt 88jährig in Beverly Hills.

23. November. Über 4000 Tote und 120 000 obdachlose Menschen nach einem schweren **Erdbeben** in den **süditalienischen Provinzen** Neapel, Salerno, Polenza und Caserta.

8. Dezember. In New York wird **John Lennon** ermordet.

26. Dezember. Der gestürzte Kaiser Bokassa I. wird in Bangui/**Zentralafrikanische Republik** in Abwesenheit wegen Beteiligung an Kindermorden, Folterungen, Kannibalismus und Bereicherung zum Tode verurteilt.

1981

1. Januar. Griechenland wird zehntes Vollmitglied der Europäischen Gemeinschaft.

10. Januar. In **El Salvador** hat eine Großoffensive der Guerilla begonnen. Die Regierung verhängt das Kriegsrecht über das Land. Seit der Machtübernahme der Junta am 17. Oktober 1979 sind nach Angaben der UN-Menschenrechtskommission wenigstens 14 000 Menschen Opfer der politischen Gewalt geworden.

20. Januar. Die letzten **52 US-Geiseln** im Iran werden nach 444 Tagen Haft über Algier nach Wiesbaden ausgeflogen und dann in die USA zurückgebracht. Am selben Tag wird Ronald Reagan als 40. Präsident der USA in sein Amt eingeführt.

30. Januar. Nach Richtungskämpfen innerhalb der sozialdemokratischen Arbeiterpartei **Norwegens** tritt Ministerpräsident Odvar Nordli zurück. Seine Nachfolgerin wird am 4. Februar die Ärztin und frühere Umweltministerin Gro Harlem Brundtland.

9. Februar. Sein berühmtestes Lied „Rock Around the Clock" ging als Hymne des Aufruhrs um die Welt. **Bill Haley**, der Mann mit der Schmalzlocke, stirbt im Alter von 53 Jahren an Herzversagen.

23. Februar. Unter Führung des Oberstleutnants **Antonio Tejero** stürmen 200 Mann der Guardia Civil das Parlament in Madrid und nehmen Abgeordnete und Regierung als Geiseln. Zugleich ruft der General Jaime Milans del Bosch, Kommandant in Valencia, den Ausnahmezustand aus. Der Aufstand scheitert, weil sich **Spaniens** König Juan Carlos den Forderungen der Putschisten widersetzt und sich die Armee daraufhin weitgehend loyal verhält.

26. März. Der ehemalige britische Außenminister David Owen und drei weitere aus der Labour-Partei ausgetretene Politiker gründen die **Sozialdemokratische Partei Großbritanniens** als Alternative zu Konservativen und Sozialisten.

30. März. US-Präsident **Ronald Reagan** wird in Washington bei einem **Attentat** des 25jährigen John Hinckley durch einen Lungensteckschuß verletzt; sein Pressesprecher, James Brady, wird schwer verwundet und bleibt gelähmt.

2. April. In der libanesischen Hauptstadt **Beirut** brechen die schwersten Kämpfe zwischen syrischen Truppen und rechtsgerichteten christlichen Milizen seit 1978 aus.

11. April. Der „schwarze Bomber" wurde er genannt, und sein Sieg gegen Max Schmeling 1938 blieb bei den Amerikanern unvergessen: **Joe Louis** stirbt, verarmt, mit 66 Jahren.

12. April. Die amerikanische Raumfähre **Columbia** startet in Cape Canaveral zu ihrem Jungfernflug.

16. April. In Adrano auf **Sizilien** nimmt das erste europäische **Solar-Kraftwerk** – eine Versuchsanlage mit einer Leistung von einem Megawatt – seinen Betrieb auf.

1. Mai. Japan verpflichtet sich „freiwillig", seine Automobilexporte in die USA zu beschränken. Einen entsprechenden Wunsch der Europäischen Gemeinschaft weist Japan jedoch zurück.

5. Mai. Der inhaftierte IRA-Aktivist und Parlamentsabgeordnete **Bobby Sands** stirbt nach 66 Tagen Hungerstreik. Bis Anfang August sterben acht weitere IRA-Häftlinge.

10. Mai. Zum erstenmal seit Kriegsende wird mit **François Mitterrand** ein Sozialist zum Staatspräsidenten Frankreichs gewählt. Bei den folgenden Wahlen am 21. Juni zur französischen Nationalversammlung erringen die Sozialisten zusammen mit den verbündeten Linksliberalen die absolute Mehrheit. Ministerpräsident Mauroy nimmt in sein neu gebildetes Kabinett auch vier kommunistische Minister auf.

13. Mai. Papst Johannes Paul II. wird bei einem **Attentat** auf dem Petersplatz in Rom schwer verletzt. Später besucht er seinen Attentäter Mehmet Ali Agca, der am 22. Juli zu lebenslanger Haft verurteilt wird, in der Zelle und vergibt ihm.

20. Mai. Eine Kommission der **Weltgesundheitsorganisation** (WHO) empfiehlt, in der Dritten Welt die Werbung für künstliche Säuglingsernährung zu verbieten.

30. Mai. Bei einem Putsch wird der Staatspräsident von **Bangladesch**, Ziaur Rahman, in der Hafenstadt Chittagong ermordet.

7. Juni. Israelische Kampfflugzeuge zerstören bei einem Überraschungsangriff die einzige, noch im Bau befindliche **Kernreaktoranlage des Irak**. Begründet wird dieser Angriff mit der Furcht, die Iraker könnten Atombomben produzieren und gegen **Israel** einsetzen.

22. Juni. Nachdem das Parlament des **Iran** den Staatspräsidenten **Bani-Sadr** für amtsunfähig erkärt hatte, wird er seines Amtes enthoben und ein Haftbefehl gegen ihn erlassen. Bani-Sadr geht zunächst in den Untergrund und flieht dann nach Frankreich ins Exil.

23. Juni. Sie war Schwedens erster Filmstar, und ihre Stimme ließ die Deutschen die Niederlagen vergessen: **Zarah Leander** stirbt 74jährig in Stockholm.

28. Juni. Die 45. Regierung **Italiens** seit dem Ende des Faschismus wird zum ersten Mal von einem Politiker geleitet, der nicht Mitglied der Christdemokratischen Partei ist: Giovanni Spadolini ist Chef der Republikanischen Partei.

26. Juli. Die Internationale **Walfangkommission** verhängt in London ein weitgehendes Fangverbot zum Schutz der vom Aussterben bedrohten Pottwale.

29. Juli. Die Hochzeit des Jahres: **Prinz Charles** heiratet **Lady Di**.

1. August. Der New Yorker Kabelfernsehsender **MTV** beginnt mit einem 24stündigen Musikprogramm und schafft damit den Bedarf für den **Videoclip** zur Platte.

8. August. US-Präsident Reagan entscheidet sich für den Bau der **Neutronenbombe**, deren Entwicklung von seinem Vorgänger Carter gestoppt worden war. Auf diesen überraschenden Beschluß hin folgen weltweit Proteste.

25. August. Südafrikanische Truppen dringen von dem besetzten Namibia aus in den Süden **Angolas** vor, um die namibische Befreiungsbewegung Swapo zu bekämpfen. Sie verwickeln angolanische Truppen in heftige Kämpfe.

27. August. Das Lösungsmittel **Formaldehyd** steht nach Berichten aus den USA im Verdacht, Krebs zu erzeugen; bei Tieren ist dies nachgewiesen, bei Menschen hoch wahrscheinlich.

30. August. Bei einem **Bombenanschlag** auf ein Regierungsgebäude in **Teheran** finden sieben Menschen den Tod, unter ihnen Staatspräsident Rajai und Ministerpräsident Bahonar. Bei einem Flugzeugabsturz am 30. September kommt fast die gesamte militärische Führung des Landes ums Leben. Auch der Gegenterror wird immer schlimmer. Allein am 19. und 20. September werden insgesamt 185 Menschen hingerichtet.

10. September. Die polnische Gewerkschaft **Solidarität** fordert auf ihrem Danziger Kongreß freie Parlamentswahlen, Arbeiterselbstverwaltung in der Wirtschaft und gleiche Rechte für jedermann.

10. September. 44 Jahre nach seiner Entstehung trifft Pablo **Picassos Bild „Guernica"** – eine Darstellung der Bombardierung der gleichnamigen nordspanischen Stadt durch die deutsche Legion Condor – in Spanien ein. Es wird künftig im Madrider „Casón del Buen Retro" zu sehen sein.

19. September. Mehr als eine Viertelmillion Menschen demonstrieren in Washington gegen die Sozial- und Wirtschaftspolitik Präsident **Reagans**.

21. September. Das frühere Britisch-Honduras, die letzte britische Kolonie auf dem amerikanischen Festland, wird unter dem Namen **Belize** selbständig. Das benachbarte Guatemala meldet jedoch seinen Anspruch auf das Land an.

22. September. In Frankreich findet die Jungfernfahrt des **TGV** statt, des schnellsten Zuges der Welt.

Oktober. In den USA kommt die synthetisch hergestellte Droge **Crack** auf den Markt.

2. Oktober. Für die unvorstellbare Summe von umgerechnet 395 Milliarden Mark – so gibt US-Präsident Reagan bekannt – sollen die **strategischen Streitkräfte der USA** modernisiert werden.

6. Oktober. Während einer Militärparade fällt Ägyptens Staatspräsident **Anwar el-Sadat** einem **Attentat** zum Opfer. Der bisherige Vizepräsident Hosni Mubarak wird sein Nachfolger.

14. Oktober. In **Norwegen** tritt der Konservative Kaare Willoch die Nachfolge der sozialdemokratischen Ministerpräsidentin Gro Harlem Brundtland an. Er steht einer Minderheitsregierung vor und beendet 53 Jahre sozialdemokratische Herrschaft.

15. Oktober. Elias Canetti erhält den Nobelpreis für Literatur zugesprochen.

16. Oktober. Die **türkische Militärregierung** löst alle Parteien auf und verhaftet zahlreiche Politiker

18. Oktober. Nach scharfer parteiinterner Kritik an seiner Amtsführung tritt der Parteichef der KP **Polens**, Stanislaw Kania, zurück. Sein Nachfolger wird Ministerpräsident Wojciech Jaruzelski. Zum erstenmal wird damit ein Berufssoldat Chef einer kommunistischen Partei.

24./25. Oktober. Hunderttausende demonstrieren in London, Rom, Brüssel und Paris gegen **Nachrüstung** und für Frieden. Am 15. November versammeln sich in Madrid 500 000 gegen Nato-Beitritt und für Abrüstung, am 21. November 300 000 in Amsterdam gegen die Aufstellung neuer Atomwaffen in Europa.

30. Oktober. Er war eine Kultfigur des französischen Chansons: **Georges Brassens** stirbt 60jährig auf seinem Landsitz.

1. Dezember. In **Genf** beginnen die Verhandlungen zwischen der UdSSR und den Vereinigten Staaten über nukleare Rüstungsbegrenzungen in Europa.

13. Dezember. Kriegsrecht in **Polen**. Das Militär übernimmt die Macht, um, wie es heißt, den Sozialismus zu retten.

14. Dezember. Das israelische Parlament annektiert per Gesetz die besetzten Gebiete auf den **syrischen Golanhöhen.** Die Proteste dagegen sind weltweit.

15. Dezember. Die UN-Vollversammlung wählt den peruanischen Diplomaten **Javier Pérez de Cuellar** zum neuen Generalsekretär; sein Vorgänger, der Österreicher Kurt Waldheim, war durch ein Veto der Volksrepublik China im Weltsicherheitsrat von einer dritten Kandidatur abgehalten worden.

29. Dezember. US-Präsident Reagan verhängt erneut **Wirtschaftssanktionen gegen die UdSSR**, diesmal mit dem Hinweis auf die Unterdrükkung in Polen.

1982

5. Januar. Das Regime in **Südkorea** will sich demokratisieren: Das seit 36 Jahren in der südkoreanischen Hauptstadt Seoul und den meisten anderen Landesteilen geltende nächtliche Ausgehverbot wird aufgehoben. Zum Jahrestag der Amtseinführung des südkoreanischen Präsidenten Tschun Du-Hwan am 2. März werden 286 politische Dissidenten und Kriminelle amnestiert; die lebenslängliche Haftstrafe des Oppositionsführers Kim Dae-Jung wird auf 20 Jahre verringert.

14. Januar. Aldil Carcani wird nach dem Selbstmord seines Vorgängers Mehmet Schehu am 17. Dezember 1981 zum neuen Regierungschef **Albaniens** ernannt.

17. Januar. Nach mehr als 400 Jahren nehmen Großbritannien und der **Vatikan** wieder volle diplomatische Beziehungen auf. 1534 hatte sich König Heinrich VIII. von der römischen Kirche losgesagt und die anglikanische Kirche gegründet. Am 2. August tauscht der Vatikan ebenfalls mit Norwegen, Dänemark und Schweden Botschafter aus.

17. Februar. 1947 gründete er mit Elia Kazan und anderen das „Actor's Studio" in New York, die Talentschmiede amerikanischer Filmstars. **Lee Strasberg** stirbt 88jährig.

23. Februar. In einer Volksabstimmung entscheiden sich die Bürger **Grönlands** mit knapper Mehrheit für den Austritt aus der Europäischen Gemeinschaft.

16. März. Der sowjetische Staats- und Regierungschef **Leonid Breschnew** kündigt an, die UdSSR werde den Bestand an Mittelstreckenraketen im europäischen Landesteil einfrieren.

29. März. István Szabos Film **„Mephisto"** nach dem Roman von Klaus Mann erhält in Hollywood den Oscar als bester ausländischer Film.

2. April. Argentinien beansprucht Souveränität für die britischen Falklandinseln, die dort Malvinen genannt werden. Großbritannien bricht daraufhin die diplomatischen Beziehungen ab und entsendet am 5. April Kriegsschiffe. Der britische Außenminister Lord Carrington tritt zurück. Am 10. April verkünden die EG-Länder Wirtschaftssanktionen gegen Argentinien. Der Krieg um die **Falkland-Inseln** endet am 14. Juni mit der Kapitulation der argentinischen Truppen.

18. April. Salisbury, die Hauptstadt von **Simbabwe,** wird zum zweiten Jahrestag der Unabhängigkeit in Harare umbenannt. Zwei Tage zuvor hatte Ministerpräsident Robert Mugabe zum zweiten Mal in diesem Jahr sein Kabinett umgebildet, um seine Politik der „nationalen Versöhnung" zu unterstreichen.

21. April. Die israelische Luftwaffe bombardiert zum erstenmal seit der Feuereinstellung im Juli 1981 Palästinenser-Stellungen im **Libanon**. Vier Tage später erfüllt Israel seine Verpflichtungen aus dem Camp-David-Abkommen vom September 1978 und zieht seine Truppen vollständig von der Sinai-Halbinsel zurück.

3. Mai. Am Jahrestag des Inkrafttretens der ersten liberalen Verfassung **Polens** von 1791 kommt es zu den schwersten Auseinandersetzungen zwischen Anhängern der verbotenen Gewerkschaft **„Solidarität"** und der Polizei seit Verhängung des Kriegsrechts im Dezember 1981.

16. Mai. Zaire ist der erste schwarzafrikanische Staat, der mit Israel wieder diplomatische Beziehungen aufnimmt. Mehrere arabische Staaten brechen daraufhin die Beziehungen zu Zaire ab.

30. Mai. Spanien wird offiziell 16. Mitglied des nordatlantischen Verteidigungspaktes Nato.

6. Juni. Die israelische Armee marschiert im Libanon ein und dringt bis Mitte Juni bis in die Hauptstadt **Beirut** vor, wo sie die Palästinenser im Westteil der Stadt einschließt.

12. Juni. Mehr als eine halbe Million Menschen demonstrieren in **New York** gegen nukleare Rüstung und für den Frieden. Es ist die größte politische Demonstration in der amerikanischen Geschichte.

18. Juni. Vier Tage nach der Kapitulation seiner Truppen tritt der Vorsitzende der **argentinischen Militärjunta**, General Leopoldo Galtieri, als Staatspräsident und Heereschef zurück. Die Hoffnung auf Rückkehr zur Demokratie bleibt vorerst unerfüllt.

22. Juni. Auf einer Konferenz in Kuala Lumpur/Malaysia verbünden sich die Roten Khmer und die nichtkommunistischen Widerstandsgruppen unter dem Vorsitz des ehemaligen kambodschanischen Staatschefs Prinz Norodom Sihanouk, um gegen die nordvietnamesische Besetzung **Kambodschas** zu kämpfen.

1. Juli. Schwere Unruhen wegen zu niedriger Lohnerhöhungen in den **südafrikanischen Goldbergwerken**. Mindestens sieben schwarze Bergleute werden von der Polizei, die mit Tränengas und Waffen vorgeht, getötet. 2000 Arbeiter werden entlassen.

4. Juli. Israel verhängt über das eingeschlossene **West-Beirut** eine **Hungerblockade**, um den Widerstand der Palästinenser zu brechen. Sie wird erst nach massivem Druck durch US-Präsident Ronald Reagan beendet.

14. Juli. Wende im irakisch-iranischen **Golfkrieg**: Iranische Truppen marschieren im Irak ein und versuchen, die irakische Ölstadt Basra zu erobern.

26. Juli. Die zweite Weltkulturkonferenz der **Unesco**, die „Mondiacult", wird in Mexico City eröffnet.

8. August. Die Autonomisten **Korsikas** erringen bei der Wahl zur ersten Regionalversammlung eine Schlüsselposition zwischen den traditionellen Parteien. Daraufhin beginnt die für völlige Unabhängigkeit eintretende „Nationale Befreiungsfront Korsikas" eine massive Serie von Anschlägen.

21. August. In **Beirut** beginnt die Evakuierung der von der israelischen Armee eingeschlossenen und belagerten PLO-Kämpfer; der Abzug wird von UN-Einheiten überwacht.

23. August. Neuer Staatspräsident des **Libanon** wird mit Einverständnis der das Land besetzenden Israelis der christliche Falangisten-Chef Beschir Gemayel; er wird bereits am 14. September bei einem Attentat ermordet. Ihm folgt sein Bruder Amin Gemayel.

29. August. Er war Präsident des jüdischen Weltkongresses und verhandelte mit Adenauer die deutsch-jüdische Wiedergutmachung: **Nahum Goldmann,** Zionist und Kritiker Israels, stirbt 87jährig.

29. August. Ingrid Bergman, Filmpartnerin von Cary Grant, Humphrey Bogart und Gary Cooper, stirbt mit 67 Jahren an Krebs.

1. September. Angesichts massiver Devisenabflüsse aufgrund der hohen Verschuldung des Landes verstaatlicht die mexikanische Regierung die Privatbanken und führt allgemeine Devisenkontrollen ein. Damit rückt das Problem der **Verschuldung der Dritten Welt** – und zugleich die Abhängigkeit der kreditgewährenden Großbanken von Zahlungsvermögen und -willigkeit ihrer Schuldner – in den Blick der Öffentlichkeit.

14. September. Vom Filmstar zur Fürstin. **Gracia Patricia,** Regentin von Monaco, stirbt 52jährig an den Folgen eines Autounfalls.

16. September. Die Revolution frißt ihre Kinder: In **Teheran** wird der ehemalige Außenminister Sadegh Ghodbzadeh hingerichtet.

25. September. Rund 400 000 Teilnehmer der größten Demonstration in der Geschichte **Israels** fordern **„Peace Now“**, den Rücktritt der Regierung Begin und die sofortige Einsetzung eines Untersuchungsausschusses. Israelische Soldaten hatten zwischen dem 16. und 18. September christlichen Milizen Zugang zu den palästinensischen Flüchtlingslagern **Sabra** und **Schatila** in Beirut gewährt und 36 Stunden lang ein Massaker an Alten, Frauen und Kindern zugelassen, das über 800 Menschen das Leben kostete.

4. Oktober. Mit 23 Jahren und Bachs Goldberg-Variationen erspielte er sich Weltruhm. Später zog sich **Glenn Gould** ganz ins Studio zurück und spielte ein halbes Hundert Platten ein. Gould stirbt mit 50 Jahren nach einem Schlaganfall.

5. Oktober. In **Bolivien** wird nach 18jähriger Militärherrschaft der links-orientierte Hernán Siles Zuazo zum neuen zivilen Staatspräsidenten gewählt.

21. Oktober. Der Kolumbianer **Gabriel García Márquez** erhält den Literatur-Nobelpreis 1982.

24. Oktober. In den Vereinigten Staaten entscheidet ein Gericht, daß ein Todkranker das Recht auf **Sterbehilfe** hat.

27. Oktober. Es gibt mehr als eine Milliarde **Chinesen.** Dies ist das Ergebnis einer Volkszählung von Mitte 1982.

28. Oktober. In **Spanien** erringt die Sozialistische Arbeiterpartei unter **Felipe Gonzalez** bei den Parlamentswahlen mit 201 von 350 Mandaten die absolute Mehrheit; Spanien bekommt nach über 40 Jahren erstmals wieder eine sozialistische Regierung.

15. November. Lech Walesa, der Vorsitzende der verbotenen polnischen Gewerkschaft „Solidarität“, wird nach elfmonatiger Internierung freigelassen.

22. November. US-Präsident Reagan gibt bekannt, daß 100 der neuen **MX-Interkontinentalraketen** in den US-Bundesstaaten Wyoming und Nebraska stationiert werden sollen.

9. Dezember. In **Nicaragua** kommen nahe der Grenze zu Honduras bei einem Hubschrauberabsturz 84 Menschen, darunter 75 Kinder, ums Leben, die aus dem umkämpften Gebiet evakuiert werden sollten.

15. Dezember. Nach mehr als 13jähriger Blokkade wird die Grenze zwischen Spanien und **Gibraltar**, das nach wie vor zu Großbritannien gehört, für den Fußgängerverkehr wieder geöffnet; jedoch zunächst nur für Spanier und britische Bewohner Gibraltars.

16. Dezember. In **Buenos Aires** demonstrieren rund 100 000 Menschen gegen das argentinische Militärregime.

21. Dezember. Der neue sowjetische KP-Chef **Jurij Andropow** erklärt in einer Rede zum 65. Jahrestag der UdSSR, daß die **Sowjetunion** bei einem westlichen Verzicht auf die Nachrüstung in ihrem Arsenal nur so viele Mittelstreckenraketen behalten wolle, wie Großbritannien und Frankreich besitzen.

23. Dezember. In **Polen** werden sämtliche Internierungslager aufgelöst. Nur die Führer der verbotenen Gewerkschaft „Solidarität“ bleiben in Haft. Zum 21. Dezember wird außerdem das Kriegsrecht ausgesetzt, jedoch nicht aufgehoben.

27. Dezember. Das US-Magazin „Time“ wählt zur „Maschine des Jahres“ einen **Computer**.

1983

2. Januar. Die Polizei gibt den größten **Bankraub** der britischen Geschichte bekannt: Am 3. Dezember des vergangenen Jahres wurden umgerechnet 36 Millionen Mark erbeutet.

5. Januar. Der **Warschauer Pakt** schlägt der **Nato** einen Vertrag über einen gegenseitigen Gewaltverzicht vor.

9. Januar. Erstmals wird im Weltall von amerikanischen Wissenschaftlern ein **„Schwarzes Loch“** festgestellt. Es liegt circa 150 000 Lichtjahre von der Erde entfernt.

17. Januar. Nigeria weist wegen wirtschaftlicher und innenpolitischer Schwierigkeiten überraschend etwa zwei Millionen illegale Einwanderer aus, darunter eine Million exilierter Ghanaer, die in wenigen Tagen das Land verlassen müssen.

5. Februar. Der lange gesuchte ehemalige Gestapo-Chef von Lyon, **Klaus Barbie,** wird, aus Bolivien abgeschoben, bei seiner Ankunft in Frankreich verhaftet und dort nach einem aufsehenerregenden Prozeß – bei dem die Konflikte in der ehemaligen französischen Résistance ausgespart wurden – zu lebenslanger Haft verurteilt.

7. Februar. Die radioaktiven Teile des sowjetischen Beobachtungssatelliten **Kosmos 1402** verglühen beim Wiedereintritt in die Erdatmosphäre.

14. Februar. Der israelische Verteidigungsminister **Ariel Scharon** tritt nach fünfmonatigen öffentlichen Protesten wegen der Massaker in den palästinensischen Flüchtlingslagern Sabra und Schatila zurück. Scharon bleibt aber als Minister ohne Geschäftsbereich im israelischen Kabinett.

24. Februar. Seine Stücke wie „Endstation Sehnsucht“ (1947), „Die tätowierte Rose“ (1951) oder „Die Nacht des Leguan“ (1962) waren Welterfolge – auch als Filme. Ihr Autor, **Tennessee Williams**, stirbt mit 71 Jahren.

1. März. Die europäischen **Umweltminister** beschließen einen Importstopp für Jungrobbenfelle.

3. März. Arthur Koestler war ein Wanderer zwischen den Welten des Journalismus, der Politik, Literatur und Naturwissenschaften und wurde ein erbitterter Gegner des Kommunismus. Er begeht in seiner Londoner Wohnung zusammen mit seiner dritten Frau Selbstmord.

16. März. Die 1979 von 32 Staaten Ost- und Westeuropas sowie den USA unterzeichnete gesamteuropäische Konvention über den **Umweltschutz** tritt in Kraft.

12. April. Insgesamt acht Auszeichnungen gehen bei der 55. Oscar-Preisverleihung an den Film **„Gandhi“** von Richard Attenborough.

18. April. Durch einen Sprengstoffanschlag wird die amerikanische Botschaft in **Beirut** weitgehend zerstört; dabei kommen 66 Menschen ums Leben.

26. April. Acht Anrainerstaaten des **Persischen Golfs** einigen sich nur in Ansätzen über gemeinsame Maßnahmen zur Bekämpfung des riesigen Ölteppichs im Golf. Schon seit Wochen war nach Bombardierungen durch den Irak iranisches Öl ausgelaufen.

28. April. Die argentinische Regierung erklärt, die in den siebziger Jahren im Zuge des „Kampfes gegen den Terrorismus“ **„Verschwundenen“** müßten als tot betrachtet werden. Der Bericht stößt auf weltweite Proteste.

30. April. 242 führenden Mitgliedern der früheren **türkischen Parteien** wird von der Militärjunta verboten, sich in den nächsten zehn Jahren politisch zu betätigen; darunter sind auch die früheren Ministerpräsidenten Bülent Ecevit und Suleiman Demirel.

2. Mai. Nach einem Bericht der Weltgesundheitsorganisation gibt es in Europa jährlich rund 100 000 **Selbstmorde**.

9. Mai. Das **indische Atomkraftwerk** Tarapur bei Bombay ist Presseberichten zufolge so stark radioaktiv verseucht, daß es kaum noch betrieben werden kann.

9. Mai. Ein von der **Weltgesundheitskonferenz** 1981 beauftragtes Expertenteam kommt zu dem Schluß, daß es im Falle eines Atomkriegs keine Möglichkeit gibt, den Opfern ärztliche Hilfe und Versorgung zu geben.

30. Mai. Die Regierung von **Peru** verhängt im Kampf gegen die linksextreme Untergrundorganisation „Leuchtender Pfad“ für 60 Tage den Ausnahmezustand über das Land.

8. Juni. Die 19. Gipfelkonferenz der Organisation für Afrikanische Einheit beginnt im äthiopischen **Addis Abeba**.

14. Juni. Die für **Entwicklungshilfe** zuständigen Minister der **EG-Staaten** beschließen in Luxemburg ein Sofortprogramm gegen den Hunger in der Welt; 112 Millionen Mark sollen dafür in den nächsten zwei Jahren aufgewendet werden.

22. Juni. Der dänische „Steuerrebell" und Politiker **Mogens Glistrup** wird wegen vorsätzlicher Steuerhinterziehung in letzter Instanz zu drei Jahren Gefängnis ohne Bewährung verurteilt.

24. Juni. Syrien weist den Chef der PLO, **Jassir Arafat**, aus und verbietet ihm die Wiedereinreise. Es reagiert damit auf Vorwürfe Arafats, Syrien habe den Rebellen innerhalb der El Fatah geholfen.

26. Juni. Bei den vorgezogenen **italienischen Parlamentswahlen** erleiden die Christdemokraten mit fast 6 Prozent Verlusten die größte Niederlage ihrer Geschichte, bleiben aber vor den Kommunisten stärkste Partei des Landes.

1. Juli. Der libysche Revolutionsführer **Moammar Gadhafi** besucht in Rabat den marokkanischen König Hussein und verhandelt mit ihm über den **Westsahara**-Konflikt: Seit dem Rückzug der Spanier kämpfen die Saharuis um ihre Unabhängigkeit von Marokko, das auf ihr Territorium (und die dort vorhandenen Bodenschätze) Anspruch erhebt.

7. Juli. Er war noch Optimist und Zukunftsforscher zu einer Zeit, als längst die Folgen ungezügelten Wachstums offenkundig wurden: **Herman Kahn**, Sohn jüdischer Einwanderer, stirbt 61jährig in der Nähe von New York an einem Herzinfarkt.

12. Juli. Am dritten „Tag des nationalen Protests" gegen die Wirtschafts- und Sozialpolitik der Militärregierung **Chiles** kommt es zu schweren Zusammenstößen zwischen Polizei und Demonstranten.

20. Juli. Drohgebärde: Die USA entsenden 19 Kriegsschiffe in die Gewässer um **Nicaragua**.

22. Juli. Das am 13. Dezember 1981 in **Polen** verhängte **Kriegsrecht** wird aufgehoben, allerdings hat das Parlament vorher eine Vielzahl von Sondergesetzen erlassen, mit denen viele der im Kriegsrecht enthaltenen Bestimmungen fortgeschrieben werden.

23. Juli. In **Sri Lanka** beginnen rassisch und religiös motivierte blutige Auseinandersetzungen zwischen buddhistischen **Singhalesen** und hinduistischen **Tamilen.**

29. Juli. Seine sozialkritischen, tabubrechenden Filme machten ihn zur persona non grata in Franco-Spanien: **Luis Buñuel** stirbt, 83jährig, in Mexico City.

5. August. In **Burkina Faso** putscht sich Hauptmann Thomas Sankara an die Macht; sein prowestlicher Vorgänger Jean-Baptiste Quédraogo wird verhaftet. Aufgrund seiner unorthodoxen und wirkungsvollen Politik wird Sankara Vorbild vieler afrikanischer Jugendlicher.

8. August. General Efraín Ríos Montt, Staatspräsident von **Guatemala**, wird von der Militärführung des Landes gestürzt; Verteidigungsminister General Oscar Humberto Mejía Victores wird sein Nachfolger. Für die Bevölkerung ändert sich nichts Wesentliches.

9. August. Nach zehnwöchigem Drucker-Streik erscheint die britische Zeitung **„Financial Times"** wieder.

15. August. Jurij Andropow, sowjetischer Staats- und Parteichef, spricht sich für drastische Änderungen in der Planwirtschaft der UdSSR aus; drei Tage später kündigt er in einem Gespräch mit US-Senatoren im Kreml ein **Moratorium für Weltraumwaffen** an.

21. August. Bei seiner Rückkehr aus dem Exil wird der philippinische Oppositionspolitiker **Benigno Aquino** von Schergen Präsident Marcos' ermordet.

1. September. Auf dem Flug von New York nach Seoul kommt ein **südkoreanischer Jumbo-Jet** mit 269 Menschen an Bord vom Kurs ab und wird bei der Insel Sachalin von einem sowjetischen SU-15-Abfangjäger abgeschossen.

17. September. Der sowjetische Außenminister **Andrej Gromyko** sagt seine Teilnahme an der am 20. September beginnenden 38. UN-Vollversammlung in New York ab, weil seine Sicherheit nicht gewährleistet sei. Die US-Regierung hatte der Aeroflot als Reaktion auf den Abschuß des Korea-Jumbos das Recht verweigert, in New York zu landen.

21. September. Bei einer Massendemonstration gegen den philippinischen Staatspräsidenten **Ferdinand Marcos** in Manila eröffnet die Polizei das Feuer: 11 Tote und 247 Verletzte.

24. September. In Monza in **Norditalien** geht der Prozeß um das Unglück von **Seveso** zu Ende; mehrere Verantwortliche werden bis zu fünf Jahren Haft verurteilt.

5. Oktober. Der polnische Arbeiterführer **Lech Walesa** wird mit dem Friedensnobelpreis ausgezeichnet; er will den damit verbundenen Geldpreis von 500 000 Mark der katholischen Kirche in Polen zur Verfügung stellen.

9. Oktober. Bei einem Bombenanschlag auf eine südkoreanische Regierungsdelegation in Rangun/**Birma** kommen 20 Menschen, darunter vier koreanische Minister, ums Leben.

11. Oktober. An der ersten in **Chile** von der Militärregierung zugelassenen Kundgebung am sechsten „Nationalen Protesttag" nehmen in der Hauptstadt Santiago rund 100 000 Menschen teil.

19. Oktober. Auf der Karibik-Insel **Grenada** läßt das linksautoritär geführte Militär unter dem stellvertretenden Ministerpräsidenten Bernard Coard den schon unter Hausarrest gestellten Ministerpräsidenten Maurice Bishop ermorden. Am 25. Oktober landen Truppen der USA und sechs karibischer Inselstaaten auf Grenada, um, wie es heißt, ein zweites Kuba zu verhindern.

22. Oktober. Die New Yorker **Metropolitan Opera** feiert ihr 100jähriges Bestehen.

23. Oktober. In **Beirut** kommen bei Bombenanschlägen von Selbstmordkommandos auf die Hauptquartiere der amerikanischen und französischen Friedenstruppen fast 300 Amerikaner und Franzosen ums Leben; libanesische Anhänger des iranischen Ayatollah Khomeini bekennen sich zu den Attentaten.

30. Oktober. Bei den ersten Wahlen in **Argentinien** seit zehn Jahren siegt die Radikale Bürgerunion mit 52 Prozent; die Peronisten erhalten 40 Prozent.

2. November. Zwei Drittel der weißen Wähler in **Südafrika** sind in einer Volksabstimmung dafür, daß „Asiaten und Gemischtrassige" stärker an der politischen Macht beteiligt werden sollen; die Mehrheit der Schwarzen bleibt nach wie vor ohne Einfluß. Die UN erklären diese Verfassungsreform Mitte November für ungültig.

3. November. In **Los Angeles** wird ein 19jähriger **Hacker** festgenommen: Er hatte sich mit dem Homecomputer in Dateien von Firmen, Universitäten und des Verteidigungsministeriums eingeklinkt.

6. November. Bei den ersten Parlamentswahlen in der **Türkei** seit dem Militärputsch von 1980, bei denen nur einige Parteien kandidieren durften, siegt die konservative „Vaterlandspartei". Regierungschef wird **Turgut Özal**.

15. November. Der von türkischen Truppen besetzte Nordteil Zyperns wird zur unabhängigen Türkischen Republik von **Nordzypern** erklärt, Zypern damit zweigeteilt.

27. November. Bei der größten Kundgebung in der Geschichte **Uruguays** demonstrieren in Montevideo 400 000 Menschen für Demokratie, Freiheit und Arbeit.

17. Dezember. Bei einem Brandanschlag auf einen Sexclub in **Amsterdam** verbrennen 15 Menschen.

20. Dezember. PLO-Chef **Jassir Arafat** und 4000 seiner Anhänger, die seit Mitte November von Rebellen der eigenen Organisation in der libanesischen Stadt **Tripoli** eingeschlossen sind, werden auf weltweiten Druck hin mit Hilfe von fünf griechischen Schiffen evakuiert.

25. Dezember. Er starb in Palma de Mallorca, wo er auch Zuflucht vor den Deutschen fand: der Maler des Poetisch-Märchenhaften, **Joan Miró.**

1984

1. Januar. Alexis Korner, Prophet des weißen Blues und Ziehvater vieler Rockgrößen, stirbt mit 55 Jahren in London.

1. Januar. Nach 96 Jahren britischer Kolonialherrschaft wird das durch Öl reich gewordene südostasiatische Sultanat **Brunei** an der Nordküste Borneos unabhängig.

3. Januar. In **Tunesien** wird der Ausnahmezustand verhängt, nachdem es wegen der Erhöhung des Brotpreises zu blutigen Unruhen gekommen ist.

14. Januar. Die BBC verbietet die Ausstrahlung des Songs „Relax" der Gruppe **Frankie Goes to Hollywood** und macht die Band dadurch erst richtig bekannt.

17. Januar. In **Stockholm** beginnt die auf der Madrider KSZE-Folgekonferenz beschlossene Konferenz über Vertrauensbildung und Abrüstung in Europa (**KVAE**).

21. Januar. Er war 1924 und 1928 fünffacher Olympiasieger und wurde 1931 von Hollywood entdeckt. In mehr als 20 Filmen spielte, besser: war **Johnny Weissmüller** Tarzan. Er stirbt mit 79 Jahren.

5. Februar. Erst Sympathisant der Kommunisten, dann scharfer Kritiker der Stalin-Greuel, beschrieb **Manès Sperber** in der Trilogie „Wie eine Träne im Ozean" seinen Lebensweg. Der Autor stirbt mit 78 Jahren in Paris.

9. Februar. Jurij Andropow, sowjetischer Staats- und Parteichef, stirbt in Moskau nach langer Krankheit an Herzversagen. Sein Nachfolger als Parteichef wird der ZK-Sekretär **Konstantin Tschernenko**, der im November auch zum Staatsoberhaupt gewählt wird.

16. Februar. Der **Golfkrieg** zwischen Iran und Irak verschärft sich: Der Iran startet eine Großoffensive. Am 22. Februar entsenden die USA Schiffe in den Persischen Golf, um die Ölversorgung des Westens zu sichern, das heißt: sie gegebenenfalls mit Waffengewalt durchzusetzen.

4. März. In **Versailles** demonstrieren 800 000 Anhänger der Privatschulen gegen die von der französischen Regierung angestrebte Einführung eines einheitlichen staatlichen Schulmonopols.

16. März. In **Wien** werden nach dreimonatiger Unterbrechung die Verhandlungen zwischen der UdSSR und den USA über einen Truppenabbau in Mitteleuropa wieder aufgenommen.

26. März. Unabhängige Experten bestätigen in einer dem UN-Sicherheitsrat vorgelegten Expertise, daß im iranischen Grenzgebiet zum Irak **Senfgas** und das Nervengas **Tabun** eingesetzt worden seien.

3. April. Eine Woche nach dem Tode des langjährigen Staatspräsidenten von **Guinea**, Sekou Touré, übernimmt das Militär die Macht.

9. April. Wegen der Hilfe der USA bei der Verminung dreier Häfen **Nicaraguas** durch die **Contras** reicht das mittelamerikanische Land Klage gegen die USA beim Internationalen Gerichtshof in Den Haag ein. Der Gerichtshof verlangt schon am 10. Mai von den USA die Beendigung ihrer Aktivitäten. Die USA hatten von Anfang an erklärt, sie würden eine Entscheidung des Gerichts nicht anerkennen.

12. April. Mehr als 250 000 **Australier** demonstrieren gegen das atomare Wettrüsten sowie den Abbau und Export australischen Urans.

16. April. Rund 1,3 Millionen Menschen demonstrieren in der Millionenstadt São Paulo gegen das seit 1964 in **Brasilien** herrschende Militärregime und für eine Direktwahl des Staatspräsidenten.

26. April. Er gilt, neben Benny Goodman und Glenn Miller, als Baumeister des Swing. **William („Count") Basie** stirbt 79jährig.

26. April. US-Präsident **Ronald Reagan** trifft zu einem sechstägigen offiziellen Besuch in **China** ein.

6. Mai. Bei der Präsidenten-Stichwahl in **El Salvador** siegt der Christdemokrat **José Napoleon Duarte** gegen seinen rechtsextremen Gegner. Auch in **Panama** wird erstmals nach 16 Jahren andauernder Militärdiktatur gewählt.

7. Mai. Im Schadensersatzverfahren Tausender von Vietnam-Veteranen gegen sieben Hersteller des giftigen Entlaubungsmittels **„Agent Orange"** einigen sich die Parteien auf eine Entschädigung von insgesamt 250 Millionen Dollar.

14. Mai. Nachdem im Westen die Aufstellung von amerikanischen **Pershing II** und **Cruise Missiles** im Rahmen des Nato-Doppelbeschlusses unwiderruflich begonnen hat, bringt die UdSSR in der DDR ebenfalls weitere Mittelstreckenraketen in Stellung.

17. Mai. Nördlich von **Bombay** kommen bei Zusammenstößen zwischen Moslems und Hindus mindestens 230 Menschen ums Leben.

27. Mai. Zum ersten Mal seit 1952 haben die Bürger **Ägyptens** Gelegenheit, bei den Parlamentswahlen unter fünf verschiedenen Parteien zu wählen. Es gewinnt die regierende Nationaldemokratische Partei mit 73 Prozent.

6. Juni. Sondereinheiten der indischen Armee stürmen am Abend den **Goldenen Tempel von Amritsar** im Punjab, das höchste Heiligtum der Sikhs; dort hatten sich seit fast zwei Jahren mehrere hundert radikale, separatistisch gesinnte Sikhs verschanzt.

11. Juni. Bei einem **SDI-Test** wird erstmals eine Angriffsrakete im Weltall zerstört.

11. Juni. Seinen Traum vom „historischen Kompromiß" konnte er nicht verwirklichen. So kam es 1976 nicht zur Koalition von Christdemokraten, Sozialisten und Kommunisten. KP-Chef **Enrico Berlinguer** stirbt mit 62 Jahren.

22. Juni. Er arbeitete als Regisseur mit berühmten Autoren wie Harold Pinter, George Tabori und Tom Stoppard zusammen. **Joseph Losey**, der wegen der Schwarzen Liste McCarthys in England lebte, stirbt mit 75 Jahren.

24. Juni. Elf lateinamerikanische Länder mit mehr als 300 Milliarden Dollar **Schulden** fordern in einer gemeinsamen Erklärung drastische Zinssenkungen und Stundungen.

5. Juli. In London soll **Nigerias** prominentester Exilpolitiker, Umaru Dikko, in einer als Diplomatengepäck deklarierten Kiste entführt werden. Erst kurz vor dem Start einer nigerianischen Verkehrsmaschine kann er befreit werden.

17. Juli. Der bisherige Industrieminister **Laurent Fabius**, 37, wird als Nachfolger von Pierre Mauroy zum französischen Premierminister ernannt.

28. Juli. Die **Olympischen Spiele** in **Los Angeles** werden eröffnet.

5. August. Er träumte davon, der größte lebende Schauspieler zu werden, und verstrickte sich immer mehr in Alkoholabhängigkeit und Klatsch- Eskapaden: **Richard Burton**, zugleich brillanter Shakespeare-Darsteller, stirbt mit 58 Jahren nach einem Gehirnschlag.

11. August. Ein Scherz des US-Präsidenten **Ronald Reagan** bei einer Mikrofon-Sprechprobe, er habe soeben die Bombardierung der Sowjetunion angeordnet, löst heftige Kritik aus.

25. August. Bei einem landesweiten **Generalstreik in Indien** aus Protest gegen die Absetzung des Regierungschefs des südindischen Staates Andhra Pradesh durch Ministerpräsidentin Indira Gandhi kommt es zu 50 000 Festnahmen.

25. August. Schreibendes Wunderkind, Societygast, alkoholabhängiger Homosexueller: Sein Meisterwerk „Kaltblütig" schrieb **Truman Capote** 1965. Er stirbt mit 59 Jahren.

1. September. Bei einem von afghanischen Widerstandskämpfern verübten Anschlag auf den Flughafen von **Kabul** verlieren 42 Menschen ihr Leben; es gibt mehr als 100 Verletzte.

10. September. Der am 25. August vor der belgischen Küste gesunkene Frachter **„Mont Louis"**, der radioaktives Uranhexafluorid geladen hat, zerbricht in zwei Teile. Bis Anfang Oktober können alle Fässer geborgen werden.

13. September. Nach wochenlangen Verhandlungen einigen sich die beiden großen israelischen Parteien, der Likud-Block unter **Jitzhak Shamir** und die sozialdemokratische Arbeiterpartei unter **Shimon Peres,** auf eine Koalition, in der zunächst der Sozialdemokrat Peres, nach zwei Jahren dann Shamir die Regierung führen soll.

17. September. Frankreich und Libyen geben den Abschluß eines Abkommens über den „vollständigen Abzug" ihrer Truppen aus der Republik **Tschad** bekannt; der Krieg dort wird wieder zum Bürgerkrieg.

26. September. Großbritannien und die Volksrepublik China paraphieren in Peking ein Abkommen über die Zukunft der britischen Kronkolonie **Hongkong**, deren Pachtvertrag nach hundert Jahren zum 30. Juni 1997 ausläuft. China will dann das Gebiet als Sondergebiet verwalten und ihm seine Strukturen lassen.

16. Oktober. Der diesjährige Friedensnobelpreis wird dem schwarzen Bischof und gewaltfreien Apartheidsgegner **Desmond Tutu**, Generalsekretär des südafrikanischen Kirchenrats, zugesprochen.

19. Oktober. In **Polen** wird der oppositionelle Priester **Jerzy Popieluszko** von drei Sicherheitsbeamten entführt, ermordet und in einen Weichsel-Stausee geworfen. Die Täter werden sechs Tage später festgenommen und am 7. Februar 1985 verurteilt.

21. Oktober. François Truffaut personifizierte das französische Autorenkino wie kaum ein zweiter. Der ehemalige Filmkritiker hinterließ viele Meisterwerke wie „Jules und Jim" (1962), „Fahrenheit 451" (1966) und „Amerikanische Nacht" (1973). Er stirbt mit 52 Jahren.

23. Oktober. Der durch öffentliche Unruhen erzwungene Untersuchungsbericht über die Ermordung des philippinischen Oppositionspolitikers **Benigno Aquino** belegt, daß der exilierte Politiker bei seiner Rückkehr im Auftrag höchster Offiziere des Marcos-Regimes erschossen wurde.

25. Oktober. Das größte **Wasserkraftwerk** der Welt an der Grenze zwischen **Brasilien** und Paraguay, **Itaipu**, wird nach zehn Jahren Bauzeit feierlich eröffnet. Für seinen Bau hatte sich das Land hoch verschuldet, riesige Waldflächen vernichtet und Hunderte von Indianerfamilien umgesiedelt; der hier durch Wasserkraft erzeugte Strom ist der teuerste der Welt.

26. Oktober. In den USA wird erstmals einem **Säugling** ein **Pavianherz** eingepflanzt. Nach drei Wochen ist das Kind tot.

30. Oktober. Generalstreik in **Chile** gegen die Militärdiktatur unter Pinochet: Bei Zusammenstößen mit der Polizei sterben mindestens sieben Menschen.

31. Oktober. Die indische Ministerpräsidentin **Indira Gandhi** wird in Neu-Delhi von zwei Sikh-Soldaten ihrer Leibwache niedergeschossen; sie stirbt kurz darauf im Krankenhaus. Ihr Sohn Rajiv Gandhi wird als neuer Regierungschef vereidigt.

4. November. Bei den **Präsidentschaftswahlen in Nicaragua**, die von den wichtigsten Oppositionsgruppen boykottiert werden, gewinnt Daniel Ortega, seit 1981 Chef der linksgerichteten Regierungsjunta, mehr als zwei Drittel der abgegebenen Stimmen.

6. November. Ronald Reagan erringt bei den Präsidentschaftswahlen einen überwältigenden Sieg. Die Wahlmänner von 49 der 50 Bundesstaaten stimmen für den seit 1981 regierenden Präsidenten.

15. November. Zwischen **Nord- und Südkorea** finden erstmalig Gespräche über mögliche Wirtschaftsbeziehungen statt.

25. November. In **Uruguay** finden die ersten freien Wahlen seit der Machtübernahme durch das Militär 1973 statt; Wahlsieger ist der Generalsekretär der sozialdemokratischen Colorado-Partei, Julio Maria Sanguinetti.

3. Dezember. Einer **Giftgaskatastrophe** in der indischen Stadt **Bhopal** fallen mehr als 3000 – andere Berichte sprechen von mehr als 8000 – Menschen zum Opfer; etwa 200 000 Einwohner werden zum Teil schwer verletzt. Es entsteht ein langwieriger Streit um Entschädigungszahlungen; der US-Konzern Union Carbide, dem die Fabrik gehört, erreicht zunächst, daß die Schadensersatzprozesse in Indien und nicht in den USA, wo die Gerichte gemeinhin höhere Entschädigungen zusprechen, geführt werden.

10. Dezember. Am internationalen Tag der Menschenrechte verabschiedet die **UN-Vollversammlung** einstimmig eine seit sieben Jahren vorbereitete „Konvention gegen Folter und andere grausame, unmenschliche oder erniedrigende Behandlung oder Bestrafung".

1985

1. Januar. Die Volksrepublik **China** leitet weitreichende Wirtschaftsreformen ein; sie beinhalten eine teilweise Abkehr von der zentralen Planwirtschaft.

3. Januar. Es wird bekannt, daß **Israel** schon seit November 1984 unter strengster Geheimhaltung eine Luftbrücke zur Evakuierung der von Hungersnot bedrohten **äthiopischen Juden** eingerichtet hat; mehr als 7000 von ihnen wurden über den Sudan nach Israel gebracht.

12. Januar. Frankreich verhängt über sein sogenanntes Überseeterritorium **Neu-Kaledonien** im Pazifik den Ausnahmezustand. Seit den Parlamentswahlen am 18. November 1984, bei denen die mehrheitlich separatistischen Kanaken von der etwa gleich großen Gruppe weißer Gegner der Unabhängigkeit überstimmt worden waren, war das Land nicht mehr zur Ruhe gekommen.

9. Februar. Äthiopiens Staatspräsident Mengistu Haile Mariam kündigt in einer Rundfunkrede angesichts der Hungersnot im Lande für die nächsten Monate die Umsiedlung von mehr als 1,5 Millionen Menschen an.

15. Februar. In **Kambodscha** erobern die vietnamesischen Besatzungstruppen das Hauptquartier der Roten Khmer.

15. Februar. Der längste und aufwendigste Titelkampf in der Geschichte der **Schachweltmeisterschaften** wird nach über fünf Monaten und 48 Partien, von denen 40 remis endeten, abgebrochen und annulliert. Zwar führte Titelverteidiger Anatolij Karpow mit 5:3, jedoch gewinnt sein Herausforderer Garri Kasparow die letzten beiden Partien.

21. Februar. In **Wien** unterzeichnen die Sowjetunion und die Internationale Atomenergiebehörde (IAEO) ein Sicherheitskontrollabkommen für zivile kerntechnische Anlagen. Bis auf China – das aber noch im selben Jahr beitritt – sind damit alle fünf Atommächte der IAEO-Kontrolle unterworfen.

5. März. Nach fast einem Jahr endet der **britische Bergarbeiterstreik**. Die Streikfront war schon vorher abgebröckelt. Der Streik bleibt angesichts der unnachgiebigen Haltung der britischen Regierung erfolglos; mit ihm geht die Ära der mächtigen, sozialistisch ausgerichteten britischen Gewerkschaften in den klassischen Industriezweigen zu Ende.

5. März. Im **Golfkrieg** zwischen Iran und Irak kommt es zu einer neuen Eskalation: Der Irak und auch der Iran beginnen mit der Bombardierung von Städten.

10. März. Der sowjetische Partei- und Staatschef **Konstantin Tschernenko**, der der Funktionärskaste in der UdSSR eine letzte Atempause vor den anstehenden und notwendigen Veränderungen verschafft hatte, stirbt nach schwerer Krankheit. Sein Nachfolger als Parteichef wird der – für Kreml-Verhältnisse junge – 54jährige ZK-Sekretär **Michail Gorbatschow**.

15. März. Der im Januar von einem Wahlmännergremium gewählte Tancredo Neves, der sein Amt antreten sollte, liegt schwerkrank in der Klinik; vereidigt wird deshalb zunächst sein Stellvertreter José Sarney, der nach Neves' Tod am 21. April die Präsidentschaft **Brasiliens** übernimmt und damit 21 Jahre Militärdiktatur beendet.

17. März. Die Regierung **Ecuadors** ruft den Notstand auf den **Galapagos**-Inseln aus in der Hoffnung, das seit drei Wochen wütende Großfeuer besser bekämpfen zu können, das die einzigartige Tierwelt der Inselgruppe zu vernichten droht.

23. März. In **südkoreanischen** Hoheitsgewässern wird ein chinesisches Torpedoboot, auf dem Meuterer sechs Offiziere erschossen hatten, aufgebracht und in einen südkoreanischen Hafen geschleppt; am 28. März wird es an China zurückgegeben.

28. März. Seine Bilderwelt wird von seltsamen Wesen bevölkert: Fabeltieren, Musen, Geigern, Kühen. **Marc Chagall**, einer der bedeutendsten Maler unseres Jahrhunderts, stirbt mit 97 Jahren.

1. April. Ein von der dänischen Regierung per Gesetz verordnetes „Lohndiktat" zur Beendigung einer Tarifauseinandersetzung führt zu Massenprotesten. Am 10. April kommen mehr als 120 000 Demonstranten zur größten Kundgebung in **Dänemark** in den letzten 20 Jahren.

6. April. Der Staatspräsident des **Sudan**, Dschaafar el-Numeiri, wird nach Unruhen wegen drastischer Preiserhöhungen in seinem abgewirtschafteten und vom Bürgerkrieg geschüttelten Land von der Armee gestürzt. Sein bisheriger Verteidigungsminister General Abdul Rahman Suwar el-Dahab setzt sich an die Spitze des neugegründeten Militärrats.

7. April. Der neue Parteichef der KPdSU, **Michail Gorbatschow**, verkündet ein sowjetisches Moratorium für die Aufstellung atomarer Mittelstreckenraketen in Europa bis Ende November, um seine Friedensabsichten deutlich zu machen.

11. April. Über 41 Jahre bestimmte er die auf absolute Unabhängigkeit bedachte Politik seines Landes: Im Alter von 76 Jahren stirbt der KP-Chef Albaniens. **Enver Hodscha.**

18. April. Als erstes Nato-Land lehnt **Norwegen** eine Beteiligung an den US-Plänen für ein Raketenabwehrsystem im Weltraum **(SDI)** ab.

21. April. Seine Mode-Ideen provozierten: sein „Topless", die transparente Bluse, der Mini, die Unisex-Mode, die Maxi-Stiefel. Im Alter von 61 Jahren stirbt der amerikanische Modeschöpfer **Rudi Gernreich** an Lungenkrebs.

25. April. 80 Staaten Asiens und Afrikas verpflichten sich in der **Deklaration von Bandung** zu engerer Zusammenarbeit im Kampf um eine neue und gerechtere Weltwirtschaftsordnung.

8. Mai. Der Getränkekonzern **Coca-Cola**, der gegenüber seinem Konkurrenten Pepsi Marktanteile verloren hat, will die Mixtur seines Getränks ändern und es dem Zeitgeschmack entsprechend süßer machen. Aufgrund weltweiter Proteste wird die Änderung zurückgenommen.

9. Mai. Der Vatikan verhängt ein zunächst einjähriges „Bußschweigen" gegen den brasilianischen Pater **Leonardo Boff**, den profilierten Vertreter der „Theologie der Befreiung".

21. Mai. Der indische Ministerpräsident **Rajiv Gandhi** beginnt eine sechstägige Reise in die **UdSSR**; er unterzeichnet dort unter anderem Verträge über eine langfristige wirtschaftliche Zusammenarbeit der beiden Länder.

29. Mai. Bei Krawallen zwischen italienischen und englischen Fußballfans im Brüsseler **Heysel-Stadion** werden 39 Menschen zu Tode getrampelt, Hunderte zum Teil schwer verletzt.

8. Juni. Erstmals gibt es bei den **ungarischen Parlamentswahlen** in jedem Wahlkreis mindestens zwei Kandidaten.

1. Juli. Israels Regierung verkündet einen drastischen Notstandsplan zur Sanierung der durch die Militärausgaben ruinierten Wirtschaft: Entlassung von 10 000 Staatsbediensteten, Einsparungen im Haushalt, Lohn- und Preisstopp, Abwertung des Schekel. Die Gewerkschaften rufen zum Generalstreik auf.

2. Juli. Der dienstälteste Außenminister der Welt, **Andrej Gromyko**, wird zum Staatspräsidenten der UdSSR gewählt; sein Nachfolger wird der bisherige Parteichef von Georgien und Gorbatschow-Anhänger, Eduard Schewardnadse.

10. Juli. Im Hafen von Auckland/Neuseeland wird das **Greenpeace**-Schiff **„Rainbow Warrior"** versenkt; dabei stirbt ein portugiesischer Fotograf, Mitglied der Besatzung. Es stellt sich heraus, daß hinter dem Attentat der französische Geheimdienst stand, der das Schiff daran hindern wollte, das Mururoa-Atoll anzulaufen, um dort gegen die französischen Atomversuche zu protestieren. Der französische Verteidigungsminister Hernu tritt am 20. September zurück; die Täter werden zu je zehn Jahren Gefängnis verurteilt.

13. Juli. Mehr als zwei Milliarden Zuschauer in 160 Ländern verfolgen das **„Live-Aid"-Konzert** mit über 70 Pop-Stars, das zugleich in London und Philadelphia stattfindet, auf dem Bildschirm. Die Einnahmen – über 200 Millionen Mark – sollen den Hungernden in Afrika zugute kommen.

14. Juli. Bei den Präsidentschaftswahlen in **Bolivien** erringt der frühere Diktator Hugo Banzer die relative Mehrheit der Stimmen, seine Partei aufgrund der Wahlkreiseinteilung aber nicht die Mehrheit der Sitze. Das Parlament wählt am 5. August den unterlegenen Victor Paz Estenssoro zum vierten Male zum Staatspräsidenten.

20. Juli. In weiten Teilen **Südafrikas** wird nach monatelangen blutigen Unruhen, die rund 500 Menschen – darunter drei Weiße – das Leben gekostet haben, der Ausnahmezustand verhängt; die Vereinten Nationen rufen zu Wirtschaftssanktionen auf.

27. Juli. Nach rund viereinhalb Jahren Herrschaft wird der Staatspräsident **Ugandas**, Milton Obote, vom Militär unter Armeechef Tito Okello gestürzt; der Bürgerkrieg setzt in dem Land wieder ein.

7. September. Nach Norwegen, Australien, Frankreich und Dänemark lehnt auch **Kanada** eine Beteiligung am **SDI**-Projekt ab.

9. September. Bei den schwersten Straßenschlachten seit 1981 zwischen schwarzen Jugendlichen und der Polizei kommen in **Birmingham** mindestens zwei Menschen ums Leben. Die **Rassenunruhen** flammen am 28. September im Londoner Stadtteil **Brixton** wieder auf, als Polizisten eine schwarze Mutter von sechs Kindern anschießen und schwer verwunden.

19. September. Ein verheerendes **Erdbeben in Mexiko**, von dem besonders die Hauptstadt betroffen ist, kostet nach offiziellen Angaben 5200 Menschen das Leben.

29. September. Bei den Wahlen im französischen Pazifik-Territorium **Neu-Kaledonien** erringen die Unabhängigkeitsgegner erneut die Mehrheit im Parlament.

1. Oktober. Die israelische Luftwaffe fliegt Angriffe auf das Hauptquartier der PLO in **Tunesien**; dabei kommen mehr als 70 Menschen ums Leben.

2. Oktober. Zu seinem ersten Staatsbesuch im Westen trifft der sowjetische Parteichef **Michail Gorbatschow** in **Frankreich** ein. Er legt dort weitere Abrüstungsvorschläge vor.

2. Oktober. Der US-Filmstar **Rock Hudson** stirbt an Aids.

4. Oktober. Nach neuesten Statistiken hat sich die Zahl der **Aids**-Kranken in Europa in den letzten zwölf Monaten auf 1226 Fälle verdreifacht; in den Vereinigten Staaten lag der Krankenstand Ende Juli bereits bei 12 067 Menschen.

10. Oktober. Amerikanische Kampfflugzeuge zwingen aufgrund der Annahme, die von den USA gesuchten Entführer des italienischen Kreuzfahrtschiffes **„Achille Lauro"** seien an Bord, eine zivile ägyptische Maschine zur Landung in Italien. Die italienische Regierung läßt die Insassen frei und tritt deshalb eine Woche später zurück.

10. Oktober. Er war ein Gigant – von der Gestalt her und seinem Filmschaffen. Sein Film „Citizen Kane" gilt noch heute als bester Film aller Zeiten. Der Regisseur **Orson Welles** stirbt in Los Angeles mit 70 Jahren nach einem Herzanfall.

11. Oktober. Die Organisation „Internationale Vereinigung der Ärzte zur Verhinderung des Atomkriegs" erhält den diesjährigen **Friedensnobelpreis** zugesprochen.

20. Oktober. Nach den von US-Präsident Reagan verkündeten **Wirtschaftssanktionen gegen Südafrika** beschließen jetzt auch die Commonwealth-Länder ähnliche Maßnahmen gegen das Apartheid-Regime.

28. Oktober. Der indische Sektenführer Shree Rajneesh, der sich mit dem Titel **Bhagwan** ansprechen läßt, sowie einige seiner Vertrauten werden in Charlotte/North Carolina am Verlassen der USA gehindert und verhaftet. Im Hauptsitz der Sekte in Oregon war es zu Machtkämpfen gekommen.

2. November. Die Regierung **Südafrikas** verhängt ein Verbot für alle Film-, Fernseh- und Tonfilmaufzeichnungen von Unruhen in den Siedlungen der Schwarzen, über die der Ausnahmezustand verhängt ist.

9. November. Mit einem Sieg beendet **Garri Kasparow** die Neuauflage des Schachweltmeisterschaftskampfes gegen Anatolij Karpow in Moskau.

14. November. Beim Ausbruch des **kolumbianischen Vulkans** Nevado del Ruiz kommen 22 500 Menschen ums Leben.

19.–21. November. US-Präsident Ronald **Reagan** und der sowjetische Parteichef Michail **Gorbatschow** treffen in **Genf** zur zehnten amerikanisch-sowjetischen Gipfelkonferenz zusammen.

25. November. In den USA wird die erste **gentechnisch** veränderte Mikrobe gegen den Widerstand von Umweltschützern in einem Freilandversuch erprobt.

27. November. Der **Halleysche Komet** erreicht den erdnächsten Punkt.

2. Dezember. Auf den **Philippinen** werden sämtliche Angeklagten freigesprochen, die wegen der Ermordung des Oppositionspolitikers **Benigno Aquino** im August 1983 vor Gericht standen. Das Urteil löst heftige Protestkundgebungen aus.

4. Dezember. Als erster westlicher Staatschef empfängt **François Mitterrand** den polnischen Staats- und Parteichef Jaruzelski in Paris.

6. Dezember. Großbritannien schließt als erstes Land ein Rahmenabkommen mit den USA über eine Beteiligung am Weltraum-Verteidigungsprogramm **SDI** ab.

9. Dezember. In **Argentinien** wird eine Reihe ehemaliger Mitglieder der Militärjunta, darunter Ex-Staatspräsident Videla, wegen Menschenrechtsverletzungen verurteilt.

25. Dezember. Beim – seit Ende der Kolonialzeit – größten **Kunstraub** in der Geschichte Mexikos werden aus dem berühmten Anthropologischen Museum in Mexico City 140 Kunstwerke, meist aus Gold und Silber, aus der präkolumbianischen Zeit gestohlen.

1986

1. Januar. Nach mehr als achtjährigen Verhandlungen treten **Spanien** und **Portugal** der **EG** bei, die jetzt zwölf Mitgliedsländer zählt.

1. Januar. In Fernsehansprachen wenden sich US-Präsident **Reagan** und der sowjetische Parteivorsitzende Michail **Gorbatschow** an die Bevölkerung des jeweils anderen Landes.

15. Januar. Der sowjetische KP-Chef Michail **Gorbatschow** schlägt einen **Drei-Stufen-Plan** zur Beseitigung sämtlicher Atomwaffen bis zum Jahr 2000 vor; die Reaktion der Nato ist positiv. US-Präsident Ronald Reagan antwortet Ende Februar mit einem Vorschlag zum weltweiten Abbau der sowjetischen und amerikanischen landgestützten nuklearen Kurz- und Mittelstreckenraketen.

20. Januar. Nachdem die private Finanzierung des britischen Kostenanteils gesichert ist, schließen Frankreich und Großbritannien einen Vertrag über den Bau eines **Eisenbahntunnels** unter dem **Ärmelkanal**.

28. Januar. Kurz nach dem Start explodiert die amerikanische Raumfähre **Challenger**; die Besatzung kommt ums Leben. Bei den folgenden Untersuchungen, deren Ergebnis am 9. Juni veröffentlicht wird, werden haarsträubende Schlampereien bei Herstellung, Wartung und Einsatzplanung festgestellt.

29. Januar. Der Führer der Rebellenbewegung „Nationale Widerstandsarmee", Yowerie Museveni, wird nach fünfjährigem Bürgerkrieg neuer Staatspräsident von **Uganda**.

31. Januar. Auf **Haiti** wird nach schweren Straßenkämpfen der Ausnahmezustand verhängt; der haitianische Präsident Jean-Claude Duvalier, der sein Amt von seinem Vater geerbt hat, kündigt daraufhin Wirtschafts- und Sozialreformen an, muß aber am 7. Februar außer Landes fliehen.

25. Februar. Ende der 21jährigen Marcos-Herrschaft: Der ehemalige philippinische Staatspräsident geht mit seiner Frau Imelda ins Exil in die USA. Ihr Auslandsvermögen wird auf zehn Milliarden Dollar geschätzt. Nach der Wahl am 7. Februar, die er gegen die Oppositionskandidatin **Corazón Aquino**, die Frau des ermordeten Benigno Aquino, nur durch Fälschung gewinnen konnte, nahm der Druck durch Massenkundgebungen im ganzen Land zu; hinzu kamen Rebellionen von Militäreinheiten und zuletzt der Entzug der Unterstützung durch die USA. Frau Aquino wird neue Präsidentin und hebt zunächst die Einschränkungen der Presse- und Redefreiheit auf und erläßt eine Amnestie für politische Gefangene.

28. Februar. In Stockholm wird der schwedische Ministerpräsident **Olof Palme** erschossen. Nachfolger wird sein Stellvertreter Ingvar Carlsson.

28. Februar. Der Staatspräsident **Brasiliens**, José Sarney, verfügt ein drastisches Stabilitäts- und Wachstumsprogramm zur Bekämpfung der Inflation; das Volk selbst soll die Einhaltung des damit verbundenen Preisstopps überwachen.

2. März. Der erste seit 1976 eingesetzte **palästinensische Bürgermeister** in den israelisch besetzten Gebieten wird von Unbekannten erschossen.

16. März. Bei den französischen Parlamentswahlen siegt die bürgerlich-liberale Opposition, so daß der sozialistische Staatspräsident **François Mitterrand** künftig mit einem gaullistischen Premierminister kooperieren muß. Der Pariser Bürgermeister **Jacques Chirac** wagt als neuer Regierungschef die „cohabitation" mit Mitterrand, um sich eine Ausgangsbasis für die Präsidentschaftswahlen im nächsten Jahr zu verschaffen.

24. März. Nachdem die Spannungen zwischen **Libyen** und den **USA** bereits am 7. Januar zu einem Wirtschaftsboykott des arabischen Landes durch US-Präsident Reagan und zur Sperrung sämtlicher libyscher Gelder in den USA geführt hatten, kommt es jetzt zu Kampfhandlungen im Mittelmeer.

14. April. Sie schrieb Frauenliteratur, lange bevor es den Begriff gab. Berühmt wurde sie durch „Ein anderes Geschlecht" (1949). **Simone de Beauvoir**, Lebensgefährtin Sartres, stirbt mit 78 Jahren in Paris.

15. April. 33 **US-Bomber** greifen am frühen Morgen die libyschen Städte **Tripolis** und **Bengasi** an. Dabei wird auch versucht, durch punktgenaue Bombenabwürfe den libyschen Revolutionsführer Gadhafi zu töten. 70 Tote, darunter viele Kinder, sind zu beklagen.

15. April. Er beschreibt in seinen Büchern die Schönheiten und Schrecken der Außenseiterwelt: 75jährig stirbt der Dramatiker **Jean Genet**.

26. April. Im Atomkraftwerk in der ukrainischen Stadt **Tschernobyl** kommt es zum bisher größten Reaktorunfall in der Geschichte der friedlichen Nutzung der Atomenergie. Neben der UdSSR sind Polen und Skandinavien am schwersten von der radioaktiven Verseuchung, die ganz Europa überzieht, betroffen. Die sowjetischen Behörden bestätigen den Unfall erst zwei Tage später, nachdem in Skandinavien bereits erhöhte Werte ermittelt wurden.

9. Mai. In **Norwegen** wird Gro Harlem Brundtland erneut als Ministerpräsidentin vereidigt; in ihrem Kabinett sind acht von 18 Ministerposten von Frauen besetzt.

16. Mai. Vier Jahre nach dem **Falkland/Malvinen-Krieg** werden die verantwortlichen argentinischen Befehlshaber zu Freiheitsstrafen wegen mangelnder Verteidigungsbereitschaft verurteilt. Ex-Präsident **Galtieri** erhält zwölf Jahre Freiheitsentzug, den er recht komfortabel verbringen darf.

19. Mai. Südafrikanische Truppen überschreiten einmal mehr die Grenzen ihres Staates und überfallen Stützpunkte der verbotenen südafrikanischen Befreiungsbewegung African National Congress (ANC) in **Botswana, Simbabwe** und **Sambia.**

22. Mai. Zwar billigen alle **Nato**-Verteidigungsminister die Pläne der USA zur Herstellung neuer chemischer Waffen, jedoch lehnt die Hälfte von ihnen die Stationierung im eigenen Land auch in Krisenzeiten ab.

30. Mai. Als erster westlicher Industriestaat verhängt **Dänemark** einen totalen Handelsboykott gegen Südafrika und das besetzte Namibia.

13. Juni. In den dreißiger Jahren wurde er zum „King of Swing": **Benny Goodman**, Klarinettist und Bandleader, stirbt mit 77 Jahren.

18./19. Juni. Bei der Niederschlagung von Meutereien in drei Gefängnissen in **Peru** kommen nach offiziellen Angaben mindestens 276, wahrscheinlich bis zu 400 Insassen ums Leben, darunter vor allem Gefangene der Befreiungsbewegung „Leuchtender Pfad".

21. Juni. Als erstes Ostblockland bricht **Ungarn** mit dem bisher einträglichen Geschäft „Giftmüll gegen Devisen" und verzichtet aus Umweltschutzgründen auf solche Geschäfte mit Österreich.

26. Juni. Fast zwei Drittel sprechen sich bei einer Volksabstimmung in **Irland** gegen die Zulassung der Ehescheidung aus.

28. Juni. Nachdem in der italienischen Provinz **Bergamo** öffentliche Brunnen mit Pflanzenschutzmitteln verseucht waren und die Bevölkerung aus Tankwagen versorgt werden mußte, setzt jetzt das italienische Gesundheitsministerium die Grenzwerte auf den zehnfachen Wert hoch.

1. Juli. In **Südafrika** treten sogenannte „Reformgesetze" in Kraft. Sie sollen die berüchtigten „Paßgesetze", durch die die Bewohner der Homelands in Südafrika zu Ausländern erklärt werden, ersetzen. Die Unruhen halten an.

24. Juli. Nach der Absage von 31 Nationen – 26 davon aus Protest gegen die britische Südafrikapolitik, die strikt Sanktionen ablehnt – nehmen bei den heute beginnenden **Commonwealth-Spielen** in Edinburgh nur 27 nationale Mannschaften teil. Großbritannien schließt sich auch den Boykottmaßnahmen nicht an, die die wichtigsten Commonwealth-Nationen auf einer Gipfelkonferenz am 5. August gegen Südafrika beschließen.

28. Juli. Michail Gorbatschow kündigt einen Teilabzug sowjetischer Truppen aus **Afghanistan** bis zum Ende des Jahres an.

6. August. Mit der Einweihung einer 60 Kilometer langen Bahnstrecke nach Jugoslawien wird auch **Albanien** an das europäische Eisenbahnnetz angeschlossen.

11. August. Die USA kündigen ihre Mitarbeit im pazifischen **Anzus**-Pakt auf, weil Neuseeland keine Schiffe mehr in seine Häfen läßt, die mit Atomwaffen bestückt oder atomgetrieben sind.

15. August. Der Internationale **Währungsfonds** erklärt **Peru** für kreditunwürdig, weil es sich weigert, die notwendigen Mittel für den Schuldendienst aufzubringen.

18. August. Trotz mehrerer unterirdischer Atombombenversuche der USA verlängert die sowjetische Regierung ihr einseitiges **Moratorium**, solche Versuche nicht mehr durchzuführen, bis Ende des Jahres.

22. August. Beim Ausströmen giftiger Gase aus einem Vulkansee kommen im Nordwesten **Kameruns** mindestens 1746 Menschen ums Leben.

30. August. Er war der Vater des modernen Finnland und von 1956 bis 1981 Staatspräsident: 85jährig stirbt **Urho Kaleva Kekkonen** an Herzversagen.

31. August. Seine Skulpturen waren nie unumstritten: Der englische Bildhauer **Henry Moore** stirbt mit 81 Jahren.

7. September. Bei einem mißglückten **Attentat** auf den chilenischen Präsidenten **Augusto Pinochet** kommen fünf seiner Leibwächter ums Leben.

27. September. US-Senat und Abgeordnetenhaus verabschieden die einschneidendste **Steuerreform** seit 50 Jahren: Es wird zukünftig nur noch zwei Einkommensteuerklassen geben, in denen der Steuersatz außerdem mit 15 beziehungsweise 28 Prozent wesentlich niedriger als bisher liegt. Auch für Unternehmen wird der Spitzensteuersatz um 12 auf 34 Prozent gesenkt.

1. Oktober. Der Senat überstimmt das Veto von US-Präsident Reagan: Eine Reihe von wirtschaftlichen **Sanktionen gegen Südafrika** treten in Kraft; so dürfen Rohstoffe wie Uran, Stahl und landwirtschaftliche Produkte nicht mehr von dort in die USA importiert, zahlreiche andere Güter nicht mehr in den Apartheidstaat exportiert werden.

11./12. Oktober. Bei den **Gipfelgesprächen** zwischen US-Präsident Ronald Reagan und dem sowjetischen Parteichef Michail Gorbatschow in **Reykjavik** auf Island werden sensationelle Einigungen erzielt, die später an den unüberbrückbaren Gegensätzen in der Frage der Weltraumwaffen (SDI) scheitern.

17. Oktober. Die **USA** amnestieren die **illegalen Einwanderer**, die nachweisbar seit mindestens 1982 im Lande sind. Sie werden vor allem in der Landwirtschaft gebraucht.

19. Oktober. Samora Machel, Staatspräsident von **Mosambik**, kommt bei einem Flugzeugabsturz über Südafrika ums Leben.

20. Oktober. In **Israel** tauschen Ministerpräsident Peres und Außenminister Shamir vereinbarungsgemäß zur Halbzeit der Legislaturperiode die Ämter.

8. November. Er war Staatschef unter Stalin, Außenminister zu Zeiten des Zweiten Weltkriegs und mitverantwortlich für Tausende von Terrorurteilen: Im Alter von 96 Jahren stirbt **W. M. Molotow** in Moskau.

25. November. Auf **Neu-Kaledonien** wird ein Umweltschutzabkommen für den südlichen Pazifik von zwölf unabhängigen Pazifik-Inseln, Neuseeland, Frankreich, Australien und den USA unterzeichnet, das insbesondere die Versenkung radioaktiver Abfälle in der 200-Seemeilen-Zone um jede Insel verbietet.

25. November. US-Sicherheitsberater Admiral Pointdexter tritt wegen der **Iran-Contra-Affäre** zurück; sein Mitarbeiter Oliver North wird, nachdem er noch tagelang den Reißwolf mit geheimen Dokumenten gefüttert hat, entlassen. Von Mitarbeitern des Sicherheitsrates wurden mit Kenntnis einiger Regierungsmitglieder insgeheim Waffen an den Iran verkauft und mit den Gewinnen daraus die Contras in Nicaragua am Kongreß vorbei finanziert.

30. November. Er war der gutaussehende Charmeur und blendende Komödiant: Mit 82 Jahren stirbt **Cary Grant** an einem Schlaganfall.

3. Dezember. Gegen den Widerstand Frankreichs setzt die Uno **Neu-Kaledonien** auf die Liste der nicht-autonomen Gebiete und stellt das Recht des Volkes auf Unabhängigkeit und Selbstbestimmung fest.

19. Dezember. Nach sechs Jahren der Verbannung in Gorki darf der Dissident und Friedensnobelpreisträger, Atomphysiker **Andrej Sacharow,** mit seiner Frau Jelena Bonner nach Moskau zurückkehren.

1987

8. Januar: Im **Tschad** schließen sich die Regierungstruppen mit den Anhängern des ehemaligen Staatspräsidenten Goukouni Weddeye zusammen, der zuvor mit Libyen verbunden war.

16. Januar. Rebellierende Militäreinheiten in **Ecuador** entführen den Staatspräsidenten León Febres Cordero, um ihn so zur Freilassung des inhaftierten ehemaligen Luftwaffenchefs Frank Vargas zu zwingen.

16. Januar. Der Generalsekretär der KP **Chinas**, Hu Yaobang, ist zurückgetreten. Ministerpräsident Zhao Ziyang wird sein Nachfolger.

22. Januar. In der philippinischen Hauptstadt **Manila** eröffnen in der Nähe des Präsidentenpalastes Soldaten das Feuer auf eine Menschenmenge von 10 000 Demonstranten, die gegen die Landreform demonstrieren; 16 Menschen werden getötet. Am 27. Januar scheitert ein **Putschversuch gegen** Präsidentin **Aquino**.

27. Januar. Der sowjetische Parteichef Michail **Gorbatschow** kritisiert in einer weit beachteten Rede die Fehler der Vergangenheit und fordert eine Demokratisierung von Partei und Gesellschaft. Am 2. Februar wird eine erste Gruppe von Dissidenten freigelassen, weitere folgen.

1. Februar. Die Filmstadt **Hollywood** feiert ihren 100. Geburtstag.

10. Februar. Das Internationale **Rote Kreuz** fordert den sofortigen Zugang zu den von den schiitischen Amal-Milizen belagerten Palästinenserlagern im **Libanon**. Vier Tage später gestatten die Milizen zum ersten Mal seit Monaten den Transport von Medikamenten und Lebensmitteln in die von Seuchen und Hunger bedrohten Lager, in denen überwiegend Frauen und Kinder leben. Die Belagerung wird erst im April von den syrischen Truppen beendet.

20. Februar. Das mit umgerechnet 108 Milliarden Mark am höchsten verschuldete Land der Dritten Welt, **Brasilien,** stellt für 90 Tage die Zinszahlungen ein.

21. Februar. Bei einem informellen Besuch in **Indien** trifft sich der pakistanische Staatspräsident **Zia ul-Haq** mit dem indischen Premierminister Rajiv Gandhi.

26. Februar. In Washington veröffentlicht die „Tower-Kommission", die den **„Iran-Contra-Skandal"** untersucht hat, ihren Abschlußbericht. Daß Präsident Reagan von der Angelegenheit wußte, konnte nicht nachgewiesen werden; jedoch ist die Rede von schweren Managementfehlern im Weißen Haus.

26. Februar. Wegen der Weigerung der US-Regierung, auf Atomtests zu verzichten, beendet die UdSSR ihr 19monatiges einseitiges **Moratorium** und zündet selbst wieder eine Atombombe zu Testzwecken.

6. März. Das Kentern der Autofähre **„Herald of Free Enterprise"** beim Auslaufen aus dem belgischen Hafen Zeebrugge kostet 188 Menschen das Leben.

6. März. Nach einer Untersuchung britischer Wissenschaftler haben Kleinkinder, die in der Nähe eines der beiden britischen Atomwaffenzentren leben, ein doppelt so hohes **Leukämie-Risiko** wie Kinder in anderen Landesteilen.

26. März. Portugal und China paraphieren in Peking ein Abkommen, das die Rückgabe der portugiesischen Enklave **Macao** an China im Dezember 1999 regelt. China sagt zu, daß Macao auch danach für mindestens 50 Jahre eine weitgehende Autonomie besitzen soll.

6. April. Trotz heftiger Proteste verabschiedet das griechische Parlament ein Gesetz zur **Verstaatlichung** der Ländereien der **Griechisch-Orthodoxen Kirche**.

16. April. Offiziere der argentinischen Armee meutern gegen den gewählten Staatspräsidenten **Aifonsín** und fordern die Freilassung der bisher verurteilten Generäle sowie eine Generalamnestie für alle Soldaten, die sich Menschenrechtsverletzungen zuschulden kommen ließen. Die Meuterei kann am 20. April friedlich beendet werden.

18. April. In **Manila** kommt es zu Rebellionen unzufriedener Truppenteile; sie werden von loyalen philippinischen Regierungstruppen überwältigt.

20. April. Eröffnung des einwöchigen **Kongresses** des **Palästinensischen Nationalrats**, auf dem sich PLO-Chef Jassir Arafat mit seinen radikalen Gegnern Georges Habasch und Najef Hauatmeh versöhnt, die sich 1983 von seiner Führung losgesagt hatten.

22. April. Die staatliche Transportbehörde **Südafrikas** entläßt 17 500 schwarze Arbeiter und beendet damit einen sechswöchigen Streik auf radikale Weise. Bei Protesten gegen diese Maßnahme werden sechs schwarze Eisenbahner erschossen.

8. Mai. Bei einem Feuergefecht mit Sicherheitskräften in Loughgall in **Nordirland** wird James Lynagh, einer der führenden Köpfe der IRA, zusammen mit weiteren sieben IRA-Mitgliedern erschossen.

10. Mai. Zwei Tage nachdem der Deutsche **Mathias Rust** ungehindert auf dem Roten Platz in Moskau landen konnte, werden der UdSSR-Verteidigungsminister Sergej Sokolow und der Chef der sowjetischen Luftverteidigungstruppen, Alexander Koldunow, abgelöst.

15. Mai. Sie war das Glamour-Girl des amerikanischen Films in den vierziger Jahren und ließ Männerherzen höher schlagen: 68jährig stirbt **Rita Hayworth** an der Alzheimerschen Krankheit.

1. Juni. Der Ministerpräsident des **Libanon**, Raschid Karamé, fällt an Bord eines Armeehubschraubers kurz nach dem Start einem Sprengstoffattentat zum Opfer.

4. Juni. Trotz Protesten der Regierung **Sri Lankas** wirft die indische Luftwaffe Hilfsgüter für die tamilische Minderheit ab, die um die Unabhängigkeit kämpft.

11. Juni. Margaret Thatcher verteidigt bei den Unterhauswahlen ihre absolute Mehrheit und ist damit die erste britische Premierministerin in diesem Jahrhundert, die eine dritte Amtszeit antreten kann.

11. Juni. In Antwort auf einen Generalstreik verhängt die Regierung von **Panama** den Ausnahmezustand, führt die Pressezensur ein und überträgt dem Militär die Kontrolle über die Hauptstadt.

14. Juni. 13 Jahre nach dem Sturz des Kaiserreichs läßt das sozialistische **Äthiopien** wählen. Alle Kandidaten werden von der kommunistischen Einheitspartei, den Gewerkschaften und der Armee aufgestellt.

22. Juni. Neben Nijinski und Nurejew war er der König der Tanzkunst dieses Jahrhunderts. Sein wohl bekanntester Film war nach dem Krieg „Daddy Langbein". 88jährig stirbt **Fred Astaire** in Hollywood.

11. Juli. Der fünfmilliardste **Mensch** wird geboren.

18. Juli. Die von **Südafrika** in Mosambik unterstützte rechtsgerichtete Rebellenbewegung „Renamo" soll laut mosambikischer Regierung für ein Massaker in Homoine verantwortlich sein, bei dem 386 Menschen getötet wurden.

22. Juli. Der sowjetische Parteichef Michail Gorbatschow bietet dem Westen eine globale **Doppel-Null-Lösung** für atomare Mittel- und Kurzstreckenraketen an.

23. Juli. In **Moskau** kommt es zu Demonstrationen der **Krim-Tataren,** die auf die Krim zurückkehren wollen. Sie waren nach dem Zweiten Weltkrieg wegen angeblicher Kollaboration mit den Deutschen aus ihrer eigenständigen Republik nach Mittelasien umgesiedelt worden.

31. Juli. In der heiligen Stadt des Islam, in **Mekka**, kommt es zu einem Blutbad zwischen iranischen Demonstranten und anderen Moslem-Pilgern sowie saudischen Sicherheitskräften.

23. August. In den drei **baltischen Hauptstädten** kommt es anläßlich des Jahrestages der Unterzeichnung des Hitler-Stalin-Pakts von 1939, mit dem die Staaten an die UdSSR ausgeliefert worden waren, zu Protestdemonstrationen gegen die sowjetrussische Vorherrschaft.

28. August. Sein Leben wie seine Filme waren voller Action: Der Regisseur von „Key Largo", „African Queen" und „Der Schatz der Sierra Madre", **John Huston**, stirbt mit 81 Jahren an Krebs.

29. August. Er war der harte Bursche in „Big Heat", „Der Tod eines Killers" und „Point Blank": **Lee Marvin** stirbt mit 63 Jahren nach einer Herzattacke.

9. September. Louis Malles Film **„Auf Wiedersehen, Kinder"** wird auf der Biennale in Venedig mit dem „Goldenen Löwen" ausgezeichnet.

29. September. Auf der gemeinsamen Jahrestagung von **IWF** und **Weltbank** in Washington schließt der Chef der Deutschen Bank, Alfred Herrhausen, überraschend einen Teilschuldenerlaß für Dritte-Welt-Länder nicht aus.

3. Oktober. Der Schneidersohn aus Bordeaux war der Meister-Entertainer des modernen Theaters: Mit 77 Jahren stirbt **Jean Anouilh.**

9. Oktober. Auf **Sri Lanka** kommt es zu einer Großoffensive indischer „Friedenstruppen" gegen die tamilischen Rebellen in Jaffna; die Stadt wird am 26. Oktober erobert.

19. Oktober. Der **Börsenkrach** läuft von New York rund um die Welt; der Dow-Jones-Index fällt um mehr Prozentpunkte als am Schwarzen Freitag 1929. Trotz aller Befürchtungen folgt deswegen keine Krise.

19. Oktober. Sie war eine große Cellistin: **Jacqueline du Pré** stirbt in London an den Folgen einer multiplen Sklerose.

22. Oktober. Er war Gangster, Bulle oder Außenseiter in Meisterwerken wie „Der zweite Atem", „Fahrstuhl zum Schafott", „Die Macht und der Preis": **Lino Ventura**, gebürtiger Italiener, stirbt mit 68 Jahren.

7. November. Der tunesische Staatspräsident **Habib Bourguiba** wird von Premierminister Zine el Abidine Ben Ali wegen körperlicher und geistiger Unfähigkeit abgesetzt. Ben Ali wird neuer Staatspräsident.

9. November. Volksabstimmung in **Italien**: klare Mehrheiten gegen den weiteren Ausbau der Atomenergie, für die zivilrechtliche Haftung von Richtern bei Fehlurteilen sowie für eine gerichtliche Nachprüfung und Beurteilung von Vergehen im Amt von Ministern.

11. November. In New York werden die „Schwertlilien", ein Bild von **Vincent van Gogh**, für umgerechnet etwas mehr als 100 Millionen Mark versteigert.

18. November. Im **Londoner** U-Bahnhof **King's Cross** kommt es zu einem Großbrand, bei dem 31 Menschen sterben. Danach wird die Politik der Regierung kritisiert, die in ihren Sparabsichten die Kommunen und die Infrastruktur in U-Bahnen, Krankenhäusern und Schulen verkommen läßt.

9. Dezember. US-Präsident Ronald **Reagan** und der KPdSU-Generalsekretär Michail **Gorbatschow** unterzeichnen in Washington – Gorbatschow ist zum ersten Mal in den USA – ein Abkommen über die Vernichtung aller landgestützten atomaren amerikanischen und sowjetischen Mittelstreckenraketen in Europa; vorgesehen ist eine Überprüfung durch Inspektoren an Ort und Stelle für die nächsten 13 Jahre.

10. Dezember. Das US-Handelsministerium gibt bekannt, daß das **Außenhandelsdefizit der USA** allein im Oktober um 25,3 Prozent auf 17,6 Milliarden Dollar angewachsen ist. Die Aktienkurse an der New Yorker Börse stürzen steil in die Tiefe.

12. Dezember. Die palästinensische Bevölkerung im **Westjordanland** und im Gazastreifen steht nach Meldungen der israelischen Presse „am Rande des Volksaufstandes"; die Kette der Zusammenstöße mit israelischem Militär reißt nicht ab. Am 16. Dezember setzt Israel im Gazastreifen erstmals Panzer ein; am 19. Dezember liefern sich Demonstranten und Polizisten auch im arabischen Ostteil Jerusalems stundenlange Straßenkämpfe.

16. Dezember. Das Ergebnis der ersten direkten **südkoreanischen Präsidentschaftswahlen** seit 1971 führt in der Hauptstadt Seoul und weiteren Städten zu Protestdemonstrationen und Straßenkämpfen, da die Opposition Wahlmanipulation vermutet. Der Kandidat der Regierungspartei, Ex-General Roh Tae Woo, ist Wahlgewinner mit 35,9 Prozent der Stimmen; die beiden Oppositionspolitiker Kim Young Sam und Kim Dae Jung, die sich nicht auf eine gemeinsame Kandidatur hatten einigen können, gewinnen 27,5 beziehungsweise 26,5 Prozent der Stimmen.

1988

1. Januar. Nach 30 Jahren Sperrfrist werden in **Großbritannien** die Protokolle des Atomunfalls 1957 in **Windscale** (heute Sellafield) veröffentlicht. Es stellt sich heraus, daß der Unfall wesentlich gravierender war als öffentlich bekannt gemacht und daß Dutzende Krebstote zu beklagen waren.

15. Januar. Spanien vereinbart mit den **USA**, die amerikanische Militärpräsenz im Lande um 50 Prozent bis 1992 zu reduzieren.

16. Januar. Auf der Konferenz der Präsidenten der mittelamerikanischen Staaten erklärt sich der Präsident **Nicaraguas**, Daniel Ortega, überraschend bereit, mit den **Contras** in direkte Verhandlungen einzutreten, um ein Ende des Bürgerkriegs zu erreichen.

25. Januar. Vermutlich von der **kolumbianischen Drogenmafia** wird der Generalstaatsanwalt Carlos Mauro Hoyos entführt und ermordet.

2. Februar. US-Präsident Reagan ordnet die Herstellung der neuen **chemischen Bombe** „Bigeye" an, nachdem schon im Dezember 1987 mit der Produktion chemischer Waffen nach 18jährigem Moratorium wieder begonnen wurde.

3. Februar. Der US-Kongreß verweigert dem Präsidenten weitere Hilfsgelder, die für die nicaraguanischen **Contras** bestimmt waren.

10. Februar. Im südafrikanischen Homeland **Bophuthatswana** schlagen südafrikanische Truppen einen Militärputsch nieder und verhelfen dem **Südafrika** genehmen Staatspräsidenten des 1977 für unabhängig erklärten Landes, Lucas Mangopo, wieder ins Amt.

24. Februar. Die Regierung **Südafrikas** untersagt den 17 wichtigsten legalen schwarzen Organisationen per Verordnung alle politischen Aktivitäten.

24. Februar. Nationalitäten-Unruhen in der UdSSR. In der estnischen Hauptstadt **Tallinn** demonstrieren trotz Verbot 20 000 Menschen anläßlich des 70. Jahrestages der Unabhängigkeit Estlands. Nach Unruhen unter der armenischen Bevölkerung wird der Parteichef der weitgehend von **Armeniern** bewohnten in Aserbeidschan gelegenen autonomen Region Berg-Karabach abgelöst und durch einen Armenier ersetzt. Die Armenier demonstrieren für die Eingliederung Berg-Karabachs in die Republik Armenien. Die sowjetische Führung lehnt dies ab. In Aserbeidschan fordert die Verfolgung dort lebender Armenier eine unbekannte Anzahl Toter und Verwundeter.

3. März. In **Großbritannien** fusionieren Teile der Sozialdemokraten und Liberale zur „Sozialen und Liberalen Demokratischen Partei".

16. März. Im **Golfkrieg** soll der Irak Giftgas gegen die vom Iran besetzte irakisch-kurdische Stadt Halabja eingesetzt haben, 5000 Menschen seien ums Leben gekommen, 7000 verletzt worden, behauptet der Iran am Monatsende vor der Uno.

20. März. Bei den Parlaments- und Kommunalwahlen in **El Salvador** erringt die ultrarechte Arena-Partei zum Ärger der USA, die auf die Christdemokraten gesetzt hat, 30, später 31 von 60 Sitzen. Der Guerillakrieg der Linken, die die Wahl boykottiert hatten, geht weiter.

28. März – 1. April. Die israelische Armee riegelt die besetzten arabischen Gebiete für drei Tage von der Außenwelt ab, weil sie zum sogenannten „Tag der Erde" eine weitere Verstärkung der **„Intifada"**, des Unabhängigkeitskampfes der Palästinenser, fürchtet. Der Tag verläuft jedoch weitgehend friedlich.

12. April. Das US-Patentamt patentiert eine **gentechnisch** manipulierte Maus.

12. April. Der Film **„Der letzte Kaiser"** von Bernardo Bertolucci wird mit neun „Oscars" ausgezeichnet.

14. April. Nach fast sechsjährigen indirekten Verhandlungen unterzeichnen Afghanistan, Pakistan, die USA und die UdSSR ein Abkommen zur Lösung des **Afghanistankonflikts**. Am 15. Mai beginnt der **Abzug** der sowjetischen Truppen.

16. April. Nach dem Mord an Abu Dschihad, dem Militärchef und Vizepräsidenten der **PLO**, in Tunis brechen in den israelisch besetzten Gebieten die schwersten Unruhen seit 1967 aus. Bis Mitte Juni werden dabei wenigstens 210 Palästinenser und vier Israelis getötet.

18. April. Als Vergeltung für die Beschädigung eines amerikanischen Kriegsschiffs durch eine Mine vernichtet die US-Navy im **Persischen Golf** zwei iranische Bohrinseln.

13. Mai. Er war ein Rebell des Jazz und verkörperte das Lebensgefühl des coolen Außenseiters. **„Chet" Baker** stirbt mit 58 Jahren in Amsterdam nach dem Sturz aus einem Hotelfenster.

17. Mai. Nach zehntägiger Belagerung stürmen indische Elite-Truppen den **Goldenen Tempel** von Amritsar, das höchste Heiligtum der auf Autonomie drängenden **Sikhs**, in dem sich der Widerstand verschanzt hatte. Mehr als 30 Sikhs werden erschossen.

26. Mai. In der **UdSSR** werden Kooperativen die gleichen Rechte eingeräumt wie bisher den Staatsbetrieben.

29. Mai – 2. Juni. Nach einem Aufenthalt in Helsinki besucht US-Präsident Reagan die UdSSR und setzt dort zusammen mit Parteichef Gorbatschow durch den Austausch der Ratifizierungsurkunden das **INF-Abkommen** über die Demontage landgestützter atomarer Mittelstreckenraketen in Europa in Kraft.

9. Juni. Die in der UdSSR während des Zweiten Weltkriegs umgesiedelten **Krim-Tataren** dürfen in ihre alte Heimat zurückkehren, erhalten aber keine politische Autonomie.

11. Juni. Zu Ehren des am 18. Juli 70 Jahre alt werdenden **Nelson Mandela**, der seit 25 Jahren in den Kerkern Südafrikas sitzt, wird im Londoner Wembley-Stadion ein gigantisches Popkonzert inszeniert und in alle Welt übertragen.

27. Juni. In der ungarischen Hauptstadt Budapest demonstrieren 50 000 gegen die Minderheitspolitik in **Rumänien**: Präsident Ceauşescu will im ganzen Land die gewachsenen Dörfer durch Mittelpunktsiedlungen ersetzen und droht damit, die Lebensformen der ungarischen und deutschen Minderheiten zu zerstören.

1. Juli. Neuer **Nato**-Generalsekretär wird der ehemalige deutsche Verteidigungsminister Manfred Wörner.

3. Juli. Der amerikanische Kreuzer „Vincennes" schießt über der Straße von Hormus im **Persischen Golf** ein iranisches Verkehrsflugzeug ab. Alle 290 Insassen des Airbus kommen ums Leben.

6. Juli. Bei den Präsidentschaftswahlen in **Mexiko** kommt es zu schweren Auseinandersetzungen. Die Opposition wirft der Regierungspartei PRI massiven Wahlbetrug vor.

18. Juli. Nachdem der Irak am Vortag einen „ehrenvollen Frieden" angeboten hatte, teilt UN-Generalsekretär Perez de Cuellar mit, daß der Iran die UN-Resolution über ein Ende des **Golfkriegs** angenommen habe. Am 20. August tritt der Waffenstillstand in Kraft und beendet einen Krieg, der acht Jahre gedauert und weit über eine Million Tote gekostet hat.

25. Juli. Nach schweren Unruhen in der Bevölkerung tritt der vor 26 Jahren durch einen Putsch an die Macht gekommene Partei- und Regierungschef von **Birma**, General Ne Win, zurück. Neuer Parteichef wird der General Sein Lwin, der zwei Tage später auch das Amt des Staatspräsidenten übernimmt und versucht, das Land mit Gewalt zu befrieden. Am 12. August scheitert jedoch sein Regime am gewaltfreien Widerstand der Bevölkerung. Am 19. August wird ein Zivilist zum Präsidenten gewählt; am 18. September übernimmt nach wochenlangen Unruhen das Militär wieder die Macht; dabei sterben wenigstens 100 Menschen.

25. Juli. Louise Brown, das erste Kind, das in der Retorte gezeugt worden ist, wird zehn Jahre alt.

31. Juli. Das belgische Parlament überträgt wesentliche politische Kompetenzen an die Regionen **Flandern** und **Wallonien**.

31. Juli. König Hussein von **Jordanien** gibt den Anspruch auf das seit 1967 von Israel besetzte Westjordanland an die PLO ab.

8. August. Angola, Südafrika und Kuba einigen sich auf einen sofortigen **Waffenstillstand in Angola**. Die USA hatten vermittelt.

14. August. Seine feuerroten Renner feierten Siege in der ganzen Welt, seine Autos waren immer mehr als nur Fortbewegungsmittel: 90jährig stirbt **Enzo Ferrari** in seiner Geburtsstadt Modena.

17. August. Der pakistanische Staatspräsident und General Mohammad **Zia ul-Haq** kommt bei einem **Attentat** an Bord seines Flugzeugs im Osten des Landes ums Leben.

25. August. Ein Großbrand verwüstet einen Teil der historischen Altstadt von **Lissabon**.

27. August. Präsident Pinochet macht Wahlkampf: In **Chile** werden der 1973 verhängte Ausnahmezustand sowie die „Notstandsgesetze für den inneren Frieden" aufgehoben; am 1. September dürfen auch die exilierten Chilenen wieder einreisen.

10. September. In der Karibik entsteht der **Hurrikan Gilbert**, der auf einem 3000 Kilometer langen Weg bis zur mexikanischen Halbinsel Yucatan gigantische Schäden anrichtet und Hunderttausende Menschen obdachlos macht.

17. September. Der südkoreanische Präsident Roh Tae Woo eröffnet in Seoul die **Olympischen Sommerspiele,** die erstmals in diesem Jahrzehnt nicht boykottiert werden.

26. September. Zwei Tage nach seinem Olympiasieg über 100 Meter wird der kanadische Sprinter **Ben Johnson** wegen Dopings disqualifiziert.

30. September. Im Zuge umfangreicher Umbesetzungen in der sowjetischen Parteiführung tritt Staatspräsident **Andrej Gromyko** am 1. Oktober zurück; Parteichef **Michail Gorbatschow** übernimmt am selben Tag auch dieses Amt.

30. September. 32 Jahre nach dem **Ungarn-Aufstand** erläßt der Präsidentschaftsrat eine Amnestie.

5. Oktober. Bei einer **Volksbefragung in Chile** stimmt die Mehrheit gegen eine Verlängerung der Amtszeit von Präsident Pinochet und für den Übergang zur Demokratie.

5. Oktober. Mit dem Inkrafttreten einer neuen Verfassung kehrt **Brasilien** offiziell zur Demokratie zurück.

5. Oktober. In den USA beginnt das sogenannte **Genom-Projekt**, bei dem – für geschätzte Kosten von mindestens drei Milliarden Dollar – das Genom, die Summe aller menschlichen Gene, analysiert werden soll.

6. Oktober. Über **Algier** wird für sechs Tage der Belagerungszustand verhängt; die Bevölkerung kämpft für höhere Löhne und eine bessere Versorgung mit Konsumgütern.

12. Oktober. Beim dritten Prozeß gegen die italienischen **Roten Brigaden** werden wegen Beteiligung an der Entführung und Ermordung des christdemokratischen Ministerpräsidenten **Aldo Moro** im Jahre 1978 26 der 173 Angeklagten zu lebenslänglicher Haft verurteilt, 20 freigesprochen.

8. November. Der bisherige Vizepräsident **George Bush** wird zum 41. Präsidenten der USA gewählt.

15. November. Der Palästinensische Nationalrat ruft in Algier einen unabhängigen **Palästinenser-Staat** in den von Israel besetzten Gebieten aus.

16. November. Bei den ersten freien Parlamentswahlen in **Pakistan** nach elf Jahren Militärdiktatur erringt die Oppositionsführerin **Benazir Bhutto**, die Tochter des von den Militärs hingerichteten Politikers Zulfikar Ali Bhuttos, die Mehrheit mit der von ihr geführten Volkspartei.

16. November. Die vom **Obersten Sowjet** beschlossenen Verfassungsänderungen sehen ein Veto-Recht der Teilrepubliken vor.

23. November. In einer Fernsehansprache entschuldigt sich der Ex-Präsident **Südkoreas,** Chun Doo Hwan, für seinen Amtsmißbrauch und kündigt die Rückgabe des während seiner Regierungszeit erworbenen Vermögens von 40 Millionen Mark an den Staat an.

26. November. US-Außenminister **George Shultz** verweigert dem PLO-Chef **Arafat**, der eine Rede vor der UN-Vollversammlung halten wollte, die Einreise in die USA mit der Begründung, der Palästinenserführer sei für terroristische Anschläge gegen US-Bürger verantwortlich. Die **UN-Vollversammlung** wird deshalb zeitweise nach Genf verlegt, wo Arafat am 13. Dezember eine gemäßigte Rede hält.

7. Dezember. Weitere einseitige Abrüstungsvorschläge verkündet **Michail Gorbatschow** in einer Rede vor der Vollversammlung der Vereinten Nationen. Am selben Tag ereignet sich in **Armenien** ein schweres **Erdbeben**, das rund 25 000 Menschen das Leben kostet und eine Welle der Hilfsbereitschaft in Gang setzt.

15. Dezember. US-Präsident **Reagan** kündigt an, er wolle Gespräche mit der **PLO** aufnehmen. Dies könnte eine grundlegende Neuorientierung der amerikanischen Nahostpolitik bedeuten.

21. Dezember. Über der schottischen Ortschaft **Lockerbie** explodiert nach einem Attentat ein Jumbo-Jet der amerikanischen Fluggesellschaft PanAm.

1989

7. Januar. Der japanische **Kaiser Hirohito** stirbt nach langer Krankheit mit 87 Jahren. Nachfolger wird sein ältester Sohn, Kronprinz Akihito.

11. Januar. Das ungarische Parlament beschließt als erstes Parlament im Ostblock zwei für eine **Demokratisierung** wichtige Gesetze: ein Versammlungs- sowie ein Vereinsgesetz, das auch die Gründung politischer Parteien erlaubt.

18. Januar. Staats- und Parteichef Michail Gorbatschow erläutert, daß bei der im Dezember vor den Vereinten Nationen angekündigten **Verringerung der sowjetischen Streitkräfte** um 500 000 – das entspricht 12 Prozent der Truppenstärke – 240 000 Soldaten aus dem europäischen Landesteil demobilisiert werden sollen.

3. Februar. In **Paraguay** putscht der Schwiegersohn des seit 34 Jahren regierenden Diktators **Alfredo Stroessner** und schickt den Präsidenten ins Exil.

3. Februar. Der sowjetische Historiker Roy Medwedew beziffert erstmals die **Opfer Stalins**: rund 40 Millionen, davon 20 Millionen Tote.

12. Februar. In der liberalen südafrikanischen Presse werden Vorwürfe gegen das Idol der Freiheitsbewegung, **Winnie Mandela**, erhoben: Ihre Leibwache, der „Fußballklub", habe Kinder zu Tode mißhandelt.

14. Februar. Der iranische Revolutionsführer Khomeini verurteilt den Schriftsteller **Salman Rushdie** wegen seines Buches „Satanische Verse" zum Tode und bietet jedem Iraner einen Kopfpreis von umgerechnet 4,6 Millionen Mark.

15. Februar. Fristgerecht beendet die UdSSR ihren **Truppenabzug aus Afghanistan**. Der Krieg zwischen Regierungstruppen und Rebellen geht weiter.

27. Februar. Hunderte von Toten in **Venezuela** bei Auseinandersetzungen wegen der Erhöhung von Preisen für Grundnahrungsmittel. Es kommt zu Plünderungen, die Polizei schießt in die Menge. Das Sparprogramm, zu dem diese Preiserhöhungen gehören, kam auf Initiative des Internationalen Währungsfonds zustande.

1. März. Nach 77 „trockenen" Jahren ist **Biertrinken in den isländischen Kneipen** wieder erlaubt.

5. März. In London beginnt im Rahmen des UN-Umweltprogramms eine Konferenz über die **Zerstörung der Ozonschicht**. Die Vertreter von 118 Regierungen fassen keine Beschlüsse.

6. März. Bei **Demonstrationen** zum 30. Jahrestag des Aufstandes in **Tibet** gegen China kommt es zu mehreren Toten. Zwei Tage später wird über Lhasa das Kriegsrecht verhängt.

11.–26. März. Bei den Wahlen zum sowjetischen **„Kongreß der Volksdeputierten"**, angelegt als demokratisch legitimiertes Berufsparlament, wird im Moskauer Wahlkreis I der radikale Reformer Boris Jelzin mit 89 Prozent aller Stimmen gewählt. Auch sonst setzen sich vielfach reformorientierte Politiker durch.

14. März. Das nicaraguanische Parlament beschließt zehn Jahre nach der Befreiung vom Somoza-Regime die **Freilassung** der 1894 eingesperrten Mitglieder der somozischen Nationalgarde.

19. März. Bei den Präsidentschaftswahlen in **El Salvador** siegt der Kandidat der rechtsextremen Arena-Partei, **Alfredo Cristiani**, mit 53,81 Prozent vor den Christdemokraten.

27. März. Nachdem ein Riesentanker der Ölfirma Exxon zwei Tage zuvor beim Auslaufen aus dem Ölhafen Valdez in **Alaska** auf Grund gelaufen ist – der Kapitän soll betrunken in seiner Kabine gelegen haben –, ruft der Gouverneur den Notstand aus. Eine gigantische **Ölpest** bedroht die reichhaltigsten Fischfanggebiete der USA und die empfindliche Ökologie im hohen Norden.

28. März. Bei den schwersten Unruhen seit vielen Jahren sind in den vergangenen Tagen in der **jugoslawischen Provinz Kosovo** – deren Autonomie eingeschränkt werden soll – mindestens 24 Menschen ums Leben gekommen.

1. April. Der **Unabhängigkeitsprozeß Namibias** beginnt zunächst mit schweren Kämpfen zwischen südafrikanischen Soldaten und der Unabhängigkeitsbewegung Swapo, weil die UN-Truppen nicht rechtzeitig zur Stelle sind.

5. April. Bei den Verhandlungen zwischen Regierung und Opposition in **Polen** wird eine grundsätzliche Einigung erzielt: Die Gewerkschaft **Solidarität** soll zugelassen und Polen zur „sozialistischen parlamentarischen Demokratie" weiterentwickelt werden. Die Vorbereitungen auf freie Wahlen beginnen.

7. April. Nördlich von Norwegen sinkt nach einem Brand ein atomgetriebenes, vermutlich mit Atomwaffen bestücktes **U-Boot der UdSSR**. Gefahr für die Umwelt bestehe nicht, heißt es.

11. April. In der sowjetischen Republik **Georgien** wird der **Ausnahmezustand** verhängt, nachdem eine Sondereinheit der Polizei eine Demonstration für mehr Autonomie aufgelöst hat. Man spricht von 150 Toten und dem Einsatz von Giftgas.

22. April. Einen Tag vor den **Trauerfeierlichkeiten** für den verstorbenen chinesischen Politiker **Hu Yaobang** demonstrieren Hunderttausende Menschen für mehr Demokratie; das Volk will nicht nur Wirtschaftsreformen. Den aufbegehrenden Studenten schließen sich immer weitere Bevölkerungsteile an.

3. Mai. In den Niederlanden tritt Ministerpräsident **Lubbers** zurück, weil seine Koalition einen rund 6,5 Milliarden Mark teuren **„Nationalen Umweltplan"** zur Sanierung des am höchsten verschmutzten Landes in Westeuropa nicht mitträgt.

11. Mai. Der sowjetische Staats- und Parteichef Gorbatschow greift in den Streit um eine **dritte Null-Lösung** innerhalb der Nato ein und verkündet den einseitigen Abzug von 500 Kurzstreckenraketen aus Mitteleuropa.

11. Mai. Panamas starker Mann, **General Noriega**, annulliert die Parlamentswahlen, weil sie nicht in seinem Sinne ausgegangen sind.

14. Mai. Argentinien wählt den Peronisten **Carlos Menem** zum neuen Staatspräsidenten.

15. Mai. Während Millionen Chinesen für mehr Demokratie demonstrieren, trifft der sowjetische Staatschef Michail **Gorbatschow in Peking** ein. Er verkündet ein Zeitalter des Friedens zwischen den beiden Mächten.

20. Mai. Acht Jahre nach der **Lebensmittelkatastrophe durch gepanschtes Öl** – wenigstens 583 Tote und mehr als 25 000 zeitlebens Behinderte – in Spanien verurteilt das zuständige Madrider Gericht drei Händler zu hohen und elf weitere zu geringen Freiheitsstrafen.

25. Mai. Am ersten Tag des neugewählten „Kongresses der Volksdeputierten" in Moskau wird **Michail Gorbatschow** ohne Aussprache zum Staatspräsidenten gewählt.

31. Mai. Das Zentralkomitee der ungarischen KP rehabilitiert **Imre Nagy**, den Ministerpräsidenten des Volksaufstandes von 1956, der nach der Besetzung Ungarns gefangengenommen und 1958 hingerichtet worden war. Nagy wird am 16. Juni unter großer Anteilnahme der Bevölkerung in allen Ehren beigesetzt.

4. Juni. Am 15. Tag des Ausnahmezustandes in Peking, an den sich niemand hielt, schlägt die **Betonfraktion um Deng Xiaoping** in der chinesischen Führung zurück: Mit großer Grausamkeit geht das Militär gegen Studenten, Arbeiter und die gesamte Bevölkerung vor. Die Anzahl der Toten wird auf mehrere hundert geschätzt. Sodann beginnt eine Menschenjagd auf Abweichler, es folgen Schauprozesse.

4. Juni. Erstmals finden in **Polen Wahlen** statt, bei denen eine Opposition kandidieren kann. Die Kandidaten aus dem Umfeld von Solidarność gewinnen – es waren 35 Prozent der Sitze für Nicht-KP-Kandidaten reserviert – im ersten Wahlgang fast alle Parlamentssitze im Abgeordnetenhaus, um die sie sich bewerben durften, die Regierungskandidaten fallen alle durch.

4. Juni. Einen Tag nach dem **Tod** des 88jährigen iranischen Revolutionsführers **Khomeini** wird Staatspräsident Khaminei zu seinem Nachfolger bestimmt.

4. Juni. Bei einer **Explosion von riesigen Mengen Flüssiggas**, die aus einer Pipeline ausgetreten waren, werden zwei Züge der sowjetischen Transsibirischen Eisenbahn zerstört: mehr als 700 Tote, darunter viele Kinder.

4. Juni. In Florida stirbt im Alter von 71 Jahren **Dik Browne**, der „Vater" des weltweit bekannten Wikingers Hägar der Schreckliche.

5. Juni. In der sowjetischen Republik **Usbekistan** kommt es zu Pogromen gegen die Minderheit der Mescheten, die unter Stalin aus ihrer Heimat ausgesiedelt und nach Usbekistan gebracht wurden. Tausende der Mescheten werden in der Folge evakuiert.

9. Juni. Die EG-Umweltminister beschließen, daß der **geregelte Katalysator** ab Ende 1992 auch für Mittel- und Kleinwagen vorgeschrieben sein soll.

13. Juni. Chinas Studentenführer werden per Steckbrief im Fernsehen gejagt, allenthalben werden Telefonnummern zu Denunziationszwecken angegeben. Am 15. in Schanghai und am 17. in Peking werden von Militärgerichten die ersten Todesurteile gefällt und durch Genickschuß vollstreckt. Massenverhaftungen werden im ganzen Land vorgenommen.

18. Juni. Vor allem durch die Zugewinne der britischen **Labour Party** stellen nach den Wahlen zum Straßburger EG-Parlament erstmals die Sozialisten, Kommunisten und Grünen die Mehrheit.

Die Chronik der Bundesrepublik

1980

3. Januar. Die Bundespost führt in mehreren Ortsnetzen für Telefongespräche den **8-Minuten-Takt** ein.

12./13. Januar. Auf dem ersten Bundeskongreß der Landesverbände der Grünen wird – nach vor allem formalen Diskussionen – die **Bundespartei der Grünen** gegründet.

15. Januar. Für die wirtschaftlich angeschlagene **AEG** wird ein Sanierungsprogramm beschlossen. Kapitalschnitt und Personalabbau von 13 000 Beschäftigten sollen die Firma vor der Pleite retten.

30. Januar. Das Bundesinnenministerium verbietet die neonazistische **„Wehrsportgruppe Hoffmann"** in Nürnberg, die mit ausrangierten Bundeswehr-Panzerwagen übte. Bei Hausdurchsuchungen werden Waffen beschlagnahmt.

6. Februar. In einem Grundsatzurteil erklärt das **Bundesverfassungsgericht**, daß die friedliche Nutzung der **Atomenergie** mit dem Grundgesetz verträglich sei.

19. Februar. Bundeskanzler Helmut **Schmidt** sagt wegen des sowjetischen Einmarsches in **Afghanistan** seinen DDR-Besuch ab.

21. Februar. Er war eine Schlüsselfigur der Nachkriegsliteratur und ein unermüdlicher Förderer junger Talente: **Alfred Andersch** („Sansibar oder Der letzte Grund") stirbt 66jährig.

5. März. Er war der einzige sozialdemokratische Ministerpräsident Bayerns nach dem Kriege (1946, 1954 bis 1957) und hatte maßgeblichen Anteil an der Verfassung des Freistaats: **Wilhelm Hoegner** stirbt mit 92 Jahren in München.

16. März. Bei den **Landtagswahlen** in **Baden-Württemberg** gewinnen die Grünen sechs Sitze. Sie überwinden zum ersten Mal in einem Flächenstaat die Fünf-Prozent-Hürde.

18. März. Er sah den Mensch als Opfer des Materialismus, als Sklave der Konsumgesellschaft: der Psychologe und Autor **Erich Fromm** („Anatomie der menschlichen Destruktivität") stirbt mit 74 Jahren.

4. April. Sinti beginnen auf dem Gelände des ehemaligen Konzentrationslagers **Dachau** einen unbefristeten **Hungerstreik**, um öffentliche Rehabilitierung und moralische Wiedergutmachung zu erzwingen. Nach Verhandlungen mit dem bayrischen Innenministerium und der Zusage der Unterstützung brechen sie den Hungerstreik nach einer Woche ab.

6. April. Erstmalig werden in der Bundesrepublik die Uhren auf **Sommerzeit** umgestellt.

4. Mai. Die Handballmannschaft des **TV Großwallstadt** gewinnt nach der Deutschen Meisterschaft und dem Europapokal der Landesmeister auch noch den Supercup.

6. Mai. Bei einer öffentlichkeitswirksamen **Vereidigung** von Bundeswehrrekruten im **Bremer Fußballstadion** anläßlich der 25jährigen Mitgliedschaft der Bundesrepublik in der Nato kommt es zu schweren Auseinandersetzungen zwischen Demonstranten und der Polizei. Es werden 275 Polizisten und 50 Demonstranten verletzt.

15. Mai. Das Nationale **Olympische Komitee** beschließt mit einer Stimme Mehrheit, sich an dem **Boykott** gegen die Spiele in Moskau zu beteiligen.

21. Mai. Die 1957 errichtete **Berliner Kongreßhalle**, von den Berlinern „Schwangere Auster" genannt, stürzt zum Teil ein.

26. Mai. Der Hamburger Sportverein gibt bekannt, daß Fußball-Star **Franz Beckenbauer** von Cosmos New York in der kommenden Saison in der Hansestadt spielen wird; eine Ablösesumme wird nicht verlangt.

4. Juni. Nach einem Monat wird die **„Freie Republik Wendland"**, ein Hüttendorf, mit dem die Atomkraftgegner in Gorleben gegen das geplante Atommüll-Endlager protestiert haben, von der Polizei geräumt.

8. Juni. Er war in der DDR der Politsänger Nr. 1, seine Stimme war eine Waffe im Kampf um mehr Gerechtigkeit. 80jährig stirbt **Ernst Busch** in Ost-Berlin.

15. Juni. Die Bremer Beratungsstelle von **„Pro Familia"** wird durch einen Brandanschlag verwüstet; am Tag darauf brennt es in den Beratungsstellen in Hamburg und Kiel. Ein 25jähriger Mann wird als Täter festgenommen.

22. Juni. Im Endspiel gegen Belgien gewinnt die Nationalmannschaft der Bundesrepublik die **Fußball-Europameisterschaft**.

30. Juni. Bundeskanzler **Helmut Schmidt** und Außenminister **Hans-Dietrich Genscher** beginnen eine zweitägige Reise nach **Moskau**, um über Abrüstung und über die sowjetische Intervention in Afghanistan zu verhandeln. Die Reise ist umstritten; schon am 27. Juni hatte die Bayerische Staatsregierung mit der Kündigung des ARD-Staatsvertrags gedroht, um auf die Berichterstattung darüber Einfluß zu nehmen.

31. Juli. Die Bonner Regierung sagt der türkischen Militärdiktatur eine **„Rüstungssonderhilfe"** von 600 Millionen Mark für die Jahre von 1980 bis 1983 zu.

1. August. Wegen mutmaßlichen Verstoßes gegen das Kriegswaffenkontrollgesetz durch den illegalen Export von Waffen eröffnet die Staatsanwaltschaft Düsseldorf ein Ermittlungsverfahren gegen den Waffenkonzern **Rheinmetall AG**.

17. August. Sprengstoffanschläge auf die Unterkunft äthiopischer Asylbewerber in Baden-Württemberg und – fünf Tage später – auf ein **Hamburger Ausländerwohnheim** führen zu zwei Toten und mehreren Verletzten.

17. September. Streik von etwa 500 der 3500 West-Berliner Beschäftigten der DDR-eigenen **Reichsbahn**. S-Bahn und Güterverkehr kommen zum Erliegen, zum Teil auch der Interzonenverkehr; die Reichsbahn kündigt vielen Mitarbeitern fristlos und sorgt dafür, daß der Streik am 25. September ergebnislos in sich zusammenbricht.

26. September. Bei einem **Bombenanschlag** auf dem **Münchner Oktoberfest** werden 13 Menschen getötet und 219 verletzt. Mußmaßlicher Attentäter ist ein 21 Jahre alter Rechtsradikaler, der bei dem Anschlag ums Leben kommt. Die Polizei forscht nicht weiter nach dem Tathintergrund und geht von einem Einzeltäter aus.

Oktober. Der intellektuelle Zeitgeist manifestiert sich in der von Hans Magnus Enzensberger herausgegebenen Zeitschrift **„Transatlantik"**, deren erste Nummer in diesem Monat erscheint.

Oktober. In der ARD läuft die dreizehnteilige Fernsehserie „Berlin Alexanderplatz" von **Rainer Werner Fassbinder** an.

1. Oktober. Der nordrhein-westfälische Landwirtschaftsminister Otto Bäumer meldet künstliches **Östrogen** in kalbfleischhaltiger Babynahrung. Das Bonner Gesundheitsministerium sieht jedoch keinen Anlaß zur Besorgnis.

2. Oktober. Eine Fernsehstunde mit den Spitzenkandidaten der im Bundestag vertretenen Parteien schließt den Wahlkampf ab: Kanzlerkandidat **Strauß** hat ihn mit der Parole „Freiheit oder Sozialismus" geführt und drei Tage später gegen **Helmut Schmidt** verloren.

13. Oktober. Mit Schlauchbooten blockieren Umweltschützer der Organisation **„Greenpeace"** das Abfallschiff „Kronos" im Hafen von Nordenham, um zu verhindern, daß es eine Ladung **Dünnsäure** in der Nordsee „verklappt".

16. Oktober. Die DDR-Schriftstellerin **Christa Wolf** erhält den mit 20 000 Mark dotierten Georg-Büchner-Preis.

15. bis 19. November. Köln, Bonn, Osnabrück, Mainz, Fulda, Altötting und München stehen auf dem Besuchsplan von **Papst Johannes Paul II.** in der Bundesrepublik. Auch Bundespräsident Carstens gibt einen Empfang für das Oberhaupt der katholischen Kirche.

11. Dezember. Der Bundesgerichtshof erklärt einen Vertrag für rechtens, mit dem sich Mitglieder einer Bürgerinitiative ihre Einsprüche gegen ein von der **Steag** projektiertes Kohlekraftwerk für 1,5 Millionen Mark haben abkaufen lassen.

24. Dezember. Er war seit 1943 Großadmiral und Oberbefehlshaber der Marine und wurde in den letzten Kriegstagen Nachfolger Hitlers als Reichskanzler: **Karl Dönitz** stirbt mit 89 Jahren in Aumühle bei Hamburg.

1981

Januar. Die **„Neue Deutsche Welle"** setzt sich durch: DAF, Fehlfarben, Ideal, Spliff, Palais Schaumburg und die Spider Murphy Gang sind die bekanntesten Gruppen.

15. Januar. Der Regierende Bürgermeister von Berlin, Dietrich Stobbe, sowie sein von der SPD und FDP getragener Senat erklären wegen des **Garski-Skandals** – Landesbürgschaften von 115 Millionen Mark waren auf dubiose Unterlagen hin gewährt worden – ihren Rücktritt. Als Nachfolger tritt am 23. Januar Bundesjustizminister Hans-Jochen Vogel an, der umgehend Neuwahlen ankündigt.

29. Januar. Straßenschlachten zwischen Hausbesetzern und Polizei in **West-Berlin**.

Februar. In Dortmund wird die Rock-Oper „The Wall" der englischen Gruppe **Pink Floyd** an sechs Abenden aufgeführt.

6. Februar. Klaus Bölling ist der designierte Nachfolger von Günter Gaus als ständiger Vertreter der Bundesrepublik in der DDR.

14. Februar. Mehr als 100 000 Bauern demonstrieren in mehreren Städten der Bundesrepublik gegen die **Agrarpolitik der EG** und der Bundesregierung. Sie fordern rund 15 Prozent mehr für ihre Produkte angesichts sinkender Einkommen.

28. Februar. In der Wilstermarsch um **Brokdorf** kommt es zur bisher größten Anti-AKW-Demonstration. Der Bundesverband Bürgerinitiativen Umweltschutz gibt die Teilnehmerzahl mit 80 000 bis 100 000 an. Die Polizei schirmt das Gelände von vorneherein weiträumig ab, so daß die meisten Demonstranten den Bauzaun nicht erreichen.

5. März. Nach einer Demonstration in Nürnberg ziehen einige Teilnehmer ins **Jugendzentrum KOMM**. Daraufhin nimmt die Polizei 164 Jugendliche, meist im Alter von 15 und 16 Jahren, fest; 141 werden auf der Grundlage von hektographierten Haftbefehlen zum Teil für mehrere Tage eingesperrt. Eine Hauptverhandlung wird vom Landgericht Nürnberg im Oktober '82 wegen nicht hinreichender Beweise nicht eröffnet.

6. März. Im Saal des Lübecker Schwurgerichts erschießt **Marianne Bachmeier** den mutmaßlichen Mörder ihrer siebenjährigen Tochter.

11. April. Auf dem X. **Parteitag der SED** in Ost-Berlin wird Erich Honecker in seinem Amt als Generalsekretär bestätigt. Das ebenfalls dort beschlossene Wirtschaftsprogramm sieht bis 1985 reale Wachstumsraten von jährlich mehr als fünf Prozent vor.

16. April. Im Hamburger Krankenhaus Barmbek stirbt der RAF-Gefangene **Sigurd Debus** an den Folgen seines Hungerstreiks.

3. Mai. Nach einem Fernsehinterview mit Bundeskanzler Helmut Schmidt, in dem dieser sich für das Selbstbestimmungsrecht der Palästinenser aussprach, kritisiert Israels Ministerpräsident **Menachem Begin** den Kanzler: Er erinnert an den Nationalsozialismus und wirft Schmidt „Geldgier" vor.

10. Mai. Bei den vorgezogenen **Wahlen zum Berliner Abgeordnetenhaus** verlieren die bisherigen Koalitionsparteien SPD und FDP ihre Mehrheit; die CDU legt zu und verfehlt knapp die absolute Mehrheit, wird aber erstmals stärkste Partei. Die Alternative Liste schafft mit 7,2 Prozent den Sprung in das Parlament.

16. Mai. Bundeskanzler Helmut Schmidt verknüpft in einer Rede vor SPD-Funktionären in Recklinghausen sein politisches Schicksal mit der Zustimmung seiner Partei zum **Nato-Doppelbeschluß** von 1979.

25. Mai. Der sozialdemokratische Erste Bürgermeister in Hamburg, **Hans-Ulrich Klose**, tritt von seinem Amt zurück, weil der SPD-Landesvorstand – im Gegensatz zur Parteibasis – darauf beharrt, daß die Hamburgischen Electricitäts-Werke am Bau des Atomkraftwerks Brokdorf beteiligt bleiben. Sein Nachfolger wird der bisherige Staatsminister und rheinland-pfälzische SPD-Landesvorsitzende **Klaus von Dohnanyi.**

Juni. Die ARD beginnt mit der Ausstrahlung der US-Serie **„Dallas"**, in der sich die deutschen Bürger in den Problemen der Superreichen wiederfinden.

11. Juni. In West-Berlin wird **Richard von Weizsäcker** zum Regierenden Bürgermeister eines Minderheitssenats gewählt, wobei ihm in geheimer Abstimmung auch FDP-Abgeordnete ihre Stimme gegeben haben müssen.

17.–21. Juni. Unter dem Motto „Fürchte dich nicht" befaßt sich der 19. **Evangelische Kirchentag** in Hamburg vor allem mit dem Wettrüsten in Ost und West.

28. Juni. Die Erfolge seiner Evergreens sind nicht zu zählen, seine Melodien längst Volkslieder: Der Großmeister des Leichten, **Ernst Kreuder,** stirbt 75jährig in Salzburg.

30. Juni. Nach 474 Verhandlungstagen geht in Düsseldorf einer der letzten großen NS-Prozesse – der sogenannte **Majdanek-Prozeß** – zu Ende. Die ehemalige KZ-Aufseherin Hermine Ryan-Braunsteiner erhält wegen Mordes „lebenslänglich"; sieben weitere Angeklagte werden zu drei bis zwölf Jahren Haft verurteilt.

14. Juli. Als erste Landesregierung beschließt das bayrische Kabinett, die Polizei mit dem chemischen **Reizgas CS** gegen Demonstranten auszurüsten. Das Kampfmittel wirkt auf Augen, Nasen und Rachen und steht in dem Verdacht, bei unvorsichtiger Verwendung schwere Verletzungen zu verursachen.

19. Juli. In Hamburg endet eine Ausstellung der Schätze aus dem Grab des ägyptischen Pharaos **Tutanchamun**. Die Schau in Hamburg und in anderen Städten der Bundesrepublik hatte 3,5 Millionen Besucher angelockt.

4. August. In der DDR tritt eine neue Verordnung des Volksbildungsministeriums in Kraft: Ab dem 1. September wird in erweiterten Oberschulen und in Spezialschulen für Jungen der 11. Klasse eine **vormilitärische Ausbildung** obligatorisch.

14. August. Der diplomierte Jurist wurde erst Generalmusikdirektor in Dresden und danach Staatsopernchef in Wien. Er war ein Weltstar am Dirigentenpult. **Karl Böhm** stirbt mit 86 Jahren.

21. August. Zum ersten Mal soll eine UN-Institution auf bundesdeutschem Boden angesiedelt werden: Als Sitz des geplanten **Internationalen Seerechts-Gerichtshofs** wird die Freie und Hansestadt Hamburg ausgewählt.

26. August. Der 200. **Starfighter** der Bundesluftwaffe stürzt bei Esbjerg/Dänemark ab.

1. September. Er war Hitlers Rüstungsminister, wollte aber eigentlich nur Architekt und Künstler sein: **Albert Speer**, bei den Nürnberger Prozessen zu 20 Jahren verurteilt, stirbt mit 76 Jahren.

13. September. Ein „heißer Herbst" kündigt sich an. Bei einer Demonstration von 50 000 Menschen in Berlin gegen den Besuch des US-Außenministers und ehemaligen Nato-Oberbefehlshabers **Alexander Haig** kommt es zu schweren Krawallen. Am 22. September wird ebenfalls in Berlin bei einer Demonstration wegen eines geräumten Hauses eine Gruppe von Demonstranten auf eine befahrene Straße getrieben, wobei der Demonstrant Klaus-Jürgen Rattay überfahren und tödlich verletzt wird.

6. Oktober. Unter dem Schutz von mehreren tausend Polizisten und Beamten des Bundesgrenzschutzes beginnen die Bauarbeiten zur Erweiterung des Frankfurter Flughafens um die **Startbahn West**.

10. Oktober. 300 000 Menschen demonstrieren in Bonn gegen die **Nachrüstung** der in Europa stationierten Mittelstreckenraketen. Es ist die bisher größte Friedensdemonstration in der Bundesrepublik.

15. November. Nach der Räumung des Hüttendorfs an der umstrittenen **Startbahn West** des Frankfurter Flughafens kommt es zu einer Großdemonstration, am Tag darauf zu Blockaden der Flughafenzufahrten.

22.–25. November. Der sowjetische Staats- und Parteichef Leonid **Breschnew** besucht zum dritten Mal die Bundesrepublik; es geht um Abrüstungs- und Wirtschaftsfragen.

27. November. Die Umweltminister der Bundesländer fordern auf einer Tagung in Berlin, daß spätestens 1990 kein **Asbest** mehr in Produkten enthalten sein soll, die in der Bundesrepublik hergestellt werden.

28. November. Sie war Brechts berühmteste Seeräuber-Jenny, arbeitete mit Jürgen Fehling und Max Reinhardt, ging mit ihrem Mann Kurt Weill in die Emigration. **Lotte Lenya** stirbt, vermutlich 81jährig, in New York.

1. Dezember. Der frühere Chefkommentator des Senders Freies Berlin, **Matthias Walden**, wird nach siebenjährigem Prozeß zur Zahlung von 40 000 Mark Schmerzensgeld an **Heinrich Böll** verurteilt, weil er in einem Rundfunkkommentar über die Ursachen des Terrorismus die Persönlichkeitsrechte Bölls verletzt hatte.

11.–13. Dezember. Bundeskanzler **Helmut Schmidt** reist zum dritten Gipfeltreffen mit dem DDR-Staatsratsvorsitzenden **Erich Honecker** in die DDR. Wirtschafts- und Umweltfragen sowie Abrüstungsprobleme sind die Themen.

13. Dezember. Im Ost-Berliner „Hotel Stadt Berlin" findet das bisher größte **deutsch-deutsche Schriftstellertreffen** statt. Dabei üben die ostdeutschen Gastgeber deutliche Kritik an ihrem Staat.

1982

13. Januar. Das Bundesverwaltungsgericht verbietet die Einrichtung weiterer **Peep-Shows** wegen Verstoßes gegen die Würde der Frau.

15. Januar. Der hessische Staatsgerichtshof erklärt ein geplantes **Volksbegehren** gegen den Ausbau des **Frankfurter Flughafens** für verfassungswidrig, weil die Fragestellung Zuständigkeiten des Bundes berühre. Eine mündliche Verhandlung des Sachverhalts hält das Gericht nicht für notwendig.

3. Februar. Die Bundesregierung beschließt ein **Beschäftigungsprogramm** in Höhe von 12,5 Milliarden Mark, das am 30. April vom Bundesrat abgelehnt wird.

7. Februar. In einigen Kirchen der DDR wird für den „Berliner Appell – Frieden schaffen ohne Waffen" geworben. Der Appell – unter dem Motto **„Schwerter zu Pflugscharen"** – fordert eine atomwaffenfreie Zone in Mitteleuropa; einer der Erstunterzeichner ist der Regimekritiker Robert Havemann.

8. Februar. Das Nachrichtenmagazin „Spiegel" bringt den **Neue-Heimat-Skandal** ins Rollen. Es deckt auf, daß sich Vorstandsmitglieder über Strohmänner und Tarnfirmen persönlich bereichert haben.

19. Februar. Trotz heftigen Protests der Unionsparteien reist **Herbert Wehner**, der Vorsitzende der SPD-Bundestagsfraktion, zu einem „privaten" Besuch nach Polen und trifft unter anderem Partei- und Regierungschef General **Jaruzelski**. Wehner spricht sich nach seiner Rückkehr gegen wirtschaftliche Sanktionen aus.

25. Februar. Die Bonner Staatsanwaltschaft eröffnet **Ermittlungsverfahren** gegen Bundeswirtschaftsminister Graf Lambsdorff, Bundesfinanzminister Matthöfer, den Staatssekretär im Kanzleramt Manfred Lahnstein sowie andere Prominente aus Wirtschaft und Politik. Sie alle stehen im Verdacht, den **Flick-Konzern** unerlaubt begünstigt und Gelder angenommen zu haben.

25. Februar. In West-Berlin wird zum vierten Mal in diesem Winter **Smog-Alarm** ausgelöst.

8. März. Elbfischer blockieren den Schiffsanleger der **Dow Chemical**-Werke in Stade, um auf die zunehmende Verschmutzung des Flusses aufmerksam zu machen.

9. März. Yassir Arafat, der Vorsitzende der PLO, besucht **Ost-Berlin.** Die DDR sagt zu, die PLO-Vertretung in den Rang einer Botschaft zu erheben.

22. März. In der Bundesrepublik gibt es mittlerweile 120 **Häuser für mißhandelte Frauen**, wie aus einer Untersuchung des Bundesfamilienministeriums über Gewalt in der Ehe hervorgeht.

25. März. Die Volkskammer der DDR verabschiedet ein Wehrdienstgesetz, das die vormilitärische Ausbildung von Jugendlichen sowie im Verteidigungsfall die Einbeziehung von Frauen in die allgemeine Wehrpflicht verankert. Zugleich wird der **„Schießbefehl“** gegen Republikflüchtige gesetzlich verankert.

29. März. Er ließ, um schöpferische Urkräfte zu wecken, Kinder mit Glöckchen, Trommeln und Pauken üben und errang Weltruhm mit seiner Vertonung der „Carmina Burana“: **Carl Orff** stirbt 86jährig in München.

16. April. Das erste deutsche **Retortenbaby** wird geboren.

10. Mai. Er war Autor der „Ästhetik des Widerstands“ und hatte Bühnenerfolge mit dem Auschwitz-Stück „Ermittlung“ und mit „Verfolgung und Ermordung Jean-Paul Marats“: 65jährig stirbt **Peter Weiss** in seinem Stockholmer Exil.

29. Mai. Vom Seelchen zur Charakterschauspielerin: **Romy Schneider,** die in 60 Filmen spielte, stirbt 43jährig in Paris.

31. Mai. Die Türkin Semra Ertan Bilir, die sich am 26. in Hamburg aus Protest gegen die **Ausländerfeindlichkeit** in der Bundesrepublik mit Benzin übergossen und angezündet hat, stirbt.

2. Juni. Heinz Kluncker, schwergewichtiger Vorsitzender der **ÖTV**, tritt nach 18 Dienstjahren aus Gesundheitsgründen zurück; Nachfolgerin wird am 29. September – erstmals in der Geschichte der deutschen Gewerkschaften – mit **Monika Wulf-Matthies** eine Frau.

6. Juni. Bei den Wahlen zur Hamburger Bürgerschaft entstehen die später so genannten **„Hamburger Verhältnisse“**: Die CDU wird erstmals stärkste Fraktion, die FDP bleibt draußen. Die SPD beginnt Verhandlungen mit der Grün-Alternativen Liste.

10. Juni. 350 000 Menschen demonstrieren in Bonn anläßlich des Reagan-Besuchs und der **Nato-Gipfelkonferenz** gegen das Wettrüsten. Fünf Tage zuvor hatte die CDU 100 000 Anhänger mobilisiert, um für Reagan und die Nato auf die Straße zu gehen.

10. Juni. Er drehte in nur 14 Jahren 41 Filme und galt im Ausland als der originellste und talentierteste junge Filmemacher Westeuropas: **Rainer W. Fassbinder** stirbt mit nur 37 Jahren.

14. Juni. Bundeskanzler **Helmut Schmidt** erläutert vor der UN-Vollversammlung in **New York** den Standpunkt der Bundesrepublik in der Abrüstungs- und Rüstungskontrollpolitik.

26. Juni. Auf Distanz zu den Nazis, arbeitete er während des Krieges als Neurologe in Heidelberg. Von 1960 bis 1976 leitete er das Frankfurter Freud-Institut und beklagte „Die Unfähigkeit zu trauern“. **Alexander Mitscherlich** stirbt 72jährig.

26. Juli. Das Rettungsschiff **„Cap Anamur“** des Deutschen Komitees Notärzte kehrt nach dreijährigem Einsatz mit den letzten 285 geretteten Boat people aus Vietnam nach Hamburg zurück. Insgesamt waren von dem Schiff 9507 Vietnamesen aufgenommen und vor einem elenden Tod bewahrt worden.

28. August. Unter massiven Protesten der Öffentlichkeit wegen seiner umstrittenen politisch-moralischen Position erhält der Philosoph und Autor **Ernst Jünger** in der Frankfurter Pauls-Kirche den mit 50 000 Mark dotierten Goethe-Preis.

8. September. Bei der Biennale in Venedig wird Wim Wenders Film **„Der Stand der Dinge“** mit dem „Goldenen Löwen“ ausgezeichnet.

8. September. Zehn Jahre nach dem Gewinn der olympischen Goldmedaille stellt **Ulrike Meyfarth** bei den Europameisterschaften in Athen im Hochsprung mit 2,02 m einen neuen Weltrekord auf.

17. September. Die vier **FDP-Minister** in der Bundesregierung, Genscher, Baum, Lambsdorff und Ertl, treten zurück. Ihr Ausscheiden aus der Koalition begründen sie mit Meinungsverschiedenheiten in der Wirtschafts-, Finanz- und Sozialpolitik. Bundeskanzler Schmidt bildet eine SPD-Minderheitsregierung und erklärt sich bereit, über die Vertrauensfrage **Neuwahlen** auszuschreiben.

26. September. Bei den **Wahlen in Hessen** bleibt die CDU mit 45,6 Prozent der Stimmen stärkste Partei. Die FDP zieht nicht wieder in den Landtag ein, und die Grünen erhalten 8 Prozent der Stimmen. Ministerpräsident Holger Börner führt zunächst als Chef einer Minderheitsregierung die Amtsgeschäfte weiter.

28. September. Die Führungen von CDU/CSU und FDP einigen sich auf eine Koalitionsvereinbarung in Bonn. Die **FDP-Fraktion** billigt die Absprache nach heftigem Streit mit 32 gegen 20 Stimmen bei 2 Enthaltungen. Am 29. September tritt FDP-Generalsekretär **Günter Verheugen** zurück.

1. Oktober. In einem **konstruktiven Mißtrauensvotum** wählt der Bundestag Helmut Kohl zum sechsten Bundeskanzler. Sein Kabinett, das am 4. Oktober vereidigt wird, besteht aus 8 CDU-, 4 CSU- und 4 FDP-Ministern.

10. Oktober. Als erstes deutsches Staatsoberhaupt trifft Bundespräsident **Karl Carstens** zu einem Staatsbesuch in **Peking** ein.

23. Oktober. Auf einer Reihe von Veranstaltungen des **DGB** demonstrieren rund 200 000 Arbeitnehmer gegen die geplante Sozial- und Konjunkturpolitik der neuen Regierung.

27. Oktober. Im vom Bundeskabinett beschlossenen Haushalt für 1983 sind **im Sozialbereich Einsparungen** von 5,65 Milliarden Mark vorgesehen.

5.–7. November. Auf dem 33. **Bundesparteitag der FDP** billigt eine Mehrheit von 210 gegen 181 Stimmen bei 7 Enthaltungen den von der Parteiführung und der Bundestagsfraktion durchgeführten Koalitionswechsel; Hans-Dietrich Genscher, der beim Koalitionswechsel die Rolle des „Bösen“ übernommen hatte, wird als Vorsitzender wiedergewählt.

16. November. Nachdem bereits vor fünf Tagen die mutmaßlichen Terroristinnen **Brigitte Mohnhaupt** und **Adelheid Schulz** festgenommen wurden, wird jetzt **Christian Klar** im Sachsenwald bei Hamburg gefaßt.

26. November. Der Schriftsteller **Heinrich Böll** wird nach langen Kontroversen auch in Würdigung „seines gesellschaftlichen Engagements“ Ehrenbürger seiner Heimatstadt Köln.

5. Dezember. In Frankfurt endet der erste bundesweite **Arbeitslosenkongreß**. Drei Tage zuvor hatte die Zahl der Arbeitslosen erstmals die Zwei-Millionen-Grenze überschritten.

10. Dezember. Gegen die Stimmen der SPD-Opposition beschließt der Bundestag das „Gesetz zur Erhöhung des Angebots an Mietwohnungen“, mit dem unter anderem **Zeit-** und **Staffelmietverträge** möglich werden, die jährliche Mieterhöhungen vorsehen.

16. Dezember. Die Gewissensprüfung für Kriegsdienstverweigerer wird abgeschafft und zugleich der **Zivildienst** von 16 auf 20 Monate verlängert.

17. Dezember. Bundeskanzler Helmut Kohl stellt die **Vertrauensfrage**, wobei sich die Regierungskoalition der Stimme enthält. Mit diesem verfassungsrechtlich bedenklichen Trick kann er dem Bundespräsidenten die Auflösung des Bundestages vorschlagen. Der Weg zu Neuwahlen am 6. März 1983 ist frei.

19. Dezember. Nachdem die von Dohnanyi geführte SPD in **Hamburg** ein halbes Jahr mit einem von der Grün-Alternativen Liste tolerierten Minderheitssenat regiert hat, gewinnt sie bei **Neuwahlen** die absolute Mehrheit.

1983

8. Januar. CDU-Generalsekretär Heiner Geißler nennt die Kritik der SPD an den Änderungen des Mietrechts **„Mietenlüge“** und bezeichnet die Sozialdemokraten mit einem Brecht-Zitat als „Verbrecher“.

15. Januar. Das seit den dreißiger Jahren bestehende **Zündholzmonopol** läuft aus; der Markt wird „frei“. Zeitgleich beginnt ein Preiskrieg bei den Zigaretten.

20./21. Januar. Der französische Präsident **François Mitterrand** spricht anläßlich des 20. Jahrestages der Unterzeichnung des deutsch-französischen Freundschaftsvertrags vor dem Deutschen Bundestag; tags darauf nimmt Bundeskanzler **Helmut Kohl** an einer Feierstunde im Pariser Elysée-Palast teil.

6. März. Bei den vorgezogenen **Wahlen zum 10. Deutschen Bundestag** ziehen zum ersten Mal die Grünen mit 5,6 Prozent in das Parlament ein. Im übrigen wird die CDU/CSU-FDP-Koalition bestätigt.

18. März. Die Ministerpräsidenten der Bundesländer unterzeichnen in Bonn den Staatsvertrag der Länder über den Postdienst **Bildschirmtext**, mit dem die Elektronik ihren Einzug in die Haushalte halten soll.

13. April. Das Bundesverfassungsgericht in Karlsruhe verkündet eine einstweilige Anordnung gegen die für den 27. April vorgesehene **Volkszählung**; die Belange des Datenschutzes seien nicht hinreichend berücksichtigt.

25. April. Das Hamburger Magazin STERN präsentiert auf einer Pressekonferenz einige von insgesamt sechzig **Tagebuchheften** als Aufzeichnungen **Adolf Hitlers**. Unter Fachleuten kommt es zu heftigen Diskussionen um die Echtheit dieser Dokumente. Schließlich stellt sich heraus, daß der STERN einem Fälscher aufgesessen ist.

1. Mai. Beamten und Richtern ist es in **Bayern**, so eine neue Richtlinie über die politische Betätigung dieser Personen, künftig verboten, **„gehässige Kritik an den Verfassungsorganen“** zu üben.

5. Mai. In einer eindrucksvollen Rede prangert die Grüne Waltraud Schoppe im Bundestag den alltäglichen **Sexismus** in der Gesellschaft und auch im Bundestag an.

19. Mai. Der Bundestag setzt auf Antrag der SPD einen Untersuchungsausschuß ein, der die **Flick-Spendenaffäre** untersuchen soll.

20. Mai. DDR-Behörden lassen acht in der **DDR-Friedensbewegung** tätige Bürger aus Jena in den Westen ausreisen. Weil dies die Unruhe nicht dämpft, geht man im Juni dazu über, Anhänger der Friedensbewegung zwangsweise in die Bundesrepublik abzuschieben.

26. Mai. Einlagerungen zu Kriegszwecken werden bekannt: Das US-Verteidigungsministerium hält **Nervengas-Granaten** in der Bundesrepublik vorrätig, das Innenministerium zu „Zivilschutzzwecken“ größere Mengen Psychopharmaka.

1. Juni. Seit 1928 Mitglied der KPD, mußte **Anna Seghers** vor den Nazis fliehen. In Mexico City schrieb sie ihr wichtigstes Buch: „Das siebte Kreuz“. Sie stirbt mit 82 Jahren in Berlin.

15. Juni. Bei der sicherheitspolitischen Debatte um die Nachrüstung im Bundestag äußert CDU-Generalsekretär und Bundesfamilienminister **Heiner Geißler** die Ansicht, der **Pazifismus** der dreißiger Jahre habe Auschwitz erst möglich gemacht.

25. Juni. Anläßlich der Feierlichkeiten zum 300. Jahrestag der ersten Auswanderung von Deutschen nach Amerika hält sich US-Vizepräsident **George Bush** in **Krefeld** auf; es kommt zu schweren Auseinandersetzungen zwischen der Polizei und Teilnehmern einer Demonstration für Abrüstung und Frieden.

5. Juli. Er war ein sensibles Rauhbein und führte seine Mannschaften zu Meisterehren und Cup-Erfolgen. **Hennes Weisweiler**, der Lehrmeister des rasanten Angriffs-Fußballs, stirbt mit 63 Jahren nach einem Herzinfarkt.

8. Juli. Der CSU-Bundestagsabgeordnete **Franz Handlos** tritt aus Protest gegen den Führungsstil des CSU-Vorsitzenden Strauß sowie wegen dessen „Einfädelung“ eines Milliardenkredits an die DDR nach 27jähriger Mitgliedschaft aus seiner Partei aus, behält aber sein Bundestagsmandat.

10. Juli. Er studierte Komposition bei Orff und lernte vor allem von Strawinsky, Bartók und Prokofieff. **Werner Egk** war als Komponist immer neugierig auf Wagnisse. Er stirbt mit 82 Jahren in Inning.

13. Juli. Der **Bayerische Landtag** verabschiedet gegen die Stimmen der SPD-Opposition einen Gesetzentwurf, demzufolge Teilnehmer an nicht genehmigten oder gewalttätigen Demonstrationen für die entstandenen Polizeikosten aufkommen müssen. Am selben Tag faßt die Bundesregierung einen Beschluß zur Lockerung des **Kontaktsperregesetzes** und andererseits zur Verschärfung des **Demonstrationsrechts**.

3. August. Frank Schwalba-Hoth, Abgeordneter der Grünen im Hessischen Landtag, bespritzt auf einem Empfang des Landtagspräsidenten den US-General Paul S. Williams mit eigenem Blut.

10. August. Die Hamburger Polizei verhaftet bei einem Großeinsatz fast alle Mitglieder der Rockergruppe **„Hell's Angels“**, unter anderem wegen des Verdachts der Zuhälterei.

30. August. Der türkische Asylbewerber **Cemal Kemal Altun**, dessen Auslieferung von der türkischen Militärregierung verlangt wird und der keine Hoffnung mehr hat, in der Bundesrepublik Asyl zu erhalten, kommt bei einem Sprung aus dem sechsten Stock des Verwaltungsgerichts Berlin ums Leben.

1. September. Die Herbstaktionen der Friedensbewegung beginnen am Antikriegstag mit der dreitägigen „Prominentenblockade“ des amerikanischen Militärdepots in **Mutlangen**, einem der Orte, an dem die neuen Pershing II-Raketen stationiert werden. Die Polizei hält sich angesichts des Presseaufgebots und der Prominenz der Teilnehmer zurück.

12. September. Die Belegschaft der **Howaldtswerke-Deutsche Werft AG** in Hamburg besetzt ihr Werk, um die geplante Entlassung von 1354 Arbeitnehmern zu verhindern; die Aktion wird am 20. September erfolglos abgebrochen.

15. September. Richard von Weizsäcker trifft als erster Regierender Bürgermeister Berlins auf Schloß Niederschönhausen bei Ost-Berlin mit dem DDR-Staatsratsvorsitzenden und SED-Generalsekretär **Erich Honecker** zusammen.

17. September. Mit dem ihm eigenen Geschick für Vergleiche wirft CDU-Generalsekretär **Heiner Geißler** in einer Rede vor dem Parteitag der rheinländischen CDU der SPD vor, sie werde zur **„fünften Kolonne“** Moskaus. Die SPD-Fraktion beschließt daraufhin, die Kontakte zu Geißler auf ein Minimum zu beschränken.

18. September. Rund fünf Millionen Bundesbürger haben den **Krefelder Appell** gegen die Nachrüstung unterschrieben.

4. Oktober. Der Fernsehjournalist **Franz Alt** wird wegen seiner Parteinahme für die Friedensbewegung als Moderator des Magazins „Report“ vorläufig abgelöst. Beide Seiten einigen sich vor dem Arbeitsgericht auf einen Vergleich.

5. Oktober. Der DDR-Staatsratsvorsitzende Erich Honecker bestätigt gegenüber österreichischen Journalisten, daß die **Selbstschußanlagen** an der gesamten DDR-Grenze beseitigt werden sollen.

15. Oktober. Die **Aktionswoche der Friedensbewegung** beginnt; Hunderttausende demonstrieren gegen die geplante Nachrüstung und bilden am 22. Oktober eine 108 Kilometer lange Menschenkette von Stuttgart bis nach Neu-Ulm.

26. Oktober. Udo Lindenberg tritt bei seinen Fans im Ost-Berliner „Palast der Republik“ auf.

31. Oktober. Eine Delegation der Grünen protestiert in Ost-Berlin bei einem Treffen mit Erich Honecker gegen die Verfolgung der **Friedensbewegung** in der **DDR**.

2. November. Ihre Studie „Dämonische Leinwand“ machte den Film zum Gegenstand der Kunstgeschichte. Sie kannte die wichtigsten Regisseure und floh vor den Nazis nach Paris. **Lotte Eisner** machte sich nach dem Krieg einen Namen als Filmautorin. Sie stirbt 82jährig in Paris.

9. November. Fünfzig Mitglieder des Verbandes deutscher Schriftsteller fordern den Rücktritt des Vorsitzenden **Bernt Engelmann**, der wegen politischer Differenzen nicht mehr ihr Vertrauen besitze. Der Vorstand tritt am 22. November zurück.

18. November. Auf ihren Parteitagen sprechen sich die Sozialdemokraten gegen, die Freien Demokraten für die **Nachrüstung** aus. Am 22. billigt der Bundestag die Aufstellung der US-Mittelstreckenraketen.

26. November. Die ersten Teile der neuen **Pershing II**-Raketen treffen in der Bundesrepublik ein.

28. November. Der Physiker **Ulf Merbold** fliegt als erster Bundesdeutscher mit der Nasa ins All und kehrt am 8. Dezember auf die Erde zurück.

3. Dezember. Der kommissarische CSU-Generalsekretär **Gerold Tandler** vergleicht die staatsanwaltschaftlichen Ermittlungen gegen Otto Graf Lambsdorff mit terroristischen Gewalttaten, der Kölner Generalstaatsanwalt erstattet Anzeige wegen Beleidigung.

6. Dezember. Im Londoner Auktionshaus Sotheby's ersteigern Niedersachsen, Bayern, die Bundesregierung und private Spender das **Evangeliar Heinrichs des Löwen** für rund 32,5 Millionen Mark. Es war von den Nachfahren des welfischen Königshauses zum Kauf angeboten worden.

13. Dezember. Hamburgs Umweltsenator Wolfgang Curilla bestätigt, daß in der 1979 stillgelegten Mülldeponie **Georgswerder** das Seveso-Gift Dioxin und das Pflanzengift E 605 in erheblichen Mengen gelagert sind.

15. Dezember. Das Bundesverfassungsgericht betont in seinem **Volkszählungsurteil** ein Grundrecht der Bürger an ihren personenbezogenen Daten.

16. Dezember. Nach zwölfjähriger Bauzeit nimmt das 1,6 Milliarden Mark teure **Klinikum in Aachen**, das kostspieligste Krankenhaus der Bundesrepublik, seinen Betrieb auf.

22. Dezember. Das Bundesverfassungsgericht lehnt die Anträge auf Erlaß einer einstweiligen Anordnung gegen die Aufstellung von **Pershing II** und **Cruise Missiles** in der Bundesrepublik als unzulässig ab.

27. Dezember. Das Bundeswirtschaftsministerium widerruft die Steuervergünstigungen in Höhe von 460 Millionen Mark, die dem **Flick-Konzern** in den siebziger Jahren bei dem Erwerb von Anteilen am US-Mischkonzern Grace gewährt worden waren.

31. Dezember. Bei einem Brand in der **Abschiebehaftanstalt Lichterfelde** in West-Berlin kommen sechs ausländische Häftlinge ums Leben.

1984

Januar. RTL plus geht als erste private Fernsehanstalt auf Sendung.

5. Januar. Durch einen Zeitungsbericht wird bekannt, daß General **Günter Kießling**, stellvertretender Nato-Oberbefehlshaber, im Dezember 1983 vorzeitig entlassen wurde, weil er wegen angeblicher Homosexualität ein Sicherheitsrisiko darstelle. Der Vorwurf, so stellt sich heraus, beruht auf einem ungeprüft übernommenen Gerücht, das falsch ist. Die Reaktion der Öffentlichkeit zwingt Verteidigungsminister **Manfred Wörner** zur ehrenvollen Verabschiedung Kießlings am 26. März.

9. Januar. Nach Angaben des Kinderschutzbundes nimmt jeder dritte Schüler leistungssteigernde Medikamente.

19. Januar. Er spielte als Schauspieler unter Piscator und Reinhardt und leistete als Regisseur im Nachkriegsdeutschland Erinnerungsarbeit. **Wolfgang Staudte** („Rosen für den Staatsanwalt"/1959) stirbt mit 77 Jahren.

24. Januar. Bundeskanzler **Helmut Kohl** trifft zu einem offiziellen Besuch in **Israel** ein, bei dem es zu Peinlichkeiten kommt.

9. Februar. Eberhard Diepgen wird mit den Stimmen von CDU und FDP zum neuen Regierenden Bürgermeister von Berlin gewählt; sein Vorgänger Richard von Weizsäcker kandidiert im Mai für das Amt des Bundespräsidenten.

13. Februar. Anläßlich der Trauerfeier für den verstorbenen sowjetischen Staatschef Jurij Andropow treffen Bundeskanzler **Helmut Kohl** und der DDR-Staatsratsvorsitzende **Erich Honecker** in Moskau zu einem ersten persönlichen Gespräch zusammen.

23. Februar. Am **Brenner** kommt der Verkehr völlig zum Erliegen, nachdem bis zu 1000 vor allem deutsche Lkw-Fahrer den Grenzübergang wegen schleppender Abfertigung blockiert haben. Die **Blockade** dauert bis zum 29. Februar und erfreut sich, im Gegensatz zu den Blockaden gegen Raketen, die strafrechtlich verfolgt werden, der Unterstützung des bayrischen Ministerpräsidenten.

23. Februar. Die Ministerpräsidenten der Bundesländer einigen sich auf ein gemeinsames Konzept der Beteiligung privater Programmanbieter am **Satellitenfernsehen**.

23. Februar. Nach dem Erscheinen seines Romanerstlings „Mutmaßungen über Jakob" verließ er die DDR. Sein Hauptwerk waren die „Jahrestage". **Uwe Johnson** stirbt auf der Themse-Insel Sheppey, wo er seit Mitte der siebziger Jahre lebte, an Herzversagen.

6. März. U-Boot-Kommandant im Ersten Weltkrieg, Mitbegründer des Pfarrernotbundes gegen die Nazis, von 1961 bis 1968 Präsident des Weltkirchenrats: **Martin Niemöller,** der unbequeme Pazifist, stirbt mit 92 Jahren.

8. März. Eine 16köpfige Delegation der **SPD-Bundestagsfraktion** unter der Leitung von Horst Ehmke besucht die **Ost-Berliner Volkskammer**. Dies ist der erste offizielle Kontakt zwischen den beiden Parlamenten.

18. März. Bei den Münchner Kommunalwahlen besiegt der SPD-Herausforderer **Georg Kronawitter** den amtierenden CSU-Oberbürgermeister **Erich Kiesl**. Die CSU muß auch landesweit Verluste hinnehmen.

21. März. Das Bundeswirtschaftsministerium bestätigt, daß die Ausfuhr von zwei bei der Kieler Werft HDW gebauten **U-Booten nach Chile** von der Bundesregierung genehmigt ist.

23. März. Die Landschaftsschutzbehörde verbietet die Aufführung des Tondramas „Brüllwald" des Aktionskünstlers **Rolf Schulz**, mit dem er das Waldsterben darstellen wollte.

30. März. Er wurde 1932 zum Priester geweiht, habilitierte sich 1937 und ging 1949 als Ordinarius nach Innsbruck, 1964 nach München und 1967 nach Münster. **Karl Rahner**, „Theologe im Übergang", bei den Konservativen gefürchtet wie respektiert, stirbt 80jährig.

1. April. In Ludwigshafen wird das erste private Rundfunkprogramm über Satellit gesendet. In München startet ein **Kabelpilotprojekt** mit 16 Fernseh- und 24 Hörfunkkanälen.

3. April. Schlichtungsbemühungen in der Druckindustrie scheitern am Streit um die **35-Stunden-Woche**. Es kommt zu Streiks.

5. April. Bayern verankert als erstes Bundesland den **Umweltschutz** in der Verfassung.

10. April. Der Europäische Gerichtshof entscheidet, daß **Frauen**, die gegenüber Männern im Berufsleben benachteiligt werden, eine Entschädigung zusteht.

17. April. Die alternative **„Tageszeitung"** (taz) feiert ihr fünfjähriges Bestehen.

30. April. Das Bundesarbeitsgericht in Kassel entscheidet, daß Ansprüche aus einem **Sozialplan** gegen ein Unternehmen im Konkursfall nicht vorrangig sind.

11.–23. Mai. Bei den 37. Internationalen Filmfestspielen von Cannes erhält Wim Wenders die „Goldene Palme" für seinen Film **„Paris, Texas"**.

14. Mai. Im Tarifgebiet Nordwürttemberg/Nordbaden beginnen die Streiks der IG Metall zur Durchsetzung der 35-Stunden-Woche. Die Arbeitgeber, zu deren „Essentials" mindestens 40 Wochenstunden Arbeit gehören, reagieren mit massiven **Aussperrungen.** Die Arbeit wird am 3. Juni wieder aufgenommen, nachdem man sich auf eine regelmäßige Wochenarbeitszeit von 38,5 Stunden geeinigt hat.

15. Mai. Wegen finanzieller Schwierigkeiten muß die feministische Zeitschrift **„Courage"** ihr Erscheinen einstellen.

16. Mai. Nach heftigen Protesten der Öffentlichkeit und unter Druck eines Teils der FDP zieht die Bonner Regierung ihr geplantes Gesetzesvorhaben zurück, das **Strafbefreiung** für Steuervergehen bei **Parteispenden** vorsieht.

23. Mai. Richard von Weizsäcker wird von der Bundesversammlung zum sechsten Präsidenten der Bundesrepublik Deutschland gewählt. Von den Grünen wurde Luise Rinser als Gegenkandidatin aufgestellt. Sie erhält 68 Stimmen.

28. Mai. Mehr als 100 000 Arbeitnehmer demonstrieren in Bonn für die **35-Stunden-Woche** und gegen die Massenaussperrungen durch die Arbeitgeber der Metallindustrie.

7. Juni. Der seit Herbst 1982 geschäftsführend regierende **Holger Börner** wird mit den Stimmen der Grünen zum hessischen Ministerpräsidenten gewählt.

17. Juni. Bei den **Wahlen zum Europäischen Parlament** erzielen die CDU 37,5, die SPD 37,4, die CSU 8,5, die Grünen 8,2 Prozent. Die FDP scheitert knapp an der Fünf-Prozent-Klausel. Mehr als 43 Prozent der Stimmberechtigten nehmen an der Wahl nicht teil.

19. Juni. Das Bundesverfassungsgericht bestätigt, daß die gesetzlichen Krankenkassen im Falle einer der anerkannten Indikationen die Kosten für einen **Schwangerschaftsabbruch** erstatten dürfen. Abtreibungsgegner hatten dagegen geklagt.

19. Juni. Der Hamburger Betrieb der Chemiefirma **Boehringer** muß seine Produktion einstellen, da sie keine weiteren dioxinhaltigen Abfälle auf dem Betriebsgelände lagern darf. Am Tag darauf wird die endgültige Schließung des Werkes zum Ende des Jahres bekanntgegeben.

26. Juni. Bundeswirtschaftsminister **Otto Graf Lambsdorff**, gegen den die Staatsanwaltschaft wegen der Flick-Spendenaffäre ermittelt, tritt, wie er angekündigt hatte, kurz vor der Eröffnung des Hauptverfahrens zurück. Sein Nachfolger wird am 28. Juni der FDP-Spitzenkandidat bei den Europawahlen, **Martin Bangemann**.

27. Juni. Weil sich seit Wochen bis zu 55 DDR-Bürger in der ständigen **Ost-Berliner Vertretung** der Bundesrepublik aufhalten, um ihre Ausreise zu erzwingen, stellt die Dienststelle ihre Tätigkeit ein, bis die Besetzer das Gebäude verlassen. Die letzten verlassen am 5. Juli freiwillig die Vertretung.

17. Juli. Das Bundesverfassungsgericht verpflichtet die Bundesregierung, dem **Flick-Untersuchungsausschuß** des Bundestages alle Akten herauszugeben.

22. Juli. Der ehemalige Boxer **Bubi Scholz** erschießt nach übermäßiger Einnahme von Alkohol und Tabletten seine Ehefrau.

4. August. Bei einem bundesweiten **Punkertreffen** in Hannover kommt es zu schweren Schlägereien zwischen Punks, Skinheads und der Polizei.

20. August. In der Bundesrepublik tobt der Streit um die „Dreckschleuder der Nation", das niedersächsische Kohlekraftwerk **Buschhaus**, das als sogenannte Altanlage immense Mengen an Giftstoffen in die Luft blasen darf. Das Kraftwerk geht ohne Filter ans Netz.

30. August. Er baute den Deutschen Pressedienst (dpd), die spätere Deutsche Presseagentur (dpa), zu einer freien Nachrichtenagentur mit Weltgeltung aus. **Fritz Sänger,** Anwalt der „objektiven Nachricht", stirbt mit 82 Jahren.

4. September. DDR-Staatsratsvorsitzender **Erich Honecker** sagt seinen für Ende September geplanten Besuch in der Bundesrepublik ab; einige Tage später tut dies – diesmal ausdrücklich wegen der angespannten internationalen Lage durch die Stationierung der amerikanischen Mittelstreckenraketen auf bundesdeutschem Gebiet – auch der bulgarische Staats- und Parteichef **Todor Schiwkoff**.

13. September. Auf dem Pressefest der italienischen KP äußert sich der christdemokratische Außenminister Giulio Andreotti über die deutsche Wiedervereinigung und gegen den **„Pangermanismus"**; die bundesdeutsche Öffentlichkeit ist entsetzt.

16. September. Im Fernsehen läuft die Serie **„Heimat“** von Edgar Reitz an.

20. September. In Bonn nehmen Delegationen von SPD und SED Gespräche über die Schaffung einer **chemiewaffenfreien Zone** in Europa auf.

22. September. Bundeskanzler Helmut Kohl und der französische Staatspräsident François Mitterrand gedenken Hand in Hand auf den Schlachtfeldern von **Verdun** der Gefallenen des Ersten Weltkriegs.

1. Oktober. In der DDR treten schärfere Bestimmungen zum **Schutz des Waldes** in Kraft.

3. Oktober. Das Bundeskabinett beschließt einen Großversuch auf Autobahnen, mit dem festgestellt werden soll, ob ein **Tempolimit** den Schadstoffausstoß reduziert; bis dahin bleibt die Koalition bei ihrer Linie, daß der bundesdeutsche Autoexport auf „freie Fahrt für freie Bürger“ angewiesen ist.

18. Oktober. Bei einer Aussprache über die Regierungserklärung von Bundeskanzler Kohl kommt es im Bundestag zu **Tumulten**, zwei Abgeordnete der Grünen, **Joschka Fischer** und **Jürgen Reents**, werden für zwei beziehungsweise fünf Tage von der Teilnahme ausgeschlossen.

25. Oktober. Wegen der Verquickung von politischen Ämtern mit privaten Geschäften muß der Bundestagspräsident **Rainer Barzel** – eine Beratertätigkeit brachte ihn in Zusammenhang mit der Flick-Affäre – zurücktreten; sein Nachfolger wird am 5. November **Philipp Jenninger**.

November. Der Hamburger Chaos Computer Club nutzt Fehler im BTX-System aus und überweist 140 000 Mark von der Hamburger Sparkasse auf sein Konto.

14. Dezember. Der Bundestag hebt die Immunität des FDP-Abgeordneten **Otto Graf Lambsdorff** auf, um die Anklage wegen Steuerhinterziehung im Zusammenhang mit der Parteienfinanzierung zu ermöglichen.

1985

11. Januar. Bei einem Brand einer Pershing II in **Mutlangen** bei Heilbronn kommen drei US-Soldaten ums Leben.

15. Januar. In Prag verlassen die letzten sechs der zeitweilig 168 **DDR-Flüchtlinge**, die ihre Ausreise erzwingen wollen, nach dreieinhalb Monaten die Botschaft der Bundesrepublik. Sie kehren in die DDR zurück, nachdem ihnen Straffreiheit zugesichert wurde.

18. Januar. Zum ersten Mal in der Geschichte der Bundesrepublik – erst kurz zuvor waren die Grenzwerte heruntergesetzt worden – wird im Ruhrgebiet **Smog-Alarmstufe III** ausgerufen.

25. Januar. Das **Saarland** verankert als erstes Bundesland den Datenschutz in seiner Verfassung.

29. Januar. Der Berliner Umweltsenator ordnet den Austausch des mit Blei und Thallium verseuchten Bodens eines an die **Batteriefabrik „Sonnenschein“** angrenzenden Spielplatzes an. Das Unternehmen gehört der Familie des Bundespostministers Schwarz-Schilling.

1. Februar. In Gauting bei München erschießen zwei Terroristen der RAF Ernst Zimmermann, den Vorstandsvorsitzenden der Firma **Motoren- und Turbinen-Union (MTU)**, die im Rüstungsgeschäft tätig ist.

5. Februar. Die Hamburger Umweltbehörde bestätigt, daß der Boden mehrerer östlicher Stadtteile stark mit **Arsen** belastet ist; es wird vermutet, daß dafür die Kupferhütte Norddeutsche Affinerie verantwortlich ist.

13. Februar. In Dresden wird die wiederaufgebaute **Semperoper** am 40. Jahrestag ihrer Zerstörung eröffnet.

23. Februar. Auf dem Saarbrücker Parteitag der FDP wird **Martin Bangemann** Nachfolger des Parteivorsitzenden Hans-Dietrich Genscher, der nicht mehr kandidierte.

März. Patrick Süskinds Roman **„Das Parfum“** erscheint und wird auch auf dem ausländischen Buchmarkt ein Riesenerfolg.

10. März. Bei den **Landtagswahlen** im Saarland erringt die SPD unter dem Saarbrücker Oberbürgermeister **Oskar Lafontaine** die absolute Mehrheit der Mandate und schickt die CDU in die Opposition; aufgrund des relativ linken Profils der SPD bleiben die Grünen unter der Fünf-Prozent-Hürde. Bei den Berliner Wahlen am selben Tag behauptet sich die CDU-FDP-Koalition unter dem Regierenden Bürgermeister **Eberhard Diepgen**.

19. März. Die Deutsche Gesellschaft für Humanes Sterben mit Sitz in Augsburg gibt nach eigenen Angaben an Mitglieder, die der Gesellschaft mindestens ein Jahr angehören, eine Broschüre **„Anleitungen zum Freitod“** ab. Die Nachricht führt zu heftigen Kontroversen in der Öffentlichkeit.

24. März. Major Arthur D. Nicholson, Angehöriger der amerikanischen Militärmission in Potsdam, wird bei Ludwigslust im DDR-Bezirk Schwerin von einem Sowjetsoldaten erschossen, weil er militärisches Sperrgebiet beobachtet haben soll.

2. April. Zu fünfmal „lebenslänglich“ plus 15 Jahren Freiheitsentzug verurteilt das Gericht in Stammheim die **RAF-Mitglieder** Christian Klar und Brigitte Mohnhaupt. Sie werden der Beteiligung an mehreren Morden und Mordversuchen für schuldig befunden.

23. April. Der DDR-Staatsratsvorsitzende Erich **Honecker** reist nach Italien und damit erstmalig in ein Nato-Land. Er wird in Rom auch vom Papst empfangen.

25. April. Der Bundestag verabschiedet mit den Stimmen der Regierungskoalition das umstrittene Gesetz gegen die sogenannte **Auschwitz-Lüge.**

1.–6. Mai. Bei seinem Staatsbesuch in der Bundesrepublik aus Anlaß des 11. Weltwirtschaftsgipfels der sieben führenden westlichen Industrienationen in Bonn besucht US-Präsident **Ronald Reagan** unter anderem das ehemalige KZ Bergen-Belsen, das Hambacher Schloß und den Soldatenfriedhof in **Bitburg**, auf dem auch Mitglieder der SS begraben sind. Um diesen Besuch hatte es sowohl in der Bundesrepublik als auch in den USA lange Auseinandersetzungen gegeben.

8. Mai. Anläßlich des 40. Jahrestages der deutschen Kapitulation erklärt Bundespräsident **Richard von Weizsäcker** im Bundestag: „Der 8. Mai war ein Tag der Befreiung.“ Die Vertriebenenverbände äußern Kritik, im Ausland findet die Rede jedoch große Beachtung.

12. Mai. Bei den **Landtagswahlen** in Nordrhein-Westfalen erringt die SPD mit dem Spitzenkandidaten **Johannes Rau** die absolute Mehrheit. Die Grünen scheitern an der Fünf-Prozent-Klausel.

6. Juni. Bei São Paulo wird die Leiche des Auschwitz-Arztes **Josef Mengele** exhumiert.

13. Juni. Um den Beförderungsstau bei der Bundeswehr aufzuheben, beschließt der Bundestag die **Frühpensionierung** von etwa 1200 Bundeswehr-**Offizieren**, die den Bund rund 560 Millionen Mark kosten wird.

14. Juni. Unter dem umstrittenen Motto „40 Jahre Vertreibung – Schlesien bleibt unsere Zukunft in einem Europa freier Völker“ – der zweite Teil lautete ursprünglich: „Schlesien bleibt unser“ – findet in Hannover das **Deutschlandtreffen der Schlesier** statt; auch Bundeskanzler Helmut Kohl nimmt daran teil.

25. Juni. Als erstes Bundesland schafft das SPD-regierte Saarland den **Extremistenbeschluß** ab, der Mitglieder der DKP und NDP vom öffentlichen Dienst ausschloß.

28. Juni. Gegen die Stimmen der Opposition beschließt der Bundestag in namentlicher Abstimmung das **„Vermummungsverbot“** und das Verbot des Tragens von „Schutzwaffen“ bei Demonstrationen.

3. Juli. In einem offenen Brief an Bundeskanzler Helmut Kohl lehnen 350 Wissenschaftler jede Teilnahme am amerikanischen **SDI-Projekt** ab.

7. Juli. Der 17jährige und nicht gesetzte **Boris Becker** aus Leimen bei Heidelberg gewinnt in London als jüngster Teilnehmer und erster Deutscher sensationell das Turnier von Wimbledon und löst damit einen Tennisboom in der Bundesrepublik aus.

9. Juli. Bundeskanzler **Helmut Kohl** ist der erste westeuropäische Regierungschef, der nach dem Militärputsch von 1980 die **Türkei** besucht.

15. Juli. Die Bundesrepublik erreicht, daß die DDR den Zustrom von **Asylbewerbern** aus Sri Lanka stoppt. Bisher waren die meisten tamilischen Flüchtlinge ohne gültige Papiere und ohne Visum über den Ost-Berliner Flughafen Schönefeld nach Europa gekommen und dann nach West-Berlin weitergereist.

19. Juli. Er war das Gewissen der Nation – eine Rolle, die er ungern akzeptierte. **Heinrich Böll**, Literaturnobelpreisträger von 1972, hat nachhaltig das Bild vom bösen Deutschen in der Welt korrigiert. Er stirbt mit 68 Jahren.

23. August. Der Spionagefall der achtziger Jahre: Die Ost-Berliner Nachrichtenagentur ADN meldet, daß der für die Spionageabwehr gegenüber der DDR zuständige Abteilungsleiter des Bundesamtes für Verfassungsschutz, **Hansjoachim Tiedge**, am 19. August in die DDR übergewechselt ist.

29. August. Vor dem Bonner Landgericht beginnt der **Parteispendenprozeß** gegen die früheren Bundeswirtschaftsminister Otto Graf Lambsdorff und Hans Friderichs – der dafür von seinem Job als Vorstandsvorsitzender der Dresdner Bank beurlaubt wird – sowie gegen den ehemaligen Flick- Manager Eberhard von Brauchitsch.

22. September. Er war der umstrittenste, weil doktrinärste unter den deutschen Verlegern und machte sich für die Sache Israels und der deutschen Einheit stark: **Axel Springer** stirbt mit 73 Jahren.

28. September. Bei einer Demonstration gegen die NPD wird in Frankfurt der Sozialarbeiter **Günter Saré** von einem Wasserwerfer der Polizei überrollt und getötet. Protestveranstaltungen in vielen Städten enden meist in Auseinandersetzungen mit der Polizei.

2. Oktober. Die Bundesregierung beschließt die Verlängerung der **Wehrpflicht** von 15 auf 18 Monate zum 1. Juli 1989.

8.–11. Oktober. Israels Staatspräsident Chaim Herzog bezeichnet den Besuch des Bundespräsidenten **Richard von Weizsäcker in Israel** als historische Wende in den Beziehungen beider Länder.

14. Oktober. Nach den Firmen Dornier und MTU übernimmt der viertgrößte bundesdeutsche Konzern Daimler-Benz jetzt auch noch die **AEG** und wird so zur größten Unternehmensgruppe und zum größten Rüstungsproduzenten.

16. Oktober. In Hessen einigen sich die SPD unter Ministerpräsident Holger Börner und die Grünen auf eine Koalition. Am 12. Dezember wird erstmalig ein Grüner, der ehemalige Sponti, Taxifahrer und Bundestagsabgeordnete **Joschka Fischer,** als Umweltminister vereidigt.

30. Oktober. In Cape Canaveral startet die Raumfähre Challenger zur ersten Mission unter wissenschaftlicher Leitung der Bundesrepublik. An Bord befinden sich zwei deutsche Wissenschaftsastronauten und das zwei Milliarden Mark teure Raumlabor **„Spacelab“**, das in den Besitz der Nasa übergeht.

31. Oktober. Die Uraufführung des Stücks „Der Müll, die Stadt und der Tod“ von **Rainer Werner Fassbinder**, das sich mit einem jüdischen Grundstücksspekulanten beschäftigt, kann in Frankfurt nicht stattfinden, weil Angehörige der Jüdischen Gemeinde die Bühne besetzen. Das Stück wird erst am 16. April 1987 in New York uraufgeführt.

13.–15. November. Während eines dreitägigen **DDR-Besuchs** vertritt der saarländische Ministerpräsident **Lafontaine** die Ansicht, daß längerfristig eine Anerkennung der DDR-Staatsbürgerschaft durch die Bundesrepublik nicht ausgeschlossen werden könne; die Proteste reichen bis in die Reihen der SPD.

19. November. Gestützt auf die Resultate eines vom TÜV durchgeführten Großversuchs sieht sich die Bundesregierung bestätigt und spricht sich gegen eine allgemeine **Geschwindigkeitsbegrenzung** auf den deutschen Autobahnen aus.

11. Dezember. Im bayrischen **Wackersdorf** beginnen die Arbeiten für den Bau der umstrittenen Wiederaufarbeitungsanlage.

15. Dezember. Der SPD-Parteivorstand nominiert einstimmig den nordrhein-westfälischen Ministerpräsidenten **Johannes Rau** zum SPD-Kanzlerkandidaten für die Bundestagswahl 1987.

15. Dezember. Bundesinnenminister Zimmermann bestätigt, daß verschiedene Aktionen des **Bundesnachrichtendienstes**, etwa die Suche nach den verschwundenen Dioxinfässern des Seveso-Unfalls, von privaten Detekteien ausgeführt und durch private Spenden finanziert wurden.

1986

8. Januar. Die seit Jahresanfang im Besitz der Deutschen Bank befindliche Firmengruppe **Feldmühle Nobel** will der jüdischen Organisation „Conference on Jewish Material Claims against Germany“ als Entschädigung für die Beschäftigung von Zwangsarbeitern während des Zweiten Weltkriegs fünf Millionen Mark überweisen.

9. Januar. Doris Dörries Filmkomödie **„Männer“** läuft in der Bundesrepublik an.

19. Januar. Er war beim Rundfunksender Rias Die „schnellste Schnauze“, er war ein „gefürchteter“ Sportreporter und seit 1956 der gute Geist der „Münchner Lach- und Schießgesellschaft“. **Sammy Drechsel**, später Produzent des „Scheibenwischer“, stirbt mit 60 Jahren.

29. Januar. Eine von der Industrie gesponserte Fernsehsendung zum **100. Geburtstag des Automobils** wird als entsetzlich dilettantisch kritisiert.

24. Februar. Aufgrund einer Strafanzeige des Grünen-Abgeordneten Otto Schily leitet die Staatsanwaltschaft Koblenz ein Ermittlungsverfahren gegen Bundeskanzler Kohl wegen uneidlicher Falschaussage vor dem **Parteispendenausschuß** des rheinland-pfälzischen Landtags ein; im März folgt ein weiteres Verfahren der Staatsanwaltschaft Bonn gegen Kohl wegen Falschaussage vor dem Flick-Ausschuß des Bundestags. CDU-Generalsekretär Heiner Geißler vertritt die Auffassung, Kohl habe einen **Blackout** gehabt. Beide Verfahren werden im Mai eingestellt.

25. Februar. Der Film **„Stammheim“** von Reinhard Hauff wird in Berlin mit dem „Goldenen Bären“ ausgezeichnet.

28. Februar. In namentlicher Abstimmung verabschiedet der Bundestag das Gesetz zur Einführung des **maschinenlesbaren Personalausweises** und des maschinenlesbaren Europapasses und eine Änderung der Strafprozeßordnung, nach der dann computergestützte Schleppnetzfahndung zulässig wird. Der Bundesrat billigt die Gesetze am 14. März abschließend.

März. Die ARD sendet zum letztenmal den **„Rockpalast“**.

8. März. Er war immer Grenzgänger zwischen Literatur und Ethnologie, zwischen Reportage und radikaler Selbsterfahrung: **Hubert Fichte**, Autor der „Palette“, von „Versuch über die Pubertät“ und „Xango“, stirbt mit 49 Jahren in Hamburg an Krebs.

20. März. Der Bundestag verabschiedet in namentlicher Abstimmung die umstrittene Änderung des **Paragraphen 116** des Arbeitsförderungsgesetzes, in dem die Gewerkschaften eine Schwächung des Streikrechts sehen. Zahlreiche Warnstreiks der Arbeitnehmer hatten die Beratungen begleitet.

29. März. **„Eins Plus“**, der neue Kabelfernsehsender der ARD, nimmt den Betrieb auf.

7. April. In West-Berlin treten die Senatoren Franke, Lummer und Vetter wegen ihrer Verwicklung in den sogenannten **Antes-Schmiergeldskandal** zurück.

18. April. In Hamburg wird das Musical **„Cats“** von Andrew Lloyd Webber erstaufgeführt. Es wird in Deutschland zum Dauerbrenner.

25. April. Der niedersächsische Ministerpräsident Ernst Albrecht bestätigt in einer Regierungserklärung vor dem Landtag einen Zeitungsbericht, demzufolge der Verfassungsschutz seines Landes und die GSG-9-Truppe im Juli 1978 ein **Loch in die Mauer** der Justizvollzugsanstalt **Celle** sprengen ließen, um dadurch V-Männer in die RAF einzuschleusen. Die Verantwortung für den Anschlag war damals der RAF zugeschoben worden.

26. April. Bundeskanzler Helmut Kohl äußert sich zugunsten des wegen seiner Kriegsvergangenheit umstrittenen österreichischen Präsidentschaftskandidaten **Kurt Waldheim** und muß sich den Vorwurf der Einmischung in den Wahlkampf des Nachbarlandes gefallen lassen.

28. April. Das Ermittlungsverfahren gegen den ehemaligen Bürgermeister von Korschenbroich, **Graf von Spee,** wegen des Verdachts der Volksverhetzung und der Beleidigung jüdischer Mitbürger wird gegen die Zahlung einer Geldbuße von 90 000 Mark eingestellt. Spee hatte gesagt, um den Haushalt auszugleichen, müsse man schon einige reiche Juden erschlagen, und sich später über das Aufsehen gewundert, das dieser Satz erregt hat.

13. Mai. Erst lag ihr ganz Berlin zu Füßen, dann mußte sie vor den Nazis nach London fliehen und wurde dort, wie vor ihr nur Sarah Bernard, gefeiert. **Elisabeth Bergner**, der auch Triumphe am Broadway vergönnt waren, stirbt in London mit 88 Jahren.

5. Juni. Der Bundestag setzt einen **Untersuchungsausschuß** ein, der die Affäre um die gewerkschaftseigene Wohnungsbaugesellschaft **„Neue Heimat“** klären soll.

6. Juni. Zur Beschwichtigung der aufgebrachten Bevölkerung wird ein Bundesministerium für Umwelt, Naturschutz und Reaktorsicherheit eingerichtet und der bisherige Oberbürgermeister von Frankfurt, **Walter Wallmann**, als Minister vereidigt. Die Bundesbürger waren nach dem Reaktorunfall in Tschernobyl von Innenminister Zimmermann falsch und unzureichend informiert worden.

8. Juni. Bei einer **Demonstration in Hamburg** werden 838 Atomkraftgegner auf dem Heiligengeistfeld von der Polizei fast 15 Stunden „eingekesselt“. Die Polizeiaktion, gegen die auch Senatsmitglieder protestieren, wird im Herbst von einem Hamburger Gericht für rechtswidrig erklärt, jeder Teilnehmer mit 200 Mark entschädigt.

28. Juni. Das bayrische Innenministerium verhängt ein Einreiseverbot für österreichische Kernkraftgegner, die gegen die Wiederaufarbeitungsanlage in Wackersdorf demonstrieren wollen. Vier Tage später rüstet der Freistaat seine Polizei als erstes Bundesland mit **Gummischrot-Distanzwaffen** aus: Wackersdorf soll unbedingt durchgesetzt werden.

29. Juni. Eröffnung des 1. **Schleswig-Holstein-Musik Festivals**.

30. Juni. Im Finale der **Fußballweltmeisterschaft** in Mexiko unterliegt die Bundesrepublik Argentinien mit 2:3 Toren.

1. Juli. In Kiel nimmt **„Radio Schleswig-Holstein“** (RSH) als erster privater Hörfunksender landesweit seinen Sendebetrieb auf.

9. Juli. Bei München werden der Siemens-Manager **Karl Heinz Beckurts** und sein Fahrer **Eckhard Groppler** von der RAF durch eine ferngezündete Bombe ermordet.

14. Juli. Das Bundesverfassungsgericht entscheidet, daß **Parteispenden** nur bis zu einer Obergrenze von 100 000 Mark steuerlich absetzbar sind.

26. Juli. In Burglengenfeld, in der Nähe der geplanten Wiederaufarbeitungsanlage Wackersdorf, findet nach längeren gerichtlichen Auseinandersetzungen ein **„AntiWAAhnsinnsfestival“** statt, bei dem 80 000 bis 100 000 Teilnehmer bekannten Rockmusikern zuhören, die unentgeltlich auftreten.

12. August. Vor der kanadischen Küste werden 155 asylsuchende **Tamilen** von Fischern geborgen. Nach einigen Tagen stellt sich heraus, daß die Flüchtlinge gegen hohes Entgelt und unter menschenunwürdigen Bedingungen aus der Bundesrepublik herausgeschmuggelt und vor Kanada in kleinen Booten im Meer ausgesetzt worden waren. Die Tamilen verschweigen ihre Zwischenstation aus Angst, in die Bundesrepublik zurückkehren zu müssen.

9. September. Erstmals versammelt sich der Bundestag während des Umbaus des Plenarsaals im ehemaligen **Bonner Wasserwerk**.

18. September. Das DDR-Außenministerium gibt bekannt, daß ab 1. Oktober nur noch Personen einreisen dürfen, die über Anschlußvisa in andere Länder verfügen. Damit sind die Möglichkeiten für **Asylsuchende**, über Ost-Berlin in ein westliches Land zu gelangen, wesentlich eingeschränkt.

19. September. Die Gewerkschaftsholding BGAG verkauft den überschuldeten und ins Gerede geratenen Konzern **„Neue Heimat“** für eine Mark an den Berliner **Bäcker Schiesser**. Die Kritik ist auch in den Gewerkschaften allgemein. Am 13. November nimmt die BGAG den Konzern wieder zurück. Deren Vorsitzender, Alfons Lappas, der zwischendurch in Beugehaft war, weil er dem Untersuchungsausschuß des Bundestages nicht zur Verfügung stehen mochte, muß am selben Tag zurücktreten.

19. September. Die saarländische Stadt Saarlouis geht die erste deutsch-deutsche **Städtepartnerschaft** mit Eisenhüttenstadt in der DDR ein.

30. September. Er war der Verleger fürs Bunte und Biedere und ein Unternehmerpatriarch der Gründergeneration. **Franz Burda** stirbt mit 83 Jahren.

3. Oktober. In Emden wird die von STERN-Gründer **Henri Nannen** gestiftete neue Kunsthalle eröffnet.

10. Oktober. In Bonn wird der Leiter der politischen Abteilung des Auswärtigen Amtes, **Gerold von Braunmühl**, von der RAF auf offener Straße erschossen. Die Tat setzt innerhalb der sympathisierenden Szene eine andauernde Diskussion über den „Sinn“ solcher Aktionen in Gang.

1. November. In der Bundesrepublik tritt ein neues **Abfallgesetz** in Kraft, durch das die Abfallmengen und die Schadstoffe darin drastisch verringert werden sollen.

6. November. Bundeskanzler **Kohl** distanziert sich von einem Interview, das die amerikanische Zeitschrift **„Newsweek“** veröffentlicht hat. Laut „Newsweek“ hat der Kanzler den sowjetischen Regierungschef Michail Gorbatschow mit Joseph Goebbels in einem Atemzug genannt.

11. November. Zum ersten Mal werden die in immer größerem Umfang stattfindenden westdeutschen **Giftmüllexporte** auf die **DDR-Deponie Schönberg** von einem bundesdeutschen Gericht gestoppt. Um eine ökologisch vernünftige und sichere Alternative hat sich aber bisher noch niemand gekümmert.

13. November. Man nannte ihn nicht zu Unrecht den „Troubadour der fünfziger Jahre“. **Rudolf Schock**, der deutsche Volkssänger, stirbt mit 71 Jahren.

18. November. Die gewerkschaftseigene BGAG verkauft die Aktienmehrheit an der **Bank für Gemeinwirtschaft** für 1,9 Milliarden Mark an die Aachener und Münchener Versicherungsgruppe, um die Verluste aus der Neuen-Heimat-Affäre zu decken.

26. November. Die Staatsanwaltschaft ermittelt gegen die Verantwortlichen der Kieler Howaldtswerke – Deutsche Werft AG, die im Verdacht stehen, **U-Boot-Konstruktionspläne** illegal an Südafrika verkauft zu haben. Am 10. Dezember beschließt der Bundestag die Einsetzung eines parlamentarischen Untersuchungsausschusses.

5. Dezember. Der Bundestag verabschiedet ein sogenanntes **Antiterrorgesetz**, das die Strafverfolgung von Terroristen erleichtern soll.

6. Dezember. Bereits 24,4 Prozent des Benzinumsatzes wird durch **bleifreies Benzin** erreicht, teilt die Bundesregierung mit. Bei Jahresbeginn lag der Wert bei unter 5 Prozent.

14. Dezember. Nach den Wahlen zur Hamburger Bürgerschaft vom 9. November, die wieder **„Hamburger Verhältnisse“** erbracht haben, beschließt die SPD auf einem Sonderparteitag, mit einem Minderheitssenat weiterzuregieren; Koalition oder Tolerierung, wie von CDU und Grün-Alternativer Liste angeboten, lehnt die Partei ab.

24. Dezember. Vor allem **Luxusgüter** waren im Weihnachtsgeschäft gefragt.

31. Dezember. Am Silvesterabend sendet die ARD versehentlich die ein Jahr alte **Neujahrsansprache von Bundeskanzler Kohl**, eine Verwechslung, die erst bei den Schlußworten „Mit den besten Wünschen für das Jahr 1986“ bemerkt wird.

1987

4. Januar. Bundeskanzler Helmut Kohl bezeichnet die **DDR** als Regime, das 2000 **politische Gefangene** in Gefängnissen und Konzentrationslagern hält. Die Gleichsetzung mit dem Nationalsozialismus erregt allenthalben Kritik.

16. Januar. Mit den seit 130 Jahren bestehenden **„Westermanns Monatshefte“** wird das älteste deutsche Kulturmagazin eingestellt.

25. Januar. Bei den **Wahlen zum 11. Deutschen Bundestag** wird die konservativ-liberale Regierungskoalition bestätigt. Die CDU/CSU erhält mit 44,3 Prozent ihr schlechtestes Ergebnis seit 1949.

28. Januar. Der Marktanteil **phosphatfreier Waschmittel** liegt in der Bundesrepublik mittlerweile bei 40 Prozent.

6. Februar. Im sogenannten **Molke-Skandal** übernimmt die Bundesregierung die Verantwortung für das weitere Geschehen. Mehrere tausend Tonnen Molke, die durch den Atomunfall in Tschernobyl hochgradig verseucht sind, sollten erst mit Staatsgeldern in die Dritte Welt exportiert werden; jetzt werden sie bis zur angestrebten Beseitigung als eine Art Giftmüll auf Bundeswehrgelände zwischengelagert.

6. Februar. In einer **Grundsatzrede** distanziert sich DDR-Staatsratsvorsitzender und SED-Generalsekretär **Erich Honecker** vorsichtig von der Perestroika Gorbatschows.

9. Februar. In Hessen zerbricht die im Dezember 1985 gebildete Koalition zwischen SPD und Grünen wegen der von SPD-Wirtschaftsminister Steger erteilten beschränkten Betriebsgenehmigung für die Atomfabrik **Alkem** in Hanau. Ministerpräsident Börner erklärt einen Tag später seinen Rücktritt.

10. Februar. Er lebte „zwei Leben in Deutschland“: als Verfolgter der Nazis, die seine Familie ermordeten, und als ewig heiterer Fernsehliebling der Nation. **Hans Rosenthal**, Quizmaster ohne Ecken und Kanten, Vater von „Dalli Dalli“, stirbt mit 61 Jahren an Krebs.

15. Februar. In der satirischen Sendung „Rudis Tagesshow“ zeigt Showmaster **Rudi Carell** in einer geschmacklosen Filmmontage Ayatollah Khomeini in Damenunterwäsche.

16. Februar. Das Landgericht Bonn verurteilt die beiden Ex-Bundeswirtschaftsminister Hans Friderichs und Otto Graf Lambsdorff wegen **Steuerhinterziehung** zu hohen Geldstrafen. Ihr Spendengeber, der ehemalige Flick-Manager Eberhard von Brauchitsch, erhält überdies zwei Jahre Haft mit Bewährung und eine Geldstrafe von 550 000 Mark.

26. Februar. Der Deutsche Fußballbund verbannt den Kölner Torhüter **Toni Schumacher** aus der Nationalmannschaft, weil der in seinem Buch „Der Anpfiff“ behauptet hat, auch unter Bundesligaspielern gebe es vielfach Doping.

8. März. Ausgerechnet zum Welt-Frauentag erscheinen die **„burda-moden“** in Moskau auf russisch – eine Premiere für eine westdeutsche Zeitschrift.

10. März. Rund 480 Millionen Mark, so der Vorstand des **Volkswagenwerks**, haben Devisenmanipulationen von Mitarbeitern den Konzern gekostet.

11. März. Bei der **Wiederwahl Helmut Kohls** zum Kanzler verweigern ihm mindestens 15 Abgeordnete der Regierungskoalition die Stimme.

12. März. Die Bundesländer einigen sich in Bonn auf einen **Medienstaatsvertrag** zur Neuordnung des Rundfunkwesens. Damit soll die gesetzliche Grundlage für ein Nebeneinander von öffentlich-rechtlichen und privaten Anbietern geschaffen werden. Der Vertrag wird am 3. April unterzeichnet.

12. März. Der Europäische Gerichtshof in Luxemburg verurteilt das seit 1516 bestehende **Reinheitsgebot für deutsches Bier** als protektionistisches Handelshemmnis und verpflichtet die Bundesrepublik, auch Biersorten zum Verkauf gelangen zu lassen, die neben Hopfen, Malz und Wasser auch Chemikalien enthalten dürfen.

13. März. Er war ein Vorkämpfer des Tier- und Naturschutzes und lockte mit „Ein Platz für Tiere" Millionen Zuschauer vor die Fernsehschirme. **Bernhard Grzimek** stirbt mit 77 Jahren.

23. März. Willy Brandt erklärt nach 23 Jahren als Parteivorsitzender der SPD seinen **Rücktritt**. Anlaß ist sein Versuch, die parteilose Griechin Margarita Mathiopoulos zur SPD-Sprecherin zu machen; der Widerstand gegen diese Absicht verknüpft sich mit Kritik an seinem Führungsstil. Nachfolger Brandts wird am 14. Juni Hans-Jochen Vogel.

24. März. Das Bundesverfassungsgericht erklärt die Enteignungsverfahren in dem Ort **Boxberg**, die das Land Baden-Württemberg beabsichtigt, um dem Automobilkonzern Daimler-Benz den Bau einer **Teststrecke** zu ermöglichen, für unzulässig.

25. März. Zum ersten Mal in der Geschichte der beiden deutschen Staaten beobachten zwei hohe Bundeswehroffiziere in Uniform ein **Manöver** der Warschauer-Pakt-Staaten auf dem Gebiet der DDR.

1. April. Gewissermaßen als Kontrapunkt zum Datum beginnt in der Bundesrepublik die Ausgabe maschinenlesbarer und angeblich **fälschungssicherer Personalausweise**. Sehr schnell wird klar, daß sich diese Ausweise mit Hilfe eines Farbkopierers und eines Folienschweißgeräts leicht hinreichend gut nachmachen lassen.

5. April. Bei den **Landtagswahlen in Hessen** erringt nach 40 Jahren SPD-Herrschaft die CDU als stärkste Partei gemeinsam mit der FDP die Mehrheit und bildet eine Koalition. Zum Ministerpräsidenten wird am 23. April Bundesumweltminister Walter Wallmann gewählt.

30. April. Die bedeutendste deutsche Literaturauszeichnung, der mit 30 000 Mark dotierte Georg-Büchner-Preis, wird an den in London lebenden Lyriker **Erich Fried** vergeben.

1. Mai. Bei Demonstrationen zum 1. Mai kommt es in **Berlin-Kreuzberg** zu Krawallen, bei denen rund sechzig Menschen verletzt werden; es entstehen Sachschäden in Höhe von mehreren Millionen Mark. An Plünderungen und Randale beteiligen sich diesmal wesentlich mehr Bevölkerungsgruppen als nur die sonst für solche Aktivitäten bekannten „Autonomen".

14. Mai. Die Staatsschutzkammer des Landgerichts Flensburg verurteilte sieben **Tierschützer** wegen der Befreiung von mehr als 400 Versuchstieren aus verschiedenen Versuchslabors zu Freiheitsstrafen zwischen sieben Monaten und einem Jahr auf Bewährung.

17. Mai. Bei den vorgezogenen **Wahlen zur Hamburger Bürgerschaft** wird die SPD wieder stärkste Partei, die FDP kehrt in die Bürgerschaft zurück. Es kommt zur ersten sozialliberalen Koalition seit der „Wende". Die Grün-Alternative Liste ist wie schon in der vorangegangenen Legislaturperiode mit einer reinen Frauenliste in der Bürgerschaft vertreten.

19. Mai. Das bayrische Kabinett billigt einen umfangreichen Maßnahmenkatalog des Innenministeriums zur **Eindämmung von Aids**, der Zwangstests und weitere repressive Maßnahmen vorsieht.

25. Mai. Stichtag der **Volkszählung**; bei manchen kommt der Zähler erst ein halbes Jahr später.

4. Juni. Der Bundestag stimmt der **doppelten Null-Lösung** bei dem Abbau von Mittelstrekkenraketen kürzerer und weiterer Reichweite in Europa zu, aber nur, wenn die in der Bundesrepublik stationierten Pershing Ia beibehalten werden.

6.–9. Juni. In Ost-Berlin kommt es zu **schweren Auseinandersetzungen** zwischen der Polizei und etwa 2000 Jugendlichen, die an der Mauer ein Freiluft-Popkonzert hören wollen, das im Westteil der Stadt in der Nähe des Reichstagsgebäudes stattfindet. Auch westliche Journalisten werden von der Volkspolizei mißhandelt.

12. Juni. Bei seinem **Besuch in West-Berlin** fordert US-Präsident **Ronald Reagan** von Michail Gorbatschow den Abriß der Mauer. Vor und während Reagans Aufenthalt in der Stadt sperrt die Polizei sämtliche Wege von Kreuzberg in den Rest der Halbstadt. Am Tag danach demonstrieren in Bonn mehr als 100 000 Menschen für Frieden und Abrüstung.

19. Juni. Der Essener Bischof Franz Hengsbach entzieht der katholischen Theologieprofessorin **Uta Ranke-Heinemann** die kirchliche Lehrerlaubnis, weil sie unter anderem die Jungfrauengeburt Marias angezweifelt hat.

7. Juli. Ein mit 36 000 Litern Benzin beladener **Tanklastzug**, der in ein Haus in der Kleinstadt **Herborn** rast und dort explodiert, vernichtet neun Häuser, 4 Menschen werden getötet. Die Praktiken der Transportunternehmen werden danach kritisch kommentiert.

13.–19. Juli. Bundeskanzler **Kohl** stattet der **Volksrepublik China** einen offiziellen Besuch ab, in dessen Verlauf er auch die Hauptstadt Lhasa der „autonomen Region" Tibet besucht, ohne dabei auf die kürzlichen Unruhen in Tibet gegen die chinesische Besatzungsmacht einzugehen.

17. Juli. Der **DDR-Staatsrat** schafft mit sofortiger Wirkung die **Todesstrafe** ab; überdies wird aus Anlaß des 38. Jahrestages der Staatsgründung eine allgemeine Amnestie erstmals auch für politische Gefangene (ausgenommen Nazi- und Kriegsverbrecher, Mörder und Spione) erlassen.

7. August. Das Oberlandesgericht München lehnt die Eröffnung eines Hauptverfahrens gegen **Prof. Julius Hackethal** wegen Beihilfe zur Selbsttötung ab. Hackethal hatte einer unheilbar Kranken Gift zukommen lassen und die geführten Gespräche auf Tonträger aufgenommen und der Öffentlichkeit vorgestellt.

10. August. Nach Informationen des Nachrichtenmagazins „Spiegel" soll es in der DDR immer häufiger zu Zusammenstößen zwischen der Bevölkerung und stationierten Sowjetsoldaten kommen; bei einer **Schlägerei in Ludwigslust** sollen dabei zwei sowjetische Soldaten getötet worden sein.

16. August. Die 18jährige **Steffi Graf** wird Weltranglistenerste im Damentennis.

17. August. Im Spandauer Militärgefängnis stirbt der ehemalige Hitler-Stellvertreter **Rudolf Heß** nach einem Selbstmordversuch.

27. August. SPD und SED legen ein gemeinsames **Grundsatzdokument** vor, in dem sie den friedlichen Wettbewerb der Systeme als einzig mögliche Form der Auseinandersetzung bezeichnen.

5. September. In Ost-Berlin kommt es zwei Tage vor dem Besuch Erich Honeckers in der Bundesrepublik zu ungehinderten **Demonstrationen unabhängiger Friedensgruppen** gegen die Atomrüstung in Ost und West. Honecker ist der erste Staatsratsvorsitzende der DDR, der die Bundesrepublik besucht.

10. September. Nach 28 Jahren geht der „Tagesschau"-Sprecher **Karl-Heinz Köpcke** in Pension.

12. September. Einen Tag vor den Landtagswahlen beginnt die **Barschel-Affäre** mit einem vorab bekanntgewordenen Bericht des „Spiegel", dem eidesstattliche Erklärungen des Kieler CDU-Medienreferenten Pfeiffer über dubiose Machenschaften des Ministerpräsidenten vorliegen. In einer Pressekonferenz am 18. September legt Barschel eine eigene und acht eidesstattliche Erklärungen von Untergebenen vor, die die Vorwürfe widerlegen sollen. Sie erweisen sich als falsch.

11. Oktober. In einem Genfer Hotel wird der mittlerweile zurückgetretene Ministerpräsident **Uwe Barschel** tot aufgefunden; er hatte bis zuletzt um seinen Ruf gekämpft. Reporter des Magazins STERN dringen in sein Hotelzimmer ein und fotografieren den Toten in der Badewanne.

2. November. Bei einer nicht genehmigten Demonstration an der Frankfurter **Startbahn West** werden zwei Polizisten erschossen und neun weitere zum Teil schwer verletzt.

16. November. In Nürnberg wird ein **Aids-Infizierter** zu zwei Jahren Haft **verurteilt**, weil er Geschlechtsverkehr ohne Schutz ausgeübt hat.

19. November. In Hamburg kommt es nach langem Hin und Her zu einem **Pachtvertrag** zwischen der Stadt und den Bewohnern der in St. Pauli gelegenen **Hafenstraße**.

2. Dezember. Wegen der geplanten Stillegung des Krupp-Stahlwerkes in Duisburg-**Rheinhausen** kommt es zu Protestaktionen der betroffenen Stahlarbeiter, die in den folgenden Tagen eskalieren. Solidaritätsstreiks, Straßen- und

Brückensperrungen und andere in Gewerkschaftskreisen ungewohnte Aktionen werden durchgeführt, etwa die Besetzung der Villa Hügel. Der Stillegungsbeschluß wird jedoch nicht rückgängig gemacht.

15. Dezember. Mehr als drei Monate nach Bekanntwerden der **Barschel/Pfeiffer-Affäre** entschuldigt sich der schleswig-holsteinische CDU-Landesvorsitzende Gerhard Stoltenberg bei Oppositionsführer Björn Engholm.

17. Dezember. Die Bundesregierung bestätigt Meldungen, wonach die Hanauer Atomtransportfirma **Transnuklear** an illegalen Atommülltransporten großen Ausmaßes zwischen Belgien und der Bundesrepublik beteiligt war. Der Firma wird daraufhin die Transportgenehmigung entzogen.

1988

7. Januar. Zum ersten Mal besucht der DDR-Staatsratsvorsitzende **Erich Honecker** Frankreich.

8. Januar. Nach einem aufsehenerregenden Prozeß in Fulda wird die 29jährige **Monika Weimar** aufgrund von Indizien des Mordes an ihren beiden Töchtern für schuldig befunden und zu lebenslanger Freiheitsstrafe verurteilt.

12. Januar. Das Berliner Bundesgesundheitsamt stellt erstmals eine Liste von Chemikalien zusammen, die **menschliches Erbgut** verändern können.

14. Januar. Wegen erheblicher Zweifel an der nach dem Atomgesetz notwendigen „Zuverlässigkeit der Firma" wird die **Betriebsgenehmigung der Hanauer Firma Nukem** ausgesetzt.

17. Januar. In Ost-Berlin werden rund 120 Mitglieder von Friedens-, Umwelt- und Menschenrechtsgruppen festgenommen, weil sie sich mit eigenen Transparenten und Forderungen an der offiziellen Demonstration zum Gedenken an den 69. Jahrestag der Ermordung Rosa Luxemburgs und Karl Liebknechts beteiligt hatten. Kurz darauf werden 54 der Festgenommenen – so etwa der Liedermacher **Stephan Krawczyk** – genötigt, nach Westdeutschland auszureisen.

3. Februar. Der Abschlußbericht des **Untersuchungsausschusses** des schleswig-holsteinischen Landtages bestätigt im wesentlichen die erhobenen Vorwürfe und kommt zu dem Schluß, daß der ehemalige Ministerpräsident **Uwe Barschel** für unlautere Machenschaften während des Wahlkampfs politisch und auch persönlich verantwortlich war.

10. Februar. Das Bundeskabinett beschließt ein Verbot der **Forschung an menschlichen Embryonen**, der Geschlechtswahl, ferner der Vermittlung von „Leihmüttern" und der Veränderung von Erbanlagen.

13. Februar. Bei der Premiere des Stückes **„Lulu"** von Frank Wedekind im Deutschen Schauspielhaus in Hamburg in der Inszenierung von **Peter Zadek** erhält Susanne Lothar in der Titelrolle begeisterte Kritiken.

14. Februar. Es wird bekannt, daß aus dem **„Berlin Document Center"**, in dem die Akten sämtlicher Parteimitglieder der NSDAP aufbewahrt werden, in den letzten Jahren mindestens 80 000 NS-Personalakten gestohlen und vermutlich an Sammler verkauft worden sind. Das Zentrum untersteht immer noch der Regie der USA, weil die Bundesregierung mit der Übernahme seit Jahren zögert.

15. Februar. Es sei ein „peinliches Versehen", so das **Kernforschungszentrum Karlsruhe**, daß seit Jahren über 6,6 Tonnen Uran illegal bei der Firma Transnuklear in Hanau gelagert seien.

23. Februar. 80 000 Menschen bilden eine Kette zwischen Dortmund und Duisburg-Rheinhausen. Sie demonstrieren gegen den geplanten Abbau von Arbeitsplätzen in **Rheinhausen**.

1. März. Nordrhein-Westfalen startet einen Versuch mit der Ersatzdroge **Methadon** für Heroinabhängige.

3. März. Die Bundesprüfstelle indiziert das Buch **„Opus Pistorum"** von **Henry Miller** als schwer jugendgefährdend.

9. März. Er war der Kanzler der Großen Koalition und ein Jurist mit mattbrauner Vergangenheit. **Kurt Georg Kiesinger**, ein strikter Gegner der neuen Ostpolitik, stirbt mit 83 Jahren in Tübingen.

14. März. Der Bundesvorstand der SPD befaßt sich mit **Oskar Lafontaines** umstrittenen Äußerungen zu einer Arbeitszeitverkürzung ohne vollen Lohnausgleich und versucht, die Differenzen zwischen Lafontaine und den Gewerkschaften auszubügeln.

31. März. Von 22 248 seit dem 1. Oktober 1987 gemeldeten **Aids-Infektionen** wurden 14 898 in einem weiteren Test bestätigt; die mittlerweile genauen statistischen Zahlen beruhen auf der Einführung einer anonymisierten Meldepflicht für die untersuchenden Labors seit 1987.

20. April. Die Brüder **Franz und Frieder Burda**, die die Axel Springer AG übernehmen wollten, geben ihr bisher zusammengekauftes Aktienpaket von 27 Prozent mit hohem Gewinn an die Erben des Verlegers zurück.

1. Mai. Der neue **Intercity Experimental** der Deutschen Bundesbahn stellt auf einer Teilstrecke zwischen Hannover und Würzburg mit einer Geschwindigkeit von 406,9 Stundenkilometern einen neuen Weltrekord auf.

2. Mai. In Frankfurt am Main wird die alternative **Öko-Bank** eröffnet.

4. Mai. Das Oberlandesgericht Frankfurt bestätigt das erstinstanzliche Urteil, daß das vom Deutschen Fußball-Bund ausgesprochene Verbot für **Kondomwerbung auf Fußballtrikots**, wie sie der FC Homburg betreiben wollte, Rechtens ist.

5. Mai. Der Bundesgerichtshof entscheidet, daß **Sitzblockaden** an militärischen Einrichtungen auch bei gemeinwohlorientierter Zielsetzung als Nötigung strafbar seien.

8. Mai. Bei vorgezogenen **Landtagswahlen in Schleswig-Holstein** erreicht die SPD die absolute Mehrheit.

10. Mai. Hamburgs Erster Bürgermeister, **Klaus von Dohnanyi** (SPD), erklärt aus privaten Gründen seinen **Rücktritt** zum 1. Juni. Nachfolger wird der bisherige SPD-Fraktionsvorsitzende Henning Voscherau.

16. Mai. Italien, Großbritannien und die Bundesrepublik einigen sich auf den Bau des europäischen Jagdflugzeuges **Jäger 90**. Die Entwicklungskosten sollen 17,55 Milliarden Mark betragen. Die Bundesrepublik trägt davon ein Drittel.

16. Juni. Das seit fast 16 Jahren in Rheinland-Pfalz einsitzende ehemalige RAF-Mitglied **Klaus Jünschke** wird von Ministerpräsident Bernhard Vogel (CDU) zum 30. September begnadigt; am 30. November wird auch die Freilassung des „lebenslänglich" verurteilten **Manfred Grashof** nach fast 17 Jahren Freiheitsentzug zum 2. März 1989 angekündigt.

19. Juni. Michael Jackson gibt in West-Berlin sein erstes von acht Konzerten in Deutschland.

23. Juni. Er wurde berühmt als Autor einer Richard-Wagner-Biographie und als Herausgeber der Tagebücher Cosima Wagners. **Martin Gregor-Dellin**, seit 1982 Präsident des deutschen PEN, stirbt mit 62 Jahren an Krebs.

25. Juni. Der Hamburger Landesparteitag der SPD wählt mit **Traute Müller** zum erstenmal in der Parteigeschichte eine Frau an die Spitze des Landesverbandes.

1. Juli. Um der West-Berliner Polizei zu entgehen, fliehen die 182 Besetzer einer bisherigen **DDR-Enklave**, die im Rahmen eines Tauschgeschäfts an West-Berlin übergeben wurde, über die Mauer in den Ostteil der Stadt.

24. Juli. Das **Robbensterben** in der Nordsee beschäfigt die Öffentlichkeit: Allein an der Westküste von Schleswig-Holstein werden bis Monatsende mehr als 1300 tote Seehunde gefunden.

25. Juli. Wegen Warnstreiks kann die **Tagesschau** zum ersten Mal nicht von Hamburg aus gesendet werden; der Bayerische Rundfunk übernimmt die Ausstrahlung einer Ersatzsendung.

8. August. Der bislang größte **Hormonskandal** bei der Kälbermast und die Beschlagnahmung von 29 000 Kälbern wird von dem nordrhein-westfälischen Landwirtschaftsminister Klaus Matthiesen bekanntgegeben.

15. August. Das Stuttgarter Verwaltungsgericht lehnt die vom DGB beantragte Anordnung einer einstweiligen Verfügung ab, die verhindern soll, daß die **Arbeitszeitverkürzung** für Beamte in Baden-Württemberg als um zehn Minuten verlängerte Mittagspause gestaltet wird.

16.–18. August. In **Gladbeck** beginnt eine **Geiselnahme,** die zwei Tage dauert und drei Menschen das Leben kostet. Politiker und Polizei machen elementare Fehler. Die Berichterstattung der Medien wird in der Öffentlichkeit heftig kritisiert..

25. August. Das Verwaltungsgericht Wiesbaden verbietet die Stationierung zusätzlicher **US-Kampfhubschrauber** auf dem Flughafen **Wiesbaden-Erbenheim**, die das Bundesverteidigungsministerium den USA schon zugesagt hat.

28. August. Bei einem **Flugtag** in der größten US-Basis außerhalb der USA, in **Ramstein**, stoßen drei Maschinen einer italienischen Kunstflugstaffel zusammen. Eine stürzt in die Zuschauermenge. Mehr als 300 Verletzte und – bis Jahresende – 70 Tote sind die Folge.

30. August. Auf dem 33. Bundesparteitag der SPD wird die **Quotierung** beschlossen: 40 Prozent aller Parteiämter und Mandate sollen bis 1998 auf Frauen entfallen.

7. September. Das Hamburger Thalia Theater lehnt eine **Spende des MBB-Konzerns** ab, weil das Unternehmen Rüstungsgüter produziert.

8. September. Im bayrischen **Memmingen** beginnt der Abtreibungsprozeß gegen den Gynäkologen Dr. Horst Theissen, der beschuldigt wird, in 156 Fällen ohne gesetzlich geregelte Grundlage Abtreibungen vorgenommen zu haben. Bereits zuvor waren 174 Frauen zu Geldstrafen verurteilt und öffentlicher Diffamierung ausgesetzt worden; auch ihre Partner wurden strafrechtlich belangt.

10. September. Mit einem Sieg in New York über die Argentinierin Gabriela Sabatini gewinnt die Tennisspielerin **Steffi Graf** den **„Grand Slam"**, alle vier wichtigen Turniere in diesem Jahr; am 30. September auch noch die Goldmedaille in dieser nach 64 Jahren zum ersten Mal wieder bei den Olympischen Spielen zugelassenen Disziplin.

27. September. Während der in Berlin stattfindenden **Tagung des Internationalen Währungsfonds** und der Weltbank kommt es zu Protesten und Demonstrationen nach heftigen Auseinandersetzungen zwischen Polizei und Demonstranten. Inhaltlich geht es vor allem um die Frage, wie die Verschuldungskrise der Dritten Welt gelöst werden kann.

3. Oktober. Der bayrische Ministerpräsident **Franz Josef Strauß stirbt**, nachdem er zwei Tage zuvor auf der Jagd einen Herzanfall erlitten hatte. Sein Nachfolger als Ministerpräsident wird Finanzminister Max Streibl. Als neuer CSU-Parteivorsitzender wird der Vorsitzende der CSU-Landesgruppe in Bonn, Theo Waigel, gewählt.

7.–8. Oktober. Auf dem 39. FDP-Parteitag wird der wegen Steuerhinterziehung verurteilte ehemalige Wirtschaftsminister **Otto Graf Lambsdorff** in einer Kampfabstimmung gegen die Staatsministerin im Auswärtigen Amt, Irmgard Adam-Schwaetzer, zum neuen Bundesvorsitzenden gewählt.

25. Oktober. Wegen Falschaussage vor dem niedersächsischen Untersuchungsausschuß zur Spielbankenaffäre tritt der niedersächsische Innenminister **Wilfried Hasselmann** zurück.

26. Oktober. In Hamburg findet der erste ganztägige **Lehrerstreik** für eine Arbeitszeitverkürzung sowie für die Neueinstellung arbeitsloser Lehrer statt. 5000 bis 7000 Lehrer beteiligen sich trotz massiver Drohungen des Senats.

7. November. Das Bundeskabinett bewilligt weitere Milliarden-Subventionen für den **Airbus** und schafft damit die Voraussetzungen für eine Übernahme der Herstellerfirma MBB durch Daimler-Benz.

11. November. Wegen seiner umstrittenen und distanzlos vorgetragenen Rede zum 50. Jahrestag der sogenannten „Reichskristallnacht" tritt **Bundestagspräsident Philipp Jenninger** zurück. Seine Nachfolgerin wird die Bundesfamilienministerin Rita Süssmuth.

11. November. Der Parteitag der rheinland-pfälzischen CDU wählt in einer Kampfabstimmung den Umweltminister **Hans-Otto Wilhelm** zum Landesvorsitzenden; der unterlegene Ministerpräsident **Bernhard Vogel** tritt daraufhin, wie ankündigt, von seinem Regierungsamt zurück.

22. November. Seine Begabung des großen Zorns baute auf den Leidenserfahrungen des Wiener Juden. **Erich Fried**, im Exil in London, begleitete die Geschichte der Republik kritisch in Versen. Er stirbt mit 67 Jahren.

23. November. Er war Mitbegründer der Dada-Gruppe, Verleger von Grosz, Brecht und Bloch und Wegbereiter von Sinclair, Ehrenburg und Majakowski in Deutschland. **Wieland Herzfelde**, Begründer des legendären Malik-Verlages, stirbt 93jährig in Leipzig.

6. Dezember. Das Oberverwaltungsgericht Münster genehmigt den **Export östrogenverseuchten Kalbfleischs**, weil seiner Ansicht nach private wirtschaftliche Interessen an unbehandeltem Fleisch Vorrang haben vor dem öffentlichen Interesse.

8. Dezember. Beim Absturz eines US-Kampfflugzeugs in der Innenstadt von **Remscheid** werden sechs Menschen getötet und mindestens 50 verletzt.

1989

Januar. Der wärmste Winter seit Jahren wird von vielen Klimawissenschaftlern auf die zunehmende **Luftverschmutzung** zurückgeführt.

9. Januar. Auch nach den Weihnachtsferien gehen die **Streiks der Studenten** gegen die aufgrund von Einsparungen stetig schlechter werdenden Studienbedingungen weiter.

18. Januar. Erst als es sich nicht länger verheimlichen läßt, gibt die Bundesregierung zu, daß deutsche Firmen am Bau einer **Giftgasanlage in Libyen** beteiligt sind. In der Folge gerät vor allem die Lahrer Firma Imhausen-Chemie ins Kreuzfeuer der Kritik. Einer der Geschäftsführer bringt sich um, der andere wird in Haft genommen. Insbesondere die USA kritisieren die Bundesrepublik wegen ihrer laschen Exportkontrollen.

29. Januar. Bei den **Wahlen in West-Berlin** gewinnen die rechtsradikalen Republikaner überraschend 7,5 Prozent der Stimmen. Die CDU bleibt zwar stärkste Partei, aber ihr Koalitionspartner FDP fliegt aus dem Abgeordnetenhaus.

1. Februar. Die Hamburger Bürgerschaft beschließt das **kommunale Wahlrecht für Ausländer**, die seit mindestens acht Jahren in der Bundesrepublik leben. Das Kieler Landesparlament gestattet am 14. Februar Ausländern die Teilnahme an Kommunalwahlen, in deren Heimatländern Deutsche auch ein kommunales Wahlrecht haben.

14. Februar. Die Stadt München verzichtet auf den **Aids-Zwangstest** für Beamtenanwärter, den der Staat Bayern als obligatorisch erklärt hat.

19. Februar. Der Vorsitzende der Gewerkschaft Nahrung – Genuß – Gaststätten (NGG), **Günter Döding**, unternimmt einen Selbstmordversuch. Döding war stellvertretender Aufsichtsratsvorsitzender bei dem Handelsunternehmen co op, gegen das wegen Bilanzfälschung ermittelt wird.

7. März. US-Geheimdienstkreise behaupten, die deutsche **Atomfirma Nukem** habe Pakistan Material für den Bau einer Atombombe geliefert.

10. März. Der Schriftsteller Günter Grass liest in Berlin Texte des mit dem Tod bedrohten Schriftstellers **Rushdie**. Die Berliner Akademie der Wissenschaften hatte dafür aus Angst vor Anschlägen Räume verweigert.

12. März. Das Bundespräsidialamt bestätigt, daß Bundespräsident von Weizsäcker das ehemalige Mitglied der Rote Armee Fraktion **Angelika Speitel** begnadigt hat.

14. März. Die ehemalige Fraktionsvorsitzende der GAL in der Hamburger Bürgerschaft, **Adrienne Goehler**, wird zur Präsidentin der Hamburger Kunsthochschule gewählt und nach öffentlichen Kontroversen um ihre „Befähigung" vom Senat auch bestätigt.

16. März. Alle drei AL-Senatoren sowie fünf der acht SPD-Senatoren des neuen Berliner Senats unter dem Regierenden Bürgermeister Momper sind Frauen. Der **Berliner Senat** ist die erste Landesregierung, in der mehr als 50 Prozent der Mitglieder weiblich sind.

April. Die DDR beginnt mit der angekündigten Reduzierung der **Nationalen Volksarmee** um 10 000 Mann. Anfang Mai will auch die UdSSR mit Truppenabzügen beginnen.

6. April. In Frankfurt einigen sich SPD und die Grünen auf ein gemeinsames Sachprogramm und die Besetzung der Dezernentenposten. Der ehemalige Studentenführer **Daniel Cohn-Bendit** soll Dezernent für multikulturelle Angelegenheiten werden. Am 15. Juni wird der ehemalige Bundesminister **Volker Hauff** zum Oberbürgermeister gewählt.

11. April. Nach fast zehnwöchigem **Hungerstreik der RAF-Häftlinge** in bundesdeutschen Gefängnissen können sich die Justizminister nicht über die geforderte Zusammenlegung einigen.

23. April. Der lange als „Reaktorlinie der Zukunft" gepriesene **Hochtemperaturreaktor in Hamm-Uentrup** wird nach dem Willen aller Beteiligten demnächst stillgelegt.

24. April. Das Bundeskartellamt veröffentlicht eine ausführliche Begründung für seinen am 20. April ergangenen Beschluß, die angestrebte **Fusion** zwischen **Daimer-Benz** und dem Flugzeugkonzern **MBB** zu untersagen.

25. April. Der Mietvertrag für das Wohnprojekt in der Hamburger **Hafenstraße** wird gekündigt.

1. Mai. Im Berliner Stadtteil **Kreuzberg** randalieren Teile der autonomen Szene, die Polizei verliert die Kontrolle über das Geschehen.

2. Mai. Hans Klein, erster Regierungssprecher im Ministerrang, bezeichnet die **Waffen-SS** als kämpfende Truppe von Männern, die nur ihr Vaterland verteidigen wollten; es seien keine Verbrecher gewesen. Ein Mißbilligungsantrag gegen diese Verharmlosung wird am 15. Juni von der Regierungsmehrheit im Deutschen Bundestag abgelehnt.

5. Mai. In Berlin stirbt „Der Mann mit der Pauke", **Wolfgang Neuss**.

5. Mai. In **Memmingen** wird der Arzt Dr. Horst Theissen in einem skandalösen Prozeß wegen „illegaler Abtreibung" zu zweieinhalb Jahren Gefängnis und dreijährigem Berufsverbot verurteilt. Die Staatsanwaltschaft hatte gegen 177 seiner Patientinnen ermittelt, von denen viele vom Gericht zu Geldstrafen verurteilt wurden.

7. Mai. Bei den **DDR-Kommunalwahlen** erhält die vorgegebene Einheitsliste erstmals weniger als 99 Prozent der Stimmen.

9. Mai. Bundesfinanzminister Waigel gibt bekannt, daß die geplante **Abschaffung der Quellensteuer** ab 1.Juli durch konjunkturbedingte Mehreinnahmen anderer Steuern kompensiert werde.

12. Mai. Nach 101 Tagen brechen die **RAF-Gefangenen** ihren kollektiven Hungerstreik ab, mit dem sie eine Zusammenlegung in größere Gruppen erreichen wollten.

18. Mai. Die beiden Berliner Frauen, die in **Zypern** einen **Vergewaltiger** getötet hatten, werden von einem zypriotischen Gericht des Totschlags für schuldig befunden und zu drei beziehungsweise vier Jahren verurteilt. Das Urteil wird in der Revision im Juni aufgehoben.

23. Mai. Die Bundesrepublik feiert ihren 40. Geburtstag.

3. Juni. Zum ersten Mal werden die Verhandlungen um einen Tarifvertrag für das Krankenpflegepersonal von **Warnstreiks in Krankenhäusern** begleitet. Es werden Höhergruppierungen und Lohnerhöhungen um bis zu zehn Prozent vereinbart; erstmals sollen die Regelungen auch für das Altenpflegepersonal gelten. Der zunehmende Pflegenotstand in den Krankenhäusern ist Hintergrund dieser Vereinbarung.

6. Juni. Das Bundeskabinett stimmt der Beteiligung der Veba an dem französischen Atom-Entsorgungsunternehmen Cogema in La Hague zu und „beerdigt" damit offiziell die Wiederaufarbeitungsanlage in **Wackersdorf**.

8. Juni. Der tschechoslowakische Bürgerrechtler und Schriftsteller **Vaclav Havel**, Mitbegründer der „Charta 77", erhälte den Friedenspreis des Deutschen Buchhandels zugesprochen.

9. Juni. Die Journalistin und engagierte Feministin **Ingrid Strobl** wird wegen des Kaufs eines Weckers, der möglicherweise bei einem Bombenattentat der Revolutionären Zellen benutzt wurde, zu fünf Jahren Haft verurteilt.

13. Juni. Als Höhepunkt des **Besuchs von Staatspräsident Gorbatschow** in Bonn wird eine gemeinsame Erklärung abgegeben, die den Beginn einer gesamteuropäischen Zusammenarbeit propagiert. Während vor allem das englischsprachige Ausland ein zweites Rapallo befürchtet, ist die gesamte Bundesrepublik in einen Begeisterungstaumel verfallen.

18. Juni. Bei den **Wahlen zum Europäischen Parlament** in Straßburg verlieren die CDU und die CSU drastisch. Die großen Sieger sind die Republikaner, die bundesweit 7,1 Prozent, in Bayern 14,6 Prozent, in Baden-Württemberg 8,7 Prozent der Stimmen erhalten.

Die Chronik Österreichs

1980

13. März. Österreich erkennt die **PLO** als legitime Vertretung des palästinensischen Volkes an.

17. April. Das österreichische Parlament setzt einen Untersuchungsausschuß ein, der die Vorgänge um den **Bau des Allgemeinen Krankenhauses** (AKH) in Wien untersuchen soll, bei dem es zu umfangreichen Bestechungen sowie zu einer gigantischen Kostenüberschreitung gekommen war.

26. April. Bundeskanzler **Bruno Kreisky** mißbilligt die von den USA versuchte Geiselbefreiung im Iran als „Kraftakt", der nichts einbringt.

15. Mai. Zum 25. Jahrestag der Unterzeichnung des österreichischen **Staatsvertrags** findet in Wien ein Treffen der Außenminister der vier Signatarstaaten sowie der sieben angrenzenden Länder statt.

18. Mai. Rudolf Kirchschläger wird als Bundespräsident wiedergewählt.

5. Juli. Bundeskanzler **Bruno Kreisky** stattet der Bundesrepublik Deutschland einen Besuch ab.

21. August. Die österreichische Regierung stoppt den bereits vereinbarten **Export von 200 Panzern** durch die Firma Steyr-Daimler-Puch AG **nach Chile**.

10. November. Seinen ersten Staatsbesuch in einem westlichen Land absolviert DDR-Staatsratsvorsitzender **Erich Honecker** in Österreich.

10. November. Ein Volksbegehren, von Atomkraft-Befürwortern initiiert, um das 1978 durch Volksentscheid stillgelegte einzige österreichische **Atomkraftwerk Zwentendorf** doch noch in Gang zu bringen, geht erfolgreich aus.

1981

20. Januar. Der langjährige Finanzminister **Hannes Androsch,** der wegen finanzieller Unregelmäßigkeiten und unter dem Verdacht privater Bereicherung im Amt im Dezember 1980 zurückgetreten war, wechselt in den Vorstand der größten Bank Österreichs, den Creditanstalt-Bankverein.

1. Februar. Am Wiener Akademietheater findet die deutschsprachige Erstaufführung von **Max Frischs „Triptychon"** statt.

20. Februar. Der österreichische Konsul im spanischen Baskenland wird von der Untergrund-Organisation **ETA** zusammen mit seinen Kollegen aus El Salvador und Uruguay entführt und nach einigen Tagen wieder freigelassen.

5. März. Er, der ewig Grantelnde, Charmante, Nett-Raunzende, war eine Wiener Institution: **Paul Hörbiger**, Burgschauspieler und Ältester einer ganzen Schauspielerdynastie, stirbt im Alter von 86 Jahren.

10. März. Österreich drängt die italienische Regierung auf baldige Umsetzung des Vorhabens, **Südtirol** einen autonomen Status zu gewähren, der die kulturelle Identität der Südtiroler schützt.

13. März. In Wien findet das zweite Außenministertreffen zur Vorbereitung einer **Nord-Süd-Gipfelkonferenz** statt.

17. März. Ein **Spionagering**, der für Rumänien tätig war, wird in Wien enttarnt, die Agenten werden verhaftet.

19. Juli. Die Regierung billigt den Export von **Panzern** an die Militärdiktatur in **Argentinien.**

8. September. In Wien beginnt der Prozeß, in dem es um Korruption in zwölf Fällen beim Bau des **Allgemeinen Krankenhauses Wien** geht. Alle Angeklagten werden später zu Haftstrafen verurteilt.

22. September. Bundeskanzler Kreisky empfängt seinen westdeutschen Kollegen **Helmut Schmidt** und verhandelt mit ihm insbesondere über den in der Bundesrepublik umstrittenen Rhein-Main-Donau-Kanal.

12. November. Gegen die Stimmen der Oppositionsparteien beschließt der Nationalrat ein neues **Mietgesetz.**

1982

27. Januar. Bundespräsident Rudolf Kirchschläger eröffnet in Schladming die **alpinen Ski-Weltmeisterschaften.**

4. Februar. Auf den **Oberrabbiner von Wien** wird ein Anschlag verübt.

5. Februar. Als Schutzmacht für **Südtirol** setzt Österreich eine Kommission ein, die die Zuerkennung eines autonomen Status für die Region durch die italienische Regierung vorantreiben soll.

8. Februar. Der ägyptische Präsident **Hosni Mubarak** besucht Österreich. Am 10. März trifft – begleitet von der Kritik der internationalen Presse – der libysche Revolutionsführer **Gadhafi** zu seinem ersten Staatsbesuch in einem Land der westlichen Welt in Wien ein.

25. März. Der Nationalrat beschließt einstimmig die Sanierung der staatlichen **Länderbank** durch Zuschüsse.

1. April. Eine Ausstellung des Hamburger Zeichners **Horst Janssen** ist die erste Werkschau eines noch lebenden Künstlers in der Wiener Albertina.

15. Mai. Auch in Wien findet im Zuge weltweiter **Proteste gegen die Nachrüstung** eine Demonstration statt.

23. Juni. Mit der UdSSR wird erneut ein Vertrag mit langer Laufzeit über die Versorgung Österreichs mit Erdgas unterzeichnet. Im September folgt ein Abkommen über **Stromlieferungen aus der UdSSR.**

1. Juli. ÖVP und SPÖ beschließen vor dem Hintergrund des Krieges zwischen Argentinien und Großbritannien ein **Waffenexportgesetz**, das die Ausfuhr in Staaten, die die Menschenrechte nicht respektieren, verbietet.

5. August. In Wien wird das erste **Retortenbaby** Österreichs geboren.

9. August. Anläßlich der Eröffnung der von den Vereinigten Nationen veranstalteten **Weltraumkonferenz** hält sich UN-Generalsekretär Pérez de Cuéllar in Wien auf.

23. August. Weil die **500-Schilling-Sammelmünzen**, die nur zehn Prozent Silber enthalten, in der Bevölkerung keinen Anklang finden, nimmt das österreichische Finanzministerium 300 000 „Silber"-Münzen zurück.

1983

24. Januar. Die Mozart-Oper **„Cosi fan tutte"** wird bei den Salzburger Mozartwochen erstmals ohne Happy-End gezeigt.

2. Februar. Bundeskanzler **Bruno Kreisky** trifft zu einem Besuch in den USA ein, die zur sozialdemokratischen Politik seiner Regierung eine kritische Distanz einnehmen.

17. Februar. Es wird bekannt, daß die österreichische Handelsbilanz einen **Rekordüberschuß** ausweist.

14. April. In einer gemeinsamen **Erklärung** nehmen die **katholischen Bischöfe** Österreichs kurz vor den Parlamentswahlen Stellung zur Friedens- und Nachrüstungsproblematik.

24. April. Nach einer Niederlage bei den **Parlamentswahlen** – die seit 13 Jahren allein regierende SPÖ verliert die absolute Mehrheit – tritt Bundeskanzler **Bruno Kreisky,** der 14 Jahre lang regiert hat, zurück. Die SPÖ benennt den bisherigen Vizekanzler **Fred Sinowatz** als Kanzlerkandidaten, der am 18. Mai mit der eher nationalen denn liberalen FPÖ eine Koalition bildet.

16. Juli. In Wien geht der **VII. Weltkongreß für Psychiatrie** zu Ende, der sich vor allem mit ethischen Fragen, auch im Zusammenhang mit der zunehmenden Psychiatrisierung von Regimegegnern in vielen Ländern befaßt hat. Wegen dieses Themas kamen die CSSR, UdSSR, Bulgarien und Kuba einem Ausschluß nur durch einen Austritt zuvor.

8. September. In einem **Heißluftballon** flieht eine tschechoslowakische Familie nach Österreich.

10. September. Anläßlich des 300. Jahrestages der erfolgreichen **Verteidigung Wiens gegen die islamischen Türken** (12. September) trifft der Papst in Österreich ein.

20. Oktober. Der Nationalrat lehnt einen Mißtrauensantrag der Österreichischen Volkspartei gegen die Regierung ab und billigt die **Budgetbegleitgesetze**, die zum Ausgleich des defizitären Haushalts beschlossen werden.

25. Oktober. Erstmals legen 550 österreichische Rekruten ihr **Gelöbnis** auf dem Gelände des ehemaligen **Konzentrationslagers Mauthausen** ab.

29. Oktober. Bundeskanzler Sinowatz wird nach dem Verzicht von Ex-Bundeskanzler Kreisky zum **Vorsitzenden der SPÖ** gewählt.

1984

15. Februar. Zum erstenmal seit 103 Jahren stattet mit Ministerpräsident **Bettino Craxi** ein italienischer Regierungschef seinem Nachbarland Österreich einen offiziellen Besuch ab.

2. März. Bei einem Besuch des Schweizer Bundesrats Egli stehen Gespräche über die bedrohte **Alpen-Umwelt** im Mittelpunkt.

19. April. Die Regierung beschließt ein Paket von Maßnahmen zur Behebung der Ursachen des Waldsterbens. Unter anderem wird die Verwendung von **Katalysatoren** ab 1986 vorgeschrieben, der Gebrauch von **bleifreiem Benzin** soll gefördert werden.

8. Juni. Beim Besuch des Präsidenten Südafrikas, **Pieter Willem Botha, in Wien** kommt es zu Protesten und Demonstrationen.

28. August. Gegen den ehemaligen Finanzminister **Hannes Androsch** wird eine gerichtliche Voruntersuchung eingeleitet.

3. September. Nach Querelen innerhalb der SPÖ im Zusammenhang um die Nachforschungen des **Finanzministers Salcher** gegen seinen Vorgänger Androsch bildet Bundeskanzler Sinowatz die Regierung um und beendet faktisch die Ära Kreisky.

Oktober. Im laufenden Jahr sind bereits **5368 Asylbewerber** gemeldet; das sind fast 50 Prozent mehr als im Vorjahr.

10. Oktober. Die **Verteidigungsminister** der vier neutralen europäischen Staaten – Schweden, Finnland, Österreich und die Schweiz – treffen sich in Salzburg zu einem Symposium.

21. Oktober. Bei den **Wahlen zum Vorarlberger Landtag** gewinnen die Grün-Alternativen überraschend 13 Prozent der Stimmen und ziehen damit erstmals in der österreichischen Geschichte in einen Landtag ein.

22. Oktober. Anfangs war er der jugendliche Liebhaber und sensible Neurotiker vom Dienst. Die Filme mit François Truffaut („Jules und Jim" und „Fahrenheit 451") machten **Oscar Werner** berühmt: Er stirbt mit 61 Jahren.

6. Dezember. Das gemeinsame Vorhaben Österreichs und Ungarns, von Wien donauabwärts bei **Hainburg** ein gigantisches Wasserkraftwerk zu bauen, wird von Umweltschützern entschieden bekämpft, weil dabei eine der letzten Auenlandschaften in Europa vernichtet würde. Am 2. Januar 1985 wird das Vorhaben zunächst per Gericht gestoppt.

1985

1. Januar. Mit dem Neujahrskonzert der Wiener Philharmoniker wird in Wien das **„Europäische Jahr der Musik"** eingeleitet.

24. Januar. Der österreichische Verteidigungsminister Frischenschläger (FPÖ) empfängt den aus italienischer Haft entlassenen ehemaligen **SS-Obersturmbannführer Walter Reder** wie einen heimgekehrten Kriegsgefangenen. Frischenschläger bezeichnet das später als Fehler und übersteht so einen Mißtrauensantrag im Parlament.

26. Januar. Erstmals seit Ende des Zweiten Weltkriegs tagt der **Jüdische Weltkongreß in Wien**. Er fordert eine Verstärkung des Kampfes gegen Nazismus und Faschismus.

22. Februar. Der SPÖ-Politiker **Karl Sekanina**, Minister für Banken und Technik und Vizepräsident des Gewerkschaftsbundes ÖGB, tritt wegen finanzieller Unregelmäßigkeiten von seinem Gewerkschaftsposten, am 22. Februar auch als Minister zurück.

4. - 11. März. Das **Volksbegehren gegen** den Bau des Wasserkraftwerks **Hainburg**, auch „Konrad-Lorenz-Volksbegehren" genannt, bekommt nur 353 908 statt der erwarteten 1 Million Unterschriften.

15. Mai. Anläßlich des **30. Jahrestages des Abschlusses des österreichischen Staatsvertrages** besuchen die Außenminister der Signatar- und Nachbarstaaten Wien.

9. Juli. Der Skandal um den mit dem Frostschutzmittel **Glykol** gepanschten österreichischen Wein weitet sich aus. Der österreichische Weinexport kommt zum Erliegen. Ende Juli erfolgen erste Verhaftungen. In der Folge wird ein neues, verschärftes Weingesetz beschlossen.

17. August. Der österreichische Formel-1-Rennfahrer **Niki Lauda** kündigt seinen Rücktritt zum Saisonende an.

11. September. Bundespräsident **Rudolf Kirchschläger** trifft zu seinem Staatsbesuch **in der Volksrepublik China** ein.

16. Oktober. Die **Sozialistische Internationale** trifft sich zu einer Sonderkonferenz über Abrüstungsfragen in Wien.

12. November. Eine österreichische Expertengruppe spricht sich aus ökologischen Gründen gegen den Bau des umstrittenen Wasserkraftwerks **Hainburg** aus.

13. November. Die SPÖ beschließt auf ihrem Parteitag, künftig **Frauen mit mindestens 25 Prozent** an parteiinternen Ämtern und Mandaten zu beteiligen. Regierungsämter sind von dieser Regelung ausgenommen.

26. November. Nach Bekanntwerden eines Rekordverlustes für das laufende Jahr von umgerechnet 514 Millionen Mark tritt der Vorstand des mit fast 70 000 Beschäftigten größten Unternehmens Österreichs, der **Voest-Alpine**, zurück. Im Dezember werden Millionenverluste bei einem Tochterunternehmen der staatseigenen Chemie-Linz-AG durch Ölttermingeschäfte bekannt. Österreich hat mit 12 Prozent aller Arbeitnehmer den höchsten Staatsanteil an Unternehmen in Westeuropa.

27. Dezember. Bombenanschläge der PLO auf die Schalter der israelischen Fluggesellschaft El Al in Wien und Rom fordern 18 Tote und mehr als 100 Verletzte. Die libysche Botschaft bedauert den Anschlag offiziell.

1986

14. Februar. Der bisherige Chef der bundesdeutschen Mobil-Oil-Deutschland, Herbert Sewinsky, wird neuer Generaldirektor der **Voest-Alpine** AG. Im März verabschiedet die Regierung eine neue Struktur für ihre staatlichen Unternehmen, deren Leitung künftig nicht mehr nach Parteien-Proporz besetzt werden soll.

3. März. Die Einwohner des Landes **Niederösterreich**, deren Hauptstadt Wien war, sprechen sich für eine eigene Landeshauptstadt aus. ÖVP und SPÖ einigen sich nach langem Gezerre im Juni auf St. Pölten.

25. März. Der Jüdische Weltkongreß beschuldigt den ehemaligen UN-Generalsekretär und österreichischen Präsidentschaftskandidaten der ÖVP, **Kurt Waldheim**, im Zweiten Weltkrieg von Kriegsverbrechen auf dem Balkan gewußt und auch nachweisbar an einer Aktion gegen Partisanen teilgenommen zu haben. Waldheim bestreitet die Vorwürfe. In der darauffolgenden Zeit kommen immer mehr Details ans Licht, die seine Aussagen widerlegen. Waldheim wird nach der Parole „Jetzt erst recht" am 8. Juni bei einer Stichwahl mit 53,89 Prozent zum österreichischen Präsidenten gewählt und ist damit der erste Präsident seit 1945, der nicht der SPÖ angehört. Der erste Gratulant aus dem Ausland ist der libysche Staatschef Gadhafi.

23. April. Der promovierte Jurist, Zögling von Reinhardt und Lubitsch, floh 1935 vor den Nazis in die USA. Rasch setzte sich **Otto Preminger** in Hollywood durch und drehte mit „Carmen Jones" und „Der Mann mit dem goldenen Arm" Welterfolge. Er stirbt mit 79 Jahren.

28. Mai. Während draußen Umweltschützer demonstrieren, unterzeichnen im Wiener Hilton-Hotel Vertreter Österreichs und Ungarns einen Vertrag über eine Beteiligung Österreichs am ungarischen **Donaukraftwerk Nagymaros**.

30. Mai. Im bisher größten **Weinpanscherprozeß** werden zwei Weinhändler in Krems zu je zehn Jahren Haft verurteilt. Insgesamt sind inzwischen mehr als 100 Personen angeklagt. Der Weinexport ist um 90 Prozent zurückgegangen.

9. Juni. Am Tag nach der **Wahl Kurt Waldheims** zum Bundespräsidenten tritt Bundeskanzler Sinowatz zurück, weil er sich für das schlechte Abschneiden des sozialistischen Präsidentschaftskandidaten verantwortlich fühlt; sein Nachfolger wird Franz Vranitzky.

29. Juni. Zwischen Bayern und Österreich beginnen Kontroversen wegen der geplanten **Wiederaufarbeitungsanlage in Wackersdorf**. Salzburg fordert wegen der Grenznähe ein Mitspracherecht. Bayerische Grenzpolizei sperrt die Grenze für 332 Demonstranten. Auch dem österreichischen Vizekanzler Steger wird, so heißt es, bedeutet, er sei unerwünscht.

22. Juli. Bei der Eröffnung der **40. Bregenzer Festspiele** wird der neue österreichische Bundespräsident Kurt Waldheim ausgebuht.

2. September. Der österreichische Staatskonzern **Voest** legt ein Sanierungskonzept vor, das einen Personalabbau von 9400 Mitarbeitern vorsieht.

15. September. Der Vertreter des rechten FPÖ-Flügels, **Jörg Haider**, besiegt Vizekanzler Steger bei der Wahl zum Vorsitzenden der Partei. Daraufhin gerät die Regierungskoalition in eine Krise; Vizekanzler Steger erklärt seinen Rücktritt; Vranitzky kündigt die Koalition auf. Für November werden Neuwahlen angekündigt. Auf dem SPÖ-Parteitag am 16. Oktober sprechen sich Vranitzky und die Partei gegen eine gemeinsame Koalition mit der FPÖ unter Haider aus.

29. September. Er war der brillanteste und bösartigste Kommentator des Wiener Gemüts: **Helmut Qualtinger**, „Herr Karl", stirbt nach langer Krankheit mit 57 Jahren an Herzversagen.

4. November. In der Wiener Hofburg wird die dritte **KSZE-Nachfolgekonferenz** eröffnet.

23. November. Die **Wahlen zum Nationalrat** stehen ganz im Zeichen des Konflikts um Präsident Waldheim. Internationale Proteste weckt die Behauptung des ÖVP-Vorsitzenden Mock, eine „internationale jüdische Mafia" stehe hinter den Angriffen auf Bundespräsident Waldheim. Die Mehrheitsverhältnisse ändern sich nicht; die FPÖ legt um 4,75 Prozentpunkte zu, und erstmals ziehen die Grünen mit knapp 5 Prozent der Stimmen ins Parlament ein.

1987

14. Januar. In Österreich einigen sich die SPÖ und die konservative ÖVP auf eine **große Koalition** unter dem SPÖ-Bundeskanzler Vranitzky. Die Sanierung der Staatsfinanzen wird als Hauptaufgabe definiert. Der ÖVP-Vorsitzende **Alois Mock** übernimmt das Außenministerium und kündigt eine neue Außenpolitik an.

31. Januar. In Wien demonstrieren die Kärntner Slowenen und die Burgenländer Kroaten gegen die **Behandlung der Minderheiten**, deren Rechte zunehmend beschnitten werden.

26. Februar. Der Besuch des bayrischen Ministerpräsidenten **Franz Josef Strauß auf dem Wiener Opernball** provoziert Demonstrationen, bei denen es zu heftigen Auseinandersetzungen mit der Polizei kommt.

April. Die US-Regierung setzt Bundespräsident **Kurt Waldheim** auf die sogenannte **Watch List**; das bedeutet, daß Waldheim als Privatmann eine persona non grata in den USA ist. Kanada schließt sich an.

22. April. Das Konferenzzentrum **Austria Center Vienna**, mit dem Wien mit Genf konkurrieren will, wird eröffnet; es gibt innenpolitische Auseinandersetzungen, weil es mit arabischen Geldern finanziert ist.

30. April. Die Regierung beschließt ein **Finanzierungspaket** von umgerechnet 4,8 Milliarden Mark für die notleidende Staatsindustrie; für die Unternehmen ist überdies eine Umstrukturierung geplant.

3. Mai. Bundeskanzler **Vranitzky** fährt zur Teilnahme an der Eröffnung des Jüdischen Historischen Museums nach Amsterdam.

27. Mai. Lange Zeit stand er im Schatten seines Bruders Paul. Doch dann spielte er an der Burg den Tellheim und den Jedermann, Nathan und Lumpazivagabundus und war ein Charakterdarsteller von hohem Ansehen: **Attila Hörbiger** stirbt im Alter von 91 Jahren.

25. Juni. Der Besuch Bundespräsident **Waldheims beim Papst**, zu dem er sich selbst eingeladen hatte, ruft allenthalben Entrüstung hervor. In Rom begegnet Waldheim mehrfach dem vom Bildhauer Hrdlicka hergestellten Pferd, dessen Auftritt an Waldheims Verleugnungskünste erinnern soll: Allenfalls sein Pferd sei in der SA gewesen, er aber in keiner NS-Formation, so die Überspitzung seiner Aussagen.

15. Juli. Österreich schließt ein **Technologie-Rahmenabkommen** mit der EG ab.

4. August. Der ehemalige Bundeskanzler und SPÖ-Vorsitzende **Bruno Kreisky** wird in einem Interview so verstanden, daß er seinem Nachfolger **Fred Sinowatz** vorwirft, er habe während des Präsidentschaftswahlkampfes belastendes Material gegen Waldheim an den Jüdischen Weltkongreß weitergeleitet; Sinowatz weist die Verdächtigungen zurück, Kreisky distanziert sich von der Interpretation seiner Äußerungen.

13. August. Vor einem Besuch des sowjetischen Ministerpräsidenten Ryschkow macht Bundeskanzler **Helmut Kohl** durch einen Privatbesuch Bundespräsident Waldheim seine Aufwartung.

4. November. Beim Staatsbesuch Bundeskanzler Vranitzkys in Bonn geht es um Österreichs Bestreben, in die **EG** als Wirtschaftsraum voll eingebunden zu werden. Das Land erwägt den Beitritt, will aber dennoch seine Neutralität nicht aufgeben.

26. November. In **Kärnten** kommt es zu Auseinandersetzungen zwischen der Landesregierung und der slowenischen Minderheit.

26. November. Die österreichische Regierung beschließt wirtschaftliche **Sanktionen gegen die Republik Südafrika.**

1988

20. Januar. Der ehemalige Finanzminister **Hannes Androsch** wird wegen Falschaussage verurteilt. Das Urteil ist noch nicht rechtskräftig.

8. Februar. Die von der österreichischen Regierung beauftragte **internationale Historikerkommission** kommt in ihrem Bericht zu dem Schluß, daß dem Bundespräsidenten Kurt Waldheim zwar keine Teilnahme, wohl aber Mitwisserschaft an Kriegsverbrechen der Deutschen Wehrmacht im Zweiten Weltkrieg nachgewiesen werden könne. Waldheim begreift die Aussage als Erfolg.

6. März. Die Koalitionsparteien ÖVP und SPÖ einigen sich auf eine **große Steuerreform** inklusive einer Zinsertragssteuer.

11. März. Mit zahlreichen Veranstaltungen gedenkt Österreich des **„Anschlusses"** an das Deutschland Hitlers **vor 50 Jahren.** Vielfältig sind auch die Proteste gegen Bundespräsident Waldheim und seine Vergangenheit. Bei der Premiere des Stückes „Der Stellvertreter" von Rolf Hochhuth im Wiener Burgtheater kommt es zu Störungen durch neofaschistische und rechtskatholische Jugendliche.

17. März. Fred Sinowatz tritt vom Vorsitz der SPÖ zurück; sein Nachfolger wird **Franz Vranitzky.**

10. Juni. Der Nationalrat ratifiziert das **Südtirol-Abkommen.**

16. Juni. In einem Gespräch mit der Belegschaft des Wiener Burgtheaters kann Theaterchef **Claus Peymann** die Konflikte beilegen, die durch ein Interview in der Wochenzeitung **„Zeit"** entstanden waren.

23. Juni. Bei seiner zweiten, fünftägigen apostolischen Visite in Österreich besucht **Papst Johannes Paul II.** unter anderem das ehemalige KZ Mauthausen.

22. Juli. Bei der Anhörung zum Bau der bayrischen Wiederaufarbeitungsanlage **Wackersdorf**, zu der etwa 800 Österreicher anreisen, kündigt die österreichische Umweltministerin Marilies Flemming eine Klage vor dem bayrischen Verwaltungsgerichtshof und dem Bundesverwaltungsgericht an.

4. November. Unter Polizeischutz hat am Wiener Burgtheater das Stück **„Heldenplatz"** von

Thomas Bernhard Premiere, in dem es um den Antisemitismus im heutigen Österreich geht.

24. November. In der Wiener Innenstadt wird das **Denkmal Alfred Hrdlickas** gegen Krieg und Faschismus eingeweiht. Es zeigt jüdische Mitbürger, die auf den Knien einen Platz putzen müssen.

1989

19. Januar. SPÖ-Innenminister Karl Blecha tritt wegen seiner Verwicklung in den **Lucona-Skandal** zurück. Ihm wird vorgeworfen, die Ermittlungen gegen den Hauptverdächtigen **Udo Proksch** beeinflußt und behindert zu haben. Am 24. Januar muß auch sein Parteigenosse Parlamentspräsident Leopold Gratz sein Amt aufgeben.

12. März. Bei den **Landtagswahlen in Kärnten, Salzburg und Tirol** verlieren die SPÖ und vor allem die ÖVP Stimmenanteile von bis zu 17 Prozent, während die rechtsgerichtete FPÖ unter ihrem smarten Vorsitzenden Jörg Haider große Stimmengewinne erzielt. In Kärnten wird die FPÖ zweitstärkste Partei. Das Resultat wird zur Belastung der im Bund regierenden Großen Koalition.

14. März. Im Alter von 97 Jahren stirbt die letzte Kaiserin von Österreich und Königin von Ungarn, **Zita von Bourbon-Parma**, in ihrer Schweizer Wohnung. Sie wird unter reger Anteilnahme der Bevölkerung in Wien beigesetzt.

8. Mai. In Kärnten einigen sich ÖVP und FPÖ nach langem Feilschen darauf, den Vorsitzenden der FPÖ, **Jörg Haider**, zum neuen **Landeshauptmann** zu wählen. Die SPÖ, stärkste Partei im Landtag, blockiert daraufhin am 24. Mai die Wahl durch Auszug, kann sie aber auf Dauer nicht verhindern. Ihre Drohung, die Große Koalition mit der ÖVP im Bund zu beenden, macht sie nicht wahr. Haider wird am 31. Mai gewählt.

16. Mai. In der **Lucona-Affäre** wird der vom Dienst suspendierte Präsident des österreichischen Arbeits- und Sozialgerichts, **Karlheinz Demel**, vorübergehend wegen Verdunklungsgefahr festgenommen, seine Amtsräume werden durchsucht.

22. Mai. Eine ungarische Delegation von Parlamentsabgeordneten versucht in Wien die Haltung der österreichischen Regierung wegen des Baustopps am geplanten **Kraftwerk Nagymaros** zu sondieren. Österreich hatte sich an dem ökologisch katastrophalen Gemeinschaftsprojekt der CSSR und Ungarns in der Erwartung von Stromlieferungen finanziell beteiligt. Aufgrund des Drucks von Bürgerinitiativen hatte die ungarische Regierung den Baustopp veranlaßt.

1. Juni. Ab 1. Dezember, so teilt Verkehrsminister Rudolf Streicher mit, werde es in Österreich von 22 bis 5 Uhr ein **Fahrverbot für Lkw** mit mehr als 7,5 Tonnen Gesamtgewicht auf den Transitautobahnen geben. Die EG und vor allem die Bundesrepublik Deutschland protestieren und kündigen Gegenmaßnahmen an. Bereits Ende Mai wurde bekannt, daß Österreich eine **„Umweltmaut“** auf den gebührenpflichtigen Autobahnen einführen will.

Die Chronik der Schweiz

1980

2. März. In einer Volksabstimmung sprechen sich die Schweizer gegen die vollständige **Trennung von Staat und Kirche** aus.

16. März. Im traditionell separatistisch eingestellten **Jura** kommt es zu schweren Zusammenstößen zwischen der Rassemblement Jurassien und antiseperatistischen Gegendemonstranten.

29. April. Königin Elizabeth II. trifft mit Prinz Philip zu einem viertägigen Staatsbesuch in der Schweiz ein.

30. Mai. „Züri brännt“: In Zürich beginnen die Jugendunruhen. Anlaß ist ein Kredit von 61 Millionen Franken der öffentlichen Hand an das Opernhaus, während für ein Jugendzentrum kein Geld da sein soll.

20. Juni. Bei den Wahlen für Gremien des Einzelhandelsgiganten **Migros**, einer Genossenschaft, gelingt es der alternativen Gruppe „M-Frühling“, die mehr öffentliche Kontrolle durchsetzen will, nicht, Kandidaten durchzubringen.

5. September. Der **Gotthard-Tunnel**, mit 16,3 Kilometern der längste Straßentunnel der Welt, wird eröffnet.

26. September. Ein Schwurgericht in Winterthur verurteilt den westdeutschen Terroristen **Rolf-Clemens Wagner** zu lebenslänglichem Freiheitsentzug wegen Mordes und Bankraubs.

30. November. In einer Volksabstimmung sprechen sich die Schweizer für die Pflicht aus, sich **in Autos anzuschnallen** und auf Motorrädern Helme zu tragen.

2. Dezember. Um 0.00 Uhr ist Stichstunde für die alle zehn Jahre stattfindende Schweizer **Volkszählung**, die durch falsche Zähler und Flugblätter gestört wird.

1981

März. Bei einer Inflationsrate von 6,3 Prozent gibt es nur 0,2 Prozent **Arbeitslose** in der Schweiz.

1. April. Als neue Schweizer Nationalhymne bestimmt der Bundesrat den **„Schweizerpsalm“**. Er beginnt mit den Worten: „Trittst im Morgenrot daher, seh' ich Dich im Strahlenmeer . . .“

5. April. Bei einer Volksabstimmung in der Schweiz lehnen fast 84 Prozent der Teilnehmer – die Beteiligung liegt bei 39 Prozent – eine neue **Ausländerpolitik** mit mehr Zugeständnissen an Gastarbeiter ab. Die Fragestellung wurde von der „Mittenand“-Initiative initiiert, die aus der katholischen Arbeitnehmerbewegung hervorgegangen war.

22. Juni. Beim traditionellen Schweizer Offiziersschießen einer einberufenen Kompanie werden die **Zielscheiben** mit Brüsten und gespreizten Schenkeln nackter Frauen verziert.

Eine Klage der **Frauenorganisation Ofra** wird abgelehnt, weil sie nicht das formelle Recht habe, für alle Frauen zu sprechen.

14. Juli. Nach einer Volksabstimmung werden Bestimmungen über **gleiche Rechte von Mann und Frau** sowie zum Konsumentenschutz in die Verfassung aufgenommen.

1. September. An die Schweizer Bürger wird im Rahmen des Zivilschutzprogramms eine **„Notfall-Nahrung“** ausgegeben, die für drei Tage reichen soll. Den rund 6,5 Millionen Schweizer Bürgern stehen im Atomkriegsfall rund 5,5 Millionen Schutzraumplätze zur Verfügung.

18. September. Das schweizerische **Bruttosozialprodukt** stieg 1980 real um 4 Prozent auf einen Höchstwert von 177 Milliarden Franken.

31. Oktober. Es kommt zu Demonstrationen gegen die Rahmenbewilligung für das geplante **Atomkraftwerk Kaiseraugst** sowie zu einzelnen Sabotageakten gegen die am Bau beteiligten Firmen.

5. Dezember. Rund 30 000 Menschen nehmen an der nationalen Friedensdemonstration in der Bundeshauptstadt Bern **gegen die Nachrüstung** teil.

1982

Februar. Die Schweizer Regierung beschließt nach längeren Auseinandersetzungen ein Rüstungsprogramm. Angeschafft werden **Luft-Boden-Raketen „Maverick“** sowie Militär-Kraftfahrzeuge im Umfang von 681 Millionen Franken.

20. März. Mit dem Abbruch des **Autonomen Jugendzentrums Zürich (AJZ)** enden die Auseinandersetzungen zwischen rebellischer Jugend und Zürcher Stadtpolitik.

3. April. Zwei Sowjetdiplomaten werden als **Spione** enttarnt und ausgewiesen.

6. Juni. In einer Volksabstimmung werden Erleichterungen und **verbesserte Rechte für Ausländer**, obwohl vom Parlament verabschiedet, abgelehnt. Hingegen werden Verschärfungen in der Gesetzgebung gegen Terrorismus und Gewalt gebilligt.

25. Juni. Der mit 15,4 Kilometern längste Schmalspureisenbahntunnel der Welt, der **Furka-Basistunnel**, wird eröffnet.

29. Juni. Die **Sorgfaltspflicht der Banken**, die etwa bei der Eröffnung von Konten und der Annahme von Geldern feststellen müssen, wer der Kontoinhaber ist und ob sein Geld „sauber“ ist, wird um fünf Jahre verlängert.

9. August. Die **Gemeinde Vellerat** im Berner Jura (mit 68 Einwohnern) erklärt sich zur „Freien Gemeinde“, um so den Anschluß an den frankophonen Jura erreichen zu können.

9. September. Die dreitägige **Besetzung der polnischen Botschaft** durch Exilpolen, die damit eine Aufhebung des Kriegsrechts in Polen erzwingen wollen, wird von der Berner Polizei unblutig beendet.

13. September. In der Schweiz wird der von Interpol gesuchte Chef der verbotenen italienischen Loge P2, **Licio Gelli**, verhaftet. Er flieht kurz vor seiner Auslieferung an Italien am 10. August 1983 aus dem Genfer Gefängnis.

28. November. In einer Volksabstimmung lehnen die Schweizer Bürger die Einführung einer **staatlichen Preiskontrolle** ab, die einen Mißbrauch bei der Preisgestaltung verhindern soll.

1983

Januar. Die neue Schweizer Regierung befaßt sich damit, wie die **vier Sprachgruppen** besser an der Bundesverwaltung beteiligt werden können.

31. Januar. In einer Sondersession beschließen die eidgenössischen Räte unter anderem ein **Arbeitsbeschaffungsprogramm**.

Februar. Erneut und mehrfach kommt es zu gewalttätigen Demonstrationen gegen das Atomkraftwerk **Kaiseraugst**.

29. April. Die Schweizer Regierung schließt das Büro des sowjetischen Informationsdienstes **„Nowosti"** in Bern wegen „gravierender Einmischung in innerschweizerische Angelegenheiten". Nowosti wird unter anderem die Unterstützung der Friedensbewegung vorgeworfen.

19. Mai. Die nach dem **Seveso**-Unfall verschwundenen 41 Fässer, die mit hochgiftigem Dioxin verseuchte Erde enthalten, werden nach einer europaweiten Fahndung in einem stillgelegten Schlachthof in Nordfrankreich aufgefunden und im Juni nach Basel gebracht, wo sie durch Ciba-Geigy verbrannt werden sollen.

9. Juli. Das Friedensabkommen der Sozialpartner wird durch einen **neuen Gesamtarbeitsvertrag** um weitere fünf Jahre verlängert.

23. Oktober. Bei den Wahlen zum Nationalrat ändern sich die Machtverhältnisse nicht; jedoch ist die rechtsextreme **Nationale Aktion** mit fünf Abgeordneten vertreten.

4. Dezember. Bei Volksabstimmungen wird die **Gleichstellung von Männern und Frauen** bei der Weitergabe des Schweizer Bürgerrechts bejaht, die erleichterte Einbürgerung junger Ausländer jedoch abgelehnt.

1984

26. Februar. Eine deutliche Mehrheit lehnt bei einer Volksabstimmung die Einführung eines **Zivildienstes für Wehrdienstverweigerer** ab. Hingegen werden eine Schwerverkehrsabgabe sowie eine Autobahngebühr („Vignette") akzeptiert.

6. April. Nur rund 70 von 1355 Asylgesuchen der **Tamilen** können nach Angaben von Bundesstellen positiv beantwortet werden.

29. April. In **Appenzell-Außerrhoden** wird den Frauen ein weiteres Mal das Stimmrecht auf kantonaler Ebene verwehrt.

20. Mai. In einer Volksabstimmung wird die **Bankeninitiative der Sozialdemokraten**, deren Ziel es unter anderem ist, das Bankgeheimnis zu lockern, ebenso abgelehnt wie die Initiative „Ausverkauf der Heimat!" der rechtsradikalen Nationalen Aktion.

12.–17. Juni. Papst Johannes Paul II. besucht die Schweiz.

22. Juli. Die Affäre um einen **sowjetischen Lastwagen** mit als Diplomatengepäck deklarierter Ladung, dem, aus der Schweiz kommend, bundesdeutsche Behörden die Einreise verweigern, endet mit der Weiterfahrt des verplombten Lkws über Helmstedt in die DDR.

12. September. Der Bundesrat beschließt zur Verbesserung der Umweltbedingungen **Geschwindigkeitsbegrenzungen** auf allen Straßen.

2. Oktober. Erstmals wird mit **Elisabeth Kopp** eine Frau in den Bundesrat gewählt; sie übernimmt das Justiz- und Polizeiressort.

2. Dezember. Die **„Mutterschutz-Initiative"** kommt mit ihrem Begehren, die Mutterschaftshilfe zu verbessern, in einer Volksabstimmung nicht durch, eine Hilfe für die Opfer von Gewaltverbrechen wird jedoch unterstützt.

11. Dezember. Der Nationalrat beschließt die Anschaffung von 380 Panzern **„Leopard 2"** aus der Bundesrepublik Deutschland.

1985

1. Januar. Neben den **Geschwindigkeitsbegrenzungen** auf 120 beziehungsweise 80 Stundenkilometer auf Autobahnen und Landstraßen tritt die Autobahngebühr in Kraft, die im benachbarten Ausland auf Kritik stößt.

9. Februar. Bei den alpinen **Ski-Weltmeisterschaften** im italienischen Bormio ist die Schweiz die erfolgreichste Nation. Im März gewinnt sie auch den Nationencup.

20. Mai. Auf dem Genfer Flughafen werden unter Aufsicht des Internationalen Roten Kreuzes drei **israelische Soldaten** gegen 1150 palästinensische Häftlinge **ausgetauscht**.

9. Juni. Zwei Drittel der stimmberechtigten Bürger der Schweiz weisen in einer Volksabstimmung die katholisch orientierte Initiative **„Recht auf Leben"** zurück, die sich gegen eine Liberalisierung des Schwangerschaftsabbruchs sowie der Sterbehilfe wendet.

3. Juli. Der Bundesrat beschließt, daß ab 1. Juli 1986 **phosphathaltige Textilwaschmittel** nicht mehr verkauft und nicht mehr verwendet werden dürfen.

22. September. Bei einer Volksabstimmung ist eine knappe Mehrheit der Stimmberechtigten für eine **Revision des** aus dem Jahre 1907 stammenden **Eherechts.** Den Frauen wird ein größerer Anteil an Entscheidungen in Familienfragen eingeräumt. So dürfen sie künftig gemeinsam mit dem Ehemann eine Wohnung mieten und auch kündigen.

13. Oktober. Im Zeichen der Auseinandersetzung um die **Ausländerpolitik** stehen die Wahlen zum Großen Rat von Genf; die rechtsextreme Nationale Aktion erzielt große Stimmengewinne. In der Schweiz sind 1984 15,6 Prozent der Bevölkerung Ausländer, bei den Erwerbstätigen liegt der Prozentsatz bei 23,3 Prozent.

1. Dezember. In **Liechtenstein** entscheiden die stimmberechtigten Bürger mit knapper Mehrheit gegen eine Verankerung der Gleichberechtigung der Frau in der Verfassung. In der Schweiz wird am selben Tag in einer Volksabstimmung mit 70,5 Prozent der Stimmen eine **Initiative der Tierschützer** abgelehnt, die eine Einschränkung der Versuche an lebenden Tieren durchsetzen wollten.

1986

14. Januar. Die Bezirkspartei Winterthur der **Nationalen Aktion** findet mit ihrer „eidgenössischen Volksinitiative gegen die Überfremdung" keine Unterstützung bei der NA-Spitze.

15. Februar. Die Innenminister aus der Bundesrepublik, Frankreich, der Schweiz, Italien und Österreich treffen sich zu **Konsultationen über innere Sicherheit**.

16. März. In einer Volksabstimmung wird der **UN-Beitritt der Schweiz** mit 75 Prozent der abgegebenen Stimmen abgelehnt, obwohl Regierung, Parlament und Kirchen sich dafür ausgesprochen hatten.

26. März. Der letzte der in **Afghanistan** gefangenen und auf Vermittlung des Roten Kreuzes in der Schweiz internierten Soldaten der Sowjet-Armee kehrt in die UdSSR zurück.

21. Juni. In **Gösgen** kommt es mit 30 000 Teilnehmern zur bisher größten Demonstration gegen Atomkraftwerke. Das Land bezieht mittlerweile 38,8 Prozent seines Stroms aus AKWs. Am selben Tag beschließen die Sozialdemokraten auf ihrem Parteitag in Lausanne die Lancierung einer Volksinitiative mit dem Ziel, **keine neuen Atomkraftwerke** in Betrieb zu nehmen und bestehende raschmöglichst abzuschalten.

29. August. In einer Volksabstimmung lehnt die Mehrheit eine Festlegung des **Kulturetats** auf ein Prozent des Haushaltes ab.

31. Oktober. Beginn einer Serie von **Chemieunfällen**, die zur **Verseuchung des Rheins** und der Luft führen: Zunächst fließt giftiges Pflanzenschutzmittel der Firma Ciba-Geigy in den Fluß. Tags darauf entstehen bei **Sandoz** bei einem Großbrand giftige Dämpfe. Durch das abfließende Löschwasser kommt es im Rhein zu einem fast vollständigen Fischsterben. Am 20. November entweicht wieder bei Ciba-Geigy eine Giftgaswolke. Am 5. Dezember gelangen in Waldshut-Tiengen fünf Kubikmeter Latex-Emulsionen in den Rhein.

20. November. Im Zürcher Kunsthaus wird eine große Ausstellung des spanischen Malers **Joan Miró** eröffnet.

30. November. Bei den **Gemeinderatswahlen in Moutier** im Kanton Bern erringen die Separatisten die absolute Mehrheit.

7. Dezember. In zwei Volksabstimmungen sprechen sich die Schweizer für eine **Verbesserung des Mieterschutzes** und gegen die Erhöhung der Gebühren für den Schwerstverkehr aus.

1987

23. Januar. Nach einer Mitteilung des Militärdepartements hat die Schweiz im Vorjahr **Rüstungsgüter** für eine halbe Milliarde Franken ausgeführt; das entspricht 0,7 Prozent des Gesamtexports. Größter Abnehmer ist die Türkei.

30. Januar. Die Stadt Basel gibt die Einführung einer sogenannten **Umweltkarte für die öffentlichen Verkehrsmittel** bekannt, die billig und übertragbar ist und in einem Gebiet von 150 Gemeinden Gültigkeit hat, um den Individualverkehr in der Stadt zu reduzieren.

2. März. 1986 erzielte die Schweiz nach 15 Jahren Handelsdefizit nominell den größten jemals erreichten **Außenhandelsüberschuß**.

5. April. Bei einer Volksabstimmung bestätigen die Schweizer eine **Verschärfung des Asylrechts**, das die Bundesregierung im Juni 1986 beschlossen hatte: Unter anderem sollen Flüchtlingszentren gebildet werden, auch wird die sogenannte „Ausschaffungshaft" eingeführt.

3. Juni. Beim Besuch des französischen Staatspräsidenten **François Mitterrand** geht es um das Verhältnis der Schweiz zur EG. Am nächsten Tag kommt der französische Ministerpräsident Jacques Chirac zur Einweihung der ersten Bauetappe der neuen Teilchenbeschleunigungsanlage des Forschungszentrums **CERN** nach Genf.

1. Juli. Das Bundesgericht weist eine **Beschwerde der Marcos-Familie** gegen die Blokkierung der Vermögenswerte auf Schweizer Konten bis zur Feststellung der Rechtmäßigkeit zurück.

10. August. Die beiden **Elektro-Riesen BBC** mit Sitz in der Schweiz und die **Asean AB** aus Schweden geben überraschend bekannt, daß sie ihre geschäftlichen Aktivitäten zusammenlegen werden. Die Zentrale soll ihren Sitz in Zürich haben.

18. Oktober. Bei den **Parlamentswahlen** erringen die vier Regierungsparteien sieben Sitze weniger als bisher, behalten aber eine Dreiviertel-Mehrheit.

6. Dezember. Gegen die Regierung lehnen die Schweizer in einer Volksabstimmung unter anderem die Einführung einer Mutterschaftsversicherung und eine **Gesundheitsreform**, die vor allem die Patienten belastet, ab. Der stärkere Ausbau von Bus und Bahn wird hingegen gebilligt.

1988

29. Februar. Der im August des Vorjahres neugebildete Konzern **ABB Asea Brown Boveri** gibt den Abbau von 2500 der insgesamt 18 000 Stellen in der Schweiz bis Ende 1990 bekannt.

26. März. Die Schweizer **Pirmin Zurbriggen** und **Michaela Figini** gewinnen den Ski-Weltpokal.

13. Juni. Die philippinische Präsidentin **Corazón Aquino** besucht die Schweiz.

23. Juni. Der Schweizer Nahrungsmittelkonzern **Nestlé** übernimmt den britischen Süßwarenhändler **Rowntree** und wird damit zum drittgrößten Nahrungsmittelkonzern der Welt.

30. Juni. Der traditionalistische französische **Erzbischof Lefebvre** weiht vor 5000 Anhängern in dem Schweizer Ort Econe vier Geistliche ohne Auftrag des Papstes zu Bischöfen und vollzieht den Bruch mit der katholischen Kirche.

16. August. Tempo 120 auf Autobahnen und **Tempo 80** auf Landstraßen wirken sich auf die Umwelt positiv aus: Die Zahl der Unfälle sinkt, der Schadstoffausstoß verringerte sich um 3 Prozent.

3. Oktober. Die Separatistenbewegung **„Genève libre"**, die eine unabhängige Republik Genf erreichen will, stellt ihre „Unabhängigkeits-Charta" vor.

4. November. Behörden der Kantone Zürich und Tessin entlarven einen Geldwäscherring; die sogenannte **„Libanon Connection"** soll über Schweizer Banken rund 1,5 Milliarden Franken aus Drogengeschäften reingewaschen haben. Beteiligt ist eine Firma, deren Vizepräsident bis vor kurzem der Ehemann der Schweizer Bundesrätin Kopp war.

4. Dezember. Unter anderem stimmt die Schweiz in einer Volksabstimmung gegen die Einführung der **40-Stunden-Woche**.

12. Dezember. Die Schweizer Bundesrätin **Elisabeth Kopp** erklärt ihren Rücktritt für Februar 1989, nachdem bekanntgeworden war, daß sie ihrem Mann, der in dubiose Geschäfte verwikkelt war, vertrauliche Informationen aus dem Justiz- und Polizeidepartement hatte zukommen lassen.

1989

1. Februar. Der Zigarren- und Fahrrad-Fabrikant **Frank Villiger** rückt als Verteidigungsminister für die am 12. Januar zurückgetretene Bundesrätin Elisabeth Kopp in die Regierung auf. Die Justizministerin mußte trotz erfolgreicher Arbeit ihren Posten aufgeben, weil sie ihren Mann, einen umstrittenen Wirtschaftsanwalt, vor den Ermittlungen der Strafverfolgungsbehörden gewarnt hatte.

6. Februar. Das Parlament setzt eine Untersuchungskommission für die **Affäre Kopp** ein.

20. März. Der Bundesrat gibt seinen jährlichen **Rechenschaftsbericht** ab, der in der Presse als wenig aussagekräftig kritisiert wird.

31. Mai. Die USA stellten einen Antrag auf Auslieferung des in der Schweiz inhaftierten saudiarabischen Geschäftsmannes **Adnan Kashoggi**, der wegen des Verdachts auf Beteiligung an illegalen Finanztransaktionen zugunsten des exilierten philippinischen Präsidentenpaars Marcos festgenommen worden war.

2. Juni. Anläßlich einer **Tagung des „Zehnerklubs"**, dem die zehn wichtigsten Industrienationen angehören, in Bern zu Beratungen über die internationale Verschuldungssituation finden in Bern, Basel und Zürich Demonstrationen gegen den Internationalen Währungsfonds und seine Politik statt.

Personenregister

(Aufgenommen sind alle Personen, Gruppen und Stichworte der Seiten 8 bis 431)

Sachregister

Fotohinweise

12/13 Newsweek. 14/15 Gamma. 16/17 Guy Le Querrec/Magnum/Focus. 18/19 Vikkie Lewis. 20/21 Alberto Venzago/Magnum/Focus. 22/23 Robert Gale/Sygma. 24/25 Sipa. 26/27 Fred R. Conrad/NYT Pictures; AFP. 28/29 Kokojan/Black Star/Transglobe. 30/31 London Express. 32/33 Hurel/Paris Match. 34/35 AP; Michael Horowitz; DPA/EPA. 36/37 Harrison Funk. 38/39 Scotia-Film; Emil Perauer. 40/41 Atlan/Sygma. 46/47 Alon Reininger/Contact/Focus. 48/49 Keler/Sygma. 50/51 Reuter. 52/53 Leon Schadeberg/Colorific/Focus. 54/55 David Turnley/Black Star/Transglobe. 56/57 AFP. 58/59 Jay Ullal. 60/61 Gamma. 62/63 Robert Lebeck. 64/65 Apesteguy/Gamma. 66/67 Robert Nichols/Black Star/Transglobe. 68/69 Michael O'Neill/Time Life Inc. 70/71 Lehtikuva Oy. 72/73 Fabian/Sygma. 74/75 Ozturk/Sipa. 76/77 AFP; DPA. 78/79 EFE/DPA. 80/81 Wollmann/Gamma. 82/83 Andreas Laible. 84/85 Paul Chesley. 86/87 AFP/DPA. 92/93 Keystone. 94/95 Robert/Sipa. 96/97 Jean Gaumy/Magnum/Focus. 98/99 Manoocher/Sipa; Sipa. 100/101 Press Association. 102/103 Hinterlang/J.B. Pictures. 104/105 James Nachtwey/Magnum/Focus. 106/107 AFP/DPA. 108/109 Greg Smith/Picture Group/Focus. 110/111 Setboun/Rapho/Focus. 112/113 James Nachtwey/Magnum/Focus. 114/115 Mary Ellen Mark/Archive. 116/117 Di Franco Villani. 118/119 Gamma. 120/121 AP. 122/123 Fred Mayer/Magnum/Focus. 124/125 Ian Berry/Magnum/Focus. 126/127 Sipa. 128/129 Daniel Simon/Gamma. 130/131 Gamma. 132/133 Victor Gritsyuk/Network/Focus. 134/135 Roger Werth/Woodfin Camp/Focus. 136/137 Frank Fournier/Contact/Focus; DPA. 138/139 Sygma. 140/141 Harald Schmitt. 142/143 Martin Füger/DPA; Kling/DPA. 144/145 Jacques Pavlovsky/Sygma. 146/147 AP; STERN-Archiv. 148/149 Franco Zecchin. 150/151 AFP/DPA; STERN-Archiv. 152/153 Atlan/Sygma. 154/155 Manfred Grohe, freigegeben durch Reg. Präs. Tübingen 42/3583. 156/157 Robert Lebeck. 158/159 Don McPhee/The Guardian. 160/161 Greenpeace. 162/163 Gamma; AFP; Durand/Sygma. 164/165 Charles Seiler. 166/167 Zamboni/AP. 168/169 James Nachtwey/Magnum/Focus. 174/175 Matthias Jüschke. 176/177 Schilling/DPA; Harald Schmitt. 178/179 Michael Wolf/Visum; AP (3). 180/181 Michael Engler/Bilderberg; Sigi Heinkow. 182/183 Poly-Press; Werner Schüring. 184/185 DPA; Hanns-Jörg Anders; Raupach/Argus; Schoelze/Zenit; Janke/Argus. 186/187 Ossi Baumeister. 188/189 Norbert Nordmann. 190/191 Sebastian Knauer; Herbert Peterhofen; Poly-Press. 192/193 STERN-Archiv; Frieder Blickle/Bilderberg. 194/195 Michael Lange/Visum; Thomas Raupach/Argus. 196/197 Uli Reinhardt/Zeitenspiegel. 198/199 UPI/Bettmann. 200/201 Erhard Paul/Express Bonn; Jürgen Blume; DPA. 202/203 Sven Creutzmann/Zone 5. 204/205 Barbara Herrmann; Dominik Obertreis/DPA; Mihaly Moldvay. 206/207 Bajzat/DPA. 208/209 Heinz Gebhardt; Bajzat/DPA. 214/215 Miami News. 216/217 NASA. 218/219 Sisson/Sipa; Frank Fournier/Contact/Focus. 220/221 Peter Menzel/Wheeler Pictures/Focus. 222/223 Kim Steel. 224/225 Bill Pierce. 226/227 Sygma. 228/229 Kanicki/Transglobe. 230/231 Peter Thomann; Axel Carp. 232/233 Frederic Reglain/Gamma. 234/235 Ovak Arslanian. 236/237 Sygma Pandis; Syndication International. 238/239 Harzfoto Barke. 240/241 Axel Carp. 242/243 Franklin/Magnum/Focus. 244/245 Ron Grant Tussy/Time Magazine. 246/247 Stephen Ferry/J.B. Pictures. 248/249 Walter Cimbal. 250/251 Dorothea Schmid; Argum. 252/253 Action Press. 254/255 Hans Silvester/Rapho/Focus. 256/257 Reinhard Künkel. 258/259 Haley/Sipa. 260/261 Keystone; Thomas Meyer. 262/263 Jürgens Ost + Europa-Photo. 264/265 Enrico Ferorelli/Life (c) 1981 Time Inc. 266/267 Patrick Lichfield/Camera Press; Ricki Rosen/Picture Group/Focus. 268/269 Derek Bromhall. 270/271 Chris Steele-Perkins/Magnum/Focus. 272/273 Nathan Benn/Focus. 274/275 STERN-Archiv; NASA. 276/277 Manfred Mahn. 282/283 Volker Hinz. 284/285 Joe McNally/Wheeler Pictures/Focus; Jim Anderson/Woodfin Camp/Focus. 286/287 Rainer Gaertner; AFP (2); Tom Jacobi. 288/289 Angelika Wald. 290/291 Anselm Spring. 292/293 Tom Jacobi. 294/295 Gerd Ludwig/Visum (2); Leong Ka Tai. 296/297 Wolfgang Volz/Bilderberg. 298/299 Mario Dederichs/Kunsthalle Emden/Edition Stemmle. 300/301 Alberto Venzago/Magnum/Focus; Lord Snowdon/Camera Press. 302/303 Robert Lebeck (2); Hanns-Jörg Anders; Tom Jacobi. 304/305 Kurita/Gamma. 306/307 Erich Lessing; Alain Guillou/Focus. 308/309 Annie Leibovitz/Contact/Focus. 310/311 Virgin Records. 312/313 Alan Levenson/Onyx/Focus. 314/315 Herzog-Film; STERN-Archiv; Tassilo Trost. 316/317 Filmarchiv Ulla Reimer. 318/319 Filmarchiv Ulla Reimer; Vestron Pictures; Yoram Kahana/Inter-Topics. 320/321 DPA; Annie Leibovitz/Contact/Focus. 322/323 Filmarchiv Ulla Reimer (2); Kobal Collection. 324/325 Aron Rapoport/Wheeler Pictures/Focus. 326/327 Agence Bernand; Beatriz Schiller. 328/329 Peter Peitsch; Roswitha Hecke. 330 AFP; Sygma. 332/333 Action Press (2); Cornelius Meffert; L. Woodson Jr./Wheeler Pictures/Focus. 334/335 Meditverlag/Popcorn. 336/337 Steven Meisel/Contact/Focus; Photo Selection. 338/339 Sipa; Photo Selection. 340/341 Photo Selection; Globe/Inter-Topics. 342/343 Photo Selection. 344/345 Dennis Stone/Camera Press; DPA; AFP. 346/347 A. Crickman/Daily Telegraph. 348/349 Art Kane. 350/351 Claus Wickrath; Paolo Roversi. 352/353 Albert Watson. 354/355 Helmut Newton. 356/357 Skrebneski/Nikos. 358/359 André Rau; Deutsch/Paris Match. 364/365 Peter Ginter. 366/367 K. Sawabe; Paul Zimmer. 368/369 AFP; Rancinan/Sygma; Lutz Bongarts. 370/371 Gamma; David Cannon/All-Sport. 372/373 Maja Moritz/Bongarts; Dan Nerney/DOT/Focus. 374/375 Emil Perauer. 376/377 Co Rentmeester. 378/379 Yann Guichaoua/Vandystadt/Focus; Scope/Pandis. 380/381 Steve Powell/Sports Illustrated/Time Life Inc. 382/383 Denize/Francolon/Gamma. 384/385 Nilton Barbosa. 386/387 J. Guichard/Gamma. 388/389 Thomas Grimm/Action Press; Reinhold Messner. 390/391 Heinz Zak. 392/393 Owen Beattie/University of Alberta. 394/395 Peter Thomann. 396/397 Holger Hoetzel/Transglobe; Diederich/Contact/Focus. 398/399 Design: Ingo Maurer und Team; Wolfgang Behnken. 400/401 Dieter Blum. 402/403 Felix Oppenheim/Vandystadt/Focus; George Steinmetz/Collins Publ. 404/405 Christopher Maggio. 406/407 John Sturrock/Network/Focus; Ulrich Schmitz u. Frank Krems. 408/409 Kim Newton/Woodfin Camp/Focus; Ludwig/Sipa. 410/411 Tom Jacobi. 412/413 Melvin Levine; Iver Hansen. 414/415 Terry O'Neill/Woodfin Camp/Focus. 416/417 Nancy Mehta. 418/419 Adriano Alecchi; Action Press. 420/421 Lichfield/Camera Press/DPA. 422/423 Sharon Hines/Time Life Inc. 424/425 Horvals/Paris Match; Meylan/Sygma. 426/427 Tim Graham/Sygma. 428/429 DPA; Jürgen Gebhardt. 430/431 Ray Kennedy/The Age, Melbourne.
Rücktitel: Venzago/Magnum/Focus; Reuter; Meisel/Contact/Focus; Claus Wickradt; Atlan/Sygma; Sisson/Sipa; Jürgens Ost+Europa-Photo; Camera Press/DPA; Gamma; Peter Thomann; Fournier/Contact/Focus; Levenson/Onyx/Focus; DPA (2); UPI/Bettmann; Professional Sport.